신라국경변천사

신라국경변천사

2025년 7월 15일 초판 1쇄 발행

지은이 전덕재
펴낸이 권혁재
편 집 권이지
표 지 권이지

인 쇄 성광인쇄
펴낸곳 학연문화사
등 록 1988년 2월 26일 제2-501호
주 소 서울시 금천구 가산디지털1로 16 가산2차SK V1AP타워 1415호

전 화 02-6223-2301
팩 스 02-6223-2303
E-mail hak7891@naver.com

ISBN 978-89-5508-711-6 93910

협의에 따라 인지를 붙이지 않습니다.
책값은 뒷표지에 있습니다.
잘못된 책은 바꾸어 드립니다.

신라국경변천사

전덕재 지음

학연문화사

국문초록

본서는 이사금시기부터 후삼국시기까지의 신라 국경의 변천에 대하여 살핀 것이다. 3세기 후반부터 390년대까지 신라는 동해안 방면에서 고구려의 지배를 받은 동예(東濊)를 가리키는 말갈(靺鞨)과 대관령 및 진고개가 위치한 강원특별자치도 강릉시를 경계로 하여 대치하였다. 400년에 고구려의 광개토왕이 5만의 군대를 파견하여 신라 변방을 침략한 왜군을 무찌른 후부터 450년 무렵까지 경북 포항시 북구 청하면 이북과 강릉시 이남의 동해안지역을 영역으로 편제하여 지배하였다. 신라는 450년 무렵에 동해안에서 고구려 세력을 구축(驅逐)하고 실직(悉直; 강원특별자치도 삼척시) 또는 하슬라(何瑟羅; 강릉시)를 경계로 하여 고구려와 대치하였다. 475년에서 481년 사이에 신라가 비열홀(比列忽; 북한의 강원도 안변군 안변읍)까지 진출하자, 481년에 고구려가 신라를 공격하여 미질부(彌秩夫; 경북 포항시 북구 흥해읍)까지 남진하였다가 신라·백제·대가야 연합군에게 이하(泥河; 강원특별자치도 강릉시 남대천)에서 패배하였다. 이후 신라는 북한의 강원도 통천군에 위치한 우산성(牛山城)까지 북상(北上)하였고, 497년에 고구려가 우산성을 공격하여 차지하고 실직 또는 하슬라까지 남하하여 신라와 국경을 접하였다.

3세기 후반에서 4세기 초반에 걸쳐 신라는 서진(西晉)과 교통하는 요지에 해당하는 우두지역(강원특별자치도 춘천시)에 진출하여 백제와 충돌하였다. 이후 우두지역은 4세기 중·후반에 백제가 차지하였다가 다시 396년 무렵에 고구려의 영역으로 편제되었다. 3세기 후반에서 4세기 후반 사이에 진한을 대표하는 신라와 마한을 대표하는 백제는 각각 진한과 마한지역에 대한 지배권을 확고하게 유지하고, 여차하면 다른 나라에 복속된 소국이나 읍락집단을 자국에게 복속시키기 위하여 진한과 마한의 경계지역에 해당하는 충북과 경북 북부지역에 군사를 주둔시킨 다음, 자주 그 지역에서 국지전(局地戰)을 전개하였다. 5세기 후반에 신라는 고구려의 남진(南進)에 대비하여 서쪽 변방에 여러 성을 쌓았다. 이를 통해 당시 신라의 서북쪽 경계가 무산성(茂山城; 전북특별자치도 무주군 무풍면), 비라성(鄙羅城; 충북 영동군 양산면), 사시성(沙尸城; 충북 옥천군 이원면), 구례성(仇禮

城; 충북 옥천군 옥천읍), 일모성(一牟城; 충북 청주시 상당구 문의면), 살매(薩買; 충북 괴산군 청천면)를 연결하는 선이었음을 알 수 있었다. 5세기 전반에서 449년 사이에 고구려가 소백산맥을 넘어 경북 북부에 위치한 나이군(柰巳郡; 경북 영주시), 매곡현(買谷縣; 안동시 도산면과 예안면), 급벌산군(及伐山郡; 영주시 순흥면), 고사마현(古斯馬縣; 봉화군 봉화읍), 이벌지현(伊伐支縣; 영주시 부석면)을 공격하여 차지하고 영역으로 편제하였다. 신라는 5세기 후반에 경북 북부지역에서 고구려 세력을 구축(驅逐)하고 500년까지 이들 지역에 위치한 국읍(國邑)과 읍락(邑落)을 행정촌(行政村)으로 편제하여 직접 지배를 실현하였다. 이후 한동안 신라와 고구려는 소백산맥을 경계로 대치하였다.

3세기 후반에서 4세기 후반 사이 신라는 낙동강 동안의 여러 소국을 정복하여 지배-복속 관계를 맺었다. 5세기 전반과 중반에 신라는 낙동강 수로를 장악, 통제하여 낙동강 동안에 위치한 여러 소국과 읍락집단에 대한 통제를 강화하는 한편, 낙동강 서쪽에 위치한 성주지역의 정치세력을 복속시키고, 황강 수로를 통하여 경남 합천군 쌍책면 성산리에 위치한 탁국에 대한 정치적 영향력을 행사하였다. 5세기 후반에 신라와 백제가 고구려의 남진에 전력을 기울이는 틈을 타서 대가야가 크게 세력을 넓혔다. 이때 대가야는 탁국으로 진출하여 그들을 지배, 통제하면서 황강 수로를 통해 낙동강 방면으로 진출하여 황강과 낙동강이 합류하는 지점의 남쪽에 여러 성을 쌓고, 낙동강을 경계로 신라와 대치하였다.

신라는 556년(진흥왕 17) 7월에 비열홀까지 진출하고, 이때부터 568년(진흥왕 29) 사이에 함흥, 이원 방면까지 영토를 확장하였다. 고구려는 608년(진평왕 30) 4월에 함흥, 이원, 안변지역을 회복한 다음, 북한의 강원도 통천군 장대리에 위치한 우명산성(牛鳴山城)을 공격하여 차지하였다. 612년 이후 신라는 다시 비열홀지역을 되찾았다가 642년(선덕여왕 11)에 고구려에게 비열홀을 다시 빼앗겼다. 고구려는 655년(태종 무열왕 2) 정월에 하슬라 근처까지 남하하여 신라와 대치하였다. 신라는 666년(문무왕 6) 12월에 고구려 연개소문(淵蓋蘇文)의 동생 연정토(淵淨土)가 동해안의 12성을 들어 항복함에 따라 다시 비열홀지역을 되찾을 수 있었다.

신라는 548년(진흥왕 9) 또는 549년에 소백산맥을 넘어 단양과 충주지역을 영역으로 편제하였고, 550년(진흥왕 11)에 청주지역에 진출하였다. 신라는 551년(진흥왕 12)에서 553년에 걸쳐 한강유역에 진출하여 충북과 경기도, 강원특별자치도, 인천광역시지역을 망라한, 즉 북한강과 남한강 상류 및 한강 하류지역을 모두 차지하였다. 그리고 553년에서 568년(진흥왕 29) 사이에 강원특별자치도 철원군지역을 영토로 편입하였다. 568년 무렵 신라의 서북 경계는 임진강과 한탄강 하류의 대전리산성, 강원특별자치도 철원군을 연결하는 선이었다. 신라는 553년이나 거기에서 멀지 않은 시기에 경기도 안성시와 평택시, 충남 천안시 서북구 직산읍을 영역으로 편제하였다. 660년 이전까지 신라와 백제의 경계는 아산만과 천안, 충북 진천을 잇는 선이었다. 590년 무렵에 고구려가 남하하여 낭비성(娘臂城; 경기도 포천시 군내면 반월산성)을 차지하면서 그 이북의 동두천시, 연천군, 철원군이 다시 고구려의 영토에 편입되었다가 629년(진평왕 51)에 신라가 낭비성을 다시 자치함에 따라 그 이북에서 철원군까지의 영역을 회복할 수 있었다.

6세기를 전후한 시기에 고구려의 남진이 둔화되자, 신라와 백제가 가야지역으로 본격적으로 진출하기 시작하였다. 이때 신라는 낙동강을 건너 탁국에 대한 지배력을 강화하고, 낙동강 서쪽에 위치한 대가야의 여러 성을 공격하여 차지하였다. 이후에도 신라는 서진(西進)을 계속하여 532년(법흥왕 18)에 금관국(金官國; 경남 김해시)을 병합하고, 거의 같은 시기에 탁국을 병탄(倂呑)한 다음, 537년 봄에 탁순국(卓淳國; 경남 창원시)을 정복하고 구례산(久禮山; 경남 함안군 칠서면 무릉리)에 나아가 백제군을 몰아내고 한동안 안라국(安羅國; 경남 함안군 가야읍)과 대치하였다. 신라는 마침내 560년 무렵에 안라국을 병합하였다. 그리고 562년에 대가야(大加耶; 경북 고령군 대가야읍)를 공격하여 정복하였는데, 『일본서기(日本書紀)』에 이때 대가야를 비롯한 10개의 가야 소국이 모두 멸망하였다고 전한다. 신라는 562년에 모든 가야 소국을 병합하고 오늘날 영남과 호남을 가르는 선을 경계로 하여 백제와 대치하였다.

660년 무렵 충청지역에서 신라의 서쪽 경계는 충북 진천군 진천읍, 청주시, 보은군 보은읍, 옥천군 안내면, 옥천읍, 이원면, 영동군 양산면, 전북특별자치도 무주군 무풍면을 연결하는 선이었다. 562년 신라의 가야 병합 이후 신라와 백제의 경계는 오늘날 영남과 호남을 가로지르는 선과 일치하였다. 백제가 642년(선덕여왕 11) 대야성전투에서 승리한 후에 신라와 백제는 낙동강을 경계로 대치하였다가 648년 옥문곡전투에서 신라가 승리하면서 이때부터 660년까지 두 나라는 영남과 호남을 가르는 선을 경계로 하여 대치하였다. 664년 또는 665년에 당나라는 백제고지를 다스리기 위하여 웅진도독부와 그 예하에 7주 51현을 설치하였다. 웅진도독부의 북쪽 경계는 충남 서산시 지곡면, 당진시, 아산시 영인면을 연결하는 선이었고, 동쪽 경계는 세종특별자치시 전의면, 대전광역시 유성구, 충남 논산시 가야곡면·은진면, 전북특별자치도 진안군 마령면, 전남 담양군 담양읍, 전남 보성군 벌교읍·순천시 낙안면을 연결하는 선이었다. 그리고 당시 신라의 서쪽 경계는 충남 천안시 동남구 목천읍, 충북 청주시, 대전광역시 대덕구, 충남 금산군 진산면, 전북특별자치도 진안군 진안읍, 순창군 순창읍, 전남 곡성군 옥과면, 순천시를 연결하는 선과 일치하였다. 신라는 670년(문무왕 10) 7월부터 백제고지에서 당군을 축출하는 작전을 전개하여 672년 2월과 674년 2월 사이에 백제고지를 모두 신라의 영역으로 편제하기에 이르렀다. 이에 따라 신라의 서쪽 경계는 서해가 되었고, 서북 경계는 한산주(漢山州)의 서북 경계와 일치하게 되었다.

666년(문무왕 6)12월 무렵에 신라는 부여군(夫如郡; 강원특별자치도 철원군 김화읍)과 철원군(鐵圓郡; 강원특별자치도 철원군 철원읍) 및 이들의 영현을 차지하였고, 675년 무렵에 임진강과 예성강 사이에 위치한 여러 군·현을 영역으로 편제하였다. 신라는 735년(성덕왕 34)에 당나라가 패강지역에 대한 신라의 영유권을 인정해준 것을 계기로 북방 개척을 본격적으로 전개하였고, 마침내 748년(경덕왕 7)에 4개 군·현, 762년(경덕왕 21)에 6개 군, 헌덕왕대에 4개 군·현을 설치하였다. 이로써 신라의 북계는 대동강에 이르게 되었다.

666년 연정토의 항복을 계기로 신라는 비열홀과 천정군(泉井郡)을 영토로 다시 확보하게 되었고, 당나라가 669년과 671년 사이에 천정군(泉井郡)과 그 영현(領縣)을 고구려(안동도호부)에 넘겨주었다. 신라는 681년에 그곳을 되찾았다. 발해는 무왕대 초반에 동해안으로 진출하여 신라와 이하(泥河)를 경계로 대치하였다. 당시 신라의 최북단에 위치한 천정군의 군치(郡治)는 옛 영흥읍(오늘날 북한의 금야읍)과 고원읍 사이의 어느 곳이었고, 이하는 영흥을 가로질러 흐르는 용흥강(龍興江; 현재 북한의 금야강)이었다. 9세기 전반에서 886년(헌강왕 12) 사이에 발해의 지배를 받는 여러 말갈족이 남하하면서 신라의 북계는 안변지역으로 변동되었다.

후백제는 900년 건국 무렵에 전남과 전북지역을 차지하였고, 901년에 건국한 후고구려의 영역은 강원특별자치도, 황해도, 경기도, 충북의 대부분 지역을 망라하였다. 후고구려는 900년에서 910년 사이에 공주 이북의 충남지역, 경북 상주와 그 인근의 30여 주현, 죽령 동북쪽의 단양군과 제천시, 영월군지역을 차지하였고, 910년에 전남 나주지역까지 영역을 확장하였다. 후백제는 이 무렵에 공주 이남의 충남지역과 충북 남부지역, 경북 구미시 선산읍에 위치한 일선군(一善郡) 이남의 10여 성을 차지하였다. 후고구려와 후백제가 차지하지 않은 영남지역의 경우는 스스로 성주(城主)·장군(將軍)이라 칭하는 호족들이 자체적으로 통치하였다.

후백제가 920년 10월 대야성(大耶城; 경남 합천군 합천읍)을 함락시키고 낙동강 방면으로 진출하면서 낙동강유역을 둘러싸고 후백제와 고려가 치열하게 항쟁하였다. 후백제는 927년 공산전투에서 승리한 후에 낙동강유역의 대부분 지역을 차지하였고, 930년 정월 고려는 고창전투에서 승리하고 낙동강 상류와 중류지역의 대부분을 차지하였다. 그리고 고창전투 이후 경북 북부와 동해안지역뿐만 아니라 경주 인근의 포항시 북구 신광면, 영천시, 울산광역시 등이 모두 고려에 귀속되었고, 신라는 오늘날 경주시와 울산광역시 울주군 두동면·두서면 및 북구 농소동지역만을 겨우 통치할 수 있었다. 게다가 931년 이후 신라의 군사력이 완전히 무력화되어 고려군이 신라 왕도(王都)를 진수(鎭守)하는 지경에 이르렀다. 이에 경순왕은 신라 왕조를 더 이상 유지하기가 힘들다고 생각하여 935년에 나라를 들어 고려에 항복하였다. 이로써 천년의 역사를 지닌 신라 왕조는 종말을 맞게 되었다.

목 차

국문초록 ··· 4

서론
1. 연구 동향과 쟁점 ·· 15
2. 연구 방법과 내용 ·· 37
   1) 연구 방법 ··· 37
   2) 본서의 내용과 구성 ·· 43

1부 | 상고기(上古期) 신라의 국경과 그 변천

1. 4세기 후반 이전 신라의 경계 ·· 53
   1) 동북 경계 ··· 53
   2) 영서지역에서의 신라와 백제의 대립 ·························· 57
   3) 서북 경계 ··· 66
   4) 신라와 구야국(금관국)의 경계 ····································· 87
2. 마립간시기 신라의 경계 ·· 91
   1) 동북 경계의 변동 ·· 91
   2) 서북 경계 ··103
   3) 신라와 대가야의 경계 및 그 변천 ····························124
      (1) 5세기 후반~6세기 전반 신라와 대가야의 경계 ···124
      (2) 5세기 중반과 그 이전 신라와 대가야의 경계 ······135

2부 | 중고기(中古期) 신라의 영토 확장과 국경의 변동

1. 진흥왕의 영토 확장과 동북 경계의 변화 ················· 147
2. 한강유역 진출과 서북 경계의 변동 ··················· 157
   1) 6세기 중반 충주·청주지역 진출 ··················· 157
   2) 한강유역 진출과 신주(新州)의 설치 ················· 165
   3) 7세기 전·중반 신주의 서북과 동북 경계 ············· 177
3. 신라의 서진(西進)과 가야 병합 ····················· 193
   1) 신라의 낙동강 서안 진출 ······················· 193
   2) 신라의 가야 병합 ··························· 202

3부 | 통일신라의 국경과 변천

1. 660년 신라와 백제의 경계 ························ 219
   1) 충청지역의 경계 ···························· 219
   2) 영·호남의 경계 ···························· 226
2. 웅진도독부 51현의 위치와 신라와의 경계 ··············· 239
   1) 51현의 위치 비정 ··························· 239
   2) 웅진도독부와 신라의 경계 ····················· 256
3. 7세기 후반 이후 서북 경계의 변동 ··················· 265
4. 신라와 발해의 경계 ···························· 280

4부 | 후삼국시기 신라의 쇠퇴와 영역 축소

1. 견훤·궁예의 세력 확장과 신라 통치기반의 위축·················· 301
2. 낙동강을 둘러싼 후백제와 고려의 영역다툼 ··················· 321
3. 930년대 신라의 영역과 멸망 ································· 336

결론 ··· 347

참고문헌 ··· 371
영문초록 ··· 398
찾아보기 ··· 406

서 론

1. 연구 동향과 쟁점

이사금시기에 안강읍을 제외한 경주시 일원과 울산광역시 북구 일부 및 울주군 두동면과 두서면을 영역 범위로 한 사로국(斯盧國)의 내부에 6부, 즉 훼부(喙部)·사훼부(沙喙部)·본피부(本彼部)·잠훼부(岑喙部)·사피부(斯彼部)·한기부(漢祇部)가 있었고, 그 바깥에 사로국에 복속된 소국과 읍락집단들이 존재하였다. 이때 사로국과 주변의 여러 소국은 지배-복속관계를 맺고, 소국들은 정기적으로 사로국에 공납(貢納)을 바쳤다. 『삼국사기』 신라본기와 잡지(지리지), 열전에 탈해이사금(脫解尼師今) 때부터 사로국(신라)이 주위의 여러 소국을 정복하였다고 전한다. 또한 신라본기와 열전에 여러 지역에서 신라가 백제, 가야, 고구려, 말갈 등과 싸웠다고 전한다. 신라가 정복하여 복속시킨 소국의 위치 및 전투 장소 등을 고구(考究)하면, 이사금시기 사로국의 지배·통제 범위를 대략 짐작해볼 수 있다.

신라, 즉 사로국이 정복하거나 사로국에게 항복한 소국에 실직국(悉直國 ; 강원특별자치도 삼척시), 사벌국(沙伐國 ; 경북 상주시), 감문국(沙伐國 ; 경북 김천시 개령면), 비지국(比只國 ; 경남 창녕군 창녕읍), 거칠산국(居柒山國 ; 부산광역시 동래구)이 있었다. 이들 소국의 위치를 통해 신라가 동해안으로 강원특별자치도 삼척시, 서북쪽으로 소백산맥 이남, 낙동강 동안의 창녕군 창녕읍, 부산광역시 동래구 등에 위치한 소국과 읍락집단들을 지배 통제하였음을 짐작할 수 있다.[1] 『삼국사기』 신라본기 이사금시기 기록에 동예(東濊)를 가리킨다고 이해되는 말갈(靺鞨)이 신라의 대령책(大嶺柵)과 장령책(長嶺柵)을 공격하였다고 전한다. 대령은 오늘날 대관령(大關嶺)을 가리키고, 장령은 강원특별자치도 평창군 대관령면(옛 도암면) 병내리와 강릉시 연곡면 삼산리를 잇는 진고개를 가리킨다. 신라와 고구려의 지배, 통제를 받은 동예가 대관령과 진고개를 경계로 대치하였다고 볼 수 있다. 한편 강원특별자치도 영서지역인 우수지역(강원특별자치도 춘천시)에서 신라와 백제가 전투를 벌였다는 기록도 전하는데, 신라가 한때 춘천지역에서 백제와 대치하였음을 시사해주는 자료로서 주목된다.

『삼국사기』 신라본기 이사금시기 기록에 신라와 백제가 충북과 경북지역에서 여러 차례 싸웠다고 전한다. 대표적인 전투 장소로서 와산성(蛙山城 ; 충북 보은군 보은읍), 구양성(狗壤城 ; 충북 옥천군 옥천읍), 봉산성(烽山城 ; 경북 영주시), 괴곡성(槐谷城 ; 충북 괴산군 괴산읍)을 들 수 있다. 그리고 마두성(馬頭城)과 가소성(加召城), 황산하(黃山河), 황산진구(黃山津口)에서 신라가 가야와 싸웠다고 전한다. 황산하는 현재 양산시를 흐르는 낙동강을 가리키고, 황산진은 양산시에 위치한 나루였다. 따라서 황산하와 황산진구에서 신라와 싸운 가야는 구야국(狗邪國), 즉 금관국(金官國)을 가리킨다고 볼 수 있다. 현재 마두성과 가소성을 경남 거창군 마리면, 거창군 가조면에 위치한 성으로 이해하는 견해,[2] 마두성을 경북 청도군과 경주시, 경산시의 접경에 위치한 마곡산 일대, 가소성을 경주시 남쪽에 위치

---

1) 신라가 정복한 소국 가운데 草八國(경남 합천군 초계면)이 있었다. 上古期에 신라가 낙동강 서쪽에 위치한 합천군 초계면지역까지 지배, 통제하였다는 고고학적인 증거를 발견할 수 없다. 이러한 이유 때문에 이사금시기 사로국의 지배, 통제의 범위를 낙동강 서쪽의 초팔국까지 포괄하였다고 보는 것은 조심할 필요가 있다고 보인다.
2) 이병도, 1977『국역 삼국사기』, 을유문화사, 15쪽; 선석열, 1997「포상팔국의 아라국 침입에 대한 고찰-6세기 중엽 남부가야제국의 동향과 관련하여-」『가라문화』 14, 69~71쪽.

한 성으로 이해하는 견해가[3] 제기되었다. 후자의 견해에 따르면, 가소성에서 신라와 싸운 가야는 구야국으로 이해할 수 있다. 반면에 가소성을 경남 거창군 가조면에 위치한 성으로 이해한다면, 신라와 싸운 가야의 실체를 구야국으로 보기 어려울 것이다.

『삼국사기』 신라본기 이사금시기 기록과 관련하여 현재 학계에서 논란이 분분한 문제는 바로 기년이나 사실성을 그대로 믿을 수 있는가의 여부에 관해서이다. 현재 학계에서 『삼국사기』 신라본기 이사금시기 기록을 둘러싸고 불신론과 긍정론, 수정론이 제기되었다.[4] 해방 이후 많은 고대사 연구자들이 주로 수정론에 입각하여 초기 기록에 접근하였고, 필자 역시 이와 같은 입론에 적극 동조하는 입장이다. 필자는 본서에서 『삼국사기』 신라본기 이사금시기 기록에 전하는 신라의 주변 소국 정복 및 복속 관련 기사, 신라와 백제, 말갈, 가야와의 전투 관련 기사를 3세기 후반에서 4세기 후반 사이의 역사적 사실을 반영하는 것으로 이해하고 논지를 전개하였다.

마립간시기에도 신라는 지방 소국과 읍락집단 지배자의 자치적인 통치권을 보장해주고, 소국과 읍락집단들을 지배, 통제하였다. 일찍이 토기의 형식 분류를 통해 신라와 가야문화권을 나누어 놓은 연구가 있었다. 이 연구에서 4세기 말 이후 토기의 양식이 크게 낙동강 동안(신라 중심군)과 낙동강 서안(가야 중심군) 양

---

3) 이영식, 1985「가야제국의 국가형성 문제-가야연맹설의 재검토와 전쟁기사 분석을 중심으로-」『백산학보』32, 71~72쪽.
4) 『삼국사기』 신라본기 이사금시기 기록의 신빙성을 둘러싼 제논의에 대해서는 노태돈, 1987「삼국사기 상대 기사의 신빙성 문제」『아시아문화』2(1998『한국사를 통해 본 우리와 세계에 대한 인식』, 풀빛); 강종훈, 2001「삼국사기 초기 기록의 제문제」『김부식과 삼국사기』, 경주김씨대종회(2011『삼국사기 사료비판론』, 여유당); 이강래, 2003「삼국사기론 그 100년의 궤적」『강좌 한국고대사』1, 재단법인 가락국사적개발연구원(2007『삼국사기 형성론』, 신서원) 등이 참조된다.

식으로 구별된다고 하였다.[5] 이와 같은 견해는 지금까지 학계에서 크게 수정되지 않고 받아들여지고 있다.[6] 낙동강 동안지역—신라 세력권 내의 지역—에서의 토기의 양식상의 공유현상은 신라세력의 팽창과 밀접하게 연계시키는 것이 일반적이다. 실제로 정치적으로 전혀 관련이 없는 집단 간에 토기가 양식상의 공유현상을 보인다는 것은 상정하기 어렵기 때문에, 그러한 현상은 바로 신라 세력권 내의 소국들이 신라와 정치적으로 더 밀착된 현실을 반영한다고 봄이 자연스러울 것이다. 신라 양식의 토기는 낙동강 서안의 성주지역과 경남 합천군 쌍책면지역 및 강원특별자치도 강릉시 이남의 동해안지역에서도 조사되었다. 따라서 마립간시기에 신라의 지배, 통제의 범위는 이들 지역과 낙동강 동안의 영남지역이라고 추정해볼 수 있다. 이와 같은 추정은 낙동강 동안의 영남지역과 강원특별자치도 강릉지역에서 경주의 고분에서 발견되는 출자형 입식(立飾)의 금관·금동관과 동일한 형식의 금동관이 발견되는 사실을 통해 입증할 수 있다.[7]

마립간시기 고구려와 신라의 경계에 대해서는 『삼국사기』 잡지 제4 지리2 삭주(朔州)와 명주(溟州)조에 경북 서북부와 포항시 북구 청하면 이북의 동해안에 위치한 경북지역이 본래 고구려의 고지(故地)였다고 전하는 사실을 어떻게 이해

---

5) 김원룡, 1960 『신라토기의 연구』, 을유문화사.
6) 최종규, 1983 「중기고분의 성격에 대한 약간의 고찰」 『부대사학』 7; 김태식, 1985 「5세기 후반 대가야의 발전에 대한 연구」 『한국사론』 12, 서울대학교 국사학과; 이희준, 2007 『신라고고학연구』, 사회평론, 51~76쪽.
7) 출자형 입식의 금관과 금동관이 경주의 여러 고분에서 발견되었다. 그리고 현재까지 부산광역시 동래구, 경북 경산시 임당동과 조영동, 대구광역시 수성구 가천동과 노변동, 대구광역시 달서구와 달성군 다사읍, 경남 양산시, 창녕군 창녕읍과 계성면, 강원특별자치도 강릉시 초당동, 경북 구미시 해평면, 울산광역시 울주군 삼동면, 경북 영주시 순흥면에 위치한 고분에서 출자형 입식의 금동관이 출토되었다(이한상, 2000 「신라관 연구를 위한 일시론」 『고고학지』 11; 이한상, 2004 『황금의 나라 신라』, 김영사; 국립춘천박물관, 2008 『권력의 상징, 관-경주에서 강원까지-』; 김재열, 2010 「5~6세기 신라 경산지역 정치체의 冠」 『신라사학보』 20).

하는가의 여부에 따라 의견이 갈리고 있다. 현재까지 『삼국사기』 지리지의 기록을 신뢰하여 고구려가 마립간시기에 소백산맥을 넘어 경북 북부지역까지 진출하고, 또한 동해안 방면으로 경북 포항시 북구 청하면까지 진출하여 영역으로 편제하였다고 보는 견해가 널리 받아들여지고 있다.[8] 이에 따른다면, 고구려가 마립간시기에 소백산맥을 넘어 경북 서북부지역, 동해안 방면으로 경북 포항시 북구 청하면지역까지 진출하여 신라와 대치하였다고 볼 수 있다. 반면에 삼국통일 이후 신라인이 9주 가운데 한산주(漢山州)와 우수주(牛首州), 하서주(河西州)는 본래 고구려지역에 설치한 주라고 인식하였고, 실제로 고구려의 영역으로 편제된 적이 없던 경북 서북부와 포항시 북구 청하면 이북의 경북지역에 위치한 군과 현을 우수주와 하서주에 편제시켜 일괄적으로 본래 고구려의 군과 현이라고 서술한 것이라고 이해하는 견해가 제기되었다.[9] 이 견해를 제기한 강종훈 선생은 신라와 고구려는 마립간시기에 죽령과 계립령 및 강원특별자치도 강릉지역을 경계로 대치하였다고 주장한 바 있다.[10] 필자는 두 개의 견해 가운데 전자에 입각하여 마립간시기 신라의 서북과 동해안지역 경계에 대하여 고찰하였다.

---

8) 이병도, 1959 『한국사』(고대편), 을유문화사, 428~429쪽; 이도학, 1987 「신라의 북진경략에 관한 신고찰」 『경주사학』 6 ; 김정배, 1988 「고구려와 신라의 영역문제」 『한국사연구』 61·62합; 정운용, 1989 「5세기 고구려세력권의 남한」 『사총』 35; 서영일, 1991 「5~6세기의 고구려 동남경 고찰」 『사학지』 42; 김현숙, 2002 「4~6세기경 소백산맥 이동지역의 영역 향방-『삼국사기』 지리지의 경북지역 '고구려군현'을 중심으로-」 『한국고대사연구』 26 (2005 『고구려의 영역지배방식 연구』, 모시는사람들, 198~212쪽); 장창은, 2010 「『삼국사기』 지리지 '고구려고지'의 이해 방향」 『한국학논총』 33; 장병진, 2022 「5세기 고구려의 영남 북부 지역 지배에 대한 새로운 접근-영남 북부 '本高句麗郡縣' 기록의 이해-」 『고구려발해연구』 72; 전덕재, 2019 「충주고구려비를 통해 본 5세기 중반 고구려와 신라와의 관계」 『고구려발해연구』 65; 전덕재, 2023 『신라지방통치제도사』, 학연문화사, 130~32쪽 및 142~146쪽.
9) 이인철, 2000 『고구려의 대외정복 연구』, 백산자료원, 310~311쪽; 강종훈, 2008 「5세기 후반 고구려와 신라의 국경선」 『한국 고대 사국의 국경선』, 서경문화사, 107~119쪽; 박현숙, 2010 「5~6세기 삼국의 접경에 대한 역사지리적 접근」 『한국고대사연구』 58, 108~110쪽.
10) 강종훈, 위의 논문, 119~121쪽.

『삼국사기』 신라본기에 자비마립간 11년(468) 9월에 하슬라(何瑟羅) 사람들을 징발하여 이하(泥河)에 성을 쌓았고, 소지마립간 18년(496) 7월에 고구려가 우산성(牛山城)을 공격하자, 장군 실죽(實竹)이 나아가 이하 가에서 공격하여 깨뜨렸으며, 그다음 해 8월에 고구려가 우산성을 공격하여 함락시켰다고 전한다. 이러한 기록들을 통해, 이하와 우산성이 가까운 거리에 위치하였고, 이들 모두 신라와 고구려의 경계에 위치하였음을 추론할 수 있다. 일찍이 정약용은 발해와 신라의 경계로 알려진 이하와 『삼국사기』 신라본기에 전하는 이하를 동일한 하천으로 이해하고, 그것을 강릉 북쪽에 위치한 이천수(泥川水)로 추정한 바 있다.[11] 이천수는 이현(泥峴; 진고개)에서 발원하여 강릉시 사천면과 연곡면의 분수계를 이루는 연곡천(連谷川)을 가리킨다. 종래에 정약용의 견해를 그대로 수용한 견해와[12] 이하를 대관령에서 발원하는 성남천(城南川; 지금의 남대천)으로 비정하는 견해가[13] 제기되었다. 필자는 전에 이하를 성남천으로, 우산성은 오늘날 강원도 통천군에 해당하는 금양군[金壤郡; 금뇌(金惱)]으로 비정한 바 있다.[14]

한편 이하를 남한강 상류에 위치한 하천으로, 이하성을 명주(溟州)의 영현(領縣)인 정선현(旌善縣)으로 비정한 견해가 제기되었다.[15] 그리고 이하를 남한강 상

---

11) 唐書云 高麗滅 大氏率衆 保挹婁之東牟山地 直營州東二千里. 南接新羅 以泥河爲境 東窮海西. … 又按泥河者 我江陵之北泥川水也. 新羅慈悲王時 徵何瑟羅人〈今江陵〉築泥河城. 又炤知王時 追擊句麗靺鞨兵于泥河之西〈又祇摩王時 靺鞨入北境過泥河〉 卽此地也. 渤海新羅 旣以泥河爲界 則襄陽以北 皆渤海之所得也(『與猶堂全書』 제6집 지리집 제2권 疆域考2 渤海考).
12) 서병국, 1981 「신당서 발해전 소재 泥河의 재검토」 『동국사학』 15·16, 244~256쪽; 김택균, 1997 「동예고」 『강원문화연구』 16, 68~70쪽.
13) 이병도, 1977 앞의 책, 34쪽.
14) 전덕재, 2014a 「신라의 동북지방 국경과 그 변천에 관한 고찰」 『군사』 91, 162~164쪽. 필자는 신라와 발해의 경계에 위치한 泥河와 『삼국사기』 신라본기에 전하는 泥河는 별개의 하천으로 이해하였다.
15) 津田左右吉, 1913 「好太王征服地域考」 『朝鮮歷史地理』 1, 南滿洲鐵道株式會社; 1964 『津

류로 비정한 견해를 수용한 다음, 이하성을 강원특별자치도 정선군 임계면에 위치한 송계리산성으로 추정한 견해,[16] 우산성을 충주지역에 위치한 성으로 이해한 견해도[17] 제기되었다. 이하와 우산성을 어디로 비정하느냐에 따라 결과적으로 5세기 후반 신라와 고구려의 경계에 대한 이해가 달라진다고 볼 수 있는 것이다.

마립간시기 신라와 가야의 경계와 관련하여 『일본서기』에 가야 소국의 하나로서 가라(加羅; 대가야)와 신라의 경계에 위치하였다고 전하는 탁국[록국(㖨國)], 즉 탁기탄[록기탄(㖨己呑)]의 위치를 주목할 필요가 있다.[18] 탁국과 탁기탄은 동일한 실체를 가리킨다고 보는 것이 일반적이지만, 일찍이 탁국과 기탄을 별개로 이해한 다음, 탁[㖨]과 기탄(己呑)은 경남 창녕군 영산면과 그 동남쪽, 낙동강 북안지방에 위치하였다고 추정한 견해,[19] 탁국은 대구, 기탄은 경남 창녕군 영산면

田左右吉全集』第11卷, 岩波書店, 57~59쪽.
津田左右吉은 旌善縣의 본래 이름인 仍買縣과 泥河의 音相似에 근거하여 泥河를 정선지역을 흐르는 남한강 상류로 비정하였다.

16) 서영일, 1999 『신라육상교통로연구』, 학연문화사, 52~53쪽.
17) 박성현, 2010 「신라의 거점성 축조와 지방제도의 정비과정」, 서울대학교 박사학위논문, 109~114쪽.
박성현 선생은 475년 고구려의 漢城 함락 이전까지 충주지역은 백제가 차지하고 있었고, 475년 이후 신라와 고구려가 충주지역에 진출하여 대치하다가 6세기 초에 고구려와 신라가 충주지역을 분할하여 경계를 획정하고 건립한 정계비의 성격을 지닌 것이 「충주고구려비」라고 추정하였다.
18) 『日本書紀』卷19 欽明天皇 2년(541) 여름 4월 기록에 백제 聖明王(聖王)이 '㖨己呑은 加羅(대가야)와 新羅의 경계에 있어서[其㖨己呑 居加羅與新羅境際] 매년 공격받아 패하는데도 任那가 구원할 능력이 없었기 때문에 망했다.'라고 언급한 내용이 전한다. 따라서 탁국(탁기탄)의 위치를 어디로 비정하느냐에 따라 마립간시기 신라와 대가야의 경계에 대한 이해가 달라진다고 볼 수 있다. 한편 고대 일본인들은 '㖨'자를 'トク' 또는 'タク'으로 읽었다. 필자는 이러한 사실을 주목하여 '㖨'을 '탁'으로 音讀하였다.
19) 津田左右吉, 1913 「任那疆域考」 『朝鮮歷史地理』1, 南滿洲鐵道株式會社; 1964 『津田左右吉全集』第11卷, 岩波書店, 102~108쪽.

과 밀양시에 위치한 소국으로 추정한 견해가 제기되었다.[20] 그리고 탁국(탁기탄)의 위치를 경산시로 이해한 견해,[21] 대구시로 이해하는 견해,[22] 창녕군 영산면과 밀양시의 어느 지역으로 이해하는 견해,[23] 낙동강에 연한 경남 의령군 부림면 일대로 추정한 견해,[24] 경남 창원시와 김해시의 중간지역에 위치하였다고 보는 견해,[25] 경남 창원시 의창구 동읍 고대산만의 다호리 일대에 위치하였다고 보는 견해도[26] 제기되었다. 탁국의 위치를 어디로 비정하느냐에 따라 5세기와 6세기 전반 신라와 가야의 경계에 대한 이해가 달라진다고 볼 수 있는데, 필자는 전에 탁국을 경남 합천군 쌍책면 성산리에 위치한 옥전고분군의 축조세력과 연결시켜 이해한 바 있다.[27] 본서에서는 필자의 견해에 입각하여 5세기에서 6세기 초반 사이의 신라와 가야의 경계를 탐구할 예정이다.

중고기 신라의 국경 변화는 진흥왕대의 영역 확장과 밀접하게 연관시켜 이해할 수 있다. 신라가 568년(진흥왕 29)에 함흥과 이원지역까지 영토를 확장하였다는 사실은 「진흥왕순수비 마운령비」와 「진흥왕순수비 황초령비」를 통해 살필 수 있다. 학계에서 논란이 분분한 문제는 고구려가 언제 함흥과 이원지역을 회복하

---

20) 今西龍, 1919「加羅疆域考」『史林』4-3·4; 1937『朝鮮古史の研究』, 近澤書店(1970『朝鮮古史の研究』, 國書刊行會, 362~363쪽).
21) 鮎貝房之進, 1937『雜攷 日本書紀朝鮮地名攷』(1971『雜攷 日本書紀朝鮮地名攷』, 國書刊行會, 291~297쪽)에서 喙國의 위치를 경북 경산시로 비정한 이래, 末松保和, 三品彰英, 山尾幸久, 平野邦雄, 大山誠一 등의 일본 학자와 천관우 선생을 비롯한 일부 국내 학자들이 이에 동조하였다.
22) 김정학, 1977『任那と日本』, 小學館, 279쪽.
23) 김태식, 1993『가야연맹사』, 일조각, 188쪽; 백승충, 2010「신라·안라의 '接境'과 '耕種' 문제-'任那日本府' 출현 배경의 한 측면-」『지역과 역사』27, 111쪽.
24) 이희준, 1995「토기로 본 대가야의 圈域과 그 변천」『가야사연구-대가야의 정치와 문화』, 경상북도, 439쪽.
25) 田中俊明, 1992『大加耶連盟の興亡と任那-加耶琴だけが殘った-』, 吉川弘文館, 235쪽.
26) 이동희, 2021「탁기탄국 위치의 재검토」『동아시아고대학』63, 437~442쪽.
27) 전덕재, 2011「喙國(喙己呑)의 위치와 역사에 대한 고찰」『한국고대사연구』61, 265~280쪽.

였는가의 여부에 관해서이다. 『삼국사기』 신라본기에 진흥왕 29년(568) 10월에 비열홀주(比列忽州; 북한의 강원도 안변군 안변읍)를 폐하고 달홀주(達忽州; 북한의 강원도 고성군 구읍리)를 설치하였다고 전한다. 이것은 정군단의 주둔지를 비열홀에서 달홀로 옮겼음을 반영한 것으로 이해되고 있다. 종래에 정(停)의 주둔지 이동을 군사행위가 수반된 양국 간 경계의 변동과 연결시켜 볼 수 있다는 전제 아래 568년 이후에 신라가 안변지역을 고구려에게 상실하였을 가능성이 높다고 추정한 견해가 제기되었다.[28] 또한 『일본서기』에 570~574년에 고구려가 동해를 통해 왜에 사신을 보냈다고 전하는 사실을 주목하여, 568년 직후에 고구려가 함흥과 이원지역을 회복하였다고 주장하는 견해,[29] 568년 주치(州治), 즉 정(停)을 옮기면서 신라가 북청, 함흥지역을 방기하고 비열홀지역을 지키다가 638년 무렵에 그 지역까지 빼앗긴 것으로 보는 견해도 제기되었다.[30] 한편 『삼국사기』 신라본기에 진평왕 30년(608) 4월에 고구려가 우명산성(牛鳴山城)을 빼앗았다고 전한다. 종래에 우명산성을 강원특별자치도 춘천시에 위치한 성으로 보는 견해와[31] 흡곡현(歙谷縣 ; 현재 북한의 강원도 통천군 장대리) 경계에 위치한 철원수(鐵垣戍)와 연결시켜 이해하는 견해가[32] 제기되었다. 후자의 견해를 존중한다면, 608년(진평

---

28) 윤성호, 2021 「삼국시대 비열홀 지역 관방시설 연구」 『백산학보』 121, 249~250쪽.
29) 이성제, 2009 「570年代 고구려의 대왜교섭과 그 의미-새로운 대외전략의 추진 배경과 내용에 대한 재검토-」 『한국고대사탐구』 2, 58~59쪽; 서영교, 2012 「고구려 평원왕대 남진과 견왜사」 『역사와 세계』 41.
30) 장창은 2014 『고구려 남방 진출사』, 경인문화사, 249~253쪽.
31) 서영일, 2001 「6~7세기 고구려 남경 연구」 『고구려연구』 11, 37쪽; 장창은, 2013 「6세기 후반~7세기 초반 고구려의 남진과 대신라 영역방향」 『민족문화논총』 55, 440쪽; 윤성호, 2019 「신라 진평왕대 대고구려전투의 의미」 『역사와 경계』 110, 171~174쪽 ; 박종서, 2022 「고구려 남진 연구」, 단국대학교 박사학위논문, 189~190쪽.
32) 酒井改藏, 1970 「三國史記の地名考」 『朝鮮學報』 54; 강종훈, 2004 「7세기 삼국통일전쟁과 신라의 군사활동-660년 이전 對高句麗戰을 중심으로-」 『신라문화』 24, 233쪽; 정구복 등, 2012 『개정증보 역주 삼국사기』 3(주석편상), 한국학중앙연구원출판부, 544쪽.

왕 30) 4월에 고구려가 함흥과 이원, 안변지역을 회복하였다고 이해할 수 있을 것이다.[33]

진흥왕대 신라의 충주 및 청주지역 진출과 관련하여 주목되는 사실이 551년(진흥왕 12) 3월에 진흥왕이 낭성(娘城)에 순행하였다는 것이다. 현재 낭성을 청주지역에 위치한 지명으로 보는 견해와[34] 충주지역에 위치한 지명으로 보는 견해가[35] 제기되었다. 전자의 견해를 따르면, 551년 3월 이전에 신라가 청주지역에 진출하였다고 볼 수 있다. 그리고 후자의 견해를 따른다면, 그 이전에 신라가 소백산맥을 넘어 충주지역에 진출하였다고 이해할 수 있다. 필자는 전에 여러 자료를 세밀하게 고찰하여 낭성은 충주지역에 위치한 지명일 가능성이 높다는 견해를 제기한 바 있다.[36]

신라는 551년(진흥왕 12)에 고구려를 공격하여 한강 상류의 10군을 차지하였

---

33) 전덕재, 2014a 앞의 논문, 169~171쪽.
34) 이병도, 1977 앞의 책, 58쪽; 정구복 등, 2012 앞의 책, 114쪽; 이원근, 1976 「백제낭비성고」『사학지』 10, 1~7쪽; 민덕식, 1983 「고구려의 도서현성고」『사학연구』 36, 48~49쪽; 천관우, 1989 『고조선사·삼한사연구』, 일조각, 338쪽; 이우태, 1997 「영토의 확장과 왕권강화」『한국사』 7(삼국의 정치와 사회Ⅲ-신라·가야), 국사편찬위원회, 106쪽; 김갑동, 1999 「신라와 백제의 관산성전투」『백산학보』 52, 196쪽; 노중국, 2006 「5~6세기 고구려와 백제의 관계-고구려의 한강유역 점령과 상실을 중심으로-」『북방사논총』 11, 46쪽; 주보돈, 2006 「우륵의 삶과 가야금」『악성 우륵의 생애와 대가야의 문화』, 고령군·대가야박물관·계명대학교 한국학연구원, 74쪽; 장창은 2014 앞의 책, 161~162쪽; 정운용, 2016 「삼국시대 신라 이사부의 군사활동」『선사와 고대』 50, 129쪽; 윤성호, 2017a 「신라의 도살성·금현성 전투와 국원 진출」『한국고대사연구』 87, 245쪽.
35) 이기백·이기동, 1982 『한국사강좌』Ⅰ(고대편), 일조각, 265쪽; 김윤우, 1987 「낭비성과 낭자곡성」『사학지』 21, 266~269쪽; 양기석, 2006 「국원소경과 우륵」『충북사학』 16, 8~12쪽; 김현길, 2013 「낭성고」『호서문화』 창간호, 119쪽; 장준식, 1998 『신라 중원경 연구』, 학연문화사, 120쪽; 박성현, 2011 「5~6세기 고구려·신라의 경계와 그 양상」『역사와 현실』 82, 81쪽.
36) 전덕재, 2023 「신라 진흥왕의 순행과 순행로 고찰」『신라사학보』 57, 5~14쪽.

고, 553년(진흥왕 14) 7월에 백제가 차지한 한강 하류를 공격하여 6군을 차지하고 신주(新州)를 설치하였다. 현재 학계에서 신라가 차지한 10군과 6군의 실체를 둘러싸고 다양한 의견이 제시되었다. 『삼국사기』 열전 제4 거칠부조에 551년(진흥왕 12)에 거칠부 등 여덟 장군이 고구려를 공격하여 죽령(竹嶺) 바깥에서 고현(高峴) 안쪽에 있는 10군을 빼앗았다고 전한다. 종래에 고현을 현재 북한의 강원도 고산군과 회양군 사이에 위치한 철령으로 이해하고, 10군을 죽령 이북과 철령 이남에 있는 우수주(삭주) 소속의 10군[우두군(牛頭郡; 牛頭州)·평원군(平原郡)·나토군(奈吐郡)·근평군(斤平郡)·양구군(楊口郡)·성천군(狌川郡)·대양관군(大楊菅郡)·모성군(母城郡)·동사홀군(冬斯忽郡)·각련성군(各連城郡)]과 연결시켜 이해하는 것이 일반적이었다.[37] 이외에 동사홀군을 제외하거나,[38] 이것 또는 우두군 대신 나생군(奈生郡)을 10군에 포함시켜 이해하는 견해,[39] 모성군·동사홀군·각련성군·대양관군을 제외하고, 대신 괴양군(槐壤郡)·술천군(述川郡)·흑양군(黑壤郡)·개차산군(皆次山郡)을 10군에 포함시켜 이해하는 견해[40] 등이 제기된 바 있다.

6군의 내역과 관련하여 현재 한강 이북의 서울, 즉 북한산군(北漢山郡)을 포함하여 6군을 설정하는 견해,[41] 서울 북쪽에 위치한 한산주 소속의 6군과 연결시켜

---

37) 박성현, 2010 앞의 논문, 150~151쪽; 여호규, 2013 「5세기 후반~6세기 중엽 고구려와 백제의 국경 변천」 『백제문화』 48, 145~146쪽; 윤성호, 2017b 「신라의 한강유역 영역화과정 연구」, 고려대학교 박사학위논문, 104~112쪽; 박종서, 2022 앞의 논문, 174~176쪽.
38) 임기환, 2002 「고구려·신라의 한강유역 경영과 서울」 『서울학연구』 18, 12~14쪽.
39) 이인철, 1997 「신라의 한강유역 진출과정에 대한 고찰」 『향토서울』 57; 2003 『신라정치경제사연구』, 일지사, 107~108쪽; 장창은, 2011 「6세기 중반 한강유역 쟁탈전과 관산성전투」 『진단학보』 111, 10~14쪽; 서영일, 1999 앞의 책, 174~179쪽.
이인철과 장창은 선생은 冬斯忽郡 대신 奈生郡을, 서영일 선생은 牛頭郡 대신 奈生郡을 10군에 포함시켜 이해하였다.
40) 전덕재, 2009 「신라의 한강유역 진출과 지배방식」 『향토서울』 73, 107~109쪽.
41) 전덕재, 위의 논문, 110쪽에서 6군을 漢山郡(南漢山郡), 北漢山郡, 買忽郡, 栗津郡, 主夫吐郡, 馬忽郡으로 이해하였고, 여호규, 2013 앞의 논문, 146쪽에서 한산군, 북한산군, 皆

이해하는 견해,[42] 서울 이남에 위치한 한산주 소속의 6군과 연결시켜 추정한 견해[43] 등이 제기되었다. 한강 상류에 위치한 10군에 비하여 백제가 차지하였던 6군의 실체에 대하여 연구자들 사이에 견해 차이가 상당하였음을 엿볼 수 있다. 6군의 실체에 대한 규명과 관련하여 『일본서기』 권19 흠명천황(欽明天皇) 13년 기록에 전하는 니미방(尼彌方)의 위치를 어디로 비정할 것인가의 문제,[44] 오늘날 한강 이북의 서울을 가리키는 평양(平壤), 즉 북한산군을 6군에 포함시킬 수 있을 것인가의 여부가 중요한 쟁점으로 제기되었음을 살필 수 있다.

『삼국사기』 신라본기 제4 진평왕 51년(629) 가을 8월 기록에 신라가 고구려의 낭비성(娘臂城)을 공격하여 함락시켰다고 전한다. 낭비성은 7세기 전반 고구려와 신라의 경계에 위치한 성으로 추정되는데, 현재 낭비성의 위치에 대하여 청주지역에 위치한 성으로 이해하는 견해,[45] 경기도 파주시 적성면에 위치한 칠중

次山郡, 買忽郡, 唐城郡, 白城郡, 栗木郡 가운데 하나를 제외한 6개의 군을 6군으로 이해하였다.

42) 노중국, 2006 앞의 논문, 34쪽; 문안식, 2010 「고구려의 한강유역 진출과 서울지역의 동향」『서울학연구』 39, 141~142쪽에서 北漢山郡 이북에 위치한 泉井口縣(交河郡), 來蘇郡, 堅城郡, 開城郡, 松嶽郡, 牛峯郡 등을 6군으로 이해하였고, 장창은 2014 앞의 논문, 18쪽에서는 북한산군, 내소군, 천정구현, 견성군. 철원군, 夫如郡을 6군으로 이해하였다. 한편 양기석, 2005 「5~6세기 백제의 북계-475~551년 백제의 한강유역 영유문제를 중심으로-」『박물관기요』 20, 단국대학교 석주선기념박물관, 47~48쪽에서는 『일본서기』 권19 欽明天皇 13년 기록에 전하는 平壤을 황해도 재령의 남평양으로 이해한 다음, 6군을 五谷郡, 鵂巖郡, 漢城郡, 獐塞縣, 池城(郡), 十谷縣으로 추정하였다.

43) 임기환, 2002 앞의 논문, 14쪽에서 율목군, 주부토군, 개차산군, 술천군, 매홀군, 당성군을 6군으로 이해하였다.

44) 현재 尼彌方을 오늘날 경기도 동부천시 송내동 일대로 비정되는 沙川縣의 본래 이름인 內乙買縣의 별칭 內尒彌와 연결시켜 이해하는 견해(전덕재, 2023 앞의 책, 246~247쪽)와 오늘날 경기도 이천시에 해당하는 南川州의 별칭인 南買와 연결시켜 이해하는 견해(임기환, 2002 앞의 논문, 13쪽; 여호규, 2020 「고구려의 한반도 중부지역 지배와 한성 별도의 건설」『한국고대사연구』 99, 242쪽)가 제기되었다.

45) 이원근, 1976 앞의 논문; 1981 「삼국시대의 성곽연구」, 단국대학교 박사학위논문, 191

성(七重城)으로 비정한 견해,⁴⁶ 경기도 포천군 군내면에 위치한 반월산성으로 비정한 견해⁴⁷ 등이 제기되었다. 629년 무렵 청주지역을 고구려의 영역으로 보기 어렵기 때문에 진평왕 51년 가을 8월 기록에 전하는 낭비성을 청주지역에 위치한 성으로 이해하는 것은 수긍하기 어렵다. 따라서 낭비성을 칠중성 또는 반월산성으로 비정하는 것이 합리적일 텐데, 어느 견해를 수용하는가에 따라 7세기 전반 신라의 서북 경계에 대한 이해가 달라진다고 볼 수 있다.

현재 『삼국사기』 열전 제4 이사부조에서 이사부(異斯夫)가 지도로왕(智度路王) 때에 거도(居道)의 꾀를 답습하여 마희(馬戲)로써 속여 취하였다고 언급한 가야국의 실체, 그리고 신라가 공격하여 병합한 탁순(卓淳)과 탁국(탁기탄)의 위치 비정 등을 둘러싸고 논의가 분분하였다. 5세기 후반에 고구려가 남진정책을 추진하자, 백제와 신라는 고구려의 남진에 대항하기 위해 전력을 기울였다. 그러나 6세기를 전후한 시기에 고구려의 남진이 둔화되자, 백제와 신라는 가야지역으로의 진출을 모색하였다. 이사부열전의 기록은 바로 6세기 초반 지증왕대에 신라가 가야지역으로 진출하였음을 알려주는 자료이다. 이사부가 공략하여 빼앗은 가야지역이 어느 곳인가에 따라 당시 신라와 가야의 경계에 대한 이해가 달라질 수 있는데, 종래에 지도로왕은 법흥왕(法興王)의 오기이고, 이사부열전의 기록은 『일본서기』 권17 계체천황(繼體天皇) 23년(529) 여름 4월 기록에 이질부례지간기(伊叱夫禮智干岐), 즉 이사부가 군사 3,000명을 거느리고 금관(金官) 등 4촌을 초

쪽; 민덕식, 1983 앞의 논문, 19~21쪽.
이원근 선생은 청주지역에 위치한 낭비성은 고구려가 아니라 백제의 성이라고 수정하여 이해하였다.
46) 김윤우, 1987 앞의 논문, 275~284쪽.
47) 서영일, 1995 「고구려 낭비성고」 『사학지』 28, 31~35쪽; 박종서, 2010 「고구려의 낭비성에 대한 검토」 『국학연구』 17; 2022 앞의 논문, 194~211쪽; 장창은 2014 앞의 책, 307~315쪽; 윤성호, 2019 앞의 논문, 177~187쪽.

략(抄掠)하였다고 전하는 사실을 반영한 것으로 보는 견해,[48] 이사부열전의 기록은 지도로왕 때에 이사부가 남해안 일대의 가야 소국을 공격하여 차지한 사실을 반영한다고 이해한 견해,[49] 이사부가 6세기 초반에 황강 수로를 통해 경남 합천군 쌍책면 성산리에 위치한 탁국[喙國]을 복속시킨 다음, 황강과 낙동강의 수로를 장악하고, 두 강의 합류 지점 남쪽에 위치한 낙동강 서안지역을 차지한 것으로 보는 견해 등이 제기되었다.[50] 앞에서 탁국(탁기탄)의 위치 비정을 둘러싼 여러 견해를 자세하게 살핀 바 있다. 현재 탁순국의 위치에 대하여 경남 함안군 칠원면과 대구광역시, 경남 창원시, 경남 의령군 의령읍으로 비정하는 견해가 제기되었다.[51] 필자는 본서에서 여러 견해 가운데 탁순국을 경남 창원시로 비정하는 견해를 수용하여 논지를 전개하였다.

6세기 중반 백제의 동쪽 경계와 신라의 서쪽 경계는 『삼국사기』지리지에 전하는 웅·전·무주 동쪽 경계, 상·강주 서쪽 경계와 대략 일치하였다. 그런데 7세기 전·중반에 백제가 소백산맥을 넘어 영남지역으로 본격 진출하였고, 마침내 642

---

48) 김태식, 2002 『미완의 문명 7백년 가야사』 1(수로왕에서 월광태자까지), 푸른역사, 209쪽 및 290쪽.
49) 신가영, 2020 「4~6세기 가야제국의 동향과 국제관계」, 연세대학교 박사학위논문, 128쪽.
50) 전덕재, 2014b 「이사부의 가계와 정치적 위상」 『사학연구』 115, 21~23쪽.
51) 津田左右吉, 1913 앞의 논문; 1964 앞의 책에서 탁순국을 경남 함안군 칠원면에 위치한 가야 소국으로 이해하는 견해를 제기하였다. 鮎貝房之進, 1937 앞의 책(1971 앞의 책, 303~307쪽)에서 탁순국을 대구광역시에 위치한 가야 소국으로 이해한 이래, 末松保和, 三品彰英, 平野邦雄, 大山誠一, 천관우, 백승옥 등이 이 견해를 수용하였다. 그리고 今西龍, 1919 앞의 논문(1937 앞의 책; 1970 앞의 책, 346~352쪽); 김정학, 1990 「가야와 일본」 『고대한일문화교류연구』, 한국정신문화연구원, 231~236쪽; 김태식, 1993 앞의 책, 175~189쪽; 백승충, 1995 「가야의 지역연맹사 연구」, 부산대학교 박사학위논문, 233~238쪽; 남재우, 1998 「가야시대 창원·마산지역 정치집단의 대외관계」 『창원사학』 4, 61~65쪽; 전형권, 1998 「4~6세기 창원지역의 역사적 실체」 『창원사학』 4, 15~22쪽에서 탁순국의 위치를 경남 창원시로 비정하였다. 한편 이희준, 1995 앞의 논문, 431~438쪽에서는 탁순국은 경남 의령군 의령읍에 위치한 가야 소국으로 이해하였다.

년 대야성(大耶城; 경남 합천군 합천읍)을 공격하여 차지하면서 두 나라의 경계에 변화가 나타났다. 현재 학계에서 대야성전투 이후 백제가 낙동강 서안의 옛 가야지역 대부분을 차지하면서 두 나라는 낙동강을 경계로 대치하였다고 이해하는 것이 일반적이기 때문이다. 『삼국사기』 열전 제1 김유신조에 648년에 김유신이 대야성[대량성(大梁城)]과 가까운 옥문곡(玉門谷)에서 백제군을 크게 무찔렀다고 전한다. 그런데 여기에서 이때 신라가 대야성을 탈환하였다고 명시적으로 언급하지 않았기 때문에 그 이후 신라가 대야성을 탈환하였는가의 여부를 둘러싸고 의견이 분분한 실정이다.[52] 한편 『삼국사기』 신라본기 제6 문무왕 3년(663) 2월 기록에 흠순(欽純)과 천존(天存)이 군대를 거느리고 백제의 거열성(居列城)을 공격하여 차지하였다고 전한다. 종래에 이 기록을 근거로 하여 642년 이후 거열성은 계속 백제의 영역에 속하였다고 이해하고, 나아가 백제가 660년 멸망 때까지 경남 서부지역, 즉 옛 가야지역 대부분을 차지하였다고 파악하였다. 이에 따른다면, 7세기 전반부터 660년까지 신라와 백제의 경계는 대체로 낙동강과 소백산맥 사이의 경상도지역에서 오락가락하였다고 정리할 수 있다.[53]

---

52) 김창석, 2009 「6세기 후반~7세기 전반 백제·신라의 전쟁과 대야성」 『신라문화』 34, 103~104쪽; 김영관, 2010 「660년 신라와 백제의 국경선에 대한 고찰」 『신라사학보』 20, 142~143쪽; 김병남, 2018 「661년 신라 하주 州治의 大耶 이동 배경-신라와 백제의 공방을 중심으로-」 『지역과 역사』 42, 183쪽; 박종욱, 2021 「백제 사비기 신라와의 전쟁과 영역 변천」, 고려대학교 박사학위논문, 169~177쪽; 최상기, 2023 「642년 대야성전투에 나타난 신라 군제의 일면」 『한국고대사연구』 112, 255쪽에서 신라가 대야성을 탈환하지 못하였다고 이해하는 견해를 제시하였고, 津田左右吉, 1913 「羅濟境界考」 『朝鮮歷史地理』 1, 南滿洲鐵道株式會社; 이부오·장익수역, 2009 「나제경계고」 『신라사학보』 16, 358쪽; 강봉룡, 1994 「신라 지방통치체제 연구」, 서울대학교 박사학위논문, 156~159쪽; 윤성호, 2022 「7세기 가야고지 일대의 신라와 백제간 경계 변화」 『한국고대사연구』 107, 94~95쪽에서 신라가 대야성을 탈환하였다고 이해하는 견해를 제시하였다.

53) 津田左右吉, 위의 논문; 이부오·장익수 역, 위의 논문, 360~363쪽에서 거열성을 진주로 비정한 다음, 백제 멸망기에 합천·거창·함양·운봉은 신라의 영역, 하동·진주는 백제의 영역이었다고 이해하는 견해를 제시하였다. 또한 성주탁, 1990 「백제 말기 국경선에 대한

664년 또는 665년에 당나라는 백제고지에 웅진도독부(熊津都督府), 7주(州), 51현(縣)을 설치하였다. 664년 2월에 열린 웅령회맹(熊嶺會盟)과 665년 8월에 개최된 취리산회맹(就利山會盟)에서 웅진도독부와 신라 사이의 국경선을 획정하고 경계에 푯말을 세울 것을 결정하였다고 추정된다. 당시 웅진도독부와 신라의 경계는 웅진도독부 관할 51현의 위치를 고증함으로써 고구(考究)할 수 있다. 현재까지 51현 가운데 상당수는 위치를 비정하였지만, 그러나 여전히 그 가운데 일부의 위치 고증에 대해서는 재고의 여지가 적지 않다고 볼 수 있다. 이와 더불어 현재까지 51현의 위치를 모두 고증한 연구성과는 제출되지 않았기 때문에 웅진도독부와 신라의 경계를 추적하는 것은 사실상 불가능에 가까웠다고 말하여도 과

고찰」, 『백제연구』 21, 148~149쪽에서 거열성을 진주로 비정하고, 백제 말기에 백제가 소백산맥을 넘어 함양·합천·진주까지 진출하여 이곳들을 신라와의 접경지대로 삼았다고 주장하였다. 박현숙, 1998 「백제 사비시대의 지방통치와 영역」, 『백제의 지방통치』, 학연문화사에서 660년 무렵 영·호남지역에서 백제와 신라의 경계는 『삼국사기』 지리지에 전하는 全·武州와 尙·康州의 경계와 일치한다고 보면서도, 다만 거열성을 진주로 비정하여 그곳은 백제의 영역에 속하였다고 이해하는 견해를 제기하였다. 그리고 김태식, 1997 「백제의 가야지역관계사-교섭과 정복-」, 『백제의 중앙과 지방』(백제학연구총서 5권), 충남대학교 백제연구소; 2014 『사국시대의 사국관계사 연구』, 서경문화사, 154쪽에서 거열성을 거창으로 비정한 다음, 660년까지 옛 가야지역은 여전히 백제의 휘하에 들어 있었다는 견해를 제기하였고, 김영관, 위의 논문, 132~145쪽에서 660년 무렵 백제의 동쪽 경계는 거창의 거열성과 합천의 대야성, 진주와 하동, 남해를 연결하는 선이었다고 주장하였다. 이 밖에 648년 이후에 신라가 대야성을 탈환하지 못한 상태에서 신라와 백제가 낙동강 이서와 소백산맥 이동의 경상도지역에서 일진일퇴의 공방전을 전개함에 따라 두 나라의 경계도 변동되었다고 보는 견해(김병남, 위의 논문, 176~184쪽), 648년 이후에도 백제는 여전히 대야성을 계속 영유하였고, 660년 무렵까지 운봉·함양·거창·산청·진주·하동·남해지역을 비교적 안정적으로 지배하였으며, 이들 지역을 관할하는 광역의 지방행정기구로서 方을 하나 더 추가로 설치하였다고 이해하는 견해(박종욱, 위의 논문, 158~213쪽), 신라가 648년에 대야성을 탈환하였지만, 거창의 居列城은 여전히 백제의 영역에 속하였다고 이해한 다음, 660년 무렵 백제와 신라는 거창 가조천 일대를 경계로 대치하였다고 파악하는 견해(윤성호, 위의 논문, 103~105쪽) 등이 제기되기도 하였다.

언이 아니다.

신라는 670년대 전반에 백제고지에서 당군(唐軍)을 축출하고 그곳을 모두 영역으로 편제하였다. 신라가 웅진도독부 관할의 백제고지를 모두 차지하게 됨에 따라, 신라의 서쪽 경계는 서해가 되었고, 서북쪽 경계는 한산주(漢山州)의 북계와 일치하게 되었다. 그런데 현재 학계에서 7세기 후반 한산주의 북계가 임진강인가, 아니면 예성강인가의 여부를 둘러싸고 논의가 분분한 실정이다. 『신당서(新唐書)』신라전(新羅傳)에 '상원(上元) 2년(675) 2월에 조서를 내려 이근행(李謹行)을 안동진무대사(安東鎭撫大使)로 삼고, 매소성(買肖城)에 주둔하여 신라와 세 번 싸워 모두 물리쳤다. 법민(法敏)이 사신을 보내 조회하고 사죄하며, 계속해서 공물을 바치자, 인문(仁問)이 이에 돌아와 신라왕을 그만두었으므로, 조서를 내려 법민의 관작을 회복시켜 주었다. 그러나 (신라는) 백제 땅을 많이 취하고, 마침내 고려 남경에 이르렀다[然多取百濟地 遂抵高麗南境矣].'라고 전한다. 종래에 김영하 선생은 '고려남경(高麗南境)'을 '고구려(고려)의 남쪽 경계선'이라고 해석한 다음, 675년에 신라가 백제의 영토를 차지하고, 고구려 남쪽 경계선, 즉 임진강에 이르렀다고 이해하였다. 즉 675년에 신라가 임진강 이남의 영토를 차지하였다고 보았던 것이다.[54] 김영하 선생과 선생의 견해를 지지하는 연구자들은 694년(효소왕 3) 겨울에 송악성(松岳城)과 우잠성(牛岑城)을 쌓고, 713년(성덕왕 12) 12월에 개성(開城)을 쌓은 사실을 신라가 694년과 713년에 임진강을 넘어 송악성과 우잠성, 개성을 영역으로 편제한 사실과 연결하여 이해하였다.[55] 그런데 '경(境)'이라는 한자는 '경계(境界)'라는 뜻과 더불어 '경역(境域)'이라는 뜻을 지니고

---

54) 김영하, 2018 「신라의 '백제통합'과 '일통삼한' 재론」 『한국고대사연구』 89, 252~254쪽.
55) 박성현, 2010 앞의 논문, 205~206쪽.
한편 김영하, 2014 「신라의 '통일'영역문제-교과서 내용의 시정을 위한 제언-」 『한국사학보』 56, 25쪽 및 김종복, 2017 「7~8세기 나당관계와 추이」 『역사비평』 127, 253~254쪽에서도 이와 비슷한 견해를 제기하였다.

있다.⁵⁶ 따라서 '고려남경(高麗南境)'을 '고려(고구려)의 남쪽 경역'이라고 해석하는 것도 가능하다. 필자는 '고려남경'을 '고구려의 남쪽 경역'으로 해석하고, 675년에 신라가 북계인 임진강을 건너 이것과 예성강 사이의 고구려 영역을 자신의 영역으로 편제하였다고 이해하는 견해를 제기한 바 있다.⁵⁷ 신라는 735년(성덕왕 34)에 당나라가 패강(浿江; 대동강) 이남지역에 대한 신라의 영유권을 공식적으로 인정해주자, 이후 경덕왕대부터 헌덕왕대까지 이른바 패강지역에 14개의 군·현을 설치하여 영역을 대동강 이남까지 확장하였다.

『신당서』 발해전에 '남쪽으로 신라와 접해 있으며, 이하(泥河)로서 경계로 하였다.'라고 전한다. 현재까지 이하를 금진천(金津川; 북한 금진강)으로 비정하는 견해와⁵⁸ 용흥강(龍興江; 북한의 금야강)으로 비정하는 견해,⁵⁹ 안변의 남대천(南大川)으로 비정하는 견해가⁶⁰ 제기되었다. 이하의 위치 비정은 신라의 최북단에 있었던 천정군(泉井郡)의 위치 고증과도 밀접한 연관성을 지녔는데, 필자는 천정군의 군치(郡治)는 북한의 금야읍과 고산읍 사이의 어느 곳으로 비정하고, 이하는 용흥강일 가능성이 높다는 견해를 제기한 바 있다.⁶¹ 이후 발해 지배하의 여러 말갈족이 함경도 방면으로 진출함에 따라 신라는 이하에서 후퇴하여 안변지역을 북

---

56) 宗福邦·陳世饒·蕭海波主編, 2003 『故訓匯纂』, 商務印書館, 442쪽에서 '境'은 '疆', '界', '壤'의 뜻이 있다고 하였고, 단국대학교 동양학연구소, 2000 『한한대사전』 3, 단국대학교출판부, 664쪽에서는 '境'은 국경, 변경이란 뜻과 더불어 장소, 구역, 지역이라는 뜻이 있다고 하였다.

57) 전덕재, 2019 「신라는 삼국을 통일하려고 하였을까」 『역사비평』 128, 180~187쪽.

58) 池內宏, 1929 「眞興王の戊子巡境碑と新羅の東北境」 『古蹟調査特別報告』 第6冊, 朝鮮總督府; 1960 『滿鮮史研究』 上世第2冊, 吉川弘文館, 68~69쪽.

59) 松井等, 1940 「渤海國の疆域」 『滿洲歷史地理』 上, (株)丸善, 422~423쪽; 박성현, 2019 「6~8세기 신라 동북 경계의 변천과 구조」 『한국학논집』 77, 32쪽.

60) 津田左右吉, 1913 「新羅北境考」 『朝鮮歷史地理研究』 1, 南滿洲鐵道株式會社; 1964 『津田左右吉全集』 第11卷, 岩波書店, 215~217쪽.

61) 전덕재, 2014a 앞의 논문, 177~185쪽.

계로 삼았다.

견훤은 900년에 후백제를 건국하고, 궁예는 901년에 후고구려를 건국하면서 후삼국이 정립하기에 이르렀다. 이때 신라의 경계는 후고구려와 후백제의 영역 확장에 따라 변화되었다고 볼 수 있다. 후고구려의 영역 확장과 관련하여 왕건(王建)이 어느 시기에 나주지역을 차지하였는가를 둘러싸고 의견이 갈리고 있음을 살필 수 있다. 『고려사』 태조세가에 천복(天復) 3년 계해(903; 효공왕 7) 3월에 태조(왕건)가 수군[주사(舟師)]을 거느리고 서해로부터 광주(光州)의 경계에 이르러 금성군(錦城郡; 전남 나주시)을 공격하여 함락시키고 10여 군·현을 차지한 후에 금성을 고쳐 나주(羅州)라 하였다고 전한다. 한편 『삼국사기』 열전 제10 궁예조에는 주량(朱梁) 건화(乾化) 원년 신미(911; 효공왕 15)에 궁예가 왕건으로 하여금 군사를 거느리고 금성(錦城) 등을 치게 하고, 금성을 나주로 개칭하였다고 전한다. 열전 제10 견훤조에는 개평(開平) 4년(910; 효공왕 14)에 견훤이 금성이 궁예에게 항복한 것에 노하여 보병과 기병 3천 명으로 공격하게 하여 포위를 풀지 않았다고 전한다. 그리고 『삼국사기』 신라본기에는 910년(효공왕 14)에 견훤이 몸소 보병과 기병 3천 명을 이끌고 나주성을 에워싸고 10일이 지나도록 풀지 않자, 궁예가 수군을 내어 그들을 습격하니, 견훤이 군사를 이끌고 물러갔다고 전한다. 기록에 따라 왕건이 나주지역을 공격하여 차지한 시기에 대하여 다르게 전하고 있음을 확인할 수 있는데, 연구자 사이에서도 여러 기록 가운데 어느 것을 취신(取信)하는가의 여부에 따라 다양한 의견이 제기된 바 있다.

종래에 왕건이 공략하였는지 아니면 나주세력이 왕건에 항복하였는가를 정확하게 파악하기 어렵지만, 『고려사』 태조세가의 기록을 존중하여 903년에 후고구려가 금성(錦城), 즉 나주지역을 차지하였다고 주장한 견해가 제기되었다.[62]

---

62) 신호철, 1993 『후백제 견훤정권 연구』, 일조각, 66~68쪽; 문수진, 1987 「고려건국기의 나주세력」 『성대사림』 4, 15쪽; 신성재, 2010 「궁예와 왕건과 나주」 『한국사연구』 151, 6쪽.

또한 909년 이전 어느 시기에 후고구려가 금성에 진출하였고, 궁예열전에 전하는 기록은 금성과 그 일대가 후고구려의 영역에 속하였음을 공식화한 사실을 반영한다고 이해하는 견해도 제기되었다.[63] 반면에 필자는 『삼국사기』 궁예열전의 기록은 911년이 아니라 910년의 상황을 반영한 것, 『고려사』 태조세가의 기록은 910년에 일어난 금성 공격 사실을 903년의 사건이라고 소급하여 기술한 것이라고 이해한 다음, 왕건이 910년에 금성을 공략하여 빼앗았다고 보는 것이 합리적이라는 견해를 제기한 바 있다.[64]

918년 고려 건국 이후 왕건이 친신라정책을 추진하면서 영남지역에서 성주(城主)와 장군(將軍)을 칭하며 활동하던 호족(豪族)들이 고려에 귀부(歸附)한 사례가 늘어났다. 이후 신라와 고려는 화친관계를 유지하면서 후백제를 압박하였다. 이러한 상황에서 후백제와 고려는 낙동강 인접지역에서 자주 충돌하였다. 이 가운데 대표적인 전투가 924년과 925년 두 차례에 걸쳐 전개된 조물성전투(曹物城戰鬪)이다. 조물성의 위치를 알려주는 구체적인 자료가 전하지 않기 때문에 종래에 그 위치를 둘러싸고 다양한 견해가 제기되었다. 현재까지 조물성이 경상북도 안동 부근,[65] 김천시 조마면,[66] 안동과 상주 사이에[67] 위치하였다고 보는 견해와 구체적으로 조물성을 구미 금오산성(金烏山城),[68] 예천군 예천읍의 흑응산성(黑鷹

---

63) 조인성, 2007 『태봉의 궁예정권』, 푸른역사, 202~206쪽.
64) 전덕재, 2021 「신라 말 농민봉기의 원인과 통치체제의 와해」 『역사와 담론』 98, 36~38쪽.
65) 김상기, 1985 『고려시대사』, 서울대학교출판부, 26쪽.
66) 이병도, 1961 『한국사』(중세편), 을유문화사, 42쪽; 한기문, 2019 「고려시대 경산부의 성립과 변천」 『한국학논집』 74, 39쪽.
67) 이병도, 1977 앞의 책, 723쪽.
68) 池内宏, 1937 「高麗太祖の經略」 『滿鮮史研究』 中世第2冊, 座右寶刊行會, 27쪽; 김갑동, 2000 「후백제 견훤의 전략과 영역의 변천」 『군사』 41, 166쪽; 류영철, 2000 「조물성싸움을 둘러싼 고려와 후백제」 『국사관논총』 92, 21~22쪽.

山城)으로[69] 비정한 견해가 제기되었다. 필자는 전에 조물성이 음운학적으로 수주군(水酒郡)과 유사하다는 사실을 논증한 다음, 구체적으로 예천군 예천읍에 위치한 흑응산성으로 비정한 바 있다.[70] 930년 정월에 고창전투에서 후백제가 고려에게 크게 패배한 이후, 고려가 경주지역을 제외한 경상도지역을 거의 차지하였고, 신라는 결국 935년에 고려에 항복하였다. 현재까지 후삼국시기 신라의 경계 변화를 체계적으로 살핀 연구성과가 거의 제출되지 않았다. 이는 결과적으로 후백제와 후고구려의 영역 확장, 후백제와 고려의 충돌에 따른 영역의 변동에 대한 체계적인 연구가 제대로 이루어지지 않았다는 의미와도 통한다. 본서에서 필자는 후백제와 후고구려, 후백제와 고려의 영역 확장에 따라 신라의 영역이 점차 축소되었던 사실에 초점을 맞추어 후삼국시기 신라의 경계 변화 과정을 규명할 예정이다.

530년대에 6부의 성격이 부의 대표가 자치적으로 부를 통치하는 단위정치체에서 왕경의 행정구역단위로 바뀌었는데, 이를 기반으로 신라는 6부체제를 해체하고 국왕 중심의 집권적인 정치체제와 중앙집권적인 영역국가체제를 정비하였다. 신라 국가는 5세기 후반부터 지방 소국(小國)의 국읍(國邑)과 읍락(邑落)을 행정촌(行政村)으로 편제하는 작업을 추진하였고, 530년대에 행정촌을 몇 개 묶어 군(郡)을, 군을 몇 개 묶어 상주(上州)와 하주(下州)를 설치하면서 주군제(州郡制)를 본격적으로 실시하였다.[71] 신라가 중앙집권적인 국가체제를 정비하면서 삼국은 국경을 맞대고 비로소 정립하기에 이르렀고, 이후부터 신라의 경계는 고구려와 백제, 가야 및 발해와의 항쟁에 따라 계속 변동되었다고 볼 수 있다.

530년대 이전에 신라는 지방 소국이나 읍락집단 지배자의 전통적인 통치권을

---

69) 정요근, 2008「후삼국시기 고려의 남방진출로 분석」『한국문화』44, 18~19쪽.
70) 전덕재, 2021「나말여초 경산부의 설치와 동향」『한국사연구』195, 111~113쪽.
71) 전덕재, 1996『신라육부체제연구』, 일조각, 132~140쪽; 전덕재, 2023 앞의 책, 73~86쪽.

그대로 인정해주고 그들을 지배, 통제하였다. 따라서 530년대 이전 신라의 경계는 신라의 주변 소국 및 읍락집단에 대한 지배, 통제의 범위를 가리킨다고 이해할 수 있다. 3세기 후반에 사로국, 즉 신라가 진한지역의 맹주국으로 부상하였고, 이때부터 신라는 주변 소국이나 읍락집단을 정복하거나 복속시켜 그들과 지배-복속 관계를 맺었다. 이때 사로국(신라)은 지방 소국이나 읍락집단에게 정기적으로 공납을 바치게 하였고, 여러 가지 방법으로 그들을 지배, 통제하였다.[72] 3세기 후반에서 4세기 후반 사이에 사로국(신라)의 지배, 통제 범위는 동해안 방면으로 강원특별자치도 강릉시 이남, 소백산맥 이남과 낙동강 동안의 영남지역을 크게 벗어나지 않았다. 마립간시기에 신라는 지방 소국에 대한 통제를 한층 더 강화하였고, 성주지역을 비롯한 낙동강 서안의 일부 지역까지 지배, 통제의 범위를 확장하였다.

지금까지 신라 국경의 변천에 대한 연구성과가 다수 제출되었지만,[73] 일정 시기 또는 일부 지역에 한정되는 한계를 보였고, 이사금시기부터 후삼국시기까지 전체 신라 국경의 변천에 대해 체계적, 종합적으로 살핀 연구성과를 찾을 수 없었다. 본서는 이와 같은 문제의식에서 준비된 것이다. 본서가 향후 신라 국경의 변천에 대한 이해를 심화시키는 데에 조금이나마 도움이 되었으면 하는 바람이다.

---

72) 530년대 이전 신라(사로국)의 지방 소국이나 읍락집단에 대한 지배, 통제 방식에 대한 자세한 내용은 전덕재, 2023 앞의 책, 83~113쪽이 참조된다.
73) 주요한 연구성과를 소개하면 다음과 같다.
최병운, 1992 「신라 상고의 영토 변천 연구」, 전남대학교 박사학위논문; 조이옥, 1996 「8세기 통일신라의 북방진출 연구」, 이화여자대학교 박사학위논문; 서영일, 1999 앞의 책; 김태식 등, 2008 『한국 고대 사국의 국경선』, 서경문화사; 장창은, 2020 『삼국시대 전쟁과 국경』, 온샘; 신대수, 2024 「4세기 후반~6세기 삼국의 군사적 경계 변화 연구」, 강원대학교 박사학위논문; 임평섭, 2024 「6세기 신라의 영역화 과정 연구」, 서강대학교 박사학위논문.

2. 연구 방법과 내용

1) 연구 방법

신라의 국경을 고구(考究)하고자 할 때, 우선 신라와 주변 국가 및 세력이 맞붙어 싸운 곳을 살피는 것이 필요하다. 『삼국사기』를 비롯한 여러 문헌에 삼국과 가야가 싸운 장소에 대한 정보가 많이 전한다. 한편 신라가 주변 국가 및 세력의 침략에 대비하여 변경지역에 방어시설로서 성을 쌓은 사실을 적지 않게 발견할 수 있다. 따라서 성을 쌓은 장소를 규명하면 신라의 국경에 대한 지식을 얻을 수 있다. 고대의 전투와 축성(築城) 장소가 오늘날 어디인가를 고증하기 위해서는 일차적으로 『삼국사기』와 『고려사』 지리지, 『세종실록』 지리지와 『신증동국여지승람』, 그리고 김정호가 찬술한 『대동지지(大東地志)』를 비롯한 조선시대의 여러 지리서와 지도 등에 전하는 정보를 활용하는 것이 요구된다. 삼국과 통일신라시대 지명 가운데 오늘날 그 위치를 알 수 있는 경우의 대부분은 바로 『삼국사기』 지리지를 비롯한 여러 지리서와 지도에 전하는 정보에 기초하였다고 보아도 과언이 아니다.

그런데 『삼국사기』 본기와 열전에 지리지 및 후대의 지리서와 지도에 전하지 않는 지명이 적지 않게 전하고 있다. 고대에 우리 말을 한자를 차용하여 표기하였다. 한자를 차용할 때에 한자의 음과 훈 가운데 하나를 선택하는데, 음을 차용하면 음차(音借), 훈을 차용하면 훈차(訓借)라 부른다. 『삼국사기』 열전 제7 소나조에 소나(素那)는 혹은 금천(金川)이라 부르기도 하였다고 전한다. '金'의 훈은 '쇠(소)'이고,[74] '川'의 훈은 '내' 또는 '나'이다. 따라서 소나(쇠내, 쇠나, 소내)의 음을 한자로 표현한 것이 '素那'이고, 훈을 차용하여 한자로 표기한 것이 '金川'이라 볼 수 있다. 이러한 사례에서 볼 수 있듯이 고대에 한자를 차용하여 인명과 지명을 표기하였으므로, 필자는 본서에서 지명의 차자표기에 대한 해독을 통해 지명을 비정하는 방법론을 적극 활용할 것이다.

그러나 『삼국사기』에 전하는 지명 가운데 차자표기에 대한 해독을 통해 그 위치를 비정하기 어려운 사례를 다수 발견할 수 있다. 이럴 경우에 지명을 고증하기 위하여 현재 학계에서 음운상의 유사성, 즉 음상사(音相似)를 활용한 방법을 널리 사용하고 있다. 신라 6부명에 보이는 '훼(喙)'를 신라시대에 탁(닥) 또는 톡(독), 그리고 달 또는 돌로 음독(音讀)하였음을 확인할 수 있다.[75] 본래 신라인들은 '훼(喙)'를 톡(독) 또는 돌로 읽었을 텐데, '아래 아'자가 사라지면서 이와 같이 다양하게 음독하게 된 것이다. 이를 통해 고대에 'ㅗ'와 'ㅏ'가 통용되었음을 엿볼 수 있다. 『삼국유사』 권제1 왕력제1에 미추이질금(未鄒尼叱今)의 '미추'를 미소(未炤), 미조(未祖), 미소(未召)라고도 표기하였다고 전한다. 또한 『삼국사기』 잡지 제3 지리1 상주(尙州)조에 오늘날 경북 의성군 금성면에 해당하는 문소군(聞韶郡)의 본래 이름이 소문국(召文國)이라 전하고, 「단양신라적성비」에서 이곳을 추문촌(鄒文村)이라 표기하였음이 확인된다. 이러한 자료들을 통해 고대에 'ㅊ'과 'ㅈ', 'ㅅ'이 서로 통용되었을 뿐만 아니라 'ㅗ'와 'ㅜ'를 서로 치환하여 사용하였음을 살

---

74) 『삼국유사』 권제3 흥법제3 아도기라조에 金橋를 世間에서는 松橋라고 잘못 부르고 있다고 전한다. '솔(소)다리'로 독음할 수 있는 松橋는 바로 '쇠다리[金橋]' 또는 '소다리'를 訓借한 것으로 이해할 수 있다. 이러한 사례를 통해 신라에서 '金'을 '소'로도 독음하였음을 살필 수 있다.

75) 이에 관해서는 전덕재, 2009 『신라 왕경의 역사』, 새문사, 50~53쪽이 참조된다.

필 수 있다.「영천청제비(永川菁堤碑) 정원명(貞元銘)」에서 '사훼(沙喙)'를 '수훼(梁須)'라 표기하거나 함안 성산산성에서 출토된 목간에서 경북 상주시에 해당하는 '사벌(沙伐)'을 '수벌(須伐)'로 표기하였고,[76] 이벌찬[각간(角干)]의 별칭인 서불한(舒弗邯)을 서발한(舒發韓), 서발한(舒發翰)으로 표기하였음을[77] 확인할 수 있다. 한편 설총(薛聰)의 아들인 설중업(薛仲業)을『속일본기(續日本紀)』권36 광인천황(光仁天皇) 보구(寶龜) 11년(780) 정월 기록에서 살중업(薩仲業)이라고 표기하였음을 발견할 수 있다. 이러한 자료들을 통해 고대에 'ㅜ'와 'ㅏ', 'ㅓ'와 'ㅏ'가 서로 치환이 가능하였음을 엿볼 수 있다. 현재 고대의 언어를 완벽하게 재구(再構)하기가 어려운 것이 사실이지만, 이와 같은 여러 자료를 상호 비교 검토하는 방법을 활용하여 그 가운데 일부를 재구할 수 있지 않을까 한다. 이에 본서에서 필자는 음운상의 유사성을 주목하여 지명을 고증하는 방법을 적극 활용할 예정이다.

『삼국사기』신라본기와 백제본기 기록에 신라와 백제와의 교섭·전쟁 관련 기사가 많이 전한다. 필자가 475년 웅진천도 이전의 신라본기와 백제본기에 전하는 기록을 상호 비교 검토한 결과, 두 본기에 동일한 내용이 전하는 경우, 대부분 신라본기의 기록이 원전이었음을 살필 수 있었다. 물론 백제본기에 전하는 일부 기록은 신라본기의 기록이 기본원전이 아니라, 신라본기의 기본원전과 다른 고기(古記)에 전하는 기록이 원전인 사례도 발견할 수 있었다. 웅전천도 이후 백제본기 기록의 경우 일부가 신라본기 기록이 원전이었고, 상당수는 백제 자체의 전승 기록이 원전인 경우에 해당하였음을 알 수 있었다. 한편 신라본기와 고구려본기에 동일한 내용이 전하는 경우에도 역시 대부분 신라본기의 기록이 원전

---

76) 가야 72 목간에 '須伐本波居須智'란 묵서가 전한다(국립가야문화재연구소, 2017『한국의 고대목간』Ⅱ, 114쪽).

77) 『삼국사기』잡지 제7 직관(상)에 '一曰伊伐飡<或云伊罰干 或云于伐飡 或云角干 或云角粲 或云舒發翰 或云舒弗邯>'이라 전하고「성주사낭혜화상탑비」와「結華嚴經社會願文」에 舒發韓이라는 관등표기가 전한다.

이었음을 확인할 수 있다.[78] 신라의 경계를 고구(考究)하고자 할 때, 신라본기와 백제본기, 고구려본기에 전하는 전투 장소를 주목할 필요가 있는데, 이럴 경우 본서에서 상고기에 해당하는 기록의 경우 대체로 신라본기 기록을 중심으로 논지를 전개하였음을 밝혀두고자 한다. 다만 고구려와 백제본기 기록 가운데 신라본기 기록이 원전이 아닌 경우에는 되도록 두 본기에 전하는 기록을 함께 소개하려 한다.

『삼국사기』 신라본기 이사금시기 기록에는 『삼국지』 위서 동이전에 전하는 3세기 중반의 역사상과 배치되는 내용이 적지 않게 전한다. 후자에 사로국은 단지 진한 12국 가운데 하나로 언급될 뿐이다. 더구나 여기에 240년대에 부종사(部從事) 오림(吳林)이 낙랑군이 본래 한국(韓國)을 통괄하였다고 하여서 진한 8국의 관할권을 대방군에서 다시 낙랑군에 넘기려고 하다가 무엇인가 사단이 발생한 사실이 전하는데,[79] 3세기 중반까지 진한지역에 대한 사로국의 통제력이 중국 군현세력만큼 그리 강하지 못했음을 알려준다. 3세기 중반에도 사로국이 진한의 여러 소국을 제대로 통제하지 못한 상황이었음에도 불구하고 신라본기에는 3세기 중반 이전에 음즙벌국(音汁伐國 ; 경북 경주시 안강읍 근처)·실직국(悉直國 ; 강원특별자치도 삼척시)·압독국(押督國 ; 경북 경산시), 비지국(比只國 ; 경남 창녕군 창녕읍)·다벌국(多伐國 ; 대구광역시)·초팔국(草八國 ; 경남 합천군 초계면), 우시산국(于尸山國 ; 울산광역시 울주군 웅촌면 일대), 거칠산국(居柒山國 ; 부산광역시 동래구), 소문국(召文國 ; 경북 의성군 금성면), 감문국(甘文國 ; 경북 김천시 개령면)을 정벌하였다고 전한다. 신라가 주변의 소국을 정복한 사실은 분명히 인정되지만, 3세기 중반 이전에 여러 소국을 정복하여 복속시켰다고 보기는 어려울 듯싶다.

---

78) 『삼국사기』 본기 기록의 원전에 대해서는 전덕재, 2018 『삼국사기 본기의 원전과 편찬』, 주류성이 참조된다.

79) 部從事吳林 以樂浪本統韓國 分割辰韓八國以與樂浪 吏譯轉有異同 臣智激韓忿 攻帶方郡崎離營. 時太守弓遵樂浪太守劉茂興兵伐之 遵戰死 二郡遂滅韓(『삼국지』 위서 동이전 한).

『삼국사기』 신라본기에 탈해이사금대(서기 57~80)에 백제왕이 낭자곡성(娘子谷城 ; 충북 청주시)에서 신라왕과 만나려고 하였다거나 와산성(蛙山城 : 충북 보은군 보은읍), 구양성(狗壤城 ; 충북 옥천군 옥천읍)에서 백제와 신라가 싸웠다고 전한다. 그리고 아달라이사금 14년(서기 167)에 신라가 2만 8천여 명에 이르는 군사를 동원하여 한수(漢水)에서 백제와 전쟁을 치렀고, 벌휴이사금 4년(서기 187)에 모산성(母山城 ; 충북 진천군 진천읍)에서 백제와 싸웠다고 하였다. 이 밖에도 250년 이전에 신라와 백제가 봉산성(烽山城 ; 경북 영주시), 괴곡성(槐谷城 ; 충북 괴산군 괴산읍) 등에서 전투하였다는 기사가 전한다. 『삼국지』 위서 동이전에 경주에 위치한 사로국이 진한지역의 맹주국이었다고 전하지 않을 뿐만 아니라 백제국(伯濟國) 역시 마한 소국의 하나로 나오며, 당시 마한지역의 맹주국은 진왕(辰王)을 배출한 천안·청주 근처에 위치한 목지국(目支國)이었다고 전한다. 이에 따른다면, 경주에 위치한 사로국과 한강유역에 위치한 백제국이 3세기 중반 이전에 소백산맥 일대에서 싸웠다고 전하는 신라본기의 기록을 그대로 믿기가 쉽지 않을 것이다.

앞에서 이사금시기 기록에 신라와 백제가 충북 일원에서 전투한 사실들이 전한다고 언급하였는데, 사로국, 즉 신라가 진한지역을 대표하는 맹주국으로 부상하고, 백제가 마한을 대표하던 목지국(目支國)을 제압하고, 충청지역에 위치한 마한 소국들을 지배, 통제하였다는 사실을 전제로 할 때 두 나라가 충북 일원에서 직접 맞서 싸운 사실을 합리적으로 설명할 수 있다. 현재 학계에서 3세기 중·후반 고이왕대에 백제(백제국)가 목지국을 압도하고 마한의 대표세력으로 부상하였다고 보는 것이 일반적이다.[80] 『진서(晉書)』 사이동이전(四夷東夷傳) 진한(辰韓)조에 '무제(武帝) 태강(太康) 원년(280)에 그(진한) 왕이 사신을 보내 방물(方物)

---

80) 노중국, 1988 『백제정치사연구』, 일조각, 85~94쪽; 문창로, 2007 「백제의 건국과 고이왕대의 체제 정비」 『백제의 기원과 건국』(백제문화사대계 연구총서2), 충청남도 역사문화연구원, 289~308쪽.

을 바쳤다. 2년에 또 와서 조공(朝貢)하였다. 7년(286)에 또 왔다.'라고 전한다.[81] 『진서』본기(本紀)에 280년, 281년, 286년에 동이(東夷)의 여러 나라가 조공하였다고 전하는데,[82] 아마도 진한은 그 중에 하나였을 것이다. 위의 기록에 보이는 진한왕은 바로 진한지역을 대표하는 세력, 즉 사로국의 왕으로 추정된다. 이를 통해 280년대, 즉 3세기 후반에 사로국이 진한지역을 대표하는 맹주국으로 부상하였음을 추론할 수 있다. 결국 백제와 사로국(신라)이 3세기 후반에 마한과 진한지역을 대표하는 맹주국으로 부상하였다고 볼 수 있는바, 이사금시기 기록에 두 나라가 충북 일원에서 충돌하였다고 전하는 것은 3세기 후반 이후의 사실을 반영한 것으로 이해할 수 있다고 하겠다. 현재 신라본기 마립간시기 기록의 기년이나 사실성에 대하여 크게 의문을 품지 않는 것이 일반적임을 염두에 둔다면, 신라가 백제와 싸웠다고 전하는 신라본기 이사금시기 기록은 3세기 후반에서 4세기 후반 사이의 역사적 사실을 반영한다고 보는 것이 합리적이라고 판단된다. 본서에서 필자는 일부 이사금시기 기록의 경우 여러 기록을 상호 비교 검토하여 시기를 특정하기도 하였지만, 대부분은 시기를 특정하지 않고, 다만 3세기 후반에서 4세기 후반 사이에 발생한 역사적 사실이라고 포괄적으로 이해하고 논지를 전개하였음을 밝혀두고자 한다.

본서에서 필자는 『삼국사기』와 『삼국유사』, 중국 정사 동이전, 『자치통감(資治通鑑)』과 『책부원구(冊府元龜)』 등을 비롯한 중국 문헌, 『일본서기(日本書紀)』와 『속일본기(續日本紀)』 등의 일본측 문헌, 『고려사』 지리지를 비롯하여 조선시대에 편찬한 지리서류, 금석문과 목간 등을 두루 활용하여 논지를 전개할 것이다. 그리

---

81) 武帝太康元年 其王遣使獻方物. 二年復來朝貢 七年又來(『晉書』卷97 列傳第67 四夷東夷傳 辰韓).

82) 太康元年 六月 甲申 東夷十國歸化. 秋七月 東夷二十國朝獻. 二年 三月 東夷五國來獻. 夏六月 東夷五國內附. 七年 八月 東夷十一國內附. 是歲 扶南等二十一國·馬韓等十一國遣使來獻(『晉書』卷3 帝紀第3 武帝).

고 신라와 가야와의 경계 및 관계 등을 고구(考究)할 때에는 문헌자료가 불비(不備)하기 때문에 고고학적인 자료를 활용하여 보완할 예정이다. 다만 신라의 국경이 단기간에 변경되는 사례가 적지 않기 때문에 신라와 백제·고구려의 국경을 천착할 경우에는 고고학 자료의 활용을 되도록 자제하고자 하였다. 본서에서 활용한 이상에서 언급한 연구방법론은 향후 고구려와 백제, 가야 및 발해 국경의 변천을 고찰할 때에도 많은 도움이 될 것으로 기대된다.

2) 본서의 내용과 구성

필자는 본서에서 상고기, 중고기, 통일기, 후삼국시기로 나누어 신라 국경의 변천을 살피려고 한다. 먼저 1부에서는 상고기 신라의 국경과 그 변천에 대하여 검토할 것이다. 여기서는 크게 4세기 후반 이전의 이사금시기와 마립간시기로 나누어 신라의 지방 소국과 읍락집단에 대한 지배, 통제의 범위, 즉 신라의 경계를 규명할 예정이다. 1부 1장에서는 4세기 후반 이전 이사금시기의 동북과 서북 경계, 강원특별자치도 영서지역에서의 신라와 백제의 대립, 구야국(금관국)과의 경계에 대하여 고찰하였다. 1장에서는 우선 4세기 후반 이전 신라는 대관령, 진고개가 위치하였던 강원특별자치도 강릉시를 경계로 하여 고구려의 통제를 받은 동예(東濊)를 가리키는 말갈(靺鞨)과 대치하였음을 논증할 것이다. 그리고 이어서 신라가 3세기 후반에서 4세기 초반 사이에 서진(西晉)과 연결할 수 있는 교통로에 위치한 춘천지역에 진출하였고, 이때에 백제가 춘천지역에 진출하면서 두 나라가 그곳에서 충돌하였음을 살필 예정이다. 그리고 계속해서 신라와 백제가 3세기 후반에 진한과 마한을 대표하는 세력으로 부상하면서 두 나라가 서로 충북과 경북 북부지역에 위치한 소국이나 읍락집단을 자국에게 복속시키기 위하여 충북과 경북지역에 진출하였고, 이 과정에서 이들 지역에서 두 나라가 자주 전쟁을 벌였던 사실 및 경남 양산시를 흐르는 낙동강이 신라와 구야국(금관국)의 경계였다는 사실을 고구(考究)할 것이다.

1부 2장에서는 마립간시기 신라의 경계를 집중적으로 고찰할 것이다. 여기에서는 먼저 대체로 390년대까지 신라의 동북 경계는 실직(悉直; 강원특별차지도 삼척시) 또는 하슬라(何瑟羅; 강릉시)였고, 400년에 고구려 광개토왕이 보기(步騎) 5만을 보내 신라 변방을 침략한 왜군을 물리치게 하였는데, 이 무렵에 고구려가 경북 포항시 북구 청하면과 그 이북의 경북 동해안지역을 영토로 편입하여 450년(눌지마립간 34)까지 지배하였음을 논증할 것이다. 그리고 이어서 450년 무렵에 신라가 고구려를 공격하여 실직 또는 하슬라 이남의 동해안지역을 고구려로부터 빼앗고, 475년에서 481년 사이에 비열성(比列城; 북한의 강원도 안변군 안변읍)까지 북상하였으며, 이에 대응하여 고구려가 497년(소지마립간 19)에 동해안 방면에서 신라를 공격하여 비열성과 우산성(牛山城; 북한의 강원도 통천군)을 함락시키고 실직 또는 하슬라 근처까지 남진(南進)한 사실을 천착할 것이다.

   그리고 계속해서 5세기 후반에 신라가 소백산맥 일원에 쌓은 여러 성의 위치를 고증하여, 무산성(茂山城; 전북특별자치도 무주군 무풍읍), 비라성(鄙羅城; 충북 영동면 양산면), 사시성(沙尸城; 충북 옥천군 이원면), 구례성(仇禮城; 충북 옥천군 옥천읍), 일모성(一牟城; 충북 청주시 상당구 문의면), 살매(薩買; 충북 괴산군 청천면)를 연결하는 선이 마립간시기의 서북 경계였음을 살필 것이다. 마지막으로 4~5세기 신라와 가야 경계의 변천을 집중적으로 조명하려 한다. 여기에서는 먼저 4세기 후반까지 신라와 가야세력의 경계는 대체로 낙동강이었고, 5세기에 이르러 낙동강 동안의 중류와 하류지역 및 성주지역의 고분, 합천군 쌍책면 성산리의 옥전 고분에서 신라계 토기와 금속유물이 집중적으로 출토되는 사실을 주목하여, 5세기 전반에서 중반에 걸쳐 신라가 낙동강 서안까지 지배, 통제의 범위를 확장하였음을 고구(考究)할 예정이다. 그리고 이어서 5세기 후반에 신라와 백제가 고구려의 남진에 전력을 기울이는 상황에서 대가야가 낙동강 서안지역을 자신의 통제력 아래에 편제시키고, 신라와 대가야가 각기 낙동강 동안과 서안에 여러 성을 쌓아 상대방의 침략에 대비한 사실을 고찰할 예정이다.

2부에서는 중고기 신라의 영역 확장에 따른 신라 동북과 서북 및 서쪽 경계의 변동 양상을 살필 것이다. 먼저 2부 1장에서는 중고기 동북 경계의 변화를 고찰할 예정이다. 여기에서는 먼저 신라가 한강유역을 차지하고 556년(진흥왕 17) 7월에 동해안 방면으로 비열홀(比列忽)에 진출한 사실을 살필 것이다. 그리고 이어 이때부터 568년(진흥왕 29) 8월 사이에 신라가 함흥과 이원 일대까지 북상한 사실, 고구려가 590년 무렵부터 신라에 대한 공격을 단행하여 마침내 608년(진평왕 30) 4월에 함흥·이원 일대와 안변지역을 회복한 사실, 612년 이후부터 642년(선덕여왕 11) 사이에 다시 신라에게 비열성을 빼앗겼다가 642년 무렵에 되찾았던 사실, 655년(태종무열왕 2) 정월에 말갈(동예)과 함께 신라를 강하게 압박하며 하슬라 근처까지 진출한 사실 등을 천착할 것이다.

2부 2장에서는 중고기 신라의 영역 확장에 따른 서북 경계의 변동 양상을 조명할 것이다. 여기에서는 551년 이전 시기와 한강유역 진출 이후의 서북 경계, 7세기 서북 경계의 변화 양상에 대하여 검토하는 순서로 논지를 전개할 예정이다. 2장에서 우선 신라는 5세기 후반에서 500년 사이에 경북 북부지역에서 고구려 세력을 구축(驅逐)하고 한동안 소백산맥을 경계로 고구려와 대치한 사실을 고구(考究)할 것이다. 이어 540년대 후반 진흥왕 때에 죽령을 넘어 단양과 충주지역을 차지하여 영역으로 편제한 사실, 550년에 청주지역까지 진출한 사실 등을 고찰할 것이다. 그리고 계속해서 551년과 553년에 차지한 고구려의 10군, 백제의 6군의 범위를 고구(考究)하여, 중고기 신라의 서북 경계는 임진강 하류의 천성(泉城; 경기도 파주시 탄현면 성동리), 임진강 중류의 칠중성(七重城; 파주시 적성면 구읍리), 임진강 상류와 한탄강 하류의 대전리산성(연천군 청산면 대전리)과 초성리산성(연천군 청산면 초성리), 강원특별자치도 철원군을 연결하는 선이었고, 신라와 백제의 경계는 아산만에서 천안, 진천을 잇는 선이었음을 규명할 것이다. 아울러 고구려가 590년 무렵에 낭비성(娘臂城; 경기도 포천시 군내면 반월산성)과 그 이북의 동두천시와 연천군, 철원군을 되찾았던 사실, 629년에 신라가 낭비성을 공격하여 함락시키고 다시 강원특별자치도 철원군지역을 되찾은 사실 등을 계속해서 살필 것이다.

2부 3장에서는 6세기 신라의 가야지역 진출과 병합에 따른 신라 서쪽 경계의 변화과정을 고찰할 예정이다. 여기에서는 우선 6세기에 들어 고구려의 남진이 둔화되자, 신라가 낙동강 서안의 일부 지역을 차지하였고, 이에 대하여 대가야가 514년에 낙동강을 건너 신라를 침략한 사실을 살필 것이다. 그리고 이어 532년 무렵에 금관국(金官國; 경남 김해시), 탁국(경남 합천군 쌍책면 성산리)을 병합하고, 537년 봄에 탁순국(卓淳國; 경남 창원시)을 차지하고 경남 함안에서 안라국(安羅國)과 대치한 사실을 고구(考究)할 것이다. 그리고 계속해서 562년에 대가야와 여러 소국을 모두 병합하여 『삼국사기』 지리지에 전하는 강주(康州)와 상주(尙州)의 서쪽 경계를 연결하는 선이 신라와 백제의 국경선이 되었음을 규명할 것이다.

3부에서는 통일신라의 국경과 그 변천에 대하여 검토할 예정이다. 여기에서는 먼저 6세기 중반에서 660년까지의 충청과 영·호남지역에서의 신라와 백제 국경선의 변화 양상을 살필 것이다. 이어 664년 또는 665년부터 670년대 전반까지의 웅진도독부와 신라와의 경계, 7세기 후반 이후부터 헌덕왕대까지 신라의 북진에 따른 한산주(한주) 북계의 변동, 동해안지역에서의 신라와 발해의 국경선을 고찰할 것이다.

3부 1장에서는 660년 무렵 백제의 북쪽 경계는 오늘날 아산만에서 천안, 진천을 잇는 선이었음을 먼저 논증할 것이다. 그리고 이어 당시 충청지역에서 신라의 서쪽 경계는 충북 진천과 청주, 보은, 옥천군 안내면, 옥천읍, 이원면과 영동군 양산면, 전북특별자치도 무주군 무풍면을 연결하는 선과 일치하였다는 사실, 642년 백제가 대야성(大耶城; 경남 합천군 합천읍)을 공격하여 함락시킨 이후 신라와 백제는 한동안 낙동강을 경계로 대치하였다가 648년 신라가 옥문곡전투(玉門谷戰鬪)에서 승리하고 옛 가야지역 대부분을 회복하면서 『삼국사기』 지리지에 전하는 강주 서쪽에 위치한 군과 현을 연결하는 선, 즉 소백산맥 및 이것과 남해안을 연결하는 선이 신라의 서쪽 경계가 되었다는 사실 등을 차례로 천착하려 한다. 2장에서는 웅진도독부 소속 51현의 위치를 모두 고증하여, 웅진도독부의 북쪽 경계는 충남 당진시와 서산시 지곡면, 아산시 영인면을 연결하는 선이었고, 동쪽 경계는 세종특별자치시 전의면, 대전광역시 유성구, 충남 논산시 가야곡면, 전북특별자치도 진안군 마령면, 전남 담양군 담양읍, 순천시 낙안면·보성군 벌교읍을 연결하는 선이었다는 사실, 당시 신라의 서쪽 경계는 충남 천안시 목천읍, 충북 청주시, 대전광역시 대덕구, 충남 금산군 진산면, 전북특별자치도 진안군 진안읍, 순창군 순창읍, 전남 곡성군 옥과면과 순천시를 연결하는 선과 일치하였다는 사실 등을 밝히는 순서로 논지를 전개할 것이다.

3부 3장에서는 7세기 후반에 신라가 임진강과 예성강 사이에 위치한 여러 군현을 한산주에 새로 편입하였음을 고구(考究)하고, 이어 경덕왕대부터 헌덕왕대까지 재령강 동쪽의 패강지역에 영풍군(永豊郡)을 비롯한 14군·현을 설치하여 신라의 북계가 대동강에 이르게 되었음을 검토할 것이다. 3부 4장에서는 먼저 신라가 666년(문무왕 6) 12월에 비열홀지역을 차지하고, 681년(문무왕 21)에 천정군(泉井郡)까지 영역으로 편제한 사실을 고찰할 것이다. 그리고 발해와 신라의 경계로 알려진 이하(泥河)가 용흥강(북한의 금야강)이었음을 논증할 것이다. 이어 9세기 전반에서 886년(헌강왕 12) 사이에 말갈부족들이 점진적으로 남하하여 천정군과 그 영현(領縣)을 차지하고 안변을 경계로 하여 신라와 대치한 사실을 고찰하려 한다.

4부에서는 후삼국시기 후백제와 후고구려·고려의 영역 확장에 따라 신라의 영토가 위축되었음을 살필 것이다. 먼저 1장에서는 918년 이전에 신라의 통치기반이 와해되자, 견훤과 궁예가 후백제와 후고구려를 건국하고, 세력을 확장한 사실을 검토할 예정이다. 여기에서는 후고구려가 900년에서 910년 사이에 공주 이북의 충남지역, 상주와 그 인근의 30여 주현, 죽령 동북쪽의 단양군과 제천시, 영월군지역, 금성군(錦城郡; 전남 나주시)과 전남 해안 일부 지역을 공격하여 차지한 사실, 후백제가 910년 이전에 공주 이남의 충남지역과 충북 남부지역 및 일선군(一善郡; 경북 구미시 선산읍) 이남의 10여 성을 차지한 사실, 그리고 920년 10월까지 대야성(경남 합천군 합천읍)을 빼앗지 못하여 낙동강을 건너 경남지역까지 진출하지 못한 사실 등을 먼저 검토할 것이다. 그리고 이와 더불어 910년대에 후고구려와 후백제의 영역에 편입되지 않은 울진 이남의 경북 동해안지역, 상주 이북 및 구미시 선산읍과 그 인근지역을 제외한 경북 내륙지역, 울산광역시와 경상남도 대부분 지역 가운데 왕경 주변의 일부 지역만이 신라의 직접적인 통제 하에 있었고, 나머지는 성주·장군이라고 불리는 이른바 호족이 자체적으로 통치하였음을 구명할 것이다.

이어서 4부 2장에서는 920년대에 낙동강을 둘러싸고 후백제와 고려가 치열하게 항쟁한 사실을 검토할 예정이다. 여기서는 924년과 925년에 전개된 조물성전투에서 고려가 모두 승리하면서 죽령 방면의 경북지방을 보존할 수 있었고, 후백제가 927년 공산전투에서 승리한 이후 낙동강에 인접한 대부분의 지역을 차지하였다는 사실 등을 살피는 데에 집중할 것이다. 마지막으로 3장에서는 930년 정월 고창전투 이후 경상도지역에서 활동하던 호족들이 대부분 고려에 귀부하면서 신라는 겨우 오늘날 경주시 일원만을 통치하였을 뿐만 아니라 군사력마저 완전히 무력화되어 고려군이 신라 왕도를 진수하였다가 결국 935년에 경순왕이 신라에 항복한 사실을 고찰할 것이다.

본서는 처음으로 이사금시기부터 신라 멸망 때까지의 신라 국경의 변천을 살핀 연구성과라고 평가할 수 있다. 필자는 본서에서 신라 국경에 위치한 지명을 여러 가지 방법론을 활용하여 고증하고, 이를 기초로 하여 시기마다 신라의 국경이 어떻게 변화되었는가를 논증하려 하였다. 지명 고증에 대하여 여전히 이론(異論)이 있을 수 있고, 국경 관련 사료의 해석이나 이해에 대해서도 의견이 분분한 실정이기 때문에 필자의 견해가 모든 연구자의 공감을 받을 수 있다고 보기 어려울 것이다. 이럼에도 불구하고 필자가 본서를 출간한 이유는 본서의 출간을 계기로 신라 국경에 대한 체계적, 종합적인 이해가 한층 더 심화되어 여러 연구자가 공감할 수 있는 연구성과가 제출되었으면 하는 바람을 가졌기 때문이다. 아울러 본서의 출간 이후 고구려와 백제, 가야, 발해의 국경 변천에 대한 연구와 이해가 활성화되기를 기대해 마지않는다. 본서에서 부족한 점은 추후에 수정, 보완할 것을 약속하며, 많은 질정을 바란다.

1부
상고기(上古期) 신라의
국경과 그 변천

1. 4세기 후반 이전 신라의 경계

1) 동북 경계

『삼국지(三國志)』 위서(魏書) 동이전(東夷傳) 예(濊)조에 예는 남쪽으로 진한(辰韓)과 접하였다고 전한다. 3세기 중반에 동예와 진한이 동해안에서 접경하였음을 알려주는 자료이다. 진한 소국 가운데 근기국(勤耆國)을 경북 포항시 남구 연일읍(옛 영일군),[1] 우유국[優由國; 우중국(優中國)]을 경북 울진에 위치한 것으로 비정하는 견해가 제기되었다.[2] 그러나 이에 대하여 이견이 존재하기 때문에 근기국과 우유국이 반드시 동해안지역에 위치하였다고 단정하기 어렵다.[3] 경북 포항시 북구 신광면 홍곡리 마조마을(옛 마조리)에서 '진솔선예백장(晉率善濊伯長)'이 새겨진 동인(銅印)이 발견되었다. 3세기 후반에 경주 근처인 포항시 북구 신광면 일대까지 예족[濊(濊)族]이 거주하였음을 알려주는 유물이다. 『삼국지』 위서 동이전 예조에 247년[정시(正始) 8]에 예가 위(魏)에 조공(朝貢)을 바치자, 위는

---

1) 이병도, 1976 「삼한의 제소국 문제」 『한국고대사연구』, 박영사, 276쪽.
2) 천관우, 1976 「진·변한 제국의 위치 시론」 『백산학보』 20; 1991 『가야사연구』, 일조각, 83~85쪽.
3) 이병도, 1976 앞의 논문, 276쪽에서 우유국을, 천관우, 위의 책, 73~75쪽에서 근기국을 각기 경북 청도에 위치한 소국으로 추정하였다.

불내후(不耐侯)를 불내예왕(不耐濊王)으로 봉(封)하였고, 그는 계절마다 낙랑군에 이르러 조알(朝謁)하였다고 전한다. 『삼국지』 위서에 '경원(景元) 2년(261) 가을 7월에 낙랑의 외이(外夷)인 한(韓)·예(濊)·맥(貊)이 각각 그 무리를 이끌고 와서 조공하였다.'라고 전한다.[4] 260년대까지 동해안지역의 예족이 낙랑군의 통제를 받았음을 알려준다. 낙랑군 불내현은 현재 북한의 강원도 안변을 중심으로 원산 내지 통천군에 걸쳐 있었다고 추정되므로[5] 3세기 후반 예족의 핵심 세력은 원산만 일원에 거주하였다고 볼 수 있다.

『삼국지』 위서 동이전 예조에 동예가 한말[漢末(後漢末)]에 고구려에 복속되었다고 전하므로 3세기 후반에 원산만 일원에 거주한 예족의 핵심세력은 고구려에 복속된 상태였다고 이해할 수 있다. 그렇다면 여기서 과연 고구려에 복속된 동예의 범위를 경북 포항시 북구 신광면 일대까지 규정할 수 있을까가 문제로 제기된다. 『삼국사기』 신라본기에 파사이사금 23년에 강원특별자치도 삼척시에 위치한 실직국(悉直國)의 왕이 신라, 즉 사로국(斯盧國)에 항복하였고, 파사이사금 25년에 실직국이 반란을 일으키자, 신라에서 군사를 보내 반란을 평정한 다음, 그 남은 무리를 남쪽의 변방으로 옮겼다고 전한다. 파사이사금 23년은 기년상으로 102년에 해당하나, 신라본기 초기기록의 기년을 그대로 신뢰하기 어렵기 때문에 실직국이 2세기 초반에 사로국에 복속되었다고 단정하기 곤란하다. 그러나 이사금시기(尼師今時期) 신라본기의 기록은 4세기 후반 이전의 역사적 사실을 반영하는 것으로 이해되는바, 위의 기록은 4세기 후반 이전에 실직국이 사로국에 복속되었음을 시사해주는 자료임을 부인하기 어렵다. 그러면 사로국(신라)이 구체적으로 실직국을 복속시킨 시기를 언제까지 소급할 수 있을까? 이와 관련하여 다음의 기록을 주목할 필요가 있다.

---

4) 景元二年 秋七月 樂浪外夷韓濊貊 各率其屬來朝貢(『三國志』 권4 魏書 陳留王奐紀).
5) 이병도, 1976 「임둔군고」 『한국고대사연구』, 박영사, 201쪽.

(조분왕) 4년 7월에 왜인(倭人)이 침입해 왔으므로 우로[(昔)于老]가 사도(沙道)에서 추격하여 싸웠는데, 바람을 따라 불을 놓아서 전함을 불태우니, 적이 모두 물에 빠져 죽었다. … (첨해왕) 7년 계유(癸酉)에 왜국의 사신 갈나고(葛那古)가 객관(客館)에 와 있었는데, 우로가 그를 접대하였다. 손님과 더불어 희롱하여 말하기를, '조만간에 너희 왕을 소금을 만드는 노비[염노(鹽奴)]로 만들고, 왕비를 밥을 짓는 여자[찬부(爨婦)]로 삼겠다.'라고 하였다. 왜왕이 이 말을 듣고 노하여 장군 우도주군(于道朱君)을 보내 우리(신라)를 치니, 대왕이 우유촌(于柚村)으로 출거(出居)하였다. 우로가 말하기를, '지금 이 환난은 내가 말을 신중하게 하지 않은 것에서 비롯되었으니, 내가 감당하겠다.'라고 하고, 마침내 왜군에게로 가서 이르기를, '전일의 말은 단순한 농담이었을 뿐이었다. 어찌 군사를 일으켜 이곳에 이를 줄 생각이나 했겠는가.'라고 하였다. 왜인이 대답하지 않고 그를 잡아서 나무를 쌓아 그 위에 얹어놓고 불태워 죽인 다음 돌아갔다(『삼국사기』 열전 제5 석우로).

석우로가 사도에서 왜군을 격퇴한 사실은 『삼국사기』 신라본기 제2 조분이사금 4년 가을 7월조에도 보인다. 조분이사금 4년은 기년상으로 233년에 해당하나 이것 역시 그대로 신뢰하기 어려울 것이다. 석우로는 흘해이사금의 아버지인데, 『삼국사기』 석우로열전에 우로가 사망할 때에 아들인 흘해는 어려서 걷지도 못하였다고 전한다. 이러한 사실과 흘해의 재위 연대가 310년에서 356년까지였다는 점을 두루 감안하건대, 석우로가 활동한 연대는 3세기 후반에서 4세기 초반 사이로 추정하는 것이 합리적으로 보인다.[6] 사도성은 경북 영덕군 남정면 장사

---

6) 전덕재, 2010 「勿稽子의 避隱과 그에 대한 평가」『신라문화제학술논문집』 31(명예보다 求道를 택한 신라인), 235~238쪽.

리에 위치한 사동원(沙冬院)으로 비정할 수 있다.[7] 한편 우유촌은 종래에 울진군 울진읍으로 비정하는 견해가 널리 수용되었으나[8] 그대로 받아들이기 곤란하다. 영덕군 영해면의 옛 지명이 우시군(于尸郡)인데, 우시(于尸)에서 'ㄹ' 또는 'ㅈ(ㅅ)' 받침을 의미하므로 '우시(于尸)'는 '울' 또는 '웇(웃)'으로 독음할 수 있다. 한편 「진흥왕순수비 창녕비」에 우추군(于抽郡)이 나오는데, 우추(于抽)와 우유(于柚)는 상통(相通)한다. '于抽'는 '우추'뿐만 아니라 '웇'으로도 독음할 수 있으므로 결국 '于尸(울 또는 웇)'와 음운상 서로 통한다고 볼 수 있다. 사도성을 사동원과 연결시키고, 우유촌을 영덕군 영해면으로 비정할 수 있다면, 위의 기록은 석우로가 활동한 3세기 후반 무렵에 사로국, 즉 신라가 동해안으로 영덕군 영해면지역까지 진출하였음을 알려주는 사료로 활용할 수 있다.

『삼국사기』 신라본기 제1 지마이사금 14년 가을 7월 기록에 말갈이 대령책(大嶺柵)을 습격하고 이하(泥河)를 지나 신라를 침략하였다는 내용이 전하고, 또한 일성이사금 4년 2월 기록에는 말갈이 변방에 쳐들어와 장령(長嶺)의 목책(木柵) 5개를 불살랐다고 전한다. 이 밖에 일성이사금 7년 봄 2월 기록에 말갈의 침략에 대비하여 장령(長嶺)에 목책을 세웠고, 신라본기 제2 아달라이사금 4년 3월조에 왕이 장령진(長嶺鎭)에 순행(巡幸)하여 거기에 주둔한 군졸을 위로하고 각자에게 군복을 내려 주었다고 전한다. 여기서 말갈은 동예(東濊)를 지칭하고,[9] 대령은 대관령, 장령은 강원특별자치도 평창군 대관령면(옛 도암면) 병내리와 강릉시 연곡면 삼산리를 잇는 진고개를 가리키는 것으로,[10] 뒤에서 자세하게 살필 예정이지

---

7) 이병도, 1977 『국역 삼국사기』, 을유문화사, 29쪽; 전덕재, 2013 「상고기 신라의 동해안지역 경영」 『역사문화연구』 45, 15~16쪽.
8) 前間恭作, 1925 「新羅王の世次と其の名について」 『東洋學報』 15-2; 1938 『半島上代の人文』, 松浦書店에서 처음 우유촌을 울진군 울진읍으로 비정한 이래, 여러 학자가 이를 지지하였다.
9) 노태돈, 1997 「『삼국사기』 신라본기의 고구려 관계 기사 검토」 『경주사학』 16, 83~84쪽.
10) 진고개는 비만 오면 땅이 질어지는 특성 때문에 泥峴이라고 표기하기도 하고, 고개가 길

만, 이하는 강릉시 남쪽에 위치한 남대천[南大川(옛 城南川)]을 가리킨다고 추정되며, 진(鎭)은 군대가 주둔한 군사기지를 이른다. 따라서 위의 기록들을 근거로 하여 신라가 4세기 후반 이전 어느 시기에 대관령이 위치한 강릉을 경계로 하여 말갈(동예)과 대치하였다고 유추할 수 있다. 아마도 경북 영덕군 영해면까지 진출한 3세기 후반 무렵을 전후한 시기에 사로국이 실직국을 복속시킨 다음, 강릉지역까지 진출하여 대관령 또는 진고개에 목책을 설치하고 거기에 군사를 주둔시키면서 말갈, 즉 고구려의 지배를 받았던 동예와 대치하였다고 봄이 합리적일 것이다. 당시 사로국은 동해안지역의 전략적 요충지에 성을 쌓거나 진을 설치한 다음, 거기에 군사를 주둔시켜 그 근처에 위치한 소국과 읍락을 간접적으로 지배, 통제하였던 것으로 이해된다.[11]

2) 영서지역에서의 신라와 백제의 대립

강원특별자치도 춘천지역에 관한 기록 가운데 가장 이른 시기의 것으로 볼 수 있는 자료가 바로 다음의 기록이다.

> 사신을 마한에 보내 도읍을 옮긴 것을 알리고 마침내 강역을 구획하여 정하였는데 북쪽으로는 패하(浿河)에 이르렀고, 남쪽으로는 웅천(熊川)을 경계로 하였고, 서쪽으로는 큰 바다에 막혔고, 동쪽으로는 주양(走壤)에 이르렀다.
>
> (『삼국사기』 백제본기 제1 온조왕 13년 8월)

어 長峴으로 표기하기도 한다(한글학회, 1967 『한국지명총람』 2(강원편), 489쪽). 본래 긴 고개[長峴, 長嶺]라고 불렀다가 후에 방언의 구개음화를 걸쳐 진고개라고 불렀을 가능성이 높다.

11) 4세기 이전 사로국의 동해안지역에 대한 지배, 통제방식과 관련하여 전덕재, 2013 앞의 논문, 23~25쪽이 참조된다.

『삼국사기』의 기년에 따르면, 온조왕 13년은 기원전 6년에 해당한다. 여기서 종래에 패하는 예성강, 웅천은 경기도 용인시의 남부에서 발원하여 안성과 평택을 거쳐 서해로 흘러가는 안성천으로, 주양은 춘천으로 비정하였다.[12] 『삼국사기』 신라본기 제7 문무왕 13년(673) 8월 기록에 '수약주[首若州; 우수주(牛首州)]의 주양성[혹은 질암성(迭巖城)이라고도 한다]을 쌓았다.'라고 전하므로, 주양을 춘천으로 비정하는 것은 크게 문제가 되지 않는다. 만약에 이 기사의 기년(紀年)이나 사실(史實)을 그대로 신뢰한다면, 기원전 6년 무렵에 주양, 즉 춘천지역이 백제의 지배권에 편입되었다고 볼 수도 있다. 그러나 일반적으로 백제본기 초기 기록의 기년을 그대로 믿기 어렵다고 이해하고 있으므로 신중한 접근이 요구된다고 하겠다. 종래에 백제본기 온조왕대 기록을 사료 비판하여, 백제가 북으로 패하(예성강), 남으로 웅천(안성천), 서로 서해, 동으로 주양(춘천)까지 이르는 세력권을 넓힌 시기는 3세기 중반 고이왕대로 이해하는 것이 일반적이었다.[13]

백제가 3세기 중반 고이왕대에 춘천지역에 진출하였거나 또는 춘천지역에 위치한 정치세력이 백제에 복속되었다는 사실은 고고학적인 자료를 통해서 입증할 수 있다. 임진강 및 한강 상류지역에서 적석총이 다수 발견된다. 종래에 학계에서는 이들 적석총을 '즙석식(葺石式) 적석묘(積石墓)'라고 분류하였고, 고구려의 적석총과 직접적으로 연결되지 않으며, 예(濊) 또는 영서지역에 위치한 영서예(領西濊)의 독특한 무덤 양식으로 이해하였다.[14] 그런데 즙석식 적석묘는 3세기 중반에 소멸되며, 이것은 백제가 임진강 및 한강 중·상류에 위치한 예지역을 통합하

---

12) 이병도, 1983 『삼국사기』(하), 을유문화사, 9쪽.
13) 이병도, 1976 「백제의 건국 문제와 마한 중심세력의 변동」 『한국고대사연구』, 박영사, 476~477쪽.
14) 박순발, 2001 『한성백제의 탄생』, 서경문화사, 75~85쪽; 김창석, 2008 「고대 영서지역의 종족과 문화변천」 『한국고대사연구』 51, 14~20쪽.

였음을 의미한다고 한다.[15] 그리고 강원특별자치도 홍천 하화계리와 춘천 거두리유적에서 발견된 토기 및 기와가 한성 백제의 양식으로 확인되는 사실을 근거로 3세기 중·후반경에 백제가 북한강 중·상류지역에 진출하였음을 밝힌 연구성과도 제출되었다.[16] 이와 같은 연구성과 등을 참조하건대, 3세기 중반 무렵에 백제가 춘천지역에 진출하였음은 확실시된다고 보이며, 이러한 측면에서 백제본기 온조왕 13년 8월 기록은 고이왕대의 역사적 사실을 온조왕대로 소급·부회하여 서술한 것이라고 이해하는 견해는 일견 타당성을 지닌다고 평가할 수 있다.

백제에 복속되기 이전과 그 이후 시기에 춘천지역의 정치세력은 어느 나라의 지배를 받았을까가 궁금하다. 이와 관련하여 다음의 두 기록을 주목할 필요가 있다.

> I-① 단단대령[單單大領(嶺)]의 서쪽은 낙랑에 속하게 하고, 영(領)의 동쪽에 있는 7현은 도위[(東部)都尉]가 주관하게 하였으며, 모두 예로써 백성을 삼았다. 후에 도위를 없애고 그 거수(渠帥)를 후(侯)로 봉하였으니, 지금 불내후(不耐侯)가 그러한 사례에 해당한다. 한말(漢末)에 다시 고구려에 복속되었다(『삼국지』 위서 동이전 예).
>
> I-② 백제 군사가 우두주(牛頭州)에 침입하였으므로 이벌찬 충훤(忠萱)이 군사를 이끌고 그들을 막았는데, 웅곡(熊谷)에 이르러 적에게 패하여 혼자 말을 타고 돌아왔으므로 진주(鎭主)로 좌천시키고 연진(連珍)을 이벌찬으로 삼아 군사의 일을 겸하여 맡게 하였다(『삼국사기』 신라본기 제2 나해이사금 27년 겨울 10월).

---

15) 박순발, 위의 책, 153쪽.
16) 심재연, 2006 「한성백제기 북한강 중상류지역의 양상에 대하여」 『호서고고학보』 14.

자료 Ⅰ-①에 보이는 단단대령을 평양과 함흥(옥저성), 안변(불내성) 사이를 가로지르는 준령인 철령(鐵嶺)이 유력하다고 이해하는 견해가 제기되어 주목된다.17) 이에 따른다면, 단단대령의 서쪽은 강원특별자치도 영서지역과 황해도, 경기도 일부 지역에 해당한다고 볼 수 있다. 따라서 위의 기록은 한말(후한말) 이전에 춘천을 중심으로 하는 강원특별자치도 영서지역의 정치세력이 낙랑의 지배를 받았음을 알려주는 자료로 이해할 수 있다. 물론『삼국지』위서 동이전 예조에 '정시(正始) 6년(245) 낙랑[樂浪(郡)] 태수(太守) 유무(劉茂)와 대방[帶方(郡)] 태수 궁준(弓遵)이 영동예(領東濊)가 고구려에 복속되어 있다고 하여 군사를 일으켜 정벌하니, 불내후 등이 모두 읍을 들어 항복하였다.'라고 전하는 것으로 보건대, 3세기 중반까지 영동지역과 달리 영서지역은 계속 낙랑군의 지배를 받았다고 말하여도 무방할 것이다. 경기도 가평 대성리와 달전리, 강원특별자치도 춘천 중도동과 근화동, 우두동, 신매리, 율전리, 화천 거례리유적 등에서 낙랑계 토기가 출토되었다.18) 이러한 고고학적인 양상은 영서예가 그들 나름의 고유한 문화를 그대로 견지하면서도, 다른 한편으로 문화적으로 낙랑의 영향을 강하게 받았음을 시사해준다고 이해할 수 있다. 이와 같은 고고학적 양상은 3세기 중반 이전에 낙랑군이 영서지역을 지배하였다고 전하는『삼국지』위서 동이전의 기록을 뒷받침해주는 측면으로 주목된다고 하겠다.

자료 Ⅰ-②는 우두지역이 신라의 지배권에 속해 있었음을 시사해주는 자료이다. 동일한 내용이 백제본기 제2 구수왕 9년 겨울 10월 기록에도 전한다. 다만 여기서는 백제군이 신라의 우두진(牛頭鎭)을 공격하자, 충훤이 5천의 군사를 거느리고 맞서 싸웠다고 전하여 약간의 차이가 난다. 우두주는 선덕여왕 6년(637)

---

17) 김창석, 2009「고대의 영서지역과 춘천 맥국설」『사회적 네트워크와 공간』(이태진 교수 정년기념논총 간행위원회), 태학사, 284쪽.
18) 이나경, 2013「중부지역 출토 낙랑계 토기 연구」, 서울대학교 석사학위논문.

에 설치되었으므로[19] Ⅰ-②는 후대에 윤색되었다고 볼 수 있다. 우두진이라고 전하는 백제본기 기록도 역시 마찬가지였을 것이다. 나해이사금 27년이나 구수왕 9년은 기년상으로 모두 222년에 해당하지만, 신라본기나 백제본기 초기 기록의 기년을 그대로 신뢰하기 어렵다. 그러나 3세기 전반에 우두지역이 신라의 지배권에 편입되었다고 단정하기 어렵다고 하더라도 어느 시기엔가 한때 그러하였음을 이들 자료를 통하여 추정해 볼 수 있을 것이다.

『삼국사기』 신라본기 제2 기림이사금 3년(300) 2월 기록에 '(왕이) 비열홀(比列忽)에 순행(巡幸)하여 나이 많은 사람과 가난한 사람들을 몸소 위문하고 곡식을 차등 있게 내려주었다. 3월에 우두주에 이르러 태백산(太白山)에 망제(望祭)를 지냈다. 낙랑과 대방 두 나라가 와서 항복하였다.'라고 전한다. 여기서 비열홀은 옛 함경남도 안변군 안변면(북한 강원도 안변군 안변읍)을 가리킨다. 태백산은 소백산을 가리키는 것으로 짐작된다. 만약에 이 기록을 그대로 신뢰한다면, 기림이사금이 2월에 비열홀에 행차하고, 3월에 거기에서 우두주 태백산(소백산)에 이르러 망제(望祭)를 지냈다고 보아야 한다. 여기서 문제는 실제로 기림이사금이 비열홀에 순행하고 우두지역에 이르러 망제를 지냈다고 볼 수 있느냐에 관해서이다. 종래에 비열홀은 진흥왕대에 비로소 신라의 영역에 편입되었으므로 기림왕이 그곳에 행차하였다는 사실을 그대로 믿을 수 없고, 다만 이때에 낙랑과 대방이 항복하였다는 사실은 두 군이 완전하게 신라에 복속된 것이 아니라 3세기 후반부터 쇠퇴한 두 군 예하의 일부 지역이 신라에 항복한 사실을 반영한 것이 아니었을까 추론하였다.[20]

이와 같은 기존의 견해는 나름대로 일리가 있다고 본다. 필자는 여기에서 한

---

19) 전덕재, 2023 『신라지방통치제도사』, 학연문화사, 244~249쪽.
20) 정구복 등, 2012a 『개정증보 역주 삼국사기』 3(주석편상), 한국학중앙연구원출판부, 79~80쪽.

걸음 더 나아가 위의 기록은 300년 무렵에 우두지역에 대한 지배권을 둘러싸고 신라와 낙랑·대방군 등 중국 군현세력이 갈등하였고, 결과적으로 신라가 우두지역에 대한 지배권을 획득하였음을 반영하는 것이 아닐까 추정해보고자 한다. 신라인들은 4세기 무렵 낙랑과 대방군이 약화된 틈을 타서 우두지역에 대한 통제권을 확보한 사실을 당시 왕이었던 기림이사금이 그곳에 순행하여 태백산에 망제를 지낸 것처럼 후대에 부회한 것으로 여겨진다. 이에 의거하건대, I-②의 기사는 3세기 후반 또는 말엽에 백제와 신라가 우두지역을 둘러싸고 서로 갈등하였음을 알려주는 자료로 이해하여도 좋을 것이다.

이제 3세기 후반 이후에 신라가 우두지역의 지배권을 둘러싸고 백제나 낙랑군, 대방군 등과 갈등하였던 배경을 설명할 차례인데, 이와 관련하여 3세기 후반에 사로국의 왕이 서진에 사신을 파견한 사실을 주목할 필요가 있다.『진서(晉書)』사이동이전(四夷東夷傳) 진한(辰韓) 기록에 '무제(武帝) 태강(太康) 원년(280)에 그(진한) 왕이 사신을 보내 방물(方物)을 바쳤다. 2년에 또 와서 조공(朝貢)하였다. 7년(286)에 또 왔다.'라고 전한다.[21]『진서』본기(本紀)에 280년, 281년, 286년에 동이(東夷)의 여러 나라가 조공하였다고 전하는데,[22] 아마도 진한은 그중에 하나였을 것이다. 위의 기록에 보이는 진한왕은 바로 진한지역을 대표하는 세력, 즉 사로국(斯盧國)의 왕으로 추정된다.

3세기 후반에 진왕조(晉王朝)가 중국을 통일하면서 낙랑군과 대방군도 그의 통제를 받았다. 진은 이전 왕조에서 낙랑군과 대방군에게 한지역(韓地域)에 대한 통제를 맡겼던 것과 달리 274년 유주(幽州)를 분할하여 평주(平州)를 설치하

---

21) 武帝太康元年 其王遣使獻方物. 二年復來朝貢 七年又來(『晉書』卷97 列傳第67 四夷東夷傳 辰韓).

22) 太康元年 六月 甲申 東夷十國歸化. 秋七月 東夷二十國朝獻. 二年 三月 東夷五國來獻. 夏六月 東夷五國附化. 七年 八月 東夷十一國內附. 是歲 扶南等二十一國·馬韓等十一國 遣使來獻(『晉書』卷3 帝紀 第3 武帝).

고, 동이교위부(東夷校尉府)로 하여금 한지역에 대한 통제를 담당하게 하였다. 이때 낙랑군과 대방군은 요동군(遼東郡)·현토군(玄菟郡)·창려군(昌黎郡)과 더불어 평주의 관할 하에 편제되었다. 일반적으로 동이교위는 평주자사(平州刺史)가 겸임하였다. 이때부터 동이교위가 낙랑군과 대방군을 대신하여서 한반도의 여러 정치세력에 대한 통제와 교섭을 담당하였던 것이다.[23] 280년대 초반에 마한의 신미제국(新彌諸國) 등 20여 국이 유주자사(幽州刺史)인 장화(張華)에게 사신을 보내 조헌(朝獻)한 바 있다.[24] 마한의 소국들이 서진(西晉)의 동이교위부(東夷校尉府)에 독자적으로 사신을 파견한 구체적인 사례이다.

그러나 현재로서 사로국의 사신이 서진의 수도인 낙양(洛陽)에 가서 조공한 것인지, 아니면 동이교위부가 위치한 양평(襄平)에 이르러 조공한 것인지 명확하게 알기 어렵다. 다만 낙랑군과 대방군을 거쳐 낙양과 동이교위부에 이르렀다는 사실만은 부인할 수 없다고 하겠다. 당시에 서해안의 해상교통로를 백제를 비롯한 마한세력이 장악하고 있었다. 또한 동해안의 동예와 옥저지역에 대하여 고구려가 확고하게 지배권을 행사하고 있었다. 이러한 상황에서 3세기 후반에 사로국의 사신은 어떠한 루트를 통하여 낙랑군과 대방군에 이르렀을까가 궁금하다.

신라 사신이 내륙지방을 통하여 낙랑군과 대방군에 이르렀을 경우, 두 가지 루트를 상정할 수 있다. 하나는 경주에서 영천, 의성을 거쳐 상주에 이른 다음, 거기에서 계립령을 넘어, 충주와 서울, 개성, 평산을 거쳐 봉산[帶方郡治]이나 그 북쪽의 평양[樂浪郡治]에 이르는 루트이다. 또 하나는 경주를 출발하여 영천과

---

23) 임기환, 2000「3세기~4세기 초 위·진의 동방정책-낙랑군·대방군을 중심으로-」『역사와 현실』36, 24~31쪽.

24) 乃出華爲持節都督幽州諸軍事領護烏桓校尉安北將軍 撫納新舊 戎夏懷之. 東夷馬韓新彌諸國 依山帶海 去州四千餘里 歷世未附者二十餘國 並遣使朝獻(『晉書』卷36 列傳第6 張華).
여기서 신미제국 등은 백제에게 완전히 복속되지 않은 전라도지역에 위치한 마한 小國들로 추정된다.

의성, 안동, 영주, 그리고 죽령을 통과하여 원주와 춘천을 거쳐 철원 또는 연천, 그리고 토산 또는 금천, 평산을 지나 봉산이나 그 북쪽의 평양에 이르는 루트이다.[25] 3세기 중·후반에 백제 고이왕이 한강유역을 기반으로 하여 세력을 팽창하였음을 염두에 둔다면, 사로국의 사신이 전자의 루트를 이용하여 대방군과 낙랑군에 이르기가 그리 쉽지 않았을 것이다. 이제 마지막으로 남는 가능성은 후자의 루트를 이용하는 방법뿐이다. 그런데 사로국의 사신이 죽령을 넘고 춘천, 철원 등을 경유하여 대방·낙랑군에 이르기 위해서는 280년대에 사로국, 즉 신라가 강원특별자치도 영서지역을 지배하였거나 또는 그 지역을 나름 어느 정도 통제, 장악하고 있었다는 사실이 전제될 필요가 있음은 물론이다. 아마도 이러한 이유 때문에 사로국이 3세기 후반에 춘천지역에 대하여 지대한 관심을 기울였다고 짐작해볼 수 있다. 이에 따른다면, 기림이사금 3년 3월 기록은 3세기 후반에서 4세기 초반 사이에 신라(사로국)가 춘천지역에 대한 지배권을 행사하고 있었음을 시사해주는 자료로 긍정해도 좋을 것이다.

4세기 무렵에 신라가 춘천지역을 지배권 아래에 편입하였지만, 그 이후에도 신라가 계속 지배권을 행사하였는가 하는 것에 대해서 단언하기 어렵다. 이후 눌지마립간 22년(438) 여름 4월에 우두군(牛頭郡)에 산수(山水)가 갑자기 이르러 50여 채의 집이 떠내려갔다는 기록이[26] 전하기까지 그 지역에 관한 기사가 더 이상 보이지 않기 때문이다. 물론 필자는 이 기록을 근거로 5세기 전반에도 우두지역이 신라의 지배를 받았다고 보는 것에 대해서 매우 회의적이다. 뒤에서 살피듯이 이때는 영서지역이 이미 고구려의 영역으로 편입되었음이 확실시되기 때문이다.

---

25) 『삼국사기』 신라본기에 아달라이사금 3년에 鷄立嶺路, 5년에 竹嶺路를 개통하였다고 전하는 것에서 신라가 일찍이 계립령, 죽령을 넘어 한강유역, 강원특별자치도 영서지역을 연결하는 교통로를 개척하였음을 엿볼 수 있다.

26) 牛頭郡山水暴至 漂流五十餘家(『삼국사기』 신라본기 제3 눌지마립간 22년 여름 4월).

4세기 이후 춘천지역의 지배권을 둘러싼 향배와 관련하여 일단 4세기 후반 근초고왕대 백제의 팽창을 주목할 필요가 있다. 주지하듯이 이 무렵에 백제는 전남지역의 마한세력을 완전히 복속시키고, 371년 평양성전투에서 승리하여 황해도지역까지 영토를 넓혔다. 아마도 이때 북한강 상류의 영서지역도 확고하게 백제의 영역으로 편제되었을 가능성이 높다고 보인다. 이러한 사실은 고고학적 자료를 통해서도 뒷받침할 수 있다. 강원특별자치도 화천군 하남면 원천리 Ⅱ기에 해당하는 유적에서 한성 백제 중앙 양식의 토기와 더불어 다양한 철기류가 출토되었다. 대체로 원천리 Ⅱ기의 중심 연대는 4세기로, 그 하한은 5세기 전반경이라고 추정하고 있다.[27] 이에 따른다면, 원천리유적은 백제가 4세기대에 화천을 비롯한 북한강 상류지역을 확고하게 지배하였음을 알려주는 고고학적인 증거로서 볼 수 있음은 물론이다.

그런데 「광개토왕릉비」에 따르면, 고구려가 396년에 백제를 공격하여 한강 이북에 위치한 58성 700촌을 차지하였다고 한다. 58성과 700촌의 위치를 모두 정확하게 비정하기 곤란하지만, 58성 가운데 '~한(韓)' 또는 '~한예(韓穢)'라고 불리는 지역이 포함된 점이 유의된다. 여기서 한이나 예는 종족명을 가리킨다. 이들 명칭이 부기(附記)된 지역은 한족과 예족이 집단적으로 거주하는 곳으로 볼 수 있다. 더구나 「광개토왕릉비」에서 광개토왕은 백제를 침략하여 사로잡은 백성들을 '신래한예(新來韓穢)'라고 표현하였다. 58성 700촌 가운데 상당수가 예족이 거주하던 곳이었음을 짐작케 해주는 자료이다. 여기서 한은 마한의 주민집단을, 예는 한강의 중·상류지역에 거주하던 주민집단을 가리킨다고 볼 수 있다. 앞에서 강원특별자치도 영서지역에 영서예가 존재하였다고 언급하였다. 이에 의거한다면, 「광개토왕릉비」에서 말하는 예족의 중심은 영서예를 가리킨다고 봄이 합리적이

---

27) 심재연, 2014 「백제의 동북방면 진출-고고학적인 측면-」 『근초고왕 때 백제 영토는 어디까지였나』, 한성백제박물관, 101~115쪽.

지 않을까 한다.[28] 따라서 「광개토왕릉비」는 5세기 전반까지 영서지역에 예족이 거주하였을 뿐만 아니라 396년 무렵에 춘천을 중심으로 하는 영서지역이 고구려의 영역으로 편제되었음을 알려주는 유력한 증거로 볼 수 있을 것이다.[29]

3) 서북 경계

『삼국사기』 신라본기와 백제본기에 4세기 후반 이전에 신라와 백제가 싸우거나 교섭하였다고 전하는 기록이 다수 보인다. 그런데 신라본기 나해이사금 19년 7월과 백제본기 초고왕 39년 7월 기록, 아달라이사금 12년 10월과 개루왕 28년 10월 기록은 기년상으로 10년의 차이가 난다.[30] 그러나 기록의 내용을 상호 비교해보면, 신라본기와 백제본기의 기록은 모두 동일한 사건을 기술한 것임을 살필 수 있다. 필자는 전에 개루왕 28년 10월 기록은 신라본기 아달라이사금 12년 10월 기록을 인용한 것이고, 초고왕 39년 7월 기록의 원전은 신라본기 기록이 아니라 다른 신라측의 전승자료에 전하는 기록이었으며, 『삼국사기』 편찬자가 신라본기 또는 신라측 전승자료에 전하는 기록을 백제본기에 인용하는 과정에서 약간의 기년상 착란이 일어난 것으로 추정하였다. 그리고 백제본기 초고왕 2년 7월·8월 기록 역시 신라본기 14년 7월 기록을 인용한 것이 아니라 다른 신라측의

---

28) 김창석, 2008 앞의 논문, 30~40쪽.
29) 한편 『삼국사기』 백제본기에 동성왕 8년(486)에 牛頭城을 쌓았다고 전하고, 또 22년(500) 여름 4월에 왕이 우두성에서 사냥하였다고 전한다. 무령왕 원년(501) 봄 정월에 苩加가 加林城을 근거로 반란을 일으키자, 왕은 군사를 거느리고 우두성에 이르러 한솔 해명에게 명령하여 토벌하게 하니, 백가가 나와서 항복하였다고 전하는데, 여기서 가림성은 충남 부여군 임천면의 聖興山城으로 비정되고 있다. 이에 의거하건대, 동성왕대에 쌓은 우두성은 가림성 근처에 위치한 성으로 볼 수 있다. 김정호는 『大東地志』 卷5 忠淸道 韓山 城池條에서 구체적으로 한산의 乾止山古城이 바로 우두성이라고 비정하기도 하였다.
30) 아달라이사금 12년은 기년상으로 165년에, 개루왕 28년은 155년에 해당하고, 나해이사금 19년은 214년에, 초고왕 39년은 204년에 해당한다.

전승자료에서 인용한 것이라고 주장한 바 있다.[31]

한편 신라본기 나해이사금 27년 10월 기록에는 백제가 침략한 곳을 우두주(牛頭州), 동일한 사건을 기술한 백제본기 구수왕 9년 10월 기록에서는 우두진(牛頭鎭)이라고 표기하여 차이가 난다. 『삼국사기』 찬자가 신라본기의 기록을 백제본기에 인용하면서 우두주를 우두진으로 고친 것으로 이해된다. 이 밖에 신라본기와 백제본기의 기록을 비교할 때, 일부 기록에서 신라 장군의 관등에 약간의 차이가 발견되긴 하지만,[32] 백제본기의 기록 가운데 백제측의 자체 전승자료가 원전인 경우는 하나도 없었고, 예외 없이 모두 신라본기 또는 신라측의 전승자료가 원전이었음을 확인할 수 있다.[33]

이처럼 4세기 후반 이전 신라와 백제가 서로 싸우거나 교섭하였음을 알려주는 기록의 원전이 신라본기 또는 신라측의 전승자료였다면, 4세기 후반 이전 신라와 백제와의 전쟁·교섭 관련 기록은 신라인의 인식을 반영한다고 볼 수 있을 것이다. 신라본기 법흥왕대와 그 이전 시기 기록의 기본원전은 545년(진흥왕 6)에 편찬된 『국사(國史)』에 전하는 기록이었다고 추정되는바,[34] 적어도 『국사』 편찬자 또는 그 이전에 살았던 신라인들이 이사금시기에 신라와 백제가 자주 싸우거나 교섭하였다고 인식한 셈이 된다.[35]

---

31) 전덕재, 2016 「『삼국사기』 백제본기의 원전에 대한 검토-중국 사서와 국내 자료 인용을 중심으로-」 『사학지』 53; 2018 『삼국사기 본기의 원전과 편찬』, 주류성, 392~394쪽.
32) 신라본기 나해이사금 29년 7월 기록에 신라인 連珍의 관등이 伊伐湌으로, 백제본기 구수왕 11년 7월 기록에는 一吉湌으로 전한다. 이외에 백제본기 기록 가운데 일부는 月을 생략한 경우도 발견된다.
33) 이상의 내용에 대한 자세한 논증은 전덕재, 위의 논문; 위의 책, 386~395쪽이 참조된다.
34) 高寬敏, 1994 「三國史記新羅本紀의 國內原典」 『古代文化』 46-9·10, 古代學協會(1996 『三國史記의 原典的硏究』, 雄山閣); 강종훈, 2002 「신라시대의 사서 편찬」 『강좌 한국고대사』 5권, 재단법인 가락국사적개발연구원(2011 『삼국사기 사료비판론』, 여유당); 전덕재, 2014 「『삼국사기』 신라본기 상고기 기록의 원전과 개찬」 『동양학』 56(2018 앞의 책).
35) 여기서 한 가지 주목할 사항은 전쟁 기록 가운데 절대 다수는 백제가 먼저 신라를 침략

신라와 백제와의 전쟁 또는 교섭 기록 가운데 일부는 구체적인 장소를 언급하지 않고, 단지 백제가 신라를 침략하였다거나 또는 서쪽 변경을 침략하였다거나 사신을 파견하였다고 전하지만, 다수의 기록에서 교섭한 장소와 싸운 장소를 구체적으로 언급하고 있음을 확인할 수 있다. 교섭 장소와 싸운 장소를 구체적으로 밝히고 있는 『삼국사기』 신라본기의 기록들을 정리하면 다음과 같다.

Ⅱ	①	낭자곡성 (娘子谷城)	백제왕이 땅을 넓혀 낭자곡성에 이르러 사자를 보내 만나기를 청하였으나 왕은 가지 않았다 (탈해이사금 7년 10월)
	②	와산성 (蛙山城)	백제가 군사를 보내 와산성을 공격하였다(탈해이사금 8년 8월) 백제가 와산성을 공격하여 빼앗아 200명을 머무르게 하고 지키게 하였으나 [신라가] 곧 그것을 빼앗아갔다(탈해이사금 10년) 백제가 서쪽 변경 와산성을 공격하여 빼앗아갔다(탈해이사금 19년 10월) 군사를 보내 백제를 정벌하여 와산성을 다시 빼앗고, 백제로부터 와서 살던 사람 200여 명을 모두 죽였다(탈해이사금 20년 9월) 구도(仇道)가 쫓아가서 와산에 이르렀다가 백제에게 패하였다(벌휴이사금 7년 8월)

하였다고 전하고 있다는 사실이다. 신라본기 아달라이사금 12년 10월 기록은 아찬 吉宣이 반역을 꾀하다가 백제로 망명하자, 신라가 백제에게 길선을 돌려보내 달라고 요구하였으나 거절당하였는데, 이에 신라가 백제를 침략한 사례이다. 탈해이사금 20년 9월 기록은 전해에 백제가 蛙山城을 공격하여 빼앗자, 이를 되찾기 위하여 신라가 와산성을 친 사례라고 볼 수 있다. 아달라이사금 14년 8월 기록은 이 해 7월에 백제가 서쪽 변경의 2성을 공격하여 함락시키고 백성 1천 명을 붙잡고 돌아가자, 이를 보복하기 위해 백제를 공격한 경우에 해당한다. 한편 벌휴이사금 6년 7월 기록에 仇道가 백제와 狗壤에서 싸웠다고 전하는데, 당시 구양성은 신라의 성이었던바, 백제가 신라 구양성을 공격하자, 이에 구도가 군사를 거느리고 백제군과 싸웠다는 사실을 전하였다고 봄이 옳을 것이다. 결과적으로 특별한 명분 없이 신라가 백제를 공격한 기록은 하나도 없다고 이해할 수 있고, 신라와 백제의 전쟁 관련 기록의 대부분은 백제가 신라를 침략한 사례에 해당한다고 정리할 수 있을 것이다. 이것은 『국사』를 편찬한 신라인들이 자국이 백제에 비하여 대의명분을 준수한, 즉 백제에 비하여 자국이 도덕적 우위에 있음을 부각시키려고 부심한 사실과 더불어 『국사』 편찬자들의 역사인식을 엿보게 해주는 측면으로서 주목된다고 하겠다.

II	③	구양성 (狗壤城)	또 구양성을 공격하였으므로 왕이 기병(騎兵) 2천 명을 보내 공격해 쫓아 보냈다(탈해이사금 8년 10월) 구도(仇道)가 백제와 구양에서 싸워 이겨 500여 명을 죽이거나 사로잡았다(벌휴이사금 6년 7월)
	④	한수(漢水)	일길찬 흥선(興宣)에게 명하여 군사 2만 명을 이끌고 그들[백제군]을 치게 하고, 왕 또한 기병(騎兵) 8천 명을 거느리고 한수로부터 [그곳에] 다다랐다. 백제가 크게 두려워하여 잡아갔던 남녀들을 돌려보내고 화친을 청하였다(아달라이사금 14년 8월)
	⑤	모산성 (母山城)	백제가 모산성을 공격해오자 파진찬 구도에게 명하여 군사를 내어 막게 하였다(벌휴이사금 5년 2월)
	⑥	원산향 (圓山鄕) 부곡성 (缶谷城)	백제가 서쪽 국경의 원산향을 습격하였다. 또 진군(進軍)하여 부곡성을 에워쌌으므로 구도가 굳센 기병 500명을 거느리고 그들을 공격하니 백제 군사가 거짓으로 달아났다. 구도가 쫓아가서 와산(蛙山)에 이르렀다가 백제에게 패하였다. 왕은 구도가 실책하였다 하여 부곡성주(缶谷城主)로 좌천시키고 설지(薛支)를 좌군주(左軍主)로 삼았다(벌휴이사금 7년 8월)
	⑦	요거성 (腰車城) 사현성 (沙峴城)	백제인이 와서 요거성을 공격해 성주(城主) 설부(薛夫)를 죽였다. 왕이 이벌찬 이음(利音)에게 명하여 정예군사 6천 명을 이끌고 백제를 치게 하여 사현성을 함락시켰다(나해이사금 19년 7월)
	⑧	장산성 (獐山城)	백제인이 와서 장산성을 에워쌌으므로 왕이 몸소 군사를 이끌고 나가 공격하여 달아나게 하였다(나해이사금 23년 7월)
	⑨	봉산성 (烽山城)	이벌찬 연진(連珍)이 봉산 아래에서 백제와 싸워 그들을 깨뜨리고 1천여 명을 죽이거나 사로잡았다. 8월 봉산성을 쌓았다(나해이사금 29년 7월) 백제가 봉산성을 공격하였으나 함락시키지 못하였다(첨해이사금 9년 10월) 백제가 봉산성을 공격해 왔다. 성주 직선(直宣)이 장사 200명을 이끌고 나가 그들을 공격하니 적들이 패하여 달아났다. 왕이 이를 듣고 직선을 일길찬으로 삼고, 사졸들에게 상을 후하게 주었다(미추이사금 5년 8월)
	⑩	괴곡성 (槐谷城)	백제가 침입해 왔으므로 일벌찬 익종(翊宗)이 괴곡의 서쪽에서 맞아 싸우다가 적에게 죽임을 당하였다(첨해이사금 9년 9월) 백제 군사가 와서 괴곡성을 에워쌌으므로 파진찬 정원(正源)에게 명하여 군사를 거느리고 가서 막게 하였다(미추이사금 17년 10월) 백제가 변경을 침범하였다. 겨울 10월에 백제 군사가 와서 괴곡성을 에워쌌으므로 일길찬 양질(良質)에게 명하여 군사를 거느리고 가서 막게 하였다(미추이사금 22년 9월)

II-⑤ 기록에 보이는 모산성(母山城)은 신라본기 소지마립간 6년 7월 기록에 보이는 모산성과 동일한 장소로서 진천 대모산성으로 비정된다.[36] II-④ 기록에 보이는 한수(漢水)는 남한강 상류로 추정되는데, 신라가 소백산맥을 넘어 충주의 남한강 상류지역에서 백제와 싸운 사실을 반영한 것으로 이해할 수 있을 것이다. 다만 II-④ 기록에 신라의 일길찬 홍선이 군사 2만 명을 거느렸다거나 아달

---

36) 민덕식, 1990 「신라 대모산성의 분석적 연구」 『한국사연구』 29; 차용걸 외, 1996 『진천대모산성지표조사보고』, 충북대학교 호서문화연구소 연구총서 제11책.

라왕이 기병 8천 명을 거느렸다고 전하는 것은 후대에 숫자를 과장하여 부회한 경우에 해당한다고 볼 수 있을 것이다.

Ⅱ-㉮ 기록에 보이는 사현성(沙峴城)의 위치와 관련하여 종래에 충남 공주시 정안면 광정리산성으로 비정하는 견해가 제기되었으나,[37] 최근에 충북 괴산군 사리면 모래재 근처에 위치한 산성으로 비정하는 견해가 널리 받아들여지고 있다.[38] 『신증동국여지승람』 권16 충청도 청안현 산천조에 현(縣)의 북쪽 15리에 사현(蛇峴)이 있다고 전하고, 18세기 중엽에 제작된 『해동지도(海東地圖)』 충청도 괴산군지도에 괴산군에서 청안현 방면으로 가는 도로에 사현(沙峴)이 있다고 표시되어 있다. 조선 영조대에 편찬한 『여지도서』 충청도 괴산군 도로(道路)조에는 '남쪽으로 청안현(淸安縣) 경계인 사현(沙峴)까지 38리이다.'라고 전한다. 조선 중기까지 사현(蛇峴)으로 전하다가 조선 후기에 사현(沙峴)으로 표기하였음을 살필 수 있다. 현재 사리면의 면소재지가 위치한 사담리(沙潭里)는 모래못, 사장(沙場)이라고도 부르는데, 모래가 많고 큰 못이 있기 때문에 이와 같이 명명한 것이다. 통상 모래재는 사담리에서 동남쪽 수암리로 넘어가는 고개를 말한다.[39] 본래 모래재가 뱀 모양과 같아서 사현(蛇峴)이라고 부르다가, 모래가 많은 특징을 주목하여 사현(沙峴)이라고 표기한 것으로 이해된다. 삼국시대에서 조선 후기까지 지형상의 커다란 변화가 없다고 추정되기 때문에 Ⅱ-㉮ 기록에 보이는 사현성(沙峴城)의 '사현(沙峴)'은 현재의 모래재로 비정하여도 별로 문제가 되지 않을 것이다. 사담리 근처인 도안면 도당리와 사리면 방축리 경계선에 위치한 수재산에서 토축산성이 확인되었다. 현재까지 확인된 성벽의 길이는 약 200m 정도이고, 수재

---

37) 井上秀雄, 1982 「朝鮮城郭一覽」 『朝鮮學報』 104, 150쪽; 여호규, 2013 「5세기 후반~6세기 중엽 고구려와 백제의 국경 변천」 『백제문화』 48, 109쪽.
38) 조상기, 2015 『청주지역 백제토기 전개과정과 고대 정치체』, 진인진, 242쪽; 장창은, 2016 「나·제동맹기 신라와 백제의 국경선 변천」 『한국학논총』 45, 109쪽.
39) 한글학회, 1970 『한국지명총람』 3(충북편), 45쪽.

산성에서 현재의 사리면 면소재지인 사담리뿐만 아니라 증평 평야까지 조망할 수 있다고 한다.[40] 490년(동성왕 12)에 백제가 축조한 사현성과[41] 수재산성과의 관련성을 적극 검토할 필요가 있지 않을까 한다.

Ⅱ-⑦ 기록에 보이는 요거성(腰車城)은 신라본기 진덕왕 2년(648) 3월 기록에도 전하는데, 이에 따르면, 백제 장군 의직(義直)이 서쪽 변경을 침략하여 요거성 등 10여 성을 함락시켰다고 한다. 7세기 전반 신라의 서북 경계는 충북 괴산군 청천면, 옥천군 옥천읍, 보은군 보은읍을 연결하는 선이었고,[42] 백제가 신라의 요거성을 공격하자, 신라가 백제의 사현성을 공격하였다고 전하므로, 요거성은 괴산군 사리면과 괴산군 청천면에서 그리 멀지 않은 괴산군에 위치한 성(城)으로 봄이 자연스럽지 않을까 한다.

Ⅱ-③ 기록에 보이는 구양성(狗壤城)의 위치와 관련하여 '(성)왕은 신라를 습격하고자 하여 친히 보병(步兵)과 기병(騎兵) 50명을 거느리고 밤에 구천(狗川)에 이르렀다. 신라의 복병(伏兵)이 일어나자 더불어 싸웠으나 난병(亂兵)에게 해침을 당하여 죽었다.'라고 전하는 『삼국사기』 백제본기 제4 성왕 32년 7월 기록을 주목할 필요가 있다. 성왕이 관산성(管山城; 충북 옥천)으로 가다가 사망하였으므로, 구천은 옥천의 어느 곳을 가리킨다고 봄이 옳을 것이다. 고구려본기에서 고국천왕(故國川王)을 국양왕(國壤王)이라고 부르기도 한다고 하였다. 고구려가 평양성으로 천도한 이후에 국내성을 '고국(故國)'이라고 표현하였으므로, 본래 고국천왕은 국천왕(國川王) 또는 국양왕(國壤王)이라고 불렀다고 볼 수 있다. 또한 동천왕(東川王)을 동양왕(東襄王), 중천왕과 서천왕, 미천왕을 중양왕(中壤王), 서양왕(西

---

40) 괴산군·중원문화재연구원, 2004 『문화유적분포지도-괴산군-』, 293쪽; 괴산군지편찬위원회, 2013 『괴산군지』 3, 111쪽.
41) 徵北部人年十五歲已上 築沙峴耳山二城(『삼국사기』 백제본기 제4 동성왕 12년 가을 7월).
42) 이에 대해서는 뒤에서 자세하게 살필 예정이다.

壤王), 호양왕(好壤王)이라고 불렀다고도 하였다. 지명어미인 천(川)과 양(壤; 襄)이 상통(相通)하는 글자였음을 엿보게 해준다. 이에 따른다면, 구양(狗壤)과 구천(狗川)은 동일한 장소로서 옥천의 어느 곳을 가리킨다고 보아도 문제가 되지 않을 것이다.

Ⅱ-① 기록에 전하는 낭자곡(娘子谷)은 오늘날 청주시로 비정되고 있다. 따라서 이 기록은 이사금시기에 백제가 청주시까지 진출하였음을 시사해주는 자료로서 주목된다고 하겠다. 4세기 중엽경에 이르러 충북 청주시 신봉동 산7번지에 고분군이 조성되면서 토기 등에서 백제적인 요소가 등장하기 시작하고, 5세기 대에 이르러 그곳에서 백제 중앙 양식의 토기가 널리 출토된다고 한다.[43] 따라서 Ⅱ-① 기록은 4세기 이후에 백제가 청주지역에 영향력을 행사한 사실을 반영한 것으로 이해할 수 있을 것이다.

한편 Ⅱ-⑩ 기록에 보이는 괴곡(槐谷)은 오늘날 충북 괴산군을 괴양(槐壤)이라고 불렀다는 사실에 주목하여, 괴산으로 비정하는 것이 일반적이다.[44] 『신증동국여지승람』 권16 충청도 보은현 산천조에 '사산(蛇山)·와산(蛙山)·서산(鼠山) 모두 현내(縣內)에 있다.'라고 전한다. 종래에 이 기록을 근거로 하여 Ⅱ-② 기록에 보이는 와산성(蛙山城)을 충북 보은군 보은읍으로 비정하였다.[45] 4세기 후반 이전에 신라가 사현성, 구양성, 모산성 등에서 백제와 싸웠다고 전하므로, 와산성을 보은군 보은읍으로 비정하는 기존의 견해는 나름 타당성을 지녔다고 평가할 수 있다. 신라는 자비마립간 13년(470)에 삼년산성(三年山城)을 쌓았는데, 아마도 이후부터 보은지역의 옛 지명인 와산(蛙山)을 사용하지 않고, 삼년산(성)을 그대로 군명(郡名)으로 사용한 것에서 신라가 와산성과 다른 지역에 삼년산성을 쌓고,

---

43) 조상기, 2015 앞의 책, 217~246쪽.
44) 정구복 등, 2012a 앞의 책, 75쪽.
45) 정구복 등, 2012b 『개정증보 역주 삼국사기』 4(주석편하), 한국학중앙연구원출판부, 402쪽.

그곳을 거점으로 하여 보은지역을 지배하였다고 추론할 수 있다.

한편 『신증동국여지승람』 권25 경상도 영천군 산천조에 봉산(烽山)이 군 동쪽 15리에 위치하였다고 전한다. 종래에 이 기록을 근거로 하여 Ⅱ-⑨에 전하는 봉산성을 경북 영주시에 위치한 성으로 비정하였다.[46] 『세종실록』 지리지에 창녕에 봉산이 있었다고 전하지만,[47] 4세기 후반 이전에 창녕의 봉산에서 백제와 신라가 싸웠다고 보기 곤란하기 때문에 Ⅱ-⑨ 기록에 보이는 봉산성을 창녕의 봉산으로 비정하기는 어려울 것이다. 종래에 Ⅱ-⑥ 기록에 보이는 원산향(圓山鄕)은 경북 문경시 용궁면으로, 부곡성(缶谷城)은 군위군 부계면으로 비정하였다.[48] 『고려사』 지리지에서 '용궁군(龍宮郡)은 본래 신라의 축산(竺山)〈또는 원산(園山)〉이다.'라고 하였다.[49] 따라서 원산향을 원산(園山)이라고도 부른 용궁면으로 비정하는 것은 수용할 수 있지만, 부계면으로 비정되는 부계(缶溪)와 부곡(缶谷)을 직결시켜 이해하기 힘들고, 백제군이 군위군 부계면까지 진출하였다고 보기 어려운 정황 등을 참작하건대, 부곡성을 부계면으로 비정하는 것은 조심할 필요가 있을 듯싶다. Ⅱ-⑧ 기록에 보이는 장산성(獐山城)과 관련하여 압량군(押梁郡; 押督郡)을 경덕왕대에 장산군(獐山郡)으로 개칭하였다는 점이 주목되지만, 경덕왕대 이전에 압량을 장산(獐山)이라고 불렀음을 입증하기 어렵고, 또한 백제가 압독, 즉 경북 경산시까지 진출하였다고 이해하기가 쉽지 않기 때문에 장산성을 오늘날 경북 경산시로 비정하는 것은 조심할 필요가 있을 것이다. 4세기 후반 이

---

46) 이강래, 1996 「新羅 '奈己郡'考」 『신라문화』 13; 2011 『삼국사기 인식론』, 일지사, 464쪽. 참고로 이강래 선생은 槐谷城을 봉화군 봉화읍 문단리의 귀이골(귀골) 또는 영주시 순흥면 방면에서 흘러오는 죽계천과 풍기읍 방면에서 흘러오는 남원천이 합류하는 영주시 고현동에 남아 있는 지명 槐川으로 비정하기도 하였다.

47) 餘通山在桂城南〈北准昌寧烽山〉(『세종실록』 권150 지리지 경상도 영산현).

48) 천관우, 1989 『고조선사·삼한사연구』, 일조각, 302쪽.

49) 龍宮郡 本新羅竺山〈一云園山〉. 成宗十四年陞爲龍州刺史 穆宗八年罷之. 顯宗三年改今名來屬 明宗二年置監務. 有河風津(『고려사』 권57 지11 지리2 상주목).

전에 백제가 침략한 신라의 장산성은 소백산맥 근처에 위치한 지명일 가능성이 높다고 추정된다.

　이상에서 4세기 후반 이전의 이사금시기에 신라와 백제가 충북 보은군 보은읍의 와산성, 괴산군 괴산읍의 괴곡성, 진천군 진천읍의 모산성(대모산성), 경북 문경시 용궁면의 원산향, 괴산군 사리면의 사현성, 경북 영주시의 봉산성, 충북 괴산군 괴산읍의 괴곡성 등에서 충돌하였음을 살폈다. 여기서 문제는 신라본기 이사금시기 기록의 기년을 그대로 신뢰할 수 없다는 사실에 관해서이다. 그렇다면, 신라와 백제가 소백산맥 일대에서 충돌한 시기를 언제로 볼 수 있을까? 이와 관련하여 다음의 기록들을 주목할 필요가 있을 것이다.

Ⅲ	①	고타군 (古陁郡)	고타군주(古陁郡主)가 푸른 소[靑牛]를 바쳤다(파사이사금 5년 5월) 고타군에서 가화(嘉禾)를 바쳤다(조분이사금 13년 가을)
	②	남신현 (南新縣)	남신현에서 보리줄기가 가지를 쳤다. 크게 풍년이 들어 여행하는 사람이 양식을 가지고 다니지 않아도 되었다(파사이사금 5년 5월) 남신현에서 가화(嘉禾)를 바쳤다(벌휴이사금 3년 7월) 남신현의 사람이 죽었다가 한 달이 지나서 다시 살아났다(나해이사금 27년 4월)
	③	태백산 (太白山)	북쪽을 순행(巡幸)하여 몸소 태백산에 제사지냈다(일성이사금 5년 10월)
	④	계립령 (雞立嶺)	계립령의 길을 열었다(아달라이사금 3년 4월)
	⑤	감물현 (甘勿縣) 마산현 (馬山縣)	처음으로 감물현과 마산현 두 현을 설치하였다(아달라이사금 4년 2월)
	⑥	죽령 (竹嶺)	죽령을 개통하였다(아달라이사금 5년 3월)

　Ⅲ-① 기록에 보이는 고타군은 경북 안동시로 비정된다. 이것은 안동지역의 정치세력이 사로국에 공납물을 바친 사실을 전한 것으로 이해된다. 신라본기에 진덕여왕 원년(647) 10월에 백제군이 무산성(茂山城)과 감물성(甘勿城), 동잠성(桐岑城) 등 3성을 포위하였다고 전한다. 김정호는 『대동지지(大東地志)』 권9 경상도 (하) 금산(金山)조에서 감물성이 오늘날 경북 김천시 어모면으로 비정되는 어모

현(禦侮縣)과 관련이 있다고 언급하였다.[50] 어모현의 본래 이름이 금물현(今勿縣)이었다. 김정호는 금물현(今勿縣)과 감물현(甘勿縣)이 서로 통한다고 보았던 것이다. 충북 진천군 진천읍으로 비정되는 흑양군(黑壤郡)은 본래 고구려의 금물노군(今勿奴郡)이었다. 소노(消奴)와 절노(絶奴) 등의 고구려 5부 명칭에 보이는 '노(奴)'는 비류나(沸流那) 등에 보이는 나(那)와 통하는 것으로서 어떤 천변이나 계곡의 집단을 뜻한다.[51] 따라서 흑(黑)은 금물(今勿), 양(壤)은 노(奴)에 대응된다고 볼 수 있다. 그런데 광주판 천자문에서 '현(玄)'의 훈을 '가물'이라고 하였다.[52] 그리고 가물치는 본래 검은 물고기를 뜻하는 것으로 흑어(黑魚) 또는 오어(烏魚)로 표기하며, '감[黑]+을(관형형어미)+치(물고기 이름을 나타내는 접미사)'로 이루어진 단어라고 한다. 『훈몽자회』에서는 가모티라고 표기하였다고 한다.[53] 이에서도 흑(黑)을 '감을(가믈)' 또는 '가모' 등으로 훈하였음을 살필 수 있다. 이렇다고 본다면, 흑(黑)이나 현(玄)을 가물, 가를이라고 훈하였고, 그것을 한문으로 표기하면 감물(甘勿)이 된다고 말할 수 있다. 결국 흑양(黑壤)은 금물노(今勿奴) 또는 감물노(甘勿奴)라고 훈차(訓借)할 수 있으므로 금물현(今勿縣)과 감물현(甘勿縣)이 서로 통한다고 주장한 김정호의 견해는 타당성을 지녔다고 평가하여도 좋을 듯싶다.[54]

마산현의 위치와 관련하여 오늘날 전북특별자치도 무주군 무풍면에 해당하는 무산성(茂山城)을 주목할 필요가 있다. 「영천청제비(永川菁堤碑) 정원명(貞元銘)」

---

50) 沿革 本新羅桐岑 景德王十六年 改金山爲開寧郡領縣. … 古邑 禦侮 北三十五里 新羅阿達羅王四年 置甘勿縣 一云今勿 一云陰達 景德王十六年 改禦侮爲開寧郡領縣 高麗顯宗九年屬尙州 本朝太祖來屬(『大東地志』卷9 慶尙道 金山).
51) 노태돈, 1999『고구려사연구』, 사계절, 98쪽.
52) 단국대학교부설 동양학연구소, 1973『千字文』, 동양학연구총서 제3집, 11쪽.
한편 석봉천자문에서는 玄의 훈을 '가믈'이라고 하였다.
53) 가물치에 관한 정보는 국립국어원의 홈페이지에 게시된 홍윤표 연세대교수가 작성한 '가물치'와 '붕어'의 어원에서 참고한 것이다.
54) 전덕재, 2009「관산성전투에 대한 새로운 고찰」『신라문화』34, 42~44쪽.

에서 '사훼(沙喙)'를 '수훼(㖨須)'라 표기하거나 함안 성산산성에서 출토된 목간에서 경북 상주시에 해당하는 '사벌(沙伐)'을 '수벌(須伐)'로 표기하였고,[55] 이벌찬[각간(角干)]의 별칭인 서불한(舒弗邯)을 서발한(舒發韓), 서발한(舒發翰)으로 표기하였음을[56] 확인할 수 있다. 『삼국유사』 권제1 왕력제1에서 미추이질금(未鄒尼叱今)을 또는 미소(未炤), 미조(未祖), 미소(未召)라고도 부른다고 하였고, 권제1 기이제1 미추왕 죽엽군조에는 '미추이질금(未鄒尼叱今)을 또는 미조(未祖), 미고(未古; 未召의 잘못)라고 부르기도 한다.'라고 전한다. 또한 『삼국사기』 잡지 제3 지리1 상주조에 오늘날 경북 의성군 금성면에 해당하는 문소군(聞韶郡)의 본래 이름이 소문국(召文國)이라 전한다. 그런데 「단양신라적성비」에서 이곳을 추문촌(鄒文村)이라 표기하였음이 확인된다. 고대에 'ㅗ'와 'ㅜ'를 서로 치환하여 사용하였음을 알려주는 자료들로서 주목된다. 이에 유의하건대, 마산(馬山)과 무산(茂山)도 상통하는 지명이라 추론하는 것도 크게 문제가 되지 않을 것이다.[57] 이러한 추론은 김천시 어모면으로 비정되는 감물성과 무주군 무풍면으로 비정되는 무산성이 서로 멀지 않은 곳에 위치한 사실을 통해서도 보완할 수 있을 것이다.

감물현과 마산현을 경북 김천시 어모면, 또는 전북특별자치도 무주군 무풍면으로 비정할 수 있다고 하더라도, 이를 근거로 상고기에 신라가 김천시 어모면, 무주군 무풍면에 감물현과 마산현을 설치하였다고 주장하는 것은 여전히 위험하다. 현은 642년 대야성전투 이후에 비로소 설치한 것이기 때문이다.[58] 현재로서는 마립간시기 이전, 즉 4세기 후반 이전의 이사금시기에 이들 지역의 정치세

---

55) 가야 72 목간에 '須伐本波居須智'란 묵서가 전한다(국립가야문화재연구소, 2017 『한국의 고대목간』 II, 114쪽).

56) 『삼국사기』 잡지 제7 직관(상)에 '一曰伊伐飡＜或云伊罰干 或云于伐飡 或云角干 或云角粲 或云舒發翰 或云舒弗邯＞'이라 전하고, 「성주사낭혜화상탑비」와 「結華嚴經社會願文」에 舒發韓이라는 관등표기가 전한다.

57) 전덕재, 2023 앞의 책, 124~125쪽.

58) 전덕재, 위의 책, 305~324쪽.

력이 사로국에 복속되었던 사실을 후대에 감물현과 마산현을 설치하였다고 개서(改書)하였다고 이해하는 것이 합리적이라고 판단된다.

죽령은 경북 영주시 풍기읍과 충북 단양군 대강면을 연결하는 고개이고, 계립령은 마골현(麻骨峴), 대원령(大院嶺), 한단령, 하늘재라고 불렀으며, 충북 충주시 수안보면 미륵리와 경북 문경시 문경읍 관음리를 연결하는 고개이다. 신라가 소백산맥을 넘어 충청도지역으로 진출하기 위해서는 계립령과 죽령의 개통이 필수적이라고 볼 수 있다. 결국 신라는 계립령과 죽령을 개통한 이후에 소백산맥 북쪽지역으로 진출할 수 있었던 셈이 된다. 그런데 신라가 안동과 김천시 어모면지역의 정치세력을 복속시키거나 사로국이 계립령과 죽령을 넘어 충청도지역으로 진출하기 위해서는 진한지역을 대표하는 소국으로 부상하는 것이 전제된다. 필자는 전에 『진서』 사이 동이전 진한조에 '무제(武帝) 태강(太康) 원년(280)에 그(진한) 왕이 사신을 보내 방물(方物)을 바쳤다. 2년에 또 와서 조공하였다. 7년(286)에 또 왔다.'라고 전하는 기록을 주목하여, 3세기 후반 이후에 사로국이 진한지역의 맹주국으로 부상하였다고 추정한 바 있다.[59] 이에 따른다면, 사로국이 계립령과 죽령을 넘어 충청도지역에서 백제와 충돌한 시기의 상한은 3세기 후반이라고 볼 수 있을 것이다.

Ⅲ-② 기록에 남신현(南新縣)이 보이는데, 『진서(晉書)』 권14 지(志)제4 지리(地理)상 평주(平州)조에 대방군(帶方郡) 7현 가운데 하나로 전한다.[60] 그런데 『후한서(後漢書)』 군국지(郡國志)에 전하는 낙랑군 18현에서 남신현을 찾을 수 없다.[61] 따라서 남신현은 진대(265~317)에 설치된 것으로서, 그에 관한 기록은 265년에서 317년 사이에 사로국이 진의 대방군과 교섭한 사실을 반영한다고 이해할 수

---

59) 전덕재, 2003 「이사금시기 신라의 성장과 6부」 『신라문화』 21, 187~190쪽.
60) 대방군에 소속된 7현은 帶方·列口·南新·長岑·提奚·含資·海冥縣이다.
61) 『後漢書』 郡國志에 전하는 樂浪郡 18縣은 朝鮮·䛁邯·增地·帶方·貝水·含資·占蟬·遂城·駟望·昭明·鏤方·提奚·渾彌·海冥·列口·長岑·屯有·樂都縣이다.

있다. 남신현 관련 기록이 3세기 후반 또는 4세기 초반의 역사적 사실을 반영하는 것임에도 불구하고, 신라본기에서는 사로국, 즉 신라가 파사이사금 5년(84) 5월, 벌휴이사금 3년(186) 5월, 나해이사금 27년(222) 4월에 남신현과 교섭한 것처럼 기술하였던 것이다. 신라본기 이사금시기 기록의 기년을 그대로 믿을 수 없는 대표적인 사례로서 들 수 있는데, 3세기 후반에 사로국이 진한의 맹주국으로 부상한 사실과 남신현 관련 사례 등을 두루 참조하건대, 백제와 신라가 소백산맥 일대에서 싸웠다거나 또는 Ⅲ-③ 기록에서 보듯이 신라왕이 태백산(현재의 소백산)에서 제사를 지냈던 시기는 3세기 후반 이후라고 추론하는 것이 합리적이라고 판단된다.

이와 더불어 이사금시기 신라본기 기록의 기본원전은 『국사』에 전하는 기록이었다고 추정되므로, 이사금시기 기록이 반영한 시기의 하한은 6세기 전반으로 볼 수 있다. 5세기 후반에 신라에서 소백산맥 일대에 산성을 집중적으로 축조하였고, 또는 와산성, 괴곡성, 봉산성 등의 지명이 마립간시기와 그 이후 시기의 기록에 보이지 않는 점 및 남신현 관련 기록들을 두루 고려하건대, 이사금시기 신라본기 기록이 반영한 시기의 하한은 4세기 후반 즉, 나물왕대 이전 시기였다고 봄이 자연스럽지 않을까 한다.

이상에서 『국사』 편찬자들이 탈해이사금 7년(63년) 10월에서 4세기 후반 이전 시기에 걸쳐 백제와 신라가 소백산맥 북쪽의 충북지방에서 충돌하였다고 인식하였으나, 그것은 사로국이 진한지역의 맹주국으로 부상한 3세기 후반에서 4세기 후반 사이에 두 나라가 충돌한 역사적 사실을 반영하는 것임을 살펴보았다. 그렇다면, 이제 3세기 후반에서 4세기 후반 사이에 두 나라가 소맥산맥 북쪽의 충청지역에서 충돌한 사실을 어떻게 합리적으로 설명할 수 있는가에 대해서 살필 차례인데, 이 문제와 관련하여 먼저 백제가 마한의 소국을 해체시켜 지방통치조직으로 편제하고, 거기에 지방관을 파견하여 지방민에 대한 직접 지배를 실현한 시기가 언제인가를 주목할 필요가 있지 않을까 한다.

『양서』 백제전에 '도성(都城)은 고마(固麻)라고 부르며, 읍(邑)을 담로(檐魯)라고 일컫는데, 중국의 말로 군현(郡縣)과 같다. 그 나라에는 22담로가 있으며, 모두 자제(子弟)와 종족(宗族)으로 나누어 웅거(雄據)하게 하였다.'라고 전한다. 백제는 사비시대에 방(方)·군(郡)·성(城)을 설치하여 지방을 통치하였다. 방군성제를 시행하기 이전에 백제가 설치한 지방통치조직이 바로 담로였던 것이다. 담로제를 언제 실시하였는가를 둘러싸고 논란이 분분하지만,[62] 현재 왕(王)·후(侯)제와 연동하여 5세기 후반 개로왕대에 담로제를 실시하였다고 보는 것이 일반적이다.[63] 이에 따른다면, 5세기 후반에 백제에서는 지방을 담로로 편제하고, 거기에 왕의 자제와 종족들을 파견하여 다스리게 하였다고 볼 수 있다. 백제가 담로제를 실시한 지역적 범위와 관련하여 다음의 기록을 주목할 필요가 있다.

> 이웃해 있는 소국[旁小國]에는 반파(叛波)·탁(卓)·다라(多羅)·전라(前羅)·사라(斯羅)·지미(止迷)·마련(麻連)·상기문(上己文)·하침라(下枕羅) 등이 있어서, [백제의] 부용국(附庸國)이 되었다(『양직공도(梁職貢圖)』).

『양직공도』는 520~530년대에 제작되었다고 알려졌다.[64] 여기서 반파는 대가야를 가리키는 이칭(異稱)이고, 사라는 신라를 가리킨다. 전라는 전에 경산(慶山)의 압독국(押督國)으로 비정하기도 하였으나[65] 근래에 함안의 안라국(安羅國)으

---

62) 담로제의 실시 시기를 둘러싼 제견해에 대해서는 김영심, 1997 「백제 지방통치체제 연구-5~7세기를 중심으로-」, 서울대학교 박사학위논문, 3~7쪽이 참조된다.
63) 김영심, 위의 논문, 94~110쪽; 홍승우, 2009 「백제 율령 반포 시기와 지방지배」 『한국고대사연구』 54, 251~253쪽.
64) 蕭繹(후에 元帝, 508~554)이 荊州刺史로 재임할 때(526~539)에 주변 제국 사신의 용모를 自筆로 묘사하였고, 『梁職貢圖』는 梁 武帝(재위 502~549)의 재위 40년을 기념하여 이것들을 결집한 두루마기 會圖를 말한다.
65) 이홍직, 1965 「梁職貢圖論考-특히 百濟國使臣圖經을 중심으로-」 『高大 60주년기념논문

로 비정하는 것이 일반적이다.[66] 탁은 경남 합천군 쌍책면 성산리, 다라는 합천군 합천읍에 위치한 가야 소국에 해당하고,[67] 지미와 상기문은 전남 강진, 섬진강 상류의 전북특별자치도 남원 부근으로 비정되고 있다.[68] 이 가운데 주목되는 지명이 바로 마련이다. 마련은 현재 전남 광양시로 비정되는 승평군(昇平郡) 희양현(晞陽縣)의 본래 이름인 마로현(馬老縣)과 연결시켜 이해하는 것이 일반적이다.[69] 그런데 근래에 소개된「진법자묘지명(陳法子墓誌銘)」에 따르면, 진법자의 조부(祖父) 덕지(德止)가 마련대군장(麻連大郡將)을 역임하였다고 한다. 520~530년대에 백제의 방소국(旁小國)으로서 부용국이었던 마련을 백제가 이후 어느 시기엔가 군(郡)으로 편제하고 거기에 군장(郡將)을 파견하였다고 볼 수 있다. 방소국에 전남 강진, 섬진강 상류의 남원 부근에 위치한 지미와 상기문 등이 있다고 하였으므로, 이들 지역 역시 520~530년 이후에 군장 등 지방관을 파견하였다고 봄이 자연스러울 것이다. 『양직공도』의 기록을 존중한다면, 6세기 전반 담로제를 실시한 지역은 대략 경기도와 충남, 충북·전북의 일부 지역이었고, 그 나머지 지역은 여전히 백제의 직접적인 영역으로 편제되지 않았다고 봄이 자연스러울 것이다.[70]

지금까지 백제가 5세기 후반에 지방통치조직을 정비하고, 지방에 지방관을

집 인문과학편』; 1971『한국고대사의 연구』, 新丘文化社, 416~417쪽.
66) 김태식, 1993『가야연맹사』, 일조각, 188쪽; 李鎔賢, 1999『『梁職貢圖』百濟國條の旁小國』『朝鮮史研究會論文集』37, 179쪽.
67) 전덕재, 2011「喙國(喙己呑)의 위치와 역사에 대한 고찰」『한국고대사연구』61, 265~280쪽.
68) 김기섭, 2000『백제와 근초고왕』, 학연문화사, 173쪽; 李鎔賢, 1999 앞의 논문, 179~182쪽.
69) 김기섭, 위의 책, 173쪽; 김영관, 2014「백제유민 진법자묘지명 연구」『백제문화』50, 120쪽.
70) 이와 관련하여 종래에 22담로를 두었던 6세기 전반에 섬진강·영산강유역은 백제의 지배영역으로 편제되는 과정에 있었기 때문에 지방통치조직으로 완전히 편제되지 않은 상태였고, 백제 멸망 시의 37군은 전남 지역이 백제의 영역으로 편제된 상태를 반영한 것이라고 이해한 견해가 제기되어 참조된다(김영심, 1997 앞의 논문, 155쪽).

파견하여 직접적인 지배력을 실현하였음을 살폈다. 그렇다면, 그 이전 시기에 백제는 어떠한 방법으로 지방을 지배하였을까? 이와 관련하여 5세기대에 백제가 금동관을 지방의 복속 소국이나 읍락집단의 지배자에게 사여하였다는 점을 주목할 필요가 있다. 백제의 금동관은 천안 용원리 9호분, 공주 수촌리 1호분과 4호분, 서산 부장리 5호분, 익산 입점리 1호분 석실묘, 화성 요리고분, 고흥 안동고분, 합천 옥전 23호분, 일본 에타후나야마고분(江田船山古墳) 등에서 출토되었다. 이 가운데 합천 옥전 23호분, 일본 에타후나야마고분 등은 6세기 전반 백제의 영역에 위치하지 않았기 때문에 이들 고분에서 출토된 금동관을 5세기 후반 담로제 실시 이전 시기 백제의 지방지배와 연관시켜 이해하기는 곤란할 것이다. 대체로 금동관이 출토된 고분들은 5세기대에 축조하였다고 이해하는 것이 일반적이다.[71] 천안 용원리 9호분 등에서 출토된 금동관의 사여 주체는 백제왕으로 보는 것에 대해 이견이 없고, 다만 사여받은 주체에 대해서는 논란이 분분하지만, 대부분의 연구자들이 재지지배자로 이해하고 있다.[72] 이와 관련하여 5세기대에 낙동강 동안지역의 고총고분에서 출토된 출자형금동관의 소유 주체가 각 지역의 재지지배자였다는 점이 참조된다고 하겠다.[73]

---

71) 금동관이 출토된 고분의 축조연대에 대해서는 나용재, 2016「백제 의관제의 정비시기 검토-은화관식과 금동관모를 중심으로-」『사학지』53, 26쪽 각주 26번이 참조된다.

72) 권오영, 2007「고고자료로 본 지방사회」『백제의 정치제도와 군사』(백제문화사대계 연구총서8), 충청남도 역사문화연구원; 이한상, 2008「백제 금동관모의 제작과 소유방식」『한국고대사연구』51; 이한상, 2009『장신구 사여체계로 본 백제의 지방지배』, 서경문화사, 134~166쪽; 이훈, 2012「금동관을 통해 본 백제의 지방통치와 대외교류」『백제연구』55; 이현혜, 2014「백제 국가의 형성과 발달 과정을 둘러싼 중요 쟁점」『백제의 왕권은 어떻게 강화되었는가』(백제학연구총서 쟁점백제사4), 한성백제박물관, 22~24쪽; 이선아, 2013「백제 한성기 지방사회의 신묘제 수용 양상-공주 수촌리유적을 중심으로-」, 공주대학교 대학원 석사학위논문; 이경복, 2009「백제의 태안반도 진출과 서산 부장리 세력」『한국고대사탐구』3.

73) 이한상, 1995「5~6세기 신라의 변경지배방식-장신구 분석을 중심으로-」『한국사론』33,

백제의 금동관 가운데 가장 주목을 끄는 것이 바로 화성 요리고분에서 출토된 것이다. 금동관이 발견된 요리고분은 마한의 전통적인 묘제로 알려진 토광목곽묘로 알려졌다.[74] 요리고분에서 출토된 금동관은 5세기 무렵까지도 화성시 향남읍 요리지역의 재지지배자가 여전히 나름의 자체적인 지배기반을 보유하면서 백제왕으로부터 금동관을 사여받았음을 알려주는 사례로서 유의된다고 하겠다. 천안 용원리 9호분과 서산 부장리 5호분에서 금동관이 출토되고 있으므로, 5세기대에 이들 지역 역시 백제의 직접적인 영역으로 편제되었다고 보기 어려울 것이다. 5세기대에 금동관이 발견되는 지역을 제외한다면, 백제가 직접적으로 통치한 영역은 한강유역권을 크게 벗어났다고 보기 어려울 것이다. 그 범위는 화성시 이북에서 예성강 이남의 경기도와 서울 일원을 망라하지 않았을까 추정된다.

5세기대에 백제가 직접적으로 통치한 영역이 한강유역권의 범위를 크게 벗어나지 못하였다는 추정은 414년에 건립된 「광개토왕릉비」를 통해서도 보완할 수 있다. 「광개토왕릉비」에 영락(永樂) 6년(396)에 광개토왕이 친히 군대를 거느리고 백잔국(百殘國; 백제)을 토벌하였다는 내용이 나온다. 이때에 광개토왕은 영팔성(寧八城), 미추성(彌鄒城) 등 58성과 700촌을 획득하고 백잔주(百殘主; 아신왕)의 동생과 대신(大臣) 10인을 볼모로 데리고 수도로 개선하였다. 그런데 고구려는 이때 획득한 58성 가운데 30여 곳에서 수묘인연호(守墓人烟戶)를 차출하였다. 고구려인은 그들을 백제인이라고 부르지 않고 한(韓)·예(穢)인이라 불렀다. 여기다가 두비압잠한(豆比鴨岑韓), 구저한(求底韓), 사조성한예(舍蔦城韓穢), 객현한(客賢韓), 파노성한(巴奴城韓), 백잔남거한(百殘南居韓) 등의 표현이 보이는데, 여기서 '한(韓)'이나 '예(穢)'는 어떤 성이나 지역에 사는 주민집단을 지칭하는 것으로 이

서울대학교 국사학과; 이희준, 2007 『신라고고학연구』, 사회평론; 김재열, 2010 「5~6세기 신라 경산지역 정치체의 관」 『신라사학보』 20.

74) 맹소희, 2017 「한성백제기 화성·오산지역 고고학적 변화 양상 연구-분묘유적과 주거유적을 중심으로-」, 한양대학교 대학원 석사학위논문, 53쪽 및 57~60쪽.

해된다. 한이나 예는 종족명인데, 백제의 지배하에서도 이들을 그렇게 불렀다고 보인다. 특히 성이나 지역명칭 뒤에 보이는 한이나 예란 표현을 통하여 거기에 한이나 예인이 집단적으로 거주하였고, 아울러 그들이 백제국가의 지배를 받으면서도 여전히 내부의 통치에 대하여 자치력을 행사하였음도 추측해볼 수 있다. 「광개토왕릉비」를 통해서 그것을 건립한 414년 무렵에도 백제가 한이나 예인들이 집단적으로 거주하는 지역이나 성의 경우, 그들 종족의 자치력을 그대로 인정해주었음을 엿볼 수 있다.[75] 「광개토왕릉비」에 백잔 남쪽에 거주하는 한족(韓族)을 가리키는 것으로 이해되는 '백잔남거한(百殘南居韓)'을 수묘인연호로 차출하였다고 전한다. 이것은 당시 고구려인이 인식한 백잔, 즉 백제의 영역적 범위는 경기도 남부와 서울 일원을 크게 벗어나지 않았음을 추론하게 하는 유력한 증거로서 주목된다.

현재 경기도 남부와 충남·북지역의 4세기대 고분에 백제 양식의 토기가 부장되기 시작하고, 5세기대에 이르면 백제 중앙 양식의 묘제인 횡혈식 석실분과 함께 백제 양식의 토기가 여러 고분에서 두루 출토되는 양상을 띤다고 보는 것이 학계의 지배적인 견해이다. 이와 더불어 일부 지역의 재지지배자들이 백제왕으로부터 형식이 유사한 금동관을 사여받았다는 점을 염두에 둔다면, 결과적으로 그것은 4세기대에 백제의 물질문화가 마한 소국이나 읍락집단에 전파되기 시작한 사실과 더불어 5세기대에 이르러 백제가 복속 소국이나 읍락집단에 대한 통제력을 한층 더 강화하였던 사실을 반영한다고 보아도 무방할 것이다. 이와 관련하여 신라에서 4세기 후반 또는 적어도 5세기대에 지방 소국과 읍락에 대한 통제를 강화하였음을 신라 양식의 토기와 출자형금동관을 비롯한 신라식 금공위세품이 낙동강 동안지역의 고총고분에서 두루 부장되는 양상을 통해서 추론

---

75) 전덕재, 2012 「백제의 율령 반포 시기와 그 변천」 『백제문화』 47, 111쪽.

한 사실이 참고된다고 하겠다.[76]

이상에서 살핀 바에 따르면, 신라와 백제는 지방을 간접적인 방식으로 지배하는 상황에서 소백산맥 북쪽의 충북지역에서 서로 충돌하였다고 이해할 수 있다. 마한의 대표세력으로 부상한 3세기 중·후반 무렵에 백제는 마한의 여러 소국 및 읍락집단을 복속시킨 다음,[77] 그들과 지배-복속관계를 맺었을 것이고, 마찬가지로 신라 역시 3세기 후반에 진한의 맹주국으로 부상한 이후에 진한의 여러 소국 및 읍락집단과 지배-복속관계를 맺었던 것으로 이해된다. 이때 백제·신라는 소국이나 읍락집단 지배자의 자체적인 지배기반을 용인해주고, 그들에게 정기적으로 공납물을 바치게 하였을 것이다. 이와 같은 사실을 입증해주는 자료로서 다음의 기록을 주목할 필요가 있다.

> 첨해왕(沾解王)이 재위하였을 때 사량벌국(沙梁伐國)이 전에 우리에게 복속하였다가 배반하여 백제에 귀복(歸服)하자, 우로[(昔)于老]가 군사를 거느리고 가서 토벌하여 멸하였다(『삼국사기』 열전 제5 석우로).

---

76) 대표적인 연구성과로서 이희준, 2007 앞의 책을 들 수 있다. 한편 종래 대부분의 연구자들은 여러 고분에서 백제 양식의 토기가 널리 출토되는 사실을 근거로 5세기 후반 이전에 경기도 남부와 충남·북지역을 단계적으로 백제의 지방으로 편제하였다고 이해하였다. 그런데 백제가 마한 소국을 해체시키고 지방통치조직을 정비한 다음, 거기에 지방관을 파견한 것은 담로제를 실시한 5세기 후반이었으며, 그 이전에는 간접적인 방식으로 지방을 지배하였다고 봄이 옳을 것이다. 따라서 5세기대의 여러 고분에서 백제 양식의 토기가 널리 출토되는 사실을 근거로 그러한 성격을 지닌 고분들이 분포한 지역이 '백제의 지방으로 편제되었다.'라고 표현하는 것은 적절하지 않다고 볼 수 있다. 이것보다는 '백제의 지방에 대한 통제가 이전보다 한층 더 강화되었다.'라고 표현하는 것이 바람직하다고 판단된다.

77) 현재 학계에서 3세기 중·후반 무렵에 백제(백제국)가 마한의 목지국을 압도하고 마한의 대표세력으로 부상하였다고 이해하는 것이 일반적이다(노중국, 1988 『백제정치사연구』, 일조각, 85~94쪽; 문창로, 2007 「백제의 건국과 고이왕대의 체제 정비」 『백제의 기원과 건국』(백제문화사대계 연구총서2), 충청남도 역사문화연구원, 289~308쪽).

사량벌국은 오늘날 경북 상주시에 위치하였던 사벌국(沙伐國)을 가리킨다. 상주지역에서 화령고개를 넘어 보은, 청주를 연결할 수 있는데, 화령고개를 넘는 길이 비교적 평탄하기 때문에 통일신라시대에 경주에서 중국으로 가는 관문항인 당항진(党項津; 唐恩浦)을 연결하는 교통로로서 널리 활용되었다. 사량벌국(사벌국)은 바로 이 교통로를 이용하여 백제와 연결한 것으로 이해된다. 위의 자료에서 사량벌국이 신라에 복속되었다고 언급하였는데, 이것은 신라와 사벌국이 지배-복속관계를 맺었음을 반영한다고 볼 수 있다. 그런데 홀연히 사벌국이 신라를 배반하고 백제에 귀복하였다고 하였는데, 이것은 백제와 사벌국이 지배-복속관계를 맺었음을 뜻한다고 이해할 수 있다. 백제는 사벌국뿐만 아니라 마한의 여러 소국 및 읍락집단과도 지배-복속관계를 맺었을 것으로 미루어 짐작할 수 있다.

그런데 사벌국의 사례에서 보듯이 신라의 경우 지배-복속관계를 맺고 있었던 소국이나 재지지배자가 반란을 일으키거나 배반하여 다른 국가에 귀복(歸服)하면, 군사를 보내 응징하고 지배-복속관계를 복구하였던 것으로 확인된다.[78] 백제의 경우도 역시 마찬가지였을 것이다. 한편 신라는 지방의 복속 소국이나 읍락집단을 효과적으로 통제하기 위하여 교통의 요지나 전략적 요충지에 관리를 파견하였음이 확인된다. 대표적인 사례로서 육상교통의 요지인 대구의 달벌성(達伐城)에 나마(奈麻) 극종(克宗)을, 낙동강 하류 수상교통의 요지인 양산에 박제상(朴堤上)을 파견한 사실 등을 들 수 있다. 이 밖에 Ⅲ-②, ⑦, ⑨ 기록에서 볼 수 있듯이 변방의 요충지에 성주를 파견하기도 하였다.[79] 신라에서 교통의 요지나 전

---

78) 이 밖에 신라는 悉直國과 押督國이 반란을 일으키자, 군대를 파견하여 응징하고, 반란을 일으킨 주동자를 다른 곳으로 遷徙시키는 조치를 취하였다(전덕재, 1990「신라 주군제의 성립배경 연구」『한국사론』22, 서울대학교 국사학과, 10~11쪽).
79) 한편 신라본기 나해이사금 5년 8월 기록에 牛頭鎭戰鬪에서 패배한 이벌찬 忠萱을 鎭主로 좌천시켰다는 내용이 보인다. 신라에서 전략적 요충지에 성주뿐만 아니라 鎭主를 파

략적 요충지에 파견한 관리들은 제소국을 감찰하거나 제소국 사이에서 행해지는 교역을 감시하거나, 또는 사로국과 그 외부세력과의 포괄적인 대외업무-특히 그중에서도 백제·가야세력과의 관계-를 관장하는 임무를 수행했을 것으로 짐작되고 있다.[80] 백제의 경우, 이러한 사실을 알려주는 구체적인 자료는 발견되지 않지만, 373년(근초고왕 28)에 300여 명을 이끌고 신라로 망명한 독산성주(禿山城主)가 바로 백제에서 전략적인 요충지에 파견한 관리로서 지방의 복속 소국이나 읍락집단을 감찰하는 역할뿐만 아니라 신라의 침략에 대비하는 임무를 수행한 것으로 볼 수 있지 않을까 한다.[81]

이상에서 고찰한 바와 같이 백제와 신라가 지방 복속 소국 및 읍락집단과 지배-복속관계를 맺고, 소국 및 읍락집단의 지배자에게 공납물을 바치게 하였다고 할 때, 두 나라는 지방 소국이나 읍락집단과의 지배-복속관계를 지속적으로 유지하기 위하여 다른 나라의 침략으로부터 그들을 보호할 필요가 있었을 것이다. 이에 따라 한편으로 백제와 신라는 자신들이 영향력을 미치는 세력권을 수호하고, 다른 한편으로 다른 나라에 복속된 소국이나 읍락집단을 자신들에게 복속시키기 위해 마한과 진한지역의 경계지점에 군사적 거점을 마련하고, 거기에 군사를 주둔시켰던 것으로 이해할 수 있다. 3세기 후반에서 4세기 후반 사이에 백제가 영향력을 미치는 기존의 마한지역과 신라가 영향력을 미치는 진한지역의 경계지점이 바로 소맥산맥 북쪽의 충북지역이었고, 이에 따라 두 나라 사이에 자신들의 세력권을 확고하게 유지하기 위해서뿐만 아니라 여차하면 다른 나라에 복속된 소국이나 읍락집단을 자국에게 복속시키기 위해서 충북지역에서 자주 국지적인 전투를 벌였다고 이해할 수 있지 않을까 한다.

    견하였음을 알려준다.
80) 이상의 내용에 대해서는 전덕재, 위의 논문, 12~14쪽이 참조된다.
81) 다만 禿山城의 위치에 대해서 정확하게 詳考하기 어렵다.

4) 신라와 구야국(금관국)의 경계

다음 〈표 1〉은 이사금시기 『삼국사기』 신라본기 기록에 전하는 신라와 가야의 접경지역에서 전개된 전투 장소, 왕이 순행한 지역을 정리한 것이다.

〈표 1〉 이사금시기 신라와 가야와의 전투 장소 및 국왕의 순행 장소

연대	전투·순행 장소	전투 대상	현재 위치	비고
탈해 21	황산진구 (黃山津口)	가야	경남 양산시 물금읍 물금리 황산역터 근처	
파사 15	마두성 (馬頭城)	가야		파사 27 (마두성주에게 가야 정벌케 함)
지마 4	황산하 (黃山河)	가야	경남 양산시 낙동강	
미추 3	황산 (黃山)		경남 양산시	순행

〈표 1〉에서 신라와 가야가 황산진구, 황산하, 마두성에서 싸웠음을 살필 수 있다. 황산진은 경남 양산시 물금읍 물금리 황산역터 근처의 낙동강가에 위치하였고,[82] 황산하는 양산시를 흐르는 낙동강을 가리킨다. 기존에 마두성을 경남 거창군 마리면(馬利面)에 위치한 성으로 보거나[83] 경북 청도군과 경주시, 경산시의 접경에 있는 마곡산(馬谷山) 일대로 비정하였다.[84] 『삼국사기』 신라본기에 지마이사금 4년 2월에 가야가 남변(南邊)을 침략하자, 같은 해 7월에 왕이 직접 보기(步騎)를 거느리고 황산하를 건너 가야를 공격하였다고 전한다. 이에 따른다면, 가야가 침략한 남변은 황산하가 위치한 경남 양산시라고 봄이 합리적일 것이다.

한편 『삼국사기』 신라본기에 파사이사금 4년 9월에 가야인이 남비(南鄙)를 습격하자, 왕은 가성주(加城主) 장세(長世)에게 막게 하였으나 장세가 죽임을 당하

---

82) 전덕재, 2007 「삼국시대 황산진과 가야진에 대한 고찰」 『한국고대사연구』 47, 38~42쪽.
83) 이병도, 1977 앞의 책, 15쪽.
84) 이영식, 1985 「가야제국의 국가형성 문제-가야연맹설의 재검토와 전쟁기사 분석을 중심으로-」 『백산학보』 32, 71~72쪽.

였다고 전하는데, 여기서 가성주는 가소성주(加召城主)를 가리킨다. 종래에 『삼국사기』 잡지 제3 지리1 강주 거창군조에 거창군의 영현(領縣)인 함음현(咸陰縣)의 본래 이름이 가소현이었다고 전하는 사실에 주목하여, 가소성을 경남 거창군 가조면으로 비정하는 것이 일반적이었다.[85] 그러나 가조면은 경주에서 남쪽에 위치한 것이 아니라 서쪽 방면에 위치하였다고 볼 수 있기 때문에 신라본기 파사이사금 8년 7월에 축조하였다고 전하는 가소성을[86] 가조면에 위치한 성으로 보기가 쉽지 않다. 이러한 사실에 주목하여 종래에 가소성을 경주의 남쪽 방면에 위치한 성으로 이해하는 견해를 제기하기도 하였다.[87] 파사이사금이 서쪽으로 백제와 이웃하고, 남쪽으로 가야와 잇닿아 있다고 언급한 다음, 마두성과 가소성을 축조하라고 명령한 사실과 아울러 가야가 침략한 남비(南鄙)가 경남 양산시였을 가능성이 높다는 점을 감안하건대, 남변 가까이에 위치한 가소성 역시 양산시에 위치한 성으로 보는 것이 합리적이라고 판단된다. 동일한 맥락에서 마두성 역시 가소성 근처, 즉 양산시에 위치하였을 가능성이 높지 않을까 한다.

신라가 황산진구에서 가야와 싸웠고, 지마이사금이 신라군을 거느리고 황산하를 건너 가야를 공격하였다고 전하는 기록에 따른다면, 신라의 남비(南鄙) 또는 남변(南邊)을 침략한 가야의 실체는 황산하 서쪽에 위치한 김해의 구야국[狗邪國; 후대의 금관국(金官國)]을 가리킨다고 봄이 합리적일 것이다.[88] 한편 『삼국

---

85) 이병도, 1977 앞의 책, 15쪽.
86) 下令曰 朕以不德有此國家 西隣百濟 南接加耶 德不能綏 威不足畏 宜繕葺城壘 以待侵軼. 是月 築加召·馬頭二城(『삼국사기』 신라본기 제1 파사이사금 8년 가을 7월).
87) 이영식, 1985 앞의 논문, 71~72쪽; 백승충, 1989 「1~3세기 가야세력의 성격과 그 추이-수로집단의 성장과 포상팔국의 난을 중심으로-」 『부대사학』 19, 11쪽.
88) 한편 선석열, 1997 「포상팔국의 아라국 침입에 대한 고찰-6세기 중엽 남부가야제국의 동향과 관련하여-」 『가라문화』 14, 69~71쪽에서 가소성을 경남 거창군 가조면, 마두성을 거창군 마리면으로 비정한 다음, 가소성과 마두성 관련 기록은 6세기에 신라가 가야의 소국들을 병합해가는 과정을 반영한 것이며, 이들 기록에 전하는 가야는 대가야를 지칭

사기』 신라본기에 지마이사금 10년 2월에 현재 부산광역시 부산진구 당감동 일대에 있었던 산성으로 짐작되는 대증산성(大甑山城)을 쌓았다고 전한다.[89] 이것은 이사금시기에 신라가 부산지역에 진출하였음을 시사해주는 자료로서 주목된다. 한편 『삼국사기』 신라본기 제3 자비마립간 6년 2월 기록에 왜가 삽량성(歃良城; 경남 양산시)을 침략하였다고 전한다.[90] 이 기록과 앞에서 살핀 여러 자료를 두루 고려하건대, 4세기 후반 이전 이사금시기에 신라와 구야국(금관국)은 경남 양산시를 흐르는 황산하(黃山河), 즉 낙동강을 경계로 대립하였다고 정리하여도 문제가 되지 않을 것이다.

　이상에서 살핀 내용을 간략하게 정리하면 다음과 같다. 신라는 3세기 후반에 비로소 진한지역을 대표하는 맹주국(盟主國)으로 부상하였다. 따라서 『삼국사기』 신라본기 이사금시기 기록에 신라가 주변의 소국을 정복하였다거나 또는 서북과 동북, 남쪽에서 백제, 말갈, 고구려, 가야 등과 싸웠다고 전하는 기록들은 3세기 후반에서 4세기 후반 사이의 역사적 사실을 반영한다고 봄이 합리적이다. 신라는 3세기 후반에 경북 영덕군 영해면까지 진출하고, 이 무렵에 실직국(悉直國; 강원특별자치도 삼척시)을 복속시킨 다음, 4세기 후반 이전 어느 시기에 강원특별자치도 강릉시에 위치한 대관령과 진고개까지 진출하여 군사를 주둔시키고 말갈, 즉 고구려의 지배를 받았던 동예와 대치하였다. 당시 사로국, 즉 신라는 동해안지역의 전략적 요충지에 성을 쌓거나 진(鎭)을 설치한 다음, 거기에 군사를 주둔시켜 그 근처에 위치한 소국과 읍락을 간접적으로 지배, 통제하였다. 3세기 중반 이전에 오늘날 강원특별자치도 춘천시로 비정되는 우두지역(牛頭地域)은 낙랑군(樂浪郡) 또는 대방군(帶方郡)에 복속되어 지배를 받았다. 3세기 중반 고

한다고 보아야 한다는 견해를 제기하였다.
89)　築大甑山城(『삼국사기』 신라본기 제1 지마이사금 10년 2월).
90)　倭人侵歃良城 不克而去. 王命伐智·德智 領兵伏候於路 要擊大敗之. 王以倭人屢侵疆場 緣邊築二城(『삼국사기』 신라본기 제3 자비마립간 6년 봄 2월).

이왕대에 백제가 중국의 군현세력을 공격하고 우두지역까지 진출하였다. 3세기 후반에 서진과 연결하는 교통의 요지로서 춘천지역이 중시되면서 신라가 3세기 후반에서 4세기 초반 사이에 우두지역에 진출하여 백제를 물리치고 그 지역에 대한 지배권을 장악하였다고 보인다.

 3세기 후반에서 4세기 후반 사이에 백제가 영향력을 미치는 기존의 마한지역과 신라가 영향력을 미치는 진한지역의 경계지점이 바로 소백산맥 북쪽의 충북과 경북지역이었다. 신라와 백제가 와산성(蛙山城; 충북 보은군 보은읍) 등에서 싸웠다고 전하는 『삼국사기』 신라본기 이사금시기의 기록들은 두 나라가 자신들의 세력권을 확고하게 유지하기 위해서뿐만 아니라 여차하면 다른 나라에 복속된 소국이나 읍락집단을 자국에게 복속시키기 위해서 진한과 마한의 경계지점인 충북 및 경북 북부지역에 군사적 거점을 마련하여 군사를 주둔시킨 다음, 자주 그 지역에서 국지적인 전투를 벌인 사실을 반영한 것으로 이해된다. 4세기 후반 이전 이사금시기에 신라와 구야국(금관국)은 경남 양산시를 흐르는 황산하(黃山河), 즉 낙동강을 경계로 대립하였다.

2. 마립간시기 신라의 경계

1) 동북 경계의 변동

앞에서 3세기 후반에 신라의 동북경(東北境)이 강릉 근처였음을 살펴보았다. 그러면 3세기 후반 이후 동해안지역에서 신라의 북경(北境)에 어떠한 변화가 나타났을까가 궁금하다. 3세기 후반에서 6세기 사이에 동해안지역에서 신라의 북경이 어디였는가를 알려주는 자료들을 정리하면 다음과 같다.

> Ⅳ-① 말갈이 북쪽 변경을 침범하였으므로 군사를 내어 그들을 실직(悉直)의 들판에서 크게 쳐부수었다(『삼국사기』 신라본기 제3 나물이사금 40년 가을 8월).
>
> Ⅳ-② 북쪽 변방 하슬라(何瑟羅)에 가뭄이 들고 황충(蝗虫)의 재해가 있어 흉년이 들었으며, 백성들이 굶주렸다. [하슬라의] 죄수(罪囚)를 살펴서 사면하고, 1년의 조(租)와 조(調)를 면제해 주었다(같은 책, 나물이사금 42년 가을 7월).
>
> Ⅴ-① 고구려의 변방 장수(將帥)가 실직의 들에서 사냥하는 것을 하슬라성(何瑟羅城) 성주(城主) 삼직(三直)이 군사를 내어 불의에 공격하여 그를 죽였다. 고구려왕이 그것을 듣고 노하여 사신을 보내 이르기를, '내가

대왕과 우호를 닦는 것을 매우 기쁘게 여기고 있었는데, 지금 군사를 내어 우리의 변방 장수를 죽이니, 이는 어찌 의리 있는 일이겠는가.'라고 하였다. 이에 군사를 일으켜 우리의 서쪽 변경을 침입하였다. 왕이 겸허한 말로 사과하자, 물러갔다(같은 책, 눌지마립간 34년 가을 7월).

V-② 고구려가 말갈과 함께 북쪽 변경 실직성(悉直城)을 습격하였다. 가을 9월에 하슬라 사람으로서 15세 이상인 자를 징발하여 이하(泥河)〈혹은 이천(泥川)이라고 한다〉에 성을 쌓았다(같은 책, 자비마립간 11년 봄).

VI-① [왕이] 비열성(比列城)에 행차하여 군사들을 위로하고 솜을 넣어 만든 군복을 내려주었다. 3월에 고구려가 말갈과 함께 북쪽 변경을 쳐들어와 호명성(狐鳴城) 등 7성을 빼앗고, 또 미질부(彌秩夫)에 진군(進軍)하였다. 우리 군사가 백제·가야의 구원병과 함께 여러 길로 나누어서 그들을 막았다. 적이 패하여 물러가므로 이하(泥河)의 서쪽에서 공격하여 깨뜨렸는데, 천여 명을 목 베었다(같은 책, 소지마립간 3년 봄 2월).

VI-② 고구려가 우산성(牛山城)을 공격해 왔다. 장군 실죽(實竹)이 나아가 이하(泥河) 가에서 공격하여 깨뜨렸다(같은 책, 소지마립간 18년 가을 7월).

VI-③ 고구려가 우산성을 공격하여 함락시켰다(같은 책, 소지마립간 19년 8월).

IV-②는 나물이사금 42년(397)에 신라의 동북 국경이 오늘날 강릉시에 해당하는 하슬라였음을 알려주는 자료이다. 나물이사금 40년(395)에 신라가 말갈을 실직의 들판에서 물리친 것으로 보아, 당시 신라의 북경은 실직 또는 하슬라였을 가능성이 높다고 할 수 있다. 『삼국사기』 신라본기 제2 나해이사금 8년 겨울 10월 기록에 말갈이 신라를 침략하였다고 전하고, 또 조분이사금 16년 겨울 10월 기록에 고구려가 북쪽 변경을 침략하였으므로 우로가 군사를 이끌고 나가 쳤으나 이기지 못하고 물러나 마두책(馬頭柵)을 지켰다는 기록이 전한다. 이 밖에 조분이사금 16년 이후부터 나물이사금 40년까지의 신라본기 기록에서 말갈 또는 고구려가 동해안지역에서 신라를 침략하였음을 전하는 사료를 찾을 수 없다. 395년 이전 시기 신라의 북경(北境)과 관련하여 마두책의 위치를 주목할 필요가 있지만, 현재 그것의 위치를 정확하게 고증하기 어렵기 때문에 3세기 후반부터 395년 사이 동해안지역 신라의 북경을 정확하게 고구(考究)하기 곤란하다. 다만 3세기 후반 무렵 신라의 북쪽 경계가 대관령이 위치한 강릉이었고 390년대에 그것이 실직 또는 하슬라였음을 미루어 보건대, 3세기 후반에서 390년대 사이에 동해안지역 신라의 북경은 실직 또는 하슬라였을 가능성이 높지 않을까 여겨진다.

V-①에서 보듯이 눌지마립간 34년(450) 고구려 변방의 장수가 실직의 들에서 사냥하고, 하슬라 성주가 고구려 장수를 살해한 사실을 통하여 450년 무렵 신라와 고구려의 경계가 하슬라 또는 실직이었음을 인지할 수 있다. V-②에 자비마립간 11년(468) 봄에 신라의 북쪽 변경이 실직성이고, 그해 가을 9월에 하슬라 사람을 동원하여 이하(泥河)에 성을 쌓았다고 전한다. 468년 무렵 신라의 동북경이 실직 또는 하슬라였음을 알려주는 자료로서 주목된다. 5세기 후반에 신라가 하슬라, 즉 강릉지역의 정치세력을 지배, 통제하였음은 고고학 자료를 통해서도 입증할 수 있다. 기존의 연구에 따르면, 5세기 3/4분기 이후에도 여전히 강릉지역에서 수혈식석곽묘가 주요 분묘로 조성되었지만, 그러나 목곽묘와 적석목곽묘, 횡구식석실묘 등 신라계의 분묘도 함께 축조되었으며, 여기에서 경주 양식의 신라계 토기뿐만 아니라 창녕과 의성 양식의 토기, 다양한 신라계 위세품이 출토되었다고 한다.[91] 결국 V-①, ②의 기록 및 강릉지역의 고고학 발굴 현황을 통하여 450년 무렵부터 468년까지 신라의 북경이 실직 또는 하슬라였음을 살필 수 있다.

소지마립간 2년(480) 11월에 말갈이 신라의 북쪽 변경을 침략하였는데, 당시

---

91) 이한상, 2003 「동해안지역의 5~6세기대 신라분묘 확산양상」 『영남고고학』 32; 심현용, 2009 「고고자료로 본 5~6세기 신라의 강릉지역 지배방식」 『문화재』 42권 3호.

그곳이 구체적으로 어디인가를 밝히지 않았다. 468년 이후 신라의 북쪽 경계에 변동이 있었음을 시사해주는 자료가 바로 VI-①이다. 소지마립간 3년(481) 2월에 북한의 강원도 안변에 해당하는 비열성(比列城; 比列忽)에 신라의 군대가 주둔한 것에서 당시 신라가 안변지역까지 진출하였음을 살필 수 있다. 475년에 고구려가 백제 한성(漢城)을 공격하여 함락시켰는데, 이때 신라는 백제를 도와주기 위하여 군사 1만을 파견하고, 왕궁을 월성에서 명활성으로 옮겼다. 이 밖에 신라가 고구려의 남진에 구체적으로 어떻게 대응하였는가를 알려주는 자료는 전하지 않는다. 다만 『삼국사기』 신라본기에 느닷없이 481년 2월에 소지마립간이 비열성에 순행하여 거기에 주둔한 군사들에게 군복을 하사하였다는 기사가 전할 뿐이다. 480년 무렵 고구려가 남진을 활발하게 추진하였다고 추정되기 때문에 신라가 안변의 비열성까지 진출하였다고 상정하기가 그리 쉽지만은 않다. 그렇다고 하여 이 기사를 무조건 불신하는 것도 무엇인가 석연치 않다. 소지마립간이 비열성에 순행한 바로 그다음 달에 고구려가 말갈과 함께 신라의 북쪽 변경을 쳐들어와 호명성 등 7성을 빼앗고, 포항시 북구 흥해읍으로 비정되는 미질부(彌秩夫)까지 진군하였음을 감안한다면, 신라의 비열성 진출이 단지 허상에 불과하다고 단정하기 어렵다. 481년 3월 고구려의 신라 공격은 신라의 비열성 진출에 대한 반격으로 이해할 수 있는 측면이 없지 않기 때문이다.[92]

475년 고구려가 백제의 한성을 공격하여 함락시킬 무렵, 물길(勿吉)이 백제와 수로를 통해 연결하여 고구려를 협공하려고 하였고, 북위(北魏) 헌문제(獻文帝)와 고구려 종실(宗室) 여자와의 혼인 문제를 둘러싸고 북위와 고구려 사이에 갈등이 빚어졌다. 이 때문에 고구려는 한성을 함락시킨 후에 계속 남진하지 못하고 군

---

92) 김현숙, 2005 『고구려의 영역지배방식 연구』, 모시는사람들, 237~242쪽에서 신라가 450~480년 사이에 고구려에게 넘겨준 명주지역의 故土를 상당 부분 회복한 다음, 안변지역까지 북상하였을 것이라고 추정하였다.

대를 한강 이북으로 철수시키지 않을 수 없었다.[93] 필자는 고구려의 서부 국경지역에서 고구려와 물길 및 북위와의 긴장관계가 고조된 틈을 타서 신라가 475년에서 481년 사이에 비열성까지 진출하고, 거기에 군사를 주둔시키자, 이에 고구려가 481년 3월에 동해안지역에서 신라를 대대적으로 공격하였다가 결국 백제와 대가야, 신라의 연합군에게 패배한 것으로 정리하고자 한다.

한편, 종래에 V-②와 VI-①, ②의 기록에 보이는 이하(泥河)의 위치를 둘러싸고 논란이 분분하였다. 현재 이하를 태백산맥에서 강릉 방향으로 흐르는 하천으로 비정하는 견해와[94] 정선 방면에 위치한 남한강 상류의 하천으로 보는 견해로[95] 나뉘고 있다. 이하의 위치 고증과 관련하여 다음의 기록을 주목할 필요가 있다.

말갈이 북쪽 변경에 대거 침입하고 관리와 백성을 노략질하였다. 가을 7월

---

93) 노태돈, 2005「고구려의 한강지역 병탄과 그 지배 양태」『향토서울』66; 2009『한국고대사의 이론과 쟁점』, 집문당, 190~194쪽.

94) 정약용이 泥河를 강릉 북쪽에 위치한 泥川水라고 비정하였고, 후대에 그것이 泥峴(진고개)에서 발원하는 連谷川임이 밝혀졌다. 여러 학자가 강릉시 사천면과 연곡면의 분수계를 이루고 있는 연곡천을 이하로 비정하는 견해에 동조하였다(서병국, 1981「신당서 발해전 소재 泥河의 재검토」『동국사학』15·16, 244~256쪽; 김택균, 1997「동예고」『강원문화연구』16, 68~70쪽). 그리고 일부는 대관령에서 발원하는 城南川(지금의 남대천)으로 비정하기도 한다(이병도, 1977 앞의 책, 34쪽).

95) 津田左右吉, 1913「好太王征服地域考」『朝鮮歷史地理』1, 南滿洲鐵道株式會社; 1964『津田左右吉全集』第11卷, 岩波書店, 57~59쪽에서 처음으로 이하를 정선 방면의 남한강 상류로 비정한 이래, 여러 학자가 이 견해를 지지하였다. 이하의 위치를 둘러싼 제견해에 대해서는 홍영호, 2010「『삼국사기』所載 泥河의 위치 비정」『한국사연구』150, 45~60쪽이 참조된다. 참고로 이하를 남한강 상류로 이해하는 학자들은 481년에 고구려가 동해안 방면이 아니라 정선, 임계 등 강원특별자치도 영서지역에서 태박산맥을 넘어 동해안지역으로 진격한 것으로 이해한다(박성현, 2010「신라의 거점성 축조와 지방제도의 정비」, 서울대학교 박사학위논문, 109~111쪽). 한편 김현숙, 2005 앞의 책, 239쪽에서 481년에 고구려군은 순흥, 부석, 봉화, 예안 등지에서 출발하여 임하-진보-청송-영덕으로 이어지는 도로를 통해 동해안지역으로 진격하였다고 이해하기도 하였다.

에 또 대령책(大嶺柵)을 습격하고 이하(泥河)를 지났으므로 왕이 백제에게 사신을 보내 구원을 청하였다. 백제가 다섯 명의 장군을 보내 돕자, 적병이 이를 듣고서 물러갔다(『삼국사기』 신라본기 제1 지마이사금 14년 봄 정월).

『삼국사기』 백제본기 제1 기루왕 49년 기록에는 신라가 말갈에게 침략을 당하자, 백제에게 편지를 보내 구원을 요청하였고, 이에 백제왕이 5장군을 보내 구원하게 하였다라고 전한다. 지마이사금 14년과 기루왕 49년은 기년상 125년에 해당한다. 그러나 이사금시기 기록의 기년을 그대로 신뢰하기 곤란하기 때문에 말갈이 신라를 침략한 시기를 2세기 전반이라고 단정하기 어렵다. 3세기 후반에 신라의 북경이 대관령 근처였음을 주목하건대, 3세기 후반에서 4세기 후반 사이에 말갈이 대관령에 설치한 목책을 습격한 다음, 곧이어 이하를 넘어 신라를 공격하였다고 봄이 옳을 것이다.

만약에 이하를 남한강 상류로 비정한다면, 안변 일대에 거주하던 말갈, 즉 동예가 대령책을 공격하고, 이어 대관령을 넘어 정선 방면의 남한강 상류를 지나 신라를 공격하였다고 보아야 한다. 주지하듯이 신라는 자비마립간대 이후에 소백산맥에 집중적으로 산성을 축조하여 고구려의 남진(南進)에 대항하였던바, 4세기 후반 이전의 이사금시기에 신라가 남한강 상류의 강원특별자치도지역까지 진출하였다고 상정하기가 그리 쉽지 않다. 신라가 소백산맥을 넘어 충주지역을 차지하고, 다시 거기에서 남한강 상류 방면으로 진출한 것은 6세기 중반 진흥왕대로 봄이 자연스럽기 때문이다. 이러한 측면에서 위의 기사는 3세기 후반 무렵에 신라가 말갈, 즉 동예의 침략에 대비해 대관령에 목책을 설치하였고, 그때부터 4세기 후반 사이에 동예가 대령책을 공격한 다음, 이어 동해안 방면에 위치한 이하를 지나 신라를 공격하자, 백제군이 신라를 도와주려고 출동하였으며, 이에 동예가 이하를 건너 다시 안변 방면으로 물러간 사실을 반영한 것으로 봄이 합리적일 것이다.

말갈이 대령책, 즉 대관령에 설치한 목책을 습격한 다음, 이하를 지나 신라를 공격하였다면, 자연히 이하는 대령(大嶺; 대관령)의 남쪽에 위치하였다고 볼 수밖에 없다. 종래에 이하를 이현(泥峴)에서 발원한 연곡천(連谷川)으로 보는 견해가 제기되었지만, 이것은 대관령 북쪽에 위치하였기 때문에 이하로 보기 어렵다. 대관령 남쪽에 위치한 강릉의 대표적인 하천이 바로 대관령에서 발원하는 남대천[南大川; 옛 성남천(城南川)]이다.[96] 최근에 남대천 북쪽의 강문동 현대호텔 신축 부지에서 둘레가 1km인 5~6세기 삼국시대 토성이 발견되었는데,[97] 468년(자비마립간 11)에 신라가 하슬라인을 징발하여 이하에 성을 쌓았던 것과 관계가 있지 않을까 한다. 남대천이 대관령 남쪽에 위치한 점, 남대천 북쪽에 위치한 강문동 신라 토성의 축조 시기가 근처의 초당동과 안현동 분묘유적 등 주변 유적의 조영 시기와 일치하는 점, 468년에 하슬라인을 징발하여 이하에 성을 쌓은 점 등을 두루 감안하건대, 이하는 남대천으로 비정하는 것이 가장 합리적이라고 보인다.[98] 이러한 추정에 잘못이 없다면, 481년에 고구려군은 신라와 백제, 대가야 연합군에 쫓겨 강릉의 남대천 근처로 후퇴하였다가 결국 그곳에서 크게 연합군에게 격파된 셈이 된다. 이에서 고구려가 481년 3월에 말갈과 함께 연합하여 비열성을 먼저 공격하여 함락시킨 다음, 이어 계속해서 호명성 등 7성을 빼앗고, 남쪽으로 미질부까지 진격하였다는 추론이 가능함은 물론이다. 『삼국사기』 신라본기와 고구려본기에서 489년(소지마립간 11; 장수왕 77) 9월에 고구려가 북쪽 변

---

96) 『신증동국여지승람』 권44 강원도 강릉도호부 산천조에 '城南川은 府城 남쪽 1백 보에 있으며, 물 근원이 대관령에서 나온다. 여러 골짜기 물과 합류하여 松嶽淵·廣濟淵이 되고, 동쪽으로 바다에 들어간다.'라고 전한다.

97) 재단법인 국강고고학연구소·현대중공업, 2015 『강릉 강문동 신라 토성-강릉 경포대 현대호텔 신축부지내 유적』, 798쪽; 홍영호, 2013 「신라의 동해안 연안항로와 하슬라-강릉 경포호 강문동 신라 토성을 중심으로-」 『백산학보』 95.

98) 종래에 이병도, 1977 앞의 책, 19쪽에서 대령책을 대관령에 위치한 柵門으로, 이하를 강릉의 성남천(남대천)이라고 주장하여 참고된다.

경을 갑자기 쳐들어와 과현(戈峴)에 이르렀고, 10월에 호산성(狐山城)을 쳐서 함락시켰다고 전한다. 그러나 과현, 호산성의 위치를 정확하게 고증하기 어렵기 때문에 489년에 신라와 고구려가 동해안 방면에서 충돌하였는지의 여부를 확인하기 어렵다.

490년대 신라와 고구려의 경계를 짐작케 해주는 자료가 바로 VI-②, ③이다. 이하를 남한강 상류로 비정하는 연구자들은 우산성을 보은 혹은 충주 방면, 또는 충주지역에 위치한 성으로 비정하였다.[99] 그러나 이하는 강릉의 남대천일 가능성이 높기 때문에 우산성은 동해안지역에 위치한 성으로 비정하는 것이 옳다고 보인다. VI-②에 소지마립간 18년(496) 7월에 고구려군이 우산성을 공격하여 함락시켰다는 내용은 전하지 않고, 다만 이하 가에서 신라군이 고구려군을 공격하여 깨뜨렸다는 사실만을 전하고 있다. 그러나 전후맥락을 찬찬히 살펴보면 고구려군이 우산성을 공격하여 함락시키고 이하까지 진출하였다가 신라군의 반격을 받아 패배하였다고 추론하는 것이 가능하다. 이에서 우산성은 이하 이북에 위치하였음을 유추할 수 있는데, 우산성의 위치와 관련하여 강원도 통천군의 옛 이름이 금양군(金壤郡) 또는 금뇌(金惱)였음이 주목된다.[100]

'양(壤)'은 '노(奴)' 또는 '나(那)'와 상통한다.[101] 한편 『삼국사기』 열전 제7 소나(素那)조에서 소나를 또는 금천(金川)이라고 부른다고 하였다. 또한 『일본서기』에서 김해의 금관국(金官國)을 수나라(須那羅) 또는 소나라(素奈羅)라고도 불렀다.[102] 이 밖에 『삼국유사』 권제3 흥법제3 아도기라(阿道基羅)조에 금교(金橋)를

---

99) 津田左右吉, 1913 「長壽王征服地域考」 『朝鮮歷史地理』 1, 南滿洲鐵道株式會社; 1964 앞의 책, 71쪽에서는 牛山城을 충주·보은 방면, 박성현, 2010 앞의 논문, 109~111쪽에서는 충주지역에 위치한 성으로 비정하였다.

100) 『삼국사기』 잡지 제4 지리2 명주조에 金壤郡이 본래 고구려 休壤郡이었고, 잡지 제6 지리4 고구려 하슬라조에 休壤郡은 또는 金惱라고도 하였다고 전한다.

101) 노태돈, 1999 앞의 책, 98쪽.

102) 須那羅는 『日本書紀』 卷17 繼體天皇 23년 夏4月 是月條, 素奈羅는 『日本書紀』 卷22 推

세간에서는 송교(松橋)라고 잘못 부르고 있다고 전한다. '솔(소)다리'로 독음할 수 있는 송교(松橋)는 바로 '쇠다리[金橋]' 또는 '소다리'를 훈차(訓借)한 것으로 이해할 수 있다. 여러 사례를 통하여 신라에서 '金'을 '소(쇠, 수)'로 독음하였음을 인지할 수 있다. 따라서 금양(金壤)과 금뇌(金惱)는 '소내(소노)'의 차자(借字) 표기로 볼 수 있을 것이다.

『삼국사기』 잡지 제6 지리4 고구려조에 우잠군(牛岑郡)을 또는 수의지(首知衣), 우수주(牛首州)를 또는 수차약(首次若)이라고도 불렀다고 전한다. '우(牛)'를 '수(首)'로 차자(借字) 표기하였음을 시사해준다. 『계림유사(鷄林類事)』에서 '우왈소(牛曰燒)'라고 하였고, 『훈몽자회』에서 우(牛)의 훈을 '쇼'라고 하였다. 고려와 조선시대에 '우(牛)'의 훈이 '소' 또는 '쇼'였음을 알려준다. 따라서 '우산(牛山)'은 '소(수)산' 또는 '쇼산'으로 독음할 수 있는데, 경덕왕대에 압량군(押梁郡; 押督郡)을 장산군(獐山郡)으로, 발라군(發羅郡)을 금산군(錦山郡)으로 개칭한 점을 미루어 보건대, '소내[金腦]'와 '소산[牛山]'은 음운상으로 전혀 관계가 없다고 말하기 곤란할 것이다.[103] 언어학적인 방법론을 바탕으로 우산성의 위치를 고증하는 것에 많은 무리가 따른다는 사실을 염두에 둔다면, 약간 주저되는 면이 없지 않으나 우산성이 이하로 추정되는 남대천 북쪽에 위치하였을 가능성이 높다는 점, 신라가 480년대에 비열성(比列城)까지 진출하였다는 점 등을 두루 고려하건대, 우산성을 금양군(金壤郡; 金腦郡)과 연결시키는 것이 결코 억측만은 아닐 것이다. 이에 필자는 대담하게 우산성을 금양군으로 비정하는 견해를 제기해두고자 한다.[104]

古天皇 8년 是歲條에 보인다.

103) 押梁에서 '梁'은 들이나 들판을 가리키는 '돌(돌 또는 달)'의 借字이고, 發羅에서 '羅' 역시 지명어미 '那'와 통한다. 경덕왕대에 押梁을 獐山, 發羅를 錦山으로 개칭한 것에서 那(奴, 壤, 腦)와 山이 서로 통할 수 있는 지명어미였음을 인지할 수 있다.

104) 『삼국사기』 백제본기에 540년(성왕 18) 9월에 백제 聖王이 장군 燕會에게 고구려의 牛山城을 공격하게 하였다는 기록이 전한다. 540년 무렵 백제와 고구려의 경계가 태안반도에서 충남 천안시 서북구 직산읍을 연결하는 선이었음을 감안한다면, 백제가 공격한

이처럼 우산성을 금양군으로 비정할 수 있다면, Ⅵ-③의 기록은 소지마립간 19년(497)에 고구려가 우산성(강원도 통천군)을 공격하여 함락시킨 후에 동해안 방면으로 남진(南進)하였음을 시사해주는 자료로 이해할 수 있다. 그러면 당시에 고구려는 어디까지 남진하였을까? 『삼국사기』 신라본기에 지증왕 5년(504) 가을 9월에 인부를 징발하여 파리성(波里城), 미실성(彌實城), 진덕성(珍德城), 골화성(骨火城) 등 12성을 쌓았고, 그다음 해 2월에 실직주(悉直州)를 설치하고 이사부(異斯夫)를 군주(軍主)로 삼았다고 전한다. 파리성은 강원특별자치도 삼척시 원덕읍, 미실성은 경북 포항시 북구 흥해읍으로, 골화성은 경북 영천시 완산동 및 북안면으로 비정된다. 「진흥왕순수비 창녕비」에 상주(上州)와 하주(下州)가 보인다. 이 밖에 『삼국사기』 신라본기에서 553년(진흥왕 14)에 한강유역에 신주(新州)를 설치하였다고 하였다. 이에 의거하여 550년대에 신라는 전국을 상주와 하주, 신주로 구분하여 통치하였음을 추론할 수 있다. 따라서 505년 2월에 실직주를 설치하였다고 전하는 위의 기록을 그대로 믿기 어려울 것이다. 다만 이때에 군주라는 직명(職名)을 지닌 이사부를 실직에 파견한 것만은 부인하기 힘들다. 당시 군주는 지방에 주둔한 6부인으로 구성된 정군단, 즉 실직정(悉直停)을 지휘하는 사령관의 성격을 지녔다고 이해되고 있다.[105] 따라서 실직주 설치 기사는 505년(지증왕 6) 2월에 실직에 주를 설치한 것이 아니라, 처음으로 6부인 군대가 실직 지역에 상시 주둔하고, 그 군단을 지휘하는 사령관, 즉 군주로서 이사부를 임명한 사실을 반영한 것으로 이해함이 옳다고 보인다.

504년에 삼척시 원덕읍으로 비정되는 파리성을 쌓고, 그다음 해에 실직지역에 6부인으로 구성된 실직정을 설치한 다음, 그 사령관으로 군주를 파견한 것

고구려의 우산성은 충남 천안시 서북구 직산읍이나 충북 진천군 또는 세종특별자치시 전의면에 위치한 성이었을 가능성이 높다고 보인다.
105) 전덕재, 2001 「신라 중고기 주의 성격 변화와 군주」 『역사와 현실』 40; 2023 앞의 책, 272~276쪽.

으로 보아 505년 무렵에 실직지역이 신라의 영역으로 편제되었음이 확실시된다. 『삼국사기』 신라본기에 지증왕 13년(512) 6월에 이사부가 하슬라(주)군주로서 우산국(울릉도)을 공격하여 신라에 복속시켰다고 전하고, 법흥왕 11년(524)에 건립된 「울진봉평리신라비」에 실지군주(悉支軍主)가 나온다. 이에서 처음 실직에 위치하였던 정군단이 512년 이전 어느 시기에 하슬라(何瑟羅)로 옮겨졌고, 다시 524년 이전 어느 시기에 실직으로 옮겨졌음을 살필 수 있다. 505년에서 524년 사이에 정군단이 실직에서 하슬라로, 다시 하슬라에서 실직으로 이치(移置)된 사실을 주목하건대, 6세기 초반 신라의 북쪽 경계는 실직 또는 하슬라였음이 분명한 듯하다. 이에 따르면, 497년에 고구려가 우산성을 함락시킨 후에 실직 또는 하슬라 근처까지 남진하였다고 정리할 수 있다.

이상에서 450년에서 468년까지 신라의 북경이 실직 또는 하슬라였다가 475년과 481년 사이에 신라가 안변의 비열성까지 북진하였고, 그 후 497년에 다시 고구려가 동해안방면으로 남진하여 실직 또는 하슬라를 경계로 신라와 고구려가 대치하였음을 살펴보았다. 그런데 여기서 상고기 신라와 고구려의 경계와 관련하여 한 가지 유념할 사항이 있다. 그것은 바로 『삼국사기』 잡지 제4 지리2 명주조에 삼척 이남에 위치한 군현, 즉 야성군(野城郡; 경북 영덕군 영덕읍), 유린군(有鄰郡; 영덕군 영해면) 및 울진군(蔚珍郡)과 그 영현(領縣)들이 본래 고구려의 군 또는 현으로 전한다는 점이다. 종래에 일부 학자는 경북 동해안지역에 위치한 군·현이 본래 고구려의 영역에 속하였다고 전하는 『삼국사기』 지리지의 기사를 신뢰하기 어렵다고 주장하기도 하였으나[106] 야성군의 옛 이름이 야시홀(也尸忽)이었다는 점에서 그대로 수긍하기 힘들다. 주지하듯이 '홀(忽)'은 고구려계 지명어미로서 널리 쓰인 것인바, 야시홀이란 지명을 통해서 영덕지역이 상당 기간 동안

---

106) 강종훈, 2008 「5세기 후반 고구려와 신라의 국경선」 『한국 고대 사국의 경계선』, 서경문화사, 107~113쪽.

고구려의 지배를 받았음을 유추해볼 수 있기 때문이다. 그렇다면 경북 동해안지역이 고구려의 영역으로 편제되었던 시기는 언제였을까?

이와 관련하여 나물이사금 42년(397)과 눌지마립간 34년(450) 사이에 신라의 북경이 실직 또는 하슬라였다는 기록이 전하지 않는 사실, 392년에 신라 나물왕은 고구려에 실성(實聖)을 볼모로 보내 고구려의 복속국임을 자처하였고, 399년에 왜군이 신라를 침략하자, 나물왕의 요청으로 400년에 고구려 5만의 군대가 신라로 나아가 왜군을 물리친 사실 등을 주목할 필요가 있다.

고구려의 수도였던 국내성(國內城)에서 함경도 동해안을 연결하는 도로가 바로 집안(국내성)에서 압록강을 건너 만포에 이르고, 여기에서 강계→ 아득령(1,479m)→ 장진강 또는 부전강 계곡→ 부전령(1,445m) 또는 황초령(1,200m)→ 함흥평야를 연결하는 경로이다.[107] 고구려 5만의 군대는 바로 이 경로를 통해 함흥평야에 이른 다음, 동해안을 통해 신라의 수도인 경주까지 진출하였던 것으로 이해된다. 400년에 고구려는 5만의 군대를 파견한 이래, 고구려군대가 신라의 영토에 주둔하기 시작하였다고 추정되는데, 이때에 포항시 북구 청하면에서 강릉시에 이르는 동해안지역을 고구려의 영토로 편제한 것으로 봄이 합리적이라고 판단된다.[108] 이에 따른다면, 경북 포항시 북구 청하면에서 강원특별자치도 강릉시 사이에 위치한 군·현이 고구려의 영역이었던 시기는 400년 무렵에서 450년 이전 어느 시기 사이였고, 결국 450년 이전 어느 시기에 신라가 청하면에서 강릉시 사이에 위치한 『삼국사기』 지리지에 전하는 고구려의 군·현을 빼앗았다고 볼 수 있다.

『삼국사기』 신라본기 제4 진흥왕 9년(548) 2월 기록에 고구려가 예인(穢人)과

---

107) 남상준, 1985 「고대 한국의 인구이동에 관한 연구」 『지리학』 32, 42쪽.
108) 김현숙, 2005 앞의 책, 212~213쪽; 주보돈, 2011 「울진봉평리신라비와 신라의 동해안 경영」 『울진봉평리신라비와 한국고대금석문』, 울진군·한국고대사학회; 전덕재, 2013 앞의 논문, 12~13쪽.

함께 백제 독산성(獨山城; 충남 예산)을 공격하였다고 전한다.[109] 적어도 548년까지 고구려가 동예의 정체성을 보존시킨 채로 동해안지역을 지배하였음을 알려주는 자료이다. 이에 따른다면, 400년 무렵에 고구려가 강릉에서 포항시 북구 청하면 이북지역을 고구려의 직접적인 영역으로 편제하고, 이들 지역에 위치한 성 등에 지방관을 파견하여 직접 지배를 실현하였다고 보기는 어려울 것이다. 고구려는 동예의 읍락마다 자치를 허용하고, 그들에게서 공납을 수취하였으며, 교통의 요지 또는 전략적 거점지역에 군사를 주둔시켜 동예의 읍락을 통제하였을 것으로 짐작된다. 신라는 450년대에 강릉 이남의 동해안지역에서 고구려세력을 축출한 다음, 그 지역의 읍락을 행정촌으로 편제하는 작업을 추진하였고, 늦어도 15세 이상의 하슬라 주민을 징발하여 이하(泥河)에 성을 쌓은 468년(자비마립간 11) 무렵에 그러한 작업을 마무리하고 동해안지역에 대한 직접 지배를 실현하였다고 보인다.[110]

2) 서북 경계

통일신라시대에 웅주(熊州)의 서원소경(西原小京), 즉 오늘날 청주지역은 한주(漢州), 상주(尙州)와 경계를 맞대고 있었다. 통일 이전에 한때 웅주는 본래 백제, 한주는 고구려, 상주는 신라의 영역이었다. 즉 청주의 북쪽과 서북 방면에는 고구려의 금물노군(今勿奴郡; 충북 진천군 진천읍), 잉근내군(仍斤內郡; 괴산군 괴산읍), 도서현(道西縣; 증평군 도안면)이 위치하고 있고, 동쪽과 동남 방면에는 신라의 살매현(薩買縣; 괴산군 청천면), 삼년산군(三年山郡; 보은군 보은읍)이, 서쪽 방면에는 백제의 대목악군(大木岳郡; 충남 천안시 동남구 목천면), 구지현(仇知縣; 세종특별자치

---

109) 한편 『삼국사기』 고구려본기 제7 양원왕 4년 정월과 같은 책, 백제본기 제4 성왕 26년 정월 기록에는 濊人이라고 전한다.
110) 전덕재, 2023 앞의 책, 140~146쪽.

시 전의면), 두잉지현(豆仍只縣; 세종특별자치시 연기면), 일모산군(一牟山郡; 충북 청주시 상당구 문의면), 미곡현(未谷縣; 보은군 회인면)이 위치하고 있었던 것이다. 고구려는 417년 이후와 449년 이전 어느 시기에 소백산맥을 넘어 영주시 등을 차지하였는데,[111] 아마도 이 무렵에 금물노군, 잉근내군, 도서현 등을 고구려의 영역으로 편제한 것으로 짐작된다. 현재 이들 지역을 기반으로 하여 고구려가 소백산맥을 넘어 진출하였음을 알려주는 증거를 찾을 수 없다. 반면에 살매현과 삼년산군이 소백산맥 북쪽에 위치한 것에서 신라가 5세기 중·후반에 소백산맥을 넘어 이들 지역을 장악하고, 특히 살매지역을 경계로 하여 고구려와 대치하였다고 추론할 수 있다.

통일신라기에 경주와 당은포[唐恩浦; 당항진(党項津)]를 연결하는 이른바 당은포로(唐恩浦路)가 존재하였는데, 이것은 경주에서 영천, 의성을 경유하여 상주에 이른 다음, 여기에서 화령고개를 넘어 보은, 청주, 천안시 직산읍, 평택과 안중을 거쳐 화성을 경유하여 당은포에 이르는 교통로를 말한다. 신라가 청주 방면으로 진출할 때에도 역시 이 교통로를 이용하였을 것으로 짐작되며, 그 교두보로서 중요한 역할을 수행한 것이 바로 보은지역에 위치한 삼년산성(三年山城)이었다. 『삼국사기』 신라본기에 자비마립간 13년(470)에 삼년산성을 쌓았다고 전하며, 그 이름은 공사를 시작한 지 3년 만에 성을 완공한 데서 비롯되었다고 한다.[112] 이후 신라는 소지마립간 8년(486) 정월에 일선계(一善界)의 정부(丁夫) 3천 명을 징발하여 삼년산성과 굴산성(屈山城; 옥천군 청성면 또는 청산면)을 고쳐 쌓은 바 있다.[113] 삼년산성을 쌓은 이후 신라는 보은지역에 대한 안정적인 지배권을 행사할 수 있었을 뿐만 아니라 청주 방면으로 진출할 수 있는 교두보를 마련할 수 있었

---

111) 이에 대해서는 뒤에서 자세하게 논증할 예정이다.
112) 築三年山城〈三年者 自興役始終三年訖功 故名之〉(『삼국사기』 신라본기 제3 자비마립간 13년).
113) 徵一善界丁夫三千 改築三年·屈山二城(『삼국사기』 신라본기 제3 소지마립간 8년 봄 정월).

다. 신라는 자비마립간 17년(474)에 상주에서 화령고개를 넘어 보은에 이르는 교통로의 안전을 담보하기 위하여 경북 상주시 화서면에 답달성(沓達城)을 쌓기도 하였다.[114]

한편 신라가 살매지역, 즉 괴산군 청천면지역으로 진출한 시기와 관련하여 다음의 기록들이 주목된다.

> Ⅶ-① 고구려가 북쪽 변경을 침략하였으므로 우리 군사가 백제와 함께 모산성(母山城) 아래에서 공격하여 크게 깨뜨렸다(『삼국사기』 신라본기 제3 소지마립간 6년 가을 7월).
>
> Ⅶ-② 장군 실죽(實竹) 등이 고구려와 살수(薩水)의 들판에서 싸우다가 이기지 못하고 물러나 견아성(犬牙城)을 지키고 있었는데, 고구려 군사가 그곳을 에워쌓다. 백제왕 모대(牟大; 동성왕)가 군사 3천 명을 보내 구원하니 포위를 풀었다(같은 책, 소지마립간 16년 가을 7월).

Ⅶ-① 기사는 소지마립간 6년(484) 신라의 북변(北邊)이 모산성에서 그리 멀지 않은 곳에 위치하였음을 알려주는 자료이다. 『삼국사기』 지리지에 강주(康州) 천령군(天嶺郡)의 영현(領縣)인 운봉현(雲峯縣)이 본래 백제 모산현(母山縣)이었다고 전하는데, 이곳은 전북특별자치도 남원시 운봉읍으로 비정된다. 그런데 5세기 후반에 고구려가 이곳까지 침략하였다고 보기 어려우므로 위의 자료에 보이는 모산성을 남원시 운봉읍에 위치한 것으로 보기 어렵다. 『신증동국여지승람』 권16 충청도 진천현 고적조에 현(縣)의 동쪽 6리에 대모산성(大母山城)이 있다고 전

---

114) 築一牟·沙尸·廣石·沓達·仇禮·坐羅等城(『삼국사기』 신라본기 제3 자비마립간 17년). 沓達城은 尙州 化寧郡의 본래 이름인 荅達匕郡과 관련시킬 수 있다. 화령군은 경북 상주시 화서면으로 비정되고 있다. 답달성은 상주에서 화령고개를 넘어 보은을 연결하는 중간 지점에 위치하였던 것으로 보인다.

한다. 현재 대모산성은 진천군 진천읍 성석리 산 1-4번지에 위치하고 있다. 5세기 후반에 진천군 진천읍, 즉 금물노군(今勿奴郡)이 고구려의 영역이었으므로 당시 대모산성이 고구려와 신라의 접경지역에서 그리 멀지 않은 곳에 위치한 산성이었음이 분명하다. 따라서 Ⅶ-① 기사에 나오는 모산성을 대모산성으로 비정하여도 무방하지 않을까 한다.[115] 그러나 484년에 모산성에서 고구려와 백제·신라 연합군이 싸웠다고 하더라도 당시에 신라가 모산성을 차지하고, 진천지역에 대한 지배권을 행사하였다고 보기 어렵다. 그것은 청주지역을 확고하게 차지한 이후 시기에나 가능하였을 것으로 짐작된다.

당시 고구려의 잉근내(仍斤內) 또는 도서지역(道西地域)과 접경하고 있던 신라의 영역은 오늘날 괴산군 청천면에 해당하는 살매(청천)지역이었다. Ⅶ-② 기사는 이러한 사실을 입증해주는 증거 자료이다. 신라군이 물러나 지킨 견아성의 위치를 상주시 화북면의 견훤산성으로 비정하기도 하나 단언하기 어렵다.[116] 일단 여기서는 살수에서 멀지 않은 곳에 위치한 산성으로 이해하고자 한다. 장군 실죽 등이 고구려군과 싸운 곳이 살수의 들판이었다고 전하는데, 살수의 위치와 관련하여 살매현을 주목할 필요가 있다. 오늘날 수원시로 비정되는 수성군(水城郡)이 본래 고구려의 매홀군(買忽郡)이었다. 매(買)와 수(水), 홀(忽)과 성(城)이 서로 대응된다고 볼 수 있다. 이 밖에도 '매(買)'자가 들어가는 지명을 '수(水)'와 연관시켜 개칭한 사례가 여럿 발견된다.[117] 한편 '매(買)'자가 들어가는 지명을 '천(川)'과 대응시켜 개칭한 사례도 많이 발견된다.[118] 이처럼 고구려의 지명에서 사

---

115) 민덕식, 1990 앞의 논문; 차용걸 외, 1996 앞의 보고서.
116) 서영일, 1999『신라육상교통로연구』, 학연문화사, 83쪽; 이도학, 2006『고구려 광개토왕릉비문 연구』, 서경, 416쪽; 장창은, 2008『신라 상고기 정치변동과 고구려 관계』, 신서원, 166~167쪽.
117) 예를 들어『三國史記』雜志 第6 地理4 高句麗 漢山州條에 水谷城縣을 또는 買旦忽, 牛首州條에 水入縣을 또는 買伊縣으로 불렀다고 전한다.
118) 『삼국사기』지리지에 漢州 堅城郡의 領縣 沙川縣이 본래 高句麗 內乙買縣, 兎山郡의 영

용된 '매(買)'자를 신라에서 '수(水)' 또는 '천(川)'과 대응시켜 개칭하였음을 염두에 두다면, 살매현(薩買縣)은 살수현(薩水縣) 또는 살천현(薩川縣)으로도 불렀다고 추정하여도 문제가 되지 않을 것이다. 따라서 소지마립간 16년(494) 가을 7월에 장군 실죽 등이 고구려군과 전투를 벌인 살수의 벌판은 살매현[청천현(淸川縣)]으로 비정되는 괴산군 청천면으로 고증할 수 있다. 살매(薩買)가 살수(薩水)의 이칭(異稱)이었다고 할 때, 살매라는 지명은 원래 고구려에서 사용한 것일 가능성이 높지 않을까 한다. 고구려가 남진하여 괴산군 청천면지역까지 진출하였다가 소지마립간 16년(494) 이전 어느 시기에 신라가 차지하였기 때문에 후대에 살매현을 상주에 영속시켰다고 볼 수 있을 것이다.

당시에 경북 상주에서 살매지역, 즉 괴산군 청천면으로 가는 교통로로서 세 가지를 상정해볼 수 있다. 첫 번째는 상주에서 화령고개를 넘어 보은에 이른 다음, 보은군 산외면을 거쳐 청천면에 이르는 교통로이다. 두 번째는 상주시 화서면에서 화북면 용유리의 늘티재를 넘어 우측 청화산을 끼고 입석리를 경유하여 청천면 송면리를 거쳐 청천에 이르는 교통로이고, 세 번째는 상주에서 문경시 가은읍 완장리의 불한령을 넘어 청천면 관평리를 거쳐 송면리를 경유하여 청천에 이르는 교통로이다. 이 가운데 세 번째 교통로는 계곡이 깊고, 산세가 험하여 당시에 널리 사용하였다고 보기 어렵기 때문에 결국 신라는 첫 번째와 두 번째 교통로를 이용하여 살매현으로 진출하였던 것으로 추정된다. 신라는 470년에 삼년산성을 거점으로 하여 보은지역에 대한 지배권을 안정적으로 행사하였고, 494년 이전 어느 시기에 살매, 즉 괴산군 청천지역을 차지한 다음, 한동안 청천면지역을 북계로 하여 고구려와 대치하였다고 이해할 수 있다.

현재 보은에서 청주로 나아가는 교통로로서 두 가지를 상정할 수 있다. 하나

현 伊川縣이 본래 高句麗 伊珍買縣이었고, 南川縣을 또는 南買라고, 述川郡을 省知買, 橫川縣을 於斯買, 深川縣을 伏斯買, 狌川郡을 也尸買라고 불렀다고 전한다.

는 보은에서 회인과 문의를 거쳐 청주에 이르는 것이고, 다른 하나는 보은군 내 북면 창리, 청주시 상당구 미원면과 낭성면을 거쳐 청주에 이르는 것이다. 신라는 자비마립간 17년(474)에 일모성(一牟城)을 쌓았는데, 이것은 웅주 연산군(燕山郡)의 본래 이름인 일모산군(一牟山郡; 충북 청주시 상당구 문의면)과 연결되며, 일모성은 구체적으로 문의면 미천리의 양성산성(陽城山城)으로 비정되고 있다.[119] 일모성은 보은의 삼년산성에서 공주 또는 대전을 거쳐 부여를 연결하는 교통의 요지에 위치하였다. 문의면은 본래 백제의 영역이었으나 신라가 474년에 이 지역을 차지하고 거기에 일모성을 쌓아 신라의 영토로 편입한 것으로 추정된다. 이럼으로써 신라는 보은 방면으로 진출하려는 백제를 강력하게 견제할 수 있는 전략적 교두보를 확보한 셈이 된다. 한편『삼국사기』지리지에 충북 보은군 회인면으로 비정되는 미곡현(未谷縣)이 본래 백제의 영역이었다고 전하는데, 보은에서 청주시 상당구 문의면에 이르기 위해서는 이곳을 반드시 지나야 하므로 일모성을 쌓을 때에 미곡지역도 역시 신라의 영역에 편입되었다고 봄이 자연스럽다.[120] 신라가 보은에서 청주 방면으로 진출할 때, 어느 한 가지 교통로만을 이용하였다고 단정하기 어렵고, 두 가지를 두루 활용하였을 가능성이 높지 않았을까 한다. 이 밖에 신라가 살매지역, 즉 청천면에서 미원면과 낭성면을 거쳐 청주로 향하는 교통로를 이용하여 청주로 진출하였을 가능성도 충분히 상정해볼 수 있다.

    신라가 한강유역으로 진출할 때, 중요한 북진로 가운데 하나가 바로 추풍령을 경유하여 옥천 방면으로 나아가는 교통로이다. 신라는 자비마립간 17년(474)에 앞에서 언급한 일모성과 답달성(沓達城) 이외에 사시성(沙尸城), 광석성(廣石城), 구례성(仇禮城), 좌라성(坐羅城)을 함께 쌓았다. '사시(沙尸)'에서 '시(尸)'는 일반적

---

119)   양기석 등, 2001 앞의 책, 28쪽.
120)   전덕재, 2009 앞의 논문, 35쪽.

으로 'ㄹ' 받침을 나타낸다고 한다.[121] 예를 들어서 함안의 아라가야(阿羅伽耶) 또는 아나가야(阿那加耶), 안라국(安羅國)을 『삼국사기』 지리지에서 아시량국(阿尸良國)이라고 표기하였는데,[122] 이것을 우리말로 독음하면 '아라국' 또는 '알라국'이 된다. 이에 따른다면, '사시(沙尸)'를 우리말로 '살'로 읽을 수 있을 것이다. 한편 『삼국사기』 신라본기에 '상주총관(上州摠管) 품일(品日)이 일모산군태수(一牟山郡太守) 대당(大幢)과 사시산군태수(沙尸山郡太守) 철천(哲川) 등과 함께 군사를 이끌고 우술성(雨述城)을 쳐서 1천 명을 목 베었다.'라고 전한다.[123] 일모산군은 청주시 상당구 문의면, 우술성은 백제의 우술군(雨述郡; 比豊郡)을 가리키는 것으로서 현재의 대전광역시 대덕구 읍내동 일대로 비정된다.[124] 종래에 사시산군을 현재 충남 홍성군 장곡면으로 추정되는 사시량현(沙尸良縣; 新良縣)으로 비정하기도 하였다.[125] 그러나 신라군이 대전에 위치한 우술성을 공격한 사실, 문무왕 원년(661) 무렵에 사시량지역은 당나라의 관할 하에 있었거나 또는 백제부흥군이 차지하고 있었을 것이라는 점을 감안하건대, 사시산군을 그곳과 연결시키는 것은 문제가 있다. 사시산군태수 철천이 일모산군태수와 함께 군사를 이끌고 우술성을 공격한 정황을 참조하면, 사시산군은 두 지역과 지근거리에 위치한 군으로 봄이 합리적일 것이다. 이러한 측면에서 사시산군은 자비마립간 17년에 쌓은 사시성과 관계가 깊다고 봄이 자연스러울 텐데, 사시성은 사시산성(沙尸山城), 즉 우리말로 '살산성'이라고 부르기도 하였음을 이를 통하여 추론해볼 수 있다.

사시성 또는 사시산성의 위치와 관련하여 『삼국사기』 잡지 제3 지리1 상주조

---

121) 양주동, 1965 『증정고가연구』, 일조각, 96쪽 및 597~598쪽.
122) 咸安郡 法興王以大兵滅阿尸良國〈一云阿那加耶〉 以其地爲郡 景德王改名 今因之(『삼국사기』 잡지 제3 지리1 강주).
123) 上州摠管品一與一牟山郡太守大幢·沙尸山郡太守哲川等 率兵攻雨述城 斬首一千級(『삼국사기』 신라본기 제6 문무왕 원년 9월).
124) 정구복 등, 2012a 앞의 책, 205쪽.
125) 정구복 등, 위의 책, 205쪽.

에 관성군(管城郡)의 영현인 이산현(利山縣; 충북 옥천군 이원면)의 본래 이름이 소리산현(所利山縣)이었다고 전하는 점이 주목을 끈다. 소리산현은 우리말로 '솔산현'으로도 읽을 수 있다.[126] 그런데 신라 6부명에 보이는 '훼(喙)'를 신라시대에 탁(닥) 또는 톡(독), 그리고 달 또는 돌로 음독(音讀)하였음이 확인된다.[127] 본래 신라인들은 '훼(喙)'를 톡(독) 또는 돌로 읽었을 텐데, '아래 아'자가 사라지면서 이와 같이 다양하게 음독하게 된 것이다. 이러한 사례를 감안하건대, '사시산성(살성)'과 '소리산성(솔성)'은 서로 통한다고 볼 수 있다. 즉 신라시대에 본래 '솔산성'이라고 읽었는데, 후대에 '아래 아'자가 사라지면서 '살산성' 또는 '솔산성'으로도 불렀고, 이것을 한문으로 '사시산성(沙尸山城)' 또는 '사리산성(沙利山城)', 그리고 '소시산성(所尸山城)' 또는 '소리산성(所利山城)'으로 표기하였다고 보인다. 옥천군 이원면 이원리에 삼국시대의 기와와 토기편이 발견되는 성지(城址)가 있는데,[128] 아마도 사시산성과 관련이 깊지 않을까 여겨진다.[129]

종래에 광석성은 충북 영동군 영동읍에 위치한 산성으로 비정하였다.[130] 이와 관련하여 일반적으로 '석(石)'자로 표기된 지명소의 경우 훈음(訓音) '돌'이 '들'과 비슷하기 때문에 '평(坪)'을 뜻하는 경우가 많고, 광석(廣石)은 '나븐들(넓은들)'로

---

126) 국립국어원의 홈페이지에 게시된 『표준국어대사전』에서 수릿과의 새에 해당하는 '소리개'를 검색하면, '솔개'를 가리킨다고 전한다. 이를 통하여 '소리'를 '솔'로 발음하였음을 엿볼 수 있다.
127) 이에 관해서는 전덕재, 2009 『신라 왕경의 역사』, 새문사, 50~53쪽이 참조된다.
128) 청주대학교 박물관, 1984 『중원 문화권 유적 정밀조사 보고서』(옥천군).
129) 종래에 「남산신성 제2비」의 6행 첫 번째 글자를 '刀'로, 7행 세 번째 글자를 '戶'로 판독하였다(한국고대사회연구소, 1992 『역주 한국고대금석문』제2권(신라1·가야편), 재단법인 가락국사적개발연구원, 110쪽). 그러나 필자가 탁본을 면밀하게 검토한 결과, 두 글자 모두 '尸'로 판독하는 것이 옳다고 판단하였다. 결국 그것들의 앞 글자와 연결하면 '沙尸城'이 된다. 이것은 충북 옥천군 이원면으로 비정되는 사시산성을 가리킨다고 보인다.
130) 井上秀雄 譯註, 1980 『三國史記』1, 平凡社, 31쪽.

훈독할 수 있다는 견해가 제기되어 주목을 끈다.[131] 신라시대에 들을 의미하는 '훼(喙)'를 탁(다)이나 톡(독), 또는 달이나 돌로 음독하였음은 앞에서 살폈다. '누르벌' 또는 '누르들'을 한문으로 표기한 것으로 추정되는 압량(押梁) 또는 압훼(押喙)를 압독(押督)이라고도 표기하였는데, 여기서 '독(督)'은 '양(梁)'을 음독한 것이다. 『훈몽자회』에서 양(梁)의 훈은 '돌'이라고 하였다.[132] 이처럼 신라인들이 들을 '돌'이라고 불렀으므로 '석(石)'을 지명어미로 사용하는 경우, 그것은 '들'을 뜻하는 '평(坪)'과 동일한 어의로 해석하여도 무방할 것이다.

그런데 영동군(永同郡)은 본래 이름이 길동군(吉同郡)이었다. 광주판 천자문에서 '영(永)'의 훈을 '긴(길다)'이라고 하였다.[133] 따라서 '길동(吉同)'은 '영동(永同)'을 훈차(訓借)한 것으로 볼 수 있다. 여기서 지명소 '동(同)'의 뜻과 관련하여 「남산신성 제2비」에 나오는 아대혜촌(阿大兮村)과 아차혜촌(阿且兮村)이 주목을 끈다. 이것들은 동일한 촌의 이표기(異表記)인데, 후자는 아마도 아단혜촌(阿旦兮村)을 잘못 판독한 것으로 추정된다.[134] 여기서 '단(旦)'은 흔히 '돌'로 발음하며,[135] 이것은 신라시대에 '들'을 가리키는 말로 사용되었다. 아다혜촌(아단혜촌)은 관성군의 영

---

131) 도수희, 1999 「지명 해석의 새로운 인식과 방법」 『새국어생활』 제9권 제3호, 국립국어원, 101쪽.
참고로 광주판 천자문에서는 '廣'의 훈이 '너블'이라고 하였다(단국대학교부설 동양학연구소, 1973 앞의 책, 50쪽).
132) 전덕재, 2009 앞의 책, 52~53쪽.
133) 단국대학교부설 동양학연구소, 1973 앞의 책, 91쪽.
134) 박방룡, 1998 「신라 도성 연구」, 동아대학교 박사학위논문, 76쪽에서 '阿旦兮村'으로 판독하여 참조된다.
135) 『삼국사기』 잡지 제4 지리2 명주 울진군의 領縣 海谷縣의 본래 이름이 波旦縣인데, 이것의 音相이 15세기 중세 국어의 '바둘'과 통한다고 한다(백두현, 1999 「울진봉평신라비의 지명에 대한 어학적 고찰」 『한국고대사회와 울진지방』, 울진군·한국고대사학회, 146쪽). 이것은 '旦'을 '돌'로 읽었음을 알려주는 대표적인 사례로서 주목된다.

현 안정현(安貞縣)으로 비정되는데,[136] 이것의 본래 이름이 아동혜현(阿冬兮縣)이었다. 아단혜촌(阿旦兮村)과 아동혜현(阿冬兮縣)을 상호 비교할 때, 단(旦)과 동(冬)이 서로 대응됨을 살필 수 있다. 단(旦)을 '돌'로 읽었으므로 '달' 또는 '돌'로 발음하는 것이 가능하다. '돌'은 독으로도 발음하였음을 앞에서 살핀 바 있다. 아단혜촌(阿旦兮村)이 아동혜촌(阿冬兮村)의 이표기였으므로 '돌'을 '동'으로도 발음하였음을 충분히 추론해볼 수 있다. 이처럼 지명소로 사용된 '동(冬 또는 同)'이 들을 의미하는 '돌'을 음차(音借)한 것이라고 할 때, 영동 또는 길동은 '긴들'이라는 뜻으로 해석할 수도 있다. '너른들'과 '긴들'은 의미상 전혀 무관하다고 보기 어려우므로 광석(廣石)과 영동(永同)을 연관시켜 이해하여도 문제가 되지 않을 것이다.

　구례성(仇禮城)은 충북 옥천군 옥천읍으로 비정하는 것이 일반적이다.[137] 『삼국사기』 지리지에 상주(尙州) 관성군(管城郡)의 본래 이름이 고시산군(古尸山郡)이라고 전한다.[138] 고시산(古尸山)에서 '시(尸)'가 'ㄹ' 받침을 나타내므로 '골산'이라고도 읽을 수 있다. 그런데 『삼국사기』 김유신열전에 문무대왕이 고구려를 격파하고 나서 여러 신하에게 '옛날 백제의 명농왕(明禯王; 聖王)이 고리산(古利山)에 있으면서 우리나라를 치려고 꾀하였을 때, 유신의 조부(祖父) 무력(武力) 각간(角干)이 장수가 되어 맞서 공격하여 승세를 타서 그 왕 및 재상 네 사람과 사졸들을 사로잡아 그 침입을 좌절시켰다.' 말하였다는 기록이 전한다.[139] 여기서 말하는

---

136)　한국고대사회연구소, 1992 앞의 책, 111쪽.
137)　정구복 등, 2012a 앞의 책, 96쪽.
138)　管城郡 本古尸山郡 景德王改名 今因之(『삼국사기』 잡지 제3 지리1 상주).
139)　摠章元年戊辰 唐高宗皇帝遣英國公李勣 興師伐高句麗 遂徵兵於我. 文武大王欲出兵應之 遂命欽純·仁問爲將軍. 欽純告王曰 若不與庾信同行 恐有後悔. 王曰 公等三臣國之寶也 若摠向敵場 儻有不虞之事 而不得歸 則其如國何. 故欲留庾信守國 則隱然若長城 終無憂矣. … 文武大王旣與英公破平壤 還到南漢州 謂羣臣曰 昔者 百濟明禯王在古利山 謀侵我國 庾信之祖武力角干爲將逆擊之 乘勝俘其王及宰相四人與士卒 以折其衝. 又其父舒玄爲良州摠管 屢與百濟戰 挫其銳 使不得犯境 故邊民安農桑之業 君臣無宵旰之憂.

고리산은 관산성을 가리키는 것임이 분명하다. 고리산은 고시산군과 마찬가지로 '골산'으로 읽을 수 있다. 종래에 고리산을 현재 충북 옥천군 군북면 환평리·추소리에 위치한 일명 고리산으로 불리는 환산(環山)으로 비정한 바 있다.[140]

앞에서 고대에 'ㅗ'와 'ㅜ'를 서로 치환하여 사용하였음을 알려주는 자료들에 대하여 소개한 바 있다. 이를 염두에 둔다면, 지금의 옥천을 가리키는 고리산 또는 골산을 삼국시대 사람들이 구리산 또는 굴산이라고 부를 수도 있음을 추론해볼 수 있다.[141] 이와 관련하여『일본서기(日本書紀)』권19 흠명천황(欽明天皇) 15년(554) 12월조에 백제의 왕자 여창(餘昌)이 신라에 들어가 구타모라(久陀牟羅; くだむら)에 보루를 쌓았다고 전하는 사실이 주목을 끈다.[142] 여기서 구타모라는 관산성을 가리키는 것임이 분명하다.[143] 모라(牟羅)는 촌(村)과 성(城)을 가리키는 용어이므로[144] 구타모라(久陀牟羅)는 구타촌(久陀村) 또는 구타성(久陀城)을 가리킨다고 볼 수 있다. 이것을 우리말로 표기하면 구다촌, 구다성이 되고, 또한 굳(굿)촌, 굳(굿)성이라고 표기할 수도 있겠다. 이처럼 관산성과 마찬가지로 옥천군 옥천읍으로 비정되는 구타모라에 주목한다면, 고리산 또는 골산을 구리산 또는 굴산으로 부르는 것도 가능하였다고 봄이 합리적이다.

「남산신성 제2비」에 구리성(仇利城 또는 久利城)이 보인다. 한편 경남 함안의 성

今庾信承祖考之業 爲社稷之臣 出將入相 功績茂焉. 若不倚賴公之一門 國之興亡未可知也. 其於職賞宜如何也. 羣臣日 誠如王旨. 於是 授太大舒發翰之職 食邑五百戶. 仍賜興杖上殿不趨. 其諸寮佐各賜位一級(『삼국사기』열전 제3 김유신).

140) 정영호, 1975「백제고리산성고」『백제문화』7·8합, 220~222쪽.
141) 『삼국사기』고구려본기 제4 신대왕 즉위년조에 新大王의 이름이 伯固 또는 伯句라고 전한다. 신대왕의 사례는 고대에서도 ㅗ와 ㅜ의 음운변화가 빈번하였음을 엿보게 해준다.
142) 餘昌謀伐新羅. 耆老諫曰 天未與 懼禍及. 餘昌曰 老矣 何怯也 我事大國 有何懼也. 遂入新羅國 築久陀牟羅塞(『日本書紀』卷19 欽明天皇 15년 겨울 12월).
143) 김태식, 2006「5~6세기 고구려와 가야의 관계」『북방사논총』11, 164쪽에서 구타모라를 옥천군 옥천읍으로 비정하였다.
144) 末松保和, 1954「梁書新羅傳考」『新羅史の諸問題』, 東洋文庫, 384~385쪽.

산산성에서 출토된 목간에서 구리벌(仇利伐)이라는 지명이 묵서된 것들이 다량 발견되었다. 구리성이나 구리벌 모두 고리산(구리산) 또는 골산(굴산)으로 부르는 관산성, 즉 오늘날의 충북 옥천군 옥천읍을 가리킨다고 봄이 자연스럽다.[145] 그렇다면 구례성(仇禮城)과 구리성(구리벌)은 전혀 관계가 없었을까? 이 문제와 관련하여 다음의 기록을 주목할 필요가 있다.

> 고기(古記)에는 제3대와 제14대 두 왕의 이름을 같이하여 유리(儒理) 또는 유례(儒禮)라고 하였으니, 어느 것이 옳은지 알 수 없다(『삼국사기』 신라본기 제2 유례이사금 즉위년).

위의 기사는 『삼국사기』 찬자가 붙인 주(註)이다. 그들은 고기에서 제3대와 제14대 왕인 유리와 유례의 이름이 같다고 하였으나 그 이유를 잘 모르겠다고 부연한 것이다. 『삼국유사』 권제1 왕력제1에서는 신라 제3대왕을 노례이질금(弩禮尼叱今)이라고 하였고, 제14대왕인 유례이질금(儒禮尼叱今)을 일명(一名) 세리지왕(世理智王)이라고 부른다고 하였다. 이에서 '이(理)'와 '예(禮)'를 상통(相通)하는 글자로 사용하였음을 엿볼 수 있다. 이에 따른다면, 구례성(仇禮城)은 구리성(仇利城)을 가리킨다고 보아도 문제가 되지 않을 것이다. 따라서 종래에 구례성을 충북 옥천군 옥천읍으로 비정한 견해는 타당성을 지녔다고 평가할 수 있겠다. 구례성(구리성)은 대전 방면에서 추풍령을 연결하는 교통의 요지에 위치하였다.

---

145) 주보돈, 2000 「함안 성산산성 출토 목간의 기초적 검토」 『한국고대사연구』 19, 56쪽. 이후 대부분의 연구자들이 구리벌은 충복 옥천군 옥천읍으로 비정하는 견해를 지지하였다. 『삼국사기』 잡지 제4 지리2 명주조에 曲城郡(경북 안동시 임하면)은 본래 고구려 屈火郡이라고 전한다. 여기서 굴화는 屈弗, 屈伐로도 표기할 수 있다. 종래에 굴벌과 구리벌을 동일한 지명으로 이해한 견해가 제기되었다(이경섭, 2011 「성산산성 출토 신라 짐꼬리표[荷札] 목간의 지명 문제와 제작 단위」 『신라사학보』 23, 542~543쪽).

이것은 삼년산성과 더불어 신라의 서북지역 방어체계에서 핵심적인 역할을 수행하였던 것으로 보인다.

종래에 좌라성은 상주 영동군 영현인 황간현(黃澗縣)의 본래 이름이 소라현(召羅縣)이었음을 주목하여 오늘날 충북 영동군 황간면으로 비정하였다.[146] '召羅縣'은 오늘날 '소라현'으로 읽는 것이 일반적이지만, 삼국시대에 '조라현'으로 읽었을 가능성도 배제할 수 없다. 『삼국유사』 권제1 왕력제1에서 제13대왕 미추이질금(味鄒尼叱今)을 미소이질금(味炤尼叱今) 또는 미조이질금(未祖尼叱今), 미소이질금(未召尼叱今)이라고도 부른다고 하였고, 권제1 기이제1 미추왕 죽엽군조에서는 미추왕(味鄒王)을 미조왕(未祖王) 또는 미고왕(未古王)이라고도 부른다고 전한다. 여기서 미고(未古)는 아마도 미소(未召)의 오기(誤記)로 추정된다. 미추왕의 별명(別名)을 통하여 추(鄒)와 조(祖), 소(召)가 서로 상통하는 표기로 사용되었음을 엿볼 수 있다. 그리고 『신증동국여지승람』 권31 경상도 거창군 속현(屬縣)조에 '속현은 가조현(加祚縣)이다. 현은 동쪽 15리 지점에 있다. 본래 신라 가소현(加召縣)이었는데, 방언(方言)이 서로 비슷하므로 소(召)가 변하여 조(祚)가 되었다.'라고 전한다.[147] 이것은 '召'를 '조(祚)'로 발음하기도 하였음을 알려주는 구체적인 증거자료이다. 이와 같은 여러 가지 사례들을 통하여 '召羅縣'을 고대에 '조라현'으로 읽었음을 엿볼 수 있다. 이에 따른다면, 자비마립간 17년에 쌓은 좌라성을 소라현과 연관시킨 기존의 견해는 설득력이 있다고 보아도 좋을 듯싶다.

한편 신라는 소지마립간 7년(485) 2월에 구벌성(仇伐城)을 쌓았다.[148] 구벌성은 상주(尙州) 고창군(古昌郡) 영현(領縣)인 고구현(高丘縣)의 본래 명칭인 구화현(仇火縣)과 관련시켜 오늘날 경북 의성군 단촌면으로 비정하는 것이 일반적이었

---

146) 정구복 등, 2012a 앞의 책, 96쪽.
147) 加祚縣〈在縣東十五里 本新羅加召縣 因方言相近變召爲祚〉(『신증동국여지승람』 권31 경상도 거창군 속현).
148) 築仇伐城(『삼국사기』 신라본기 제3 소지마립간 7년 봄 2월).

다. 단촌면은 의성과 예천, 안동, 영주를 거쳐 죽령에 이르는 교통로에 위치하였으므로 구벌성은 죽령 방면에서 쳐들어오는 외적을 방비하기 위하여 쌓은 것으로 추정된다. 물론 계립령을 넘어 문경을 거쳐 의성 방면에서 쳐들어오는 외적을 방비하기 위한 목적도 있었을 것이다.

소지마립간 8년(486)에 일선군의 정부 3,000명을 징발하여 고쳐 쌓은 굴산성(屈山城)은 삼년산군(三年郡)의 영현인 기산현(耆山縣)과 관련되었다고 보인다. 기산현의 본래 이름이 굴현(屈縣)이었고, 고려시대에 청산현(靑山縣)으로 개칭하였다. 그런데『고려사』지리지에 청산현이 본래 신라 굴산현이었다고 전한다.[149] 신라의 굴현이 곧 굴산현을 가리키는 것임을 알려주는 증거 자료이다. 기산현, 즉 굴현은 오늘날 옥천군 청성면 또는 청산면으로 비정된다. 이때 굴산성을 중축하였다고 하였으므로 신라가 그곳으로 진출하여 처음으로 성을 쌓은 것은 그 이전이라고 보아야 한다. 종래에 굴산성을 구체적으로 충북 옥천군 청성면 산계리에 위치한 이성산성(已城山城; 산계리산성)으로 추정하고, 이것은 상주에서 상주시 모동면 수봉리의 백화산성[금돌성(今突城)으로 추정]을 경유하여 석문재와 장군재를 지나 보은의 삼년산성을 연결하는 중간 지점에 위치한 것으로 이해하였다.[150]

신라는 소지마립간 10년(488) 7월 도나성(刀那城)을 쌓고, 소지마립간 12년(490) 2월에 비라성(鄙羅城)을 고쳐 쌓은 바 있다. 도나성은 상주(尙州) 화령군(化寧郡) 영현 도안현(道安縣)의 본래 이름인 도량현(刀良縣)과 관련이 깊다. 일반적으로 '양(良)'이 '나(那)'와 '라(羅)'로 독음되므로[151] 도량(刀良)은 다시 도라(刀羅)로

---

149) 　青山縣 本新羅屈山縣〈一云㟱山〉景德王改名耆山 爲三年郡領縣. 高麗初 更今名來屬 (『고려사』권57 지11 지리2 상주목).
150) 　정영호, 1990「상주 방면 및 추풍령 북방의 고대 교통로 연구」『국사관논총』16, 219쪽.
151) 　양주동, 1965 앞의 책, 96쪽 및 597~598쪽.
　　　함안의 阿羅伽耶 또는 阿那加耶, 安羅國을『삼국사기』잡지 제3 지리1 강주 함안군조에서 阿尸良國이라고 표기하였다. 이를 통해 '良'을 '那' 또는 '羅'로 음독하였음을 엿볼 수 있다.

읽을 수 있기 때문이다. 도안현은 현재 경북 상주시 모동면으로 비정된다. 모동면은 상주에서 영동군 황간면을 연결하는 중간 지점에 위치한다. 따라서 도나성은 옥천군 청성면이나 영동 방면에서 상주로 쳐들어오는 외적을 방비하기 위하여 쌓았다고 볼 수 있다.

필자는 전에 갓산(가지산)을 음차(音借)하여 한문으로 표기한 것이 바로 가봉(椵峯) 또는 가잠(椵岑)이었다고 이해하고, 『삼국사기』 신라본기 제4 진평왕 33년(611) 겨울 10월과 진평왕 40년(618), 진평왕 50년(628) 2월 기록에 전하는 가잠성(椵岑城)을 충북 영동군 양산면으로 비정하는 견해를 제기한 바 있다.[152] 비라성(鄙羅城)에서 '비(鄙)'는 『훈몽자회』에서 '갓 비'라고 훈하였다.[153] '비(鄙)'와 비슷한 의미를 지닌 '변(邊)'의 경우도 '갓 변'이라고 훈하였다. 갓은 가장자리를 가리키는데, 대전시 서구 변동(邊洞)을 갓골이라고 부른 사례가 발견된다. 종래에 '시(尸)'를 라(羅)의 성자(省字)인 '라(罗)'와 연결시켜 이해한 견해가 제기되었다.[154] 신라의 향가인 찬기파랑가(讚耆婆郎歌)와 신충(信忠)의 원가(怨歌)에서 달을 '월라(月羅)'로, 처용가에서 달을 '월량(月良)'으로 표기하였음이 확인된다.[155] 1447년(세종 29) 또는 1450년(세종 32)에 간행한 『월인천강지곡』에서 달을 '둘'로, 1459년(세조 5)에 편찬한 『월인석보』에서는 달을 '드'라고 표기하였다. 15세기 조선시대

---

152) 전덕재, 2013 「椵岑城의 位置와 그 戰鬪의 역사적 성격」 『역사와 경계』 87, 8~13쪽.
153) '鄙'는 采邑 또는 小邑의 의미뿐만 아니라 邊邑 또는 邊境의 의미로도 쓰이는데(단국대학교 동양학연구소, 2004 『한한대사전』 13권, 단국대학교출판부, 1437쪽), 『훈몽자회』에서는 이와 같은 '鄙'의 뜻을 새겨 가장자리를 의미하는 '갓'을 訓으로 하였던 것으로 보인다.
154) 양주동, 1965 앞의 책, 95쪽.
155) 讚耆婆郎歌에 '咽嗚爾處米 露曉邪隱月羅理'란 구절이, 信忠의 怨歌에 '月羅理影支古理因淵之叱 行尸浪'이란 구절이 보인다. 전자는 '열치고 나타난 달이'로, 후자는 '달이 그림자 진 옛 연못에'로 해석된다. 한편 처용가에 '東京明期月良夜'란 구절이 보이며, 이는 '동경 밝은 달에'로 해석된다.

에 달을 '둘' 또는 'ᄃᆞ'로 표기하였음을 알려준다. 여기서 월(月) 다음의 '라(羅)'와 '양(良)'은 말음첨기(末音添記)에 해당한다. 비라(鄙羅)에서 '라(羅)'를 '시(尸)'와 같은 의미로 이해하면, 비라(鄙羅; 鄙尸)는 '갈' 또는 '갓'으로 독음할 수 있다. 그리고 '라(羅)'를 말음첨기로 이해하여도 마찬가지이다. 결국 비라성(鄙羅城)을 '갓성(또는 갈성)'이라고 독음할 수 있고,[156] 그것을 가잠성과 연결시킬 수 있는 근거를 이에서 찾을 수 있다.

소지마립간 12년(490)에 비라성을 증축(增築)하였다고 하였으므로, 신라가 그것을 쌓은 것은 그 이전 시기였다고 볼 수 있고,[157] 6~7세기에 신라인들은 이것을 가잠성(椵岑城; 갓성)이라고 표기한 것으로 추정된다. 충북 영동군 양산면은 영동에서 금강을 따라 충남 금산 방면으로 나아가거나 영동에서 무주읍으로 나아가는 교통의 요지에 위치하였다. 따라서 비라성, 즉 가잠성은 금산 방면에서 금강을 따라 양산벌로 진출하거나 또는 무주 방면에서 양산벌로 진출하는 백제군을 방어하기에 유리한 전략적 요충지에 해당하였다고 볼 수 있다. 사시성(沙尸城)이 위치한 이원면은 옥천읍과 양산면을 연결하는 교통로상에 소재하고 있다.

---

156) 현재 강원특별자치도 고성군 간성읍으로 비정되는 迡城郡을『삼국사기』잡지 제6 지리4 고구려조에 '또는 加阿忽이라고 한다.'라고 전하고,『고려사』권58 지12 지리3 杆城縣條에는 '고구려 迡城郡을 혹은 加羅忽이라고 한다.'라고 전한다. 국어학계에서는 '迡'는 '邊'과 상통하고, 加阿忽(加羅忽)은 '가사골', '갓골'형에 이어지는 지명으로 이해하고 있다(송하진, 1993「삼국사기 지리지 지명의 국어학적 연구」, 동국대학교 박사학위논문, 185쪽; 이건식, 2013「한국 고유한자 구성요소 辶의 의미와 특수성 형성 배경」『한민족문화연구』42, 103~105쪽).『훈몽자회』에서 '邊'을 '갓 변'이라고 훈하였으므로 迡城, 즉 邊城을 가리키는 '加阿忽', 또는 '加羅忽'은 '갓홀'로 독음하는 것이 옳을 듯싶다. 이를 참고하건대, 鄙羅城 역시 加羅城, 또는 加阿城으로도 표기할 수 있다고 추론할 수 있고, 아울러 迡城郡을 加羅城(加阿城)이라고도 표기한 사례를 통하여 '羅'가 'ㅅ(ㅈ)' 받침으로 활용되었음을 살필 수 있다.

157) 비라성, 즉 가잠성을 처음 축조한 시기는 기록이 전하지 않아 확언키 어렵지만, 신라가 460~470년대에 소백산맥 일대에 山城을 다수 축조한 것으로 보아서 비라성을 처음 쌓은 시기 역시 그 무렵쯤으로 추정된다.

양산면 가곡리에서 금산쪽으로 가다가 금강을 건너 호탄리에 이르고, 여기에서 이원을 경유하여 옥천으로 나아갈 수 있다.

이외에 『삼국사기』 신라본기 제4 진덕왕 원년(647) 겨울 10월 기록에 전하는 무산성(茂山城)은[158] 상주(尙州) 개령군(開寧郡) 영현 무풍현(茂豊縣)의 원래 이름인 무산현(茂山縣)과 연관이 있을 것인데, 현재 전북특별자치도 무주군 무풍면으로 비정된다. 무산현이 상주 개령군의 영현인 것으로 보아, 신라가 무풍면지역으로 진출하여 무산성을 쌓은 시기는 소백산맥에 널리 산성을 축조한 5세기 후반으로 추정된다. 김천에서 무풍면을 지나 무주군 설천면과 무주읍을 연결하는 교통로가 존재하는데, 무산성은 바로 무주 방면에서 쳐들어오는 백제군을 방어하는 요충지에 위치한 것으로 볼 수 있다. 후대에 김천과 무풍면에서 나제통문(羅濟通門)을 통하여 설천면 및 무주읍을 연결하였는데, 5세기 후반에 그것을 개통하였는지의 여부를 확인하기 어렵다.

5세기 후반 신라의 서북지역에서 백제의 접경지역에 위치한 성이 무산성과 비라성(가잠성), 사시성, 구례성, 일모성이었고, 고구려와 접경지역에 위치한 곳이 살매지역, 즉 괴산군 청천면이었다. 550년 정월에 신라는 세종특별자치시 전의면에 소재한 금현성과 증평군 도안면에 위치한 도살성을 고구려와 백제로부터 빼앗았는데, 이때 신라는 삼년산성 또는 살매지역을 기반으로 하여 청주로 진출하여 그곳을 신라의 영역으로 편제하였음이 확인된다. 이에 대해서는 2부에서 자세하게 살필 것이다.

「충주고구려비」 전면에 '신라토내당주(新羅土內幢主)'와 '십이월입삼일갑인(十二月卄三日甲寅)'이란 표현이 전한다. 449년(장수왕 37) 12월 23일의 간지가 갑

---

158) 百濟兵圍茂山·甘勿·桐岑三城. 王遣庚信率步騎一萬以拒之 苦戰氣竭. 庚信麾下丕寧子及其子擧眞入敵陣 急格死之 衆皆奮擊 斬首三千餘級(『삼국사기』 신라본기 제5 진덕왕 원년 겨울 10월).

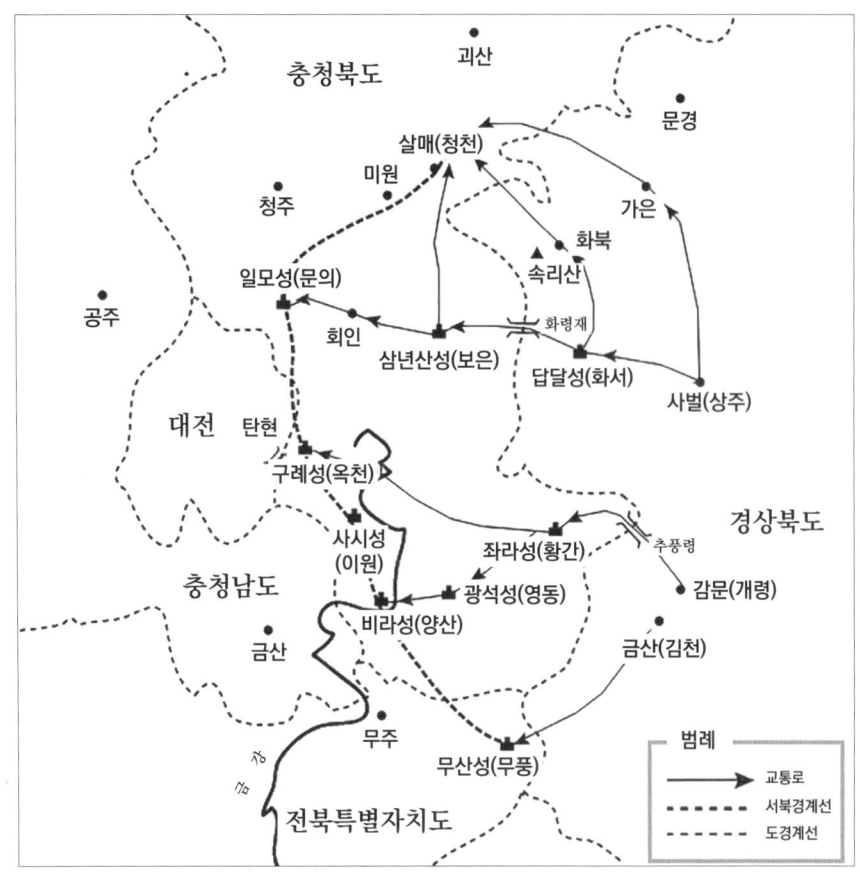

〈그림 1〉 5세기 후반 옥천·보은 방면 신라 서북 경계와 교통로

인(甲寅)이고, 450년대 전반까지 고구려군이 신라 영토 내에 주둔하였던바[159]

---

159) 『日本書紀』卷14 雄略天皇 8년 2월 기록에 신라가 자국 영토 내에 주둔한 고구려군을 모두 죽이자, 이에 대해 고구려가 신라의 筑足流城을 공격하였고, 신라는 任那, 즉 가야의 도움을 받아 고구려군을 물리쳤으며, 두 나라의 원한이 이로부터 비롯되었다는 내용이 전한다. 雄略天皇 8년은 기년상으로 464년에 해당한다. 그러나 문제는 『일본서기』 기록의 기년을 그대로 믿을 수 없다는 데에 있다. 『삼국사기』 신라본기에 눌지마립간 38년(454) 8월에 고구려가 신라의 북쪽 변경을 공략하였고, 그다음 해 10월에 고구려가 백제를 침략하자, 신라왕이 군사를 보내 구원하였다고 전한다. 신라본기에 따르면, 450

「충주고구려비」 전면의 내용은 449년 5월에 발생한 역사적 사실을 반영한다고 볼 수 있다. 여기에 12월 23일 갑인에 동이매금(東夷寐錦), 즉 신라의 눌지왕이 우벌성(于伐城; 경북 영주시 부석면 또는 풍기읍 근처)에[160] 이르렀고, 또한 그 이전에 신라 매금이 충주에서 고구려왕, 즉 장수왕을 만났다고 전한다. 비문에 장수왕이 신라 매금과 신료들에게 의복을 사여하였다는 내용이 전하는 것으로 보건대, 이때 신라 매금, 즉 눌지왕이 장수왕에게 충성서약(忠誠誓約)을 한 것으로 추정된다. 만약에 449년 12월 23일에서 그리 멀지 않은 시기에 「충주고구려비」를 건립하였다면, 장수왕은 신라 매금의 고구려에 대한 충성서약을 대내외에 널리 알리고, 나아가 후손들에게도 이와 같은 내용을 길이 전하기 위해 「충주고구려비」를 건립하라고 명령하였다고 추론할 수 있다. 한편 「충주고구려비」를 5세기 후반 장수왕대에 건립하였다면, 당시에 신라가 종래의 맹세를 어기고 고구려를 침략하자, 이에 고구려가 신라의 침략을 물리치고, 이것을 기념하기 위해, 또는 신라가 종래의 맹세를 어기자, 고구려가 군사를 일으켜 신라를 정벌한 다음, 이러한

년대 전반에 신라와 고구려의 관계가 틀어졌다고 볼 수 있다. 따라서 450년대 전반에 신라가 자국 영토 내에 주둔한 고구려군을 죽이고, 이로부터 두 나라 사이에 원한이 생기기 시작하였다고 봄이 자연스러울 것이다.

160) 于伐城의 위치와 관련하여 朔州 岌山郡의 영현인 隣豊縣이 본래 고구려 伊伐支縣이었음이 주목된다. 『삼국사기』 직관지에서 伊伐湌을 于伐湌이라고 부른다고 하였다. 또한 「聖住寺朗慧和尙塔碑」에서 伊湌을 乙粲이라고 표기한 사례를 발견할 수 있고, 또한 『수서』 신라전에서 一吉湌을 乙吉干이라고 표기한 사례를 찾을 수 있다. 이러한 사례들을 통해 신라시대에 '이'와 '으', '우'의 발음이 相通하였음을 추론할 수 있다. 이에 따른다면, 伊伐支와 于伐城이 동일한 지명에 대한 이표기일 가능성도 전혀 배제할 수 없다. 더구나 인풍현은 영주시 부석면으로 비정하는 것이 일반적이나, 『신증동국여지승람』 권25 경상도 풍기군 고적조에 인풍현의 위치를 알 수 없다고 전하는 것에 의거하건대, 풍기에서 그리 멀지 않은 지역으로 비정될 가능성도 배제할 수 없다. 아무튼 부석면이나 풍기읍 등은 죽령을 통하여 충주와 연결할 수 있는 지역이었던 점을 고려한다면, 우벌성을 이벌지와 연결시켜 이해하는 것도 크게 문제가 되지 않을 듯싶다

사실을 기념하기 위해 「충주고구려비」를 건립하였다고 추정해볼 수 있다.[161]

앞에서 396년 무렵에 고구려가 춘천을 중심으로 하는 영서지역에 진출하여 자신의 영역으로 편제하였음을 살핀 바 있다. 「충주고구려비」에 449년에 충주에서 고구려 장수왕과 신라 눌지왕이 회맹한 사실이 전하므로, 고구려가 충주지역에 진출한 것은 그 이전이라고 볼 수 있다. 아마도 5세기 전반과 중반 사이에 고구려는 영서지역을 기반으로 하여 충주지역에 진출한 것으로 이해하여도 무방할 것이다. 한편 『삼국사기』 지리지에 삭주(朔州) 나령군(奈靈郡) 선곡현(善谷縣)이 본래 고구려 매곡현(買谷縣), 옥마현(玉馬縣)이 본래 고구려 고사마현(古斯馬縣), 삭주 급산군(及山郡)이 본래 고구려 급벌산군(及伐山郡), 급산군 인풍현(仁豊縣)이 본래 고구려 이벌지현(伊伐支縣)이라고 전한다. 매곡현은 경북 안동시 도산면 동부리 및 예안면 일대, 고사마현은 봉화군 봉화읍, 급벌산군은 영주시 순흥면, 이벌지현은 영주시 부석면으로 비정된다. 한편 『삼국사기』 지리지에 나령군이 본래 백제 나이군(奈已郡)이었는데, 파사왕이 이를 빼앗았다고 전한다.[162] 반면에 『고려사』 지리지에는 나령군(奈靈郡)이 본래 고구려의 나이군(奈已郡)이었다고 전하여[163] 이것과 차이를 보인다. 나령군 주변의 군현들이 본래 고구려의 군·현이었다고 전하는 것으로 보아 후자의 기록이 타당하지 않을까 한다. 이들 기록을 통해 고구려가 충주지역을 차지한 이후 경북 북부지역으로 진출하여 영역으로 편제하였음을 엿볼 수 있다. 그러면 그 시기는 언제였을까?

『삼국사기』 박제상열전에 417년에 즉위한 눌지왕이 왜국과 고구려에 볼모로

---

161) 전덕재, 2019 「충주고구려비를 통해 본 5세기 중반 고구려와 신라와의 관계」 『고구려발해연구』 65.
162) 奈靈郡 本百濟奈已郡 婆娑王取之 景德王改名 今剛州(『삼국사기』 잡지 제4 지리2 삭주).
163) 順安縣 本高句麗奈已郡 新羅婆娑王取之. 景德王改爲奈靈郡(『고려사』 권57 지11 지리2 안동부).

가 있던 미사흔(未斯欣)과 복호(卜好)를 맞이해 올 사람을 물색하자, 수주촌간(水酒村干) 벌보말(伐寶靺), 일리촌간(一利村干) 구리내(仇利迺), 이이촌간(利伊村干) 파로(波老) 등 세 사람이 박제상을 추천하였다고 전한다.[164] 여기서 수주촌은 경북 예천군 예천읍, 일리촌은 고령군 성산면과 다산면 일대로 비정된다. 그리고 이이촌은 나이군과 연결시켜 경북 영주시로 비정하는 것이 일반적이다. 따라서 5세기 전반 눌지왕대에는 영주지역의 정치세력이 신라에 복속된 상태였다고 볼 수 있다. 박제상열전의 기록에 유의한다면, 고구려가 417년 이후와 449년 이전 어느 시기에 소백산맥을 넘어 영주시 등을 차지하였다고 볼 수 있을 것이다.

『삼국사기』 신라본기에 소지마립간 22년(500) 9월에 왕이 날이군(捺己郡; 영주시)에 행차하였고, 또 그 지역의 지배자인 파로(波路)의 딸 벽화(碧花)를 궁중(宮中)으로 맞아들여 자식까지 낳았다고 전한다.[165] 이를 통해 500년 이전에 신라가 경북 북부지역을 자신의 영역으로 편제하였음을 엿볼 수 있다. 구체적인 시기와 관련하여 5세기 후반으로 편년되는 영주시 순흥면 태장리 3-1호분에서 출자형금동관(出字形金銅冠), 금동과대(金銅銙帶), 금제이식(金製耳飾) 등 신라계 위세

---

164) 先是 實聖王元年壬寅 與倭國講和 倭王請以奈勿王之子未斯欣爲質. 王嘗恨奈勿王使己 質於高句麗 思有以釋憾於其子 故不拒而遣之. 又十一年壬子 高句麗亦欲得未斯欣之兄 卜好爲質 大王又遣之. 及訥祇王卽位 思得辯士往迎之. 聞水酒村干伐寶靺·一利村干仇里 迺·利伊村干波老三人有賢智 召問曰 吾弟二人 質於倭麗二國 多年不還. 兄弟之故 思念 不能自止. 願使生還 若之何而可. 三人同對曰 臣等聞歃良州干堤上 剛勇而有謀 可得以 解殿下之憂(『삼국사기』 열전 제5 박제상).

165) 王幸捺己郡. 郡人波路有女子 名曰碧花 年十六歲 眞國色也. 其父衣之以錦繡 置轝冪以 色絹 獻王. 王以爲饋食 開見之 欻然幼女 怪而不納. 及還宮 思念不已 再三微行 往其家 幸之. 路經古陁郡 宿於老嫗之家. 因問曰 今之人以國王爲何如主乎. 嫗對曰 衆以爲聖 人 妾獨疑之. 何者 竊聞王幸捺己之女 屢微服而來. 夫龍爲魚服 爲漁者所制. 今王以萬乘 之位 不自愼重 此而爲聖 孰非聖乎. 王聞之大慙 則潛逆其女 置於別室 至生一子(『삼국사 기』 신라본기 제3 소지마립간 22년 가을 9월).

품이 발견되고 있는 점이 주목을 끈다.[166] 태장리 3-1호분의 부장품을 통해 5세기 후반에 신라가 고구려세력을 구축하고 순흥지역의 재지세력을 그들의 영향권 아래에 편입하였음을 엿볼 수 있기 때문이다. 아마도 신라는 5세기 후반부터 500년 사이에 경북 북부에 위치한 여러 지역을 행정촌으로 편제하고 직접적인 지배를 실현한 것으로 이해된다.[167] 이상의 검토에 따른다면, 고구려는 417년부터 5세기 후반 사이에 경북 북부지역으로 진출하였다고 볼 수 있는데, 구체적으로 449년 고구려 태왕과 신라 매금이 충주지역에서 회맹하기 이전인 430년대 후반에서 440년대 중반 사이가 아닌가 한다. 이후 5세기 후반에 신라가 경북 북부지역에 진출하여 고구려를 구축한 것으로 이해된다.[168] 신라는 6세기 중반에 죽령을 넘어 충주와 단양 방면으로 진출하여 영역으로 편제하였는데, 이에 대해서는 2부에서 자세하게 살필 것이다.

3) 신라와 대가야의 경계 및 그 변천

(1) 5세기 후반~6세기 전반 신라와 대가야의 경계

5세기 후반~6세기 전반에 신라와 대가야는 낙동강 중류 수로를 둘러싸고 대립한 사실과 관련하여 경남 합천군 쌍책면 성산리 옥전고분군의 발굴 조사를 주목할 필요가 있다. 옥전고분군은 경상대학교 박물관이 여러 차례 발굴하여 이미 여러 권의 발굴보고서가 간행되었고, 이에 대한 연구도 활발하게 진행되었다.[169]

---

166) 이현정·강진아, 2013 「태장리고분군 3-1호분 출토 마구의 검토」 『영주 순흥 태장리고분군3』, (재)세종문화재연구원 학술조사보고 제14책에서 순흥 태장리 3-1호분을 5세기 후엽에 조영된 것으로 추정하였다.
167) 전덕재, 2023 앞의 책, 130~132쪽.
168) 전덕재, 2019 앞의 논문, 154~155쪽.
169) 옥전고분군의 조사 성과와 그에 대한 연구성과에 대해서는 조영제, 2007 『옥전고분군과 다라국』, 혜안이 참조된다. 이하 옥전고분군의 여러 무덤에 대한 설명은 이것을 기

옥전고분 가운데 특히 주목을 받은 것은 M1, M2호분과 M3호분이다. M1, M2호분은 거대한 고총고분으로서 고분군 축조세력의 수장급 무덤으로 추정되고 있다.[170] 이들 고분에서 신라 양식의 창녕계 토기가 집중적으로 발굴 조사되었고, 게다가 신라 양식의 마구로 널리 알려진 편원어미형행엽(偏圓魚尾形杏葉)과 아울러 로만글라스(M1호분)가 출토되었다. 로만글라스는 경주 금령총의 출토품과 유사한 것으로서 경주 이외의 지역에서 유일하게 출토된 것이다. 반면에 다음 단계에 조성된 M3호분에서는 금동장식안교(金銅裝飾鞍橋) 및 검릉형행엽(劍稜形杏葉) 등의 마구류(馬具類), 용봉문환두대도(龍鳳文環頭大刀) 등을 비롯한 위세품, 그리고 대가야 양식의 토기가 대량 출토되었다.

M1, M2호분에서는 신라계 토기나 유물이, M3호분에서는 대가야 양식의 토기가 집중적으로 출토되었다. 전자를 축조할 당시에 신라가 옥전고분군 축조세력에 대하여 커다란 영향력을 행사하였고, 후자를 축조할 당시에는 대가야가 크게 영향을 미쳤다고 추론할 수 있다. 여기서 문제는 M1, M2호분과 M3호분을 축조한 시기에 관해서이다. 옥전고분군 발굴에 직접 참여한 조영제 교수는 전자는 5세기 3/4분기, 후자는 5세기 4/4분기에 축조된 것으로 편년하였다.[171] 반면에 이희준 교수는 전자를 5세기 전반에 축조한 것으로, 후자를 5세기 3/4분기에 축조한 것으로 편년하였다.[172] 필자는 이들 고분의 축조 연대를 고고학적인 방법론을 활용하여 세밀하게 편년할 수 있는 능력은 없다. 다만 M3호분을 축조한 시기는

초로 하였음을 밝혀둔다.

170) M1, M2, M3호분의 수혈 내부에 목곽이 존재하였음을 주목하여 이들 고분의 양식을 '築石木槨墓'라고 분류하는 연구성과가 제기되었다(권용대, 2005「옥전고분군 목곽묘의 분화양상과 위계화에 대한 일고찰」, 경상대학교 석사학위논문). 참고로 M1, M2호분 전 단계에 축조된 23호분은 圍石木槨墓로 분류하였다.

171) 조영제, 2007 앞의 책, 124~125쪽.

172) 이희준, 1995「토기로 본 대가야의 圈域과 그 변천」『가야사연구-대가야의 정치와 문화-』, 경상북도, 400쪽.

대가야가 팽창한 시기와 관련되었다고 추정되므로 그 축조 시기를 나름대로 가늠해볼 수 있을 것이다.

5세기 중·후반 대가야의 성장은 지산동고분군의 발굴 조사를 통하여 고고학적으로 입증되었다. 더구나 대가야는 479년에 남제(南齊)에 독자적으로 사신을 파견하였을 뿐만 아니라[173] 481년(소지마립간 3)에는 신라를 도와 고구려의 침략을 물리치기까지 하였다.[174] 5세기 중·후반 대가야의 성장 배경은 고구려의 남진에서 찾을 수 있다. 고구려가 427년 평양으로 천도하고 남진정책을 적극 추진하자, 신라와 백제는 동맹을 맺어 고구려에 대항하는 데에 전력을 기울였다. 대가야는 바로 이와 같은 정세를 활용하여 세력을 키웠던 것이다.

5세기 중·후반에 신라는 고구려의 남진에 전력을 기울인 상황이었으므로 자연히 낙동강 서안지역에 위치한 옥전고분군 축조세력에 대한 신라의 정치적 영향력이 위축될 수밖에 없었을 것이다. 이를 틈 타서 대가야가 옥전고분군 축조세력에 대한 정치적 영향력을 강화하였고, 그 결과 옥전고분의 부장 유물도 신라 양식의 토기나 유물에서 대가야 양식으로 전환되었을 것이다. 이에서 대가야 양식의 토기가 집중적으로 출토된 M3호분은 5세기 후반에 축조되었다는 추론이 가능하고, 나아가 5세기 중반 이전에 M1, M2호분을 축조하였다고 유추해볼 수 있지 않을까 한다.

종래에 대부분의 고대사 연구자들은 『일본서기』 권19 흠명천황(欽明天皇) 23년 봄 정월 기록에 임나(任那) 10국의 하나로 전하는 다라국(多羅國)을[175] 경남 합

---

173) 加羅國 三韓種也. 建元元年(479) 國王荷知使來獻 詔曰 量廣始登 遠夷洽化. 加羅王荷知款關海外 奉贄東遐. 可授輔國將軍·本國王(『南齊書』 列傳 第39 東夷 加羅國).

174) 高句麗與靺鞨入北邊 取狐鳴等七城 又進軍於彌秩夫. 我軍與百濟·加耶援兵 分道禦之. 賊敗退 追擊破之泥河西 斬首千餘級(『삼국사기』 신라본기 제3 소지마립간 3년 3월).

175) 新羅打滅任那官家<一本云 十一年 任那滅焉. 總言任那 別言加羅國·安羅國·斯二岐國·多羅國·卒麻國·古嵯國·子他國·散半下國·乞飡國·稔禮國 合十國>(『일본서기』 권19 欽明天皇 23년 봄 정월).

천에 위치한 것으로 이해하였다. 그 근거는 다라(多羅)와 합천의 고지명인 대야(大耶)의 음이 서로 통하기 때문이었다.[176] 반면에 현재 고고학자를 비롯한 일부 연구자들은 다라국을 옥전고분군과 연관시켜 이해하고 있다.[177] 이들은 옥전고분군에 분포하는 고분의 규모가 거대할 뿐만 아니라 거기에서 출토된 유물이 질과 양적인 측면에서 모두 우수하다는 점, 옥전고분군 바로 옆에 다라리란 마을이 존재한다는 점을 근거로 제시하였다. 필자는 전에 옥전고분군은 『일본서기』에 전하는 탁국[喙國] 또는 탁기탄[喙己呑]과 관련이 있고,[178] 다라국은 경남 합

---

176) 今西龍, 1919 「加羅疆域考」 『史林』 4-3·4; 1937 『朝鮮古史の硏究』, 近澤書店(1970 『朝鮮古史の硏究』, 國書刊行會)에서 처음으로 多羅를 경남 합천군 합천읍에 위치한 나라로 비정하였고, 鮎貝房之進, 末松保和 등의 일본 학자와 이홍직, 이병도, 천관우, 김태식, 이용현 선생 등이 이를 지지하였다. 『令集解』 卷4 職員令 雅樂寮 大屬尾張淸足說에서 百濟의 '韓琴師 1인'의 細注에 '大理須古'라고 기재하였음을 확인할 수 있고, 『類聚三代格』 卷4 太政官符 應減定雅樂寮雜色生二百五十四人事條에서 百濟樂生 20인 가운데 多理志古生 1인이 있다고 하였다. 大理須古와 多理志古는 동일한 人名의 異表記로 보이는데, 이를 통해서 大와 多가 상통하였음을 살필 수 있다. 또한 加耶를 加羅로 표기한 것에서 耶와 羅가 상통하였음을 엿볼 수 있다. 이를 통해 多羅와 大耶가 상통하는 단어였음을 유추할 수 있다.

177) 경상대학교 박물관, 1986 『합천 옥전고분군 1차발굴조사개보』에서 옥전고분군을 多羅國의 지배층과 연결시킨 이래, 이희준, 1995 앞의 논문 및 백승충, 2006 「下部思利利」 명문과 가야의 부」 『역사와 경계』 58과 조영제, 2007 앞의 책, 그리고 이형기, 2009 『대가야의 형성과 발전 연구』, 경인문화사 등에서 이를 지지하였다.

178) 『일본서기』에 전하는 가야 소국의 하나인 卓淳(卓淳國)은 오늘날 경남 창원시에 위치하였다고 이해되고 있다(今西龍, 1937 앞의 책, 349~352쪽; 김태식, 1993 앞의 책, 173~189쪽; 백승충, 1995 「가야의 지역연맹사 연구」, 부산대학교 박사학위논문, 233~238쪽; 남재우, 1998 「가야시대 창원·마산지역 정치집단의 대외관계」 『창원사학』 4, 61~65쪽; 전형권, 1998 「4~6세기 창원지역의 역사적 실체」 『창원사학』 4, 15~22쪽; 김현미, 2005 「탁순국의 성립과 대외관계의 추이」 『역사와 경계』 57, 6~10쪽). 그런데 『일본서기』 권19 欽明天皇 5년 3월조에서 이를 喙淳이라고 표기한 사례를 발견할 수 있다. 한편 고대 일본인들은 '喙'자를 'トク'으로 읽었다. 『일본서기』에서 신라 6부명을 표기할 때에도 '喙'자를 사용하였는데, 일본인들은 이것을 'タク'으로 독음하였다. 통일신라의 금석문에서 6부명을 표기한 사례를 보면, 중고기 금석문에 보이는 '喙'자를 이것의 이자체

천에 위치한 가야 소국이었다고 이해하는 견해를 제기한 바 있다.[179] 따라서 본서에서는 옥전고분군 축조세력을 탁국의 지배세력으로 이해하고 논지를 전개하였음을 밝혀두고자 한다.[180]

옥전고분군이 소재한 성산리에 황강의 수로교통의 요지인 황둔진(黃芚津)이 위치하였다. 황강은 경남 합천군 청덕면 적포리에서 낙동강과 합류한다. 조선시대에 창녕에서 합천 초계를 연결하는 수로교통로상에 위치한 나루가 감물창진

인 '㖨'자로 표기하였음을 확인할 수 있다. '喙'과 '㖨'가 매우 유사한 글자라고 볼 수 있다. 아마도 신라에서 6부명으로 사용된 '㖨'자를 일본인들이 이것과 비슷한 글자인 '喙'자로 표기한 것으로 추정된다. 喙國(喙己呑)의 경우도 역시 가야나 신라인들이 㖨國(㖨國), 㖨己呑(㖨己呑)으로 표기한 것을 『일본서기』 찬자들이 喙國, 喙己呑으로 표기하지 않았을까 한다. 필자는 본서에서 이를 신라인·일본인과 마찬가지로 '탁'으로 독음하였다.

179) 전덕재, 2011 앞의 논문, 265~280쪽.
180) 津田左右吉, 1913 「任那疆域考」 『朝鮮歷史地理』 1, 南滿洲鐵道株式會社; 1964 『津田左右吉全集』 第11卷, 岩波書店, 102~108쪽에서 喙과 己呑은 경남 창녕군 영산면과 그 동남쪽, 낙동강 북안지방에 위치하였다고 주장하였고, 今西龍, 1919 앞의 논문; 1937 앞의 책(1970 『朝鮮古史の研究』, 國書刊行會, 362~363쪽)에서는 喙國은 대구, 己呑은 경남 창녕군 영산면과 밀양시에 위치하였다고 보았다. 鮎貝房之進, 1937 『雜攷 日本書紀朝鮮地名攷』(1971 『雜攷 日本書紀朝鮮地名攷』, 國書刊行會, 291~297쪽)에서 喙國의 위치를 경북 경산시로 비정한 이래, 末松保和, 三品彰英, 山尾幸久, 平野邦雄, 大山誠一 등의 일본 학자와 천관우 선생을 비롯한 일부 국내 학자들이 이에 동조하였다. 그리고 김정학, 1977 『任那と日本』, 小學館에서 喙國=대구설을 제기하였다. 김태식, 1993 앞의 책, 188쪽에서 喙國(喙己呑)의 위치를 창녕군 영산면과 밀양시의 어느 지역으로 비정하였고, 백승충, 2010 「신라·안라의 '接境'과 '耕種' 문제-'任那日本府' 출현 배경의 한 측면-」 『지역과 역사』 27, 111쪽에서도 동일한 견해를 제기하였다. 이외에 경남 의령군 남부 의령읍 쪽에는 卓淳, 낙동강에 연한 북쪽의 의령군 부림면 일대에는 喙國(喙己呑)이 위치하였다고 이해하는 견해(이희준, 1995 앞의 논문, 439쪽), 탁국이 김해와 창원의 중간지역에 위치하였다고 이해하는 견해(田中俊明, 1992 『大加耶連盟の興亡と任那-加耶琴だけが殘った-』, 吉川弘文館, 235쪽), 경남 창원시 의창구 동읍 古대산만의 다호리 일대에 탁국이 위치하였다고 이해하는 견해(이동희, 2021 「탁기탄국 위치의 재검토」 『동아시아고대학』 63, 437~442쪽) 등이 제기되었다.

(甘勿倉津)이었다. 초계의 대표적인 나루가 황둔진이었으므로 창녕의 감물창진에서 배를 타고 황강(黃江)을 거슬러 올라가 초계의 황둔진에 다다랐던 것으로 보인다. 조선시대의 사례를 참조할 때, 삼국시대에도 역시 그러하였다고 짐작해 볼 수 있다. 5세기 중반 이전에 축조한 M1, M2호분에서 집중적으로 출토된 신라계 유물은 당시에 황강과 낙동강을 연결하는 수로를 신라가 통제, 장악하였음을 전제로 할 때 합리적인 이해가 가능할 듯싶다. 이것은 5세기 중반까지 대가야가 황강 하류와 그 이남지역으로 진출하지 못하였음을 시사해주는 증표이기도 하다. 황강 이남에 위치한 의령의 유곡리고분군에서 5세기 전후한 시기로 편년되는 신라 양식의 창녕계 토기가 조사되는 것을 통하여[181] 이러한 추정을 보완할 수 있다.

대가야가 5세기 후반에 옥전고분군 축조세력에 대하여 정치적 영향력을 행사한 것에서 황강의 수로를 장악하여 황강 하류와 그 이남지역으로 진출하였음을 유추해볼 수 있다. 황강 이남의 낙동강 서안에 상적포성지(경남 합천군 청덕면 적포리 상적포마을)와 두곡리성지(경남 합천군 청덕면 두곡리), 앙진리성지(경남 합천군 청덕면 앙진리), 유곡리성지(경남 의령군 지정면 유곡리)가 소재하였다. 유곡리성지 근처의 유곡리고분군에서 신라 양식의 토기와 더불어 대가야 양식의 토기가 발견되었다. 특히 대가야 토기는 주로 5세기 후반 이후로 편년되는 것들이 조사되었다고 한다. 5세기 후반 이후에 대가야세력이 박지곡진이 위치한 유곡리지역에 진출하였음을 엿보게 해준다. 종래에 유곡리성의 경우 낙동강 서안에 위치한 다른 성들과 마찬가지로 동벽 일부를 돌로 편축(偏築)하고, 대부분은 토석혼축과 삭토법으로 축조하였다는 점에 주목하여 대가야에서 5세기 말에 축조하였다고 추정한 견해가 제기되었다.[182] 이러한 견해와 아울러 유곡리고분군에서 5세기

---

181) 박천수·홍보식·이주헌·류창환, 2003 『가야의 유적과 유물』, 학연문화사, 97~98쪽.
182) 조효식, 2005a 「낙동강 중류역 삼국시대 성곽 연구」, 경북대학교 고고인류학과 석사학

이후 대가야 양식의 토기가 조사되는 점 등을 함께 고려하건대, 5세기 후반에 대가야가 황강 하류와 그 이남으로 진출하여 황강과 낙동강이 합류하는 지점에서 유곡리성지 사이에 위치한 상적포성과 앙진리성 등을 축조하였다고 추정하여도 잘못은 아닐 듯싶다.

그런데 종래에 남강과 낙동강이 합류하는 지점 가까이에 위치한 성산리성(경남 의령군 지정면 성산리) 역시 대가야가 축조한 것으로 추정하였다.[183] 만약에 이러한 견해가 사실이라면, 남강 수로를 대가야가 통제, 장악하였다는 추론도 가능할 것이다. 그러나 이러한 추론은 문제가 있다. 5세기에 신라는 낙동강과 남강이 합류하는 지점인 창녕군 남지읍 용산리에 가야진(伽倻津)을 설치하여 낙동강과 남강의 수로에 대하여 커다란 관심을 기울였음을 확인할 수 있기 때문이다. 낙동강 동안에 위치한 나루를 가야진이라고 명명한 이유는 신라가 이곳을 발판으로 가야로 진출하였던 것에서 찾을 수 있다.[184] 가야진의 존재를 염두에 둘 때,

---

위논문, 51~52쪽; 조효식, 2005b「낙동강 중류역 동안 삼국시대 성곽 조사보고」『박물관연보』3, 경북대학교 박물관, 54~55쪽.

183) 조효식, 2005a 앞의 논문, 54쪽.

184) 『고려사』권57 지11 지리2 密城郡 靈山縣條에 '이 현에 온천이 있고, 伽倻津溟所가 있다.'라고 전하고,『慶尙道地理志』慶州道 靈山縣條에 '수령이 제사를 올리는 곳이 하나이다. 歧音江 伽耶津溟所의 神인데, 현으로부터 28里 50步 거리에 있다.'라고 전한다. 한편『世宗實錄』지리지 경상도 영산현조에서 歧音江에 대하여 '현 서쪽 28리에 있다. 龍堂이 있는데, 봄과 가을에 수령으로 하여금 제사를 지내게 하되, 祝文에 "伽倻津 溟所之神"이라고 칭하였다.'라고 설명하였다. 그리고『신증동국여지승람』권27 경상도 영산현 산천조에서 기음강에 대하여 설명하기를 '현의 서쪽 28리에 있다. 창녕현 甘勿倉津 하류인데, 의령현의 鼎巖津과 합친다. 옛날에는 伽倻津이라고 불렀다.'라고 하였다. 또한 기음강용단에 대하여 '祀典에는 伽倻津溟所라고 하여 봄과 가을로 本邑(영산현)에서 제사를 지낸다고 써 있다.'라고 설명하였다. 여기서 의령의 정암진은 남강에, 창녕 감물창진은 낙동강에 위치한 나루이므로 기음강은 두 강이 합류하는 지점의 낙동강을 별칭하는 것으로 이해할 수 있다. 그리고 고려시대의 가야진명소를 조선시대에 기음강용단이라고 불렀으며, 영산현의 수령이 春秋로 거기에서 致祭하였음을 위의 자료를 통

성산리에 대가야가 성을 쌓았다고 추정하는 것은 재고가 필요할 듯싶다.[185] 낙동강과 남강이 합류하는 지점까지 대가야가 진출하지 못하였음은 남강 유역에 위치한 예둔리고분군에서 대가야 양식의 토기가 거의 조사되지 않은 사실을 통하여 반증이 가능하다.

경상대학교 박물관에서 의령군 정곡면 예둔리 남강 하류변에 위치한 예둔리고분군을 1992년에 발굴 조사하였다. 38기의 목곽묘를 비롯하여 여러 양식의 무덤들이 조사되었는데, 특히 수혈식석곽묘에서는 신라 양식의 창녕계 토기, 함안 양식과 고성 양식(진주·진양 양식)의 토기만이 발견되었을 뿐, 대가야 양식의 토기가 전혀 발견되지 않았다.[186] 한편 경남 의령군 대의면 천곡리고분군에서도 주로 함안 양식과 진주 양식의 토기가 출토되고, 일부 퇴화된 대가야 양식과 신라 양식의 토기가 조사되었다고 하며,[187] 의령군 의령읍 중동리의 중동리고분군에서

하여 살필 수 있다. 『신증동국여지승람』에서 기음강을 옛날에 가야진이라고 칭하였다고 하였으므로 결국 가야진명소, 즉 기음강용단 근처에 위치한 나루를 고려시대에 가야진이라고 불렀다고 볼 수 있다. 조선시대에 옛 가야진이 歧江津이라고 불렀는데, 남강과 낙동강이 합류하는 지점에 위치한 마을이 경남 창녕군 남지읍 용산리이다. 용산 본동이 큰 마을이고, 이 밖에 작은 마을로 아곡, 창날, 안골 등이 있다. 기음진, 즉 가야진은 창날마을에 위치하였다고 한다. 근래에는 창나리, 창나루로 불렀고, 이것을 축약하여 현재 창날이라고 부른 것이다(전덕재, 2007 앞의 논문, 52~52쪽). 자료상으로 가야진은 고려시대에 존재하였다고 전하지만, 가야진이라는 명칭을 염두에 둔다면, 이것은 5세기 후반~6세기 전반에도 존재하였다고 봄이 합리적이라고 판단된다.

185) 경남 의령군 지정면 유곡리의 유곡리성지에서 지정면 성산리의 성산성까지 낙동강변을 따라 직접 연결하기 어려운 지형이 자리잡고 있다는 점도 이와 관련하여 참고된다고 하겠다.
186) 경상대학교 박물관, 1994『의령 예둔리고분군』, 142~143쪽.
187) 영남매장문화재연구원, 1997『의령 천곡리고분군』Ⅰ·Ⅱ.

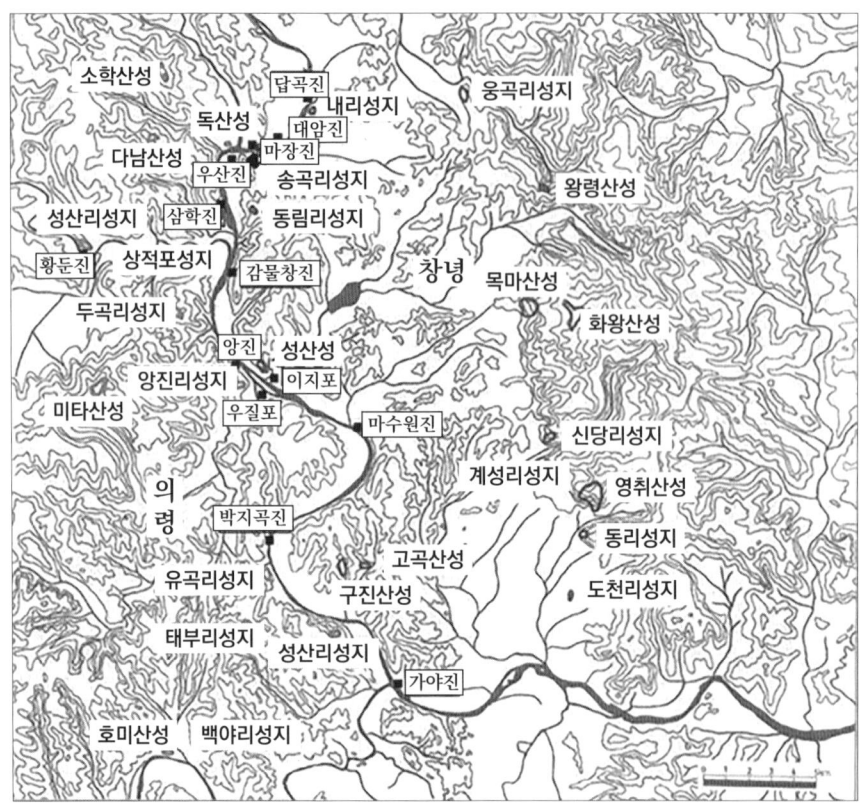

〈그림 2〉 낙동강과 황강 및 낙동강과 남강 합류지역 근처에 위치한 나루와 산성

도 비슷한 양상을 보였다고 한다.[188] 두 고분군은 대가야가 의령지역에 강력한 영향력을 행사하지 못하고, 고분의 축조세력이 함안이나 진주, 고성의 가야세력과 활발하게 교류하였음을 알려준다. 게다가 예둔리고분군에서 출토된 토기들은 대가야가 남강 하류지역에 진출하지 못하였음을 반증해준다. 이와 같은 의령지역의 고고학적인 상황을 염두에 둔다면, 대가야가 낙동강과 남강을 연결하는 수

---

188) 경상대학교 박물관, 1994 『의령 중동리고분군』; 박천수·홍보식·이주헌·류창환, 2003 앞의 책, 368~371쪽.

로를 장악, 통제하지 못하였다고 봄이 합리적일 것이다. 나아가 성산리성을 대가야가 축조하였다는 주장도 재고가 필요할 듯하며, 대가야가 진출한 동남쪽 경계는 대체로 유곡리고분군이 위치한 지역 근처였다고 정리하여도 좋을 것이다.

5세기 후반 대가야의 동진에 대하여 신라는 어떻게 대응하였을까? 당시 신라는 고구려의 남진을 저지하는 데에 군사력을 집중하였으므로 대가야의 동진에 총력을 기울였다고 보기 어렵다. 그러나 대가야의 동진에 대하여 어떠한 방식으로든지 대응하였을 텐데, 그것과 관련하여 낙동강 동안에 위치한 여러 성을 주목할 필요가 있다. 동안의 성 가운데 화원고성은 4세기대에 축조한 것으로 알려졌다. 그렇다면 나머지 성들은 언제 축조하였을까? 종래에 문산리성지의 절개면에서 확인된 판축토가 인근 문산리고분군의 봉토 조사에서 확인된 것과 비슷하여서 고총고분을 조영할 때에 사용된 축조방법이 성곽의 판축기법에 그대로 사용된 것으로 보이며, 비록 문산리성지에서 수습된 토기는 5세기 말~6세기 초로 편년되지만, 문산리고분군에서 고총고분이 5세기 2/4분기에 비로소 조영되기 시작한 사실을 주목하여 그것의 축조 시기를 5세기 중엽~말엽 경으로 추정하였다.[189] 나아가 죽곡리산성의 경우도 동일한 논리에서 같은 시기에 축조한 것으로 이해하였다. 4세기 말~5세기 초에 축조하였다고 추정되는 서산성을 제외한 나머지 동안지역 성의 경우 성안에서 채집된 유물들을 근거로 대체로 5세기 말 또는 6세기 초에 축조하였다고 보았다.[190]

앞에서 신라가 5세기 후반에 소백산맥 일원에 집중적으로 산성을 축조하였음을 살핀 바 있다. 이때 쌓은 산성들은 고구려의 남진에 대비하기 위해서였다. 그

---

189) 조효식, 2005a 앞의 논문, 29~30쪽.
한편 정창희, 2004 「5~6세기 대구 낙동강연안 정치체의 구조와 동향」, 경북대학교 대학원 석사학위논문, 51쪽에서 문산리성과 죽곡리성의 축조 연대를 5세기 3/4분기로 추정하였다.
190) 조효식, 2005a 앞의 논문, 70쪽의 '〈표 3〉 동안 성곽 특성표' 참조.

리고 『삼국사기』 신라본기에 자비마립간 6년(463) 봄 2월에 '왜인(倭人)이 삽량성(歃良城)에 침입하였으나 이기지 못하고 물러갔다. 왕이 벌지(伐智)와 덕지(德智)에게 명하여 군사를 거느리고 길에 숨어서 기다리고 있다가 공격하여 그들을 크게 물리쳤다. 왕은 왜인들이 자주 영토를 침입하였으므로 변경에 두 성을 쌓았다.'라고 전한다.[191] 이처럼 왜의 침략을 막기 위하여 남쪽 변경지역에 2성을 쌓은 것으로 보건대, 비록 문헌에 전하지 않지만, 5세기 후반에서 6세기 초반에 걸쳐 신라가 대가야의 동진에 대비하기 위하여 그 동안에 산성을 쌓았다는 추정이 가능할 것이다. 앞에서 낙동강 동안의 성들을 5세기 말 또는 6세기 초에 축조하였다고 추정한 견해는 이와 관련하여 크게 참고가 된다고 하겠다.

그런데 낙동강 동안에 산성을 축조한 주체는 낙동강유역에 위치한 복속 소국이나 읍락집단이 아니라 신라국가 자체였다는 점을 주목할 필요가 있다. 역부를 동원할 때, 낙동강 동안지역에 위치한 복속 소국이나 읍락집단 지배층의 적극적인 협조를 받았다고 보아야 한다. 486년(소지마립간 8)에 신라는 일선계(一善界; 경북 구미시 선산읍)의 정부(丁夫) 3,000명을 징발하여 삼년산성과 굴산성을 증축하였다. 삼년산(충북 보은군 보은읍)이나 굴산(충북 옥천군 청성면)지역의 주민들을 동원한 것이 아니라 일선지역의 주민들을 동원하여 증축한 점이 유의된다. 이것은 신라가 일선지역을 영역으로 편제한 다음, 그 지역의 주민들을 체계적인 방법으로 역역(力役)에 징발하였음을 시사해주기 때문이다. 일선지역의 사례를 참조할 때, 축성과정은 곧 신라국가의 복속 소국이나 읍락집단의 자율성을 부정하고 그 지역을 영역으로 편제하는 작업과 직결되었다고 추정해볼 수 있다.[192]

이처럼 5세기 후반 변방지역에 산성을 축조하는 작업 자체가 신라의 영역화

---

191) 倭人侵歃良城 不克而去. 王命伐智·德智 領兵伏候於路 要擊大敗之. 王以倭人屢侵疆場 緣邊築二城(『삼국사기』 신라본기 제3 자비마립간 6년 봄 2월).
192) 전덕재, 1990 앞의 논문; 2023 앞의 책, 126~130쪽.

작업과 불가분의 관계를 지녔으므로 낙동강 동안에 산성을 쌓는 과정에서 동안지역의 복속 소국이나 읍락을 신라의 영역으로 재편하는 작업이 진행되었다고 봄이 순리적일 것이다. 결과적으로 신라는 5세기 후반에 대가야의 동진에 대비하기 위하여 낙동강 동안지역에 산성을 구축하면서 동시에 동안지역의 영역화를 추진하여 신라국가의 지배력을 더 강화하는, 즉 내부의 통합을 공고하게 다졌다고 볼 수 있는 것이다. 신라가 5세기 후반에서 6세기 초반 사이에 대가야의 동진에 대비하여 낙동강 동안지역에 여러 성들을 축조하자, 그에 맞추어 대가야 역시 낙동강 서안에 여러 성들을 축조하는 조치를 취하였을 것으로 짐작된다.[193] 이러면서 6세기 초반에 신라와 대가야는 낙동강을 경계로 서로 대치하였다고 볼 수 있겠는데, 5세기 후반에 신라는 고구려의 남진을 막기 위해 전력을 기울이는 상황이었고, 대가야 역시 고구려의 침략을 받은 신라를 구원한 바 있었으므로, 당시에 두 나라 사이의 커다란 충돌은 일어나지 않았던 것으로 보인다.

(2) 5세기 중반과 그 이전 신라와 대가야의 경계

5세기 중반이나 그 이전에 축조된 옥전고분군 M1, M2호분에서 신라 양식의 창녕계 토기가 대거 출토되었다. 그런데 당시 이른바 창녕계 토기는 낙동강 하류지역에서도 두루 발견된다. 부산지역의 복천동고분군과 당감동고분군, 괴정동고분군, 생곡동 가달고분군, 김해 예안리고분군에서도 출토되었다. 기존의 연구에 따르면, 주곽과 부곽 모두 수혈식석곽인 계남리 1호분과 4호분에서 정형화된 창녕계 토기가 출토되고, 이들 고분을 조영한 시기에 창녕계 토기가 주변지역으로 반출되어 확산되었다고 한다.[194]

---

193) 조효식, 2005a 앞의 논문, 71쪽의 '〈표 4〉 서안 성곽 특성표'에서 4세기 말~5세기 초에 축조하였다고 추정한 월성리산성을 제외한 나머지 서안의 성들을 5세기 후반 또는 6세기 초에 축조하였다고 이해한 사실이 이와 관련하여 참고가 된다고 하겠다.
194) 박천수, 1993 「삼국시대 창녕지역 집단의 성격 연구」 『영남고고학』 13; 정징원·홍보식,

계남리 1호분과 4호분에서 창녕계 토기와 더불어 출자형금동관과 신라계 마구(馬具)인 편원어미형행엽, 신라계 이식(耳飾)이 출토되었다.[195] 동일한 현상은 옥전고분군 M1, M2호분에서도 확인할 수 있다. 출자형금동관은 옥전고분군을 제외하고 주로 낙동강 동안의 고총고분에서 출토되며, 형식은 경주에서 출토된 금관과 흡사하다. 이것은 창녕계 토기의 확산 배후에 신라국가가 존재하였음을 유추케 해주는 것이다. 이들 고분에서 출토된 신라계 유물들을 통해서 그것들을 축조한 시기에 신라가 낙동강 중류 수로를 통제, 장악했음을 추정해볼 수 있다. 더구나 옥전고분군은 황강 수로교통의 요지인 합천군 쌍책면 성산리 황둔진 배후에 위치하였으므로 당시에 신라가 그것까지 장악하였다는 추정도 가능하다. 나아가 낙동강 하류 부산 복천동고분군과 생곡동 가달고분군, 김해 예안리고분군에서 창녕계 토기가 두루 출토되었는데, 그러한 고분군을 조영한 시기에 신라가 낙동강 하류 수로마저 통제, 장악하였음을 짐작해볼 수 있다. 창녕계 토기가 낙동강유역에 두루 확산된 시기에 신라가 그 중류와 하류의 수로를 통제, 장악한 셈인데, 여기서 문제는 계남리 1호분과 4호분을 축조한 시기, 즉 창녕계 토기가 확산된 시기에 관해서이다.

창녕지역의 고분을 체계적으로 검토한 정징원 교수와 홍보식 교수는 계남리 1호분과 4호분의 축조 연대를 5세기 3/4분기로 설정하였다.[196] 반면에 이희준 교수는 그 고분들의 축조 연대를 4세기 4/4분기로 설정하여[197] 커다란 의견 차이를 보였다. 앞에서 옥전고분 M1호와 M2호분을 5세기 중반이나 그 이전에 축조하였을 가능성이 높다고 추정하였다. 그런데 계남리 1호와 4호분은 이것보다 약

1995 「창녕지역의 고분문화」, 『한국문화연구』 7.
195) 영남대학교 박물관, 1991 『창녕 계성리 고분군-계남1·4호분-』.
196) 정징원·홍보식, 1995 앞의 논문, 43~51쪽.
197) 이희준, 2005 「4~5세기 창녕지역 정치체의 읍락 구성과 동향」, 『영남고고학』 37, 11쪽.

간 앞선 시기에 축조하였다고 이해하는 것이 일반적이다.[198] 따라서 적어도 5세기 전반에는 창녕계 토기가 낙동강 중류와 하류지역의 동안과 서안지역에 확산되기 시작하였다고 볼 수 있는 것이다. 낙동강 중류지역에서 비교적 위쪽에 위치한 지역도 역시 마찬가지였을 텐데, 대구광역시 달성군 다사읍의 문산리고분군에서 출토된 부장품을 통해서 이를 입증할 수 있다.

영남문화재연구원 등에서 문산리고분군의 봉토분 6기와 석곽묘 343기를 발굴하였다. 6기의 봉토분에서 신라 양식이면서 대구 낙동강 동안의 지역색을 띤 토기들과 아울러 출자형금동관, (백화)수피제관모[(白樺)樹皮製冠帽], 은제조익형관식(銀製鳥翼形冠飾), 은제과대(銀製銙帶), 상원하방소환두대도(上圓下方素環頭大刀), 철지은제편원어미형행엽(鐵支銀製偏圓魚尾形杏葉)과 재갈 등의 마구류, 세환이식(細環耳飾) 등의 장신구류 등이 출토되었다.[199] 특히 Ⅰ지구 3호분 4곽에서 출토된 출자형금동관에 보수의 흔적이 보여 주목을 끌었는데, 종래에 그것을 5세기 2/4분기부터 축조하였다고 추정하였다.[200] 피장자가 생전에 금동관을 착용하였다가 보수했을 것이므로 그가 출자형금동관을 위세품으로 보유한 시기는 5세기 1/4분기나 그 이전이라고 보아야 한다. 5세기 전반에 다사읍 문산리고분의 축조세력이 신라의 정치적 통제를 받았음을 알려주는 측면이다. 그것은 낙동강변에 위치한 문산리성지 근처에 소재하였다. 5세기 1/4분기에 신라가 다사읍 문산리 근처의 낙동강 수로를 통제, 장악하였다고 보아도 문제가 되지 않을 것이다. 근처의 죽곡리고분군에서 출자형금동관이 출토되지 않았지만, 고분의 축조

---

198) 예를 들면 정징원과 홍보식 선생은 계남리 1호분과 4호분을 5세기 3/4분기로 편년하고, 옥전고분 M1호와 M2호분을 5세기 4/4분기로 편년하였다. 그리고 이희준 교수는 전자를 4세기 말로, 후자를 5세기 초에서 전반 사이로 편년하였다.
199) 경상북도문화재연구원, 2004『대구 문산정수장건설부지 내 달성 문산리 고분군 Ⅰ지구』; 영남문화재연구원, 2005『달성 문산리고분군 Ⅰ‧Ⅱ지구 M1‧M2호분-』.
200) 정창희, 2004 앞의 논문, 40쪽.

기법이나 출토 토기의 양식상의 특징을 감안할 때, 죽곡리고분군의 축조 세력 역시 신라의 통제를 받았을 것이다.[201]

한편 금호강과 낙동강이 합류하는 지점, 즉 낙동강 수로에서 대구로 향하는 관문나루인 사문진 근처에 성산동고분군이 소재한다. 성산동고분 1호분을 발굴한 결과, 은제관모(銀製冠帽), 금제수식부이식(金製垂飾附耳飾), 은제과대(銀製銙帶) 등이 출토되었다. 여타의 고분에서는 기본적으로 신라 양식이면서 대구 낙동강 동안의 지역색이 강한 토기와 아울러 전형적인 신라계 토기가 대거 출토되었다.[202] 토기를 비롯한 죽곡리고분군과 성산동고분군의 출토 유물들을 통하여 적어도 5세기 전반 무렵에 신라가 낙동강과 금호강이 합류하는 지점, 즉 낙동강 수로를 통하여 대구로 향하는 관문지역을 확고하게 통제, 장악하였다고 추측해 볼 수 있다.

대구광역시 달성군 다사읍의 낙동강 서안은 성주군에 해당한다. 3세기 와질토기 문화 단계까지 고령지역과 성주지역은 문화적 동질성을 지녔다가 5세기 이후 성주지역의 정치세력이 신라에 예속되면서 대가야와 다른 길을 걷게 되었는데, 이것은 성산고분을 비롯한 성주지역의 5세기 고분에서 신라 양식의 토기가 집중적으로 출토되는 사실을 통하여 방증할 수 있다. 반면에 대가천 상류를 경계로 그 이남의 고령지역에서는 대가야 양식의 토기가 발견되어 대조를 이루었다.[203] 5세기에 성주의 정치세력이 신라의 영향권 아래에 놓여 있었으므로 금호강과 낙동강의 합류지점 위쪽의 낙동강 중류의 수로도 신라가 통제, 장악하였다고 봄이 합리적일 것이다.

이상의 검토에 의한다면, 적어도 5세기 전반에 신라는 낙동강 하류뿐만 아니

---

201) 정창희, 위의 논문, 13~14쪽.
202) 경북대학교 박물관, 2003『대구 화원 성산리 1호분』; 정창희, 위의 논문, 15~16쪽.
203) 김세기, 2003『고분 자료로 본 대가야 연구』, 학연문화사, 160~161쪽 및 251~252쪽.

라 중류의 수로도 실질적으로 통제, 장악하였다고 볼 수 있겠는데, 아마도 이것을 기반으로 신라는 복속 소국이나 읍락집단에 대한 통제력을 더욱 강화하였음을 쉬이 짐작해볼 수 있다. 5세기 후반에서 6세기 초반에 걸쳐 낙동강 동안지역에 성을 쌓으면서 동시에 신라의 영역으로 편제하는 작업을 추진할 수 있었던 배경은 바로 이에서 찾을 수 있을 것이다.

그러면 과연 5세기 이전의 상황은 어떠했을까가 궁금하다. 대구의 낙동강 동안지역에 소재한 4세기대의 고분군이 바로 다사읍 문양리고분군이다. 발굴 조사 결과, 여기에서 4세기대의 목곽묘 31기가 조사되었는데, 노형토기(爐形土器)를 비롯하여 고배, 세석타날단경호(細席打捺短頸壺) 등의 토기류와 철정, 유·무경식철촉(有·無莖式鐵鏃), 철모(鐵矛), 철겸(鐵鎌), 따비, 단조철부(鍛造鐵斧) 등의 철기류가 출토되었다. 문양리고분 15호 목곽묘에서 외절구연고배(外折口緣高杯)가 출토되었는데, 이것은 김해지역에서 이입된 것으로 알려졌다. 공반 출토된 노형기대는 함안지역을 중심으로 하는 낙동강 하류에서 생산되어 이입된 것으로 추정되고 있다. 전반적으로 토기들은 대구 낙동강 동안의 지역색이 뚜렷하게 성립하기 이전 시대의 것에 해당한다고 한다.[204]

김해와 함안지역에서 유입된 토기들이 문양리고분군에서 출토된 것에서 4세기대 낙동강 중류 대구지역의 정치세력이 하류지역에 위치한 가야세력과 교류하였음을 엿볼 수 있는데, 이에서 4세기대에 신라가 낙동강 중류와 하류의 수로를 확고하게 통제, 장악하지 못하였다는 유추도 가능할 것이다. 부산 복천동고분군에서 창녕계 토기가 부장되기 이전에 함안지역의 토기들이 부장되었다.[205] 그리고 낙동강 하류의 부산시 화명동고분군에서 초기 단계의 수혈식석곽묘가

---

204) 영남문화재연구원, 2003『달성 문양리고분군』Ⅰ, 영남문화재연구원 학술조사보고 55집; 정창희, 2004 앞의 논문, 32~34쪽.
205) 이희준, 2007 앞의 책, 221~235쪽.

조사되었는데, 거기에서 출토되는 토기는 김해와 부산지역에서 출토된 가야 양식의 도질토기였다고 한다.206) 4세기대에 낙동강 수로를 통하여 부산의 거칠산국 지배자들이 가야세력과 널리 교류하였음을 알려주는 자료들이다. 동일한 양상을 5세기 전반 또는 그 이전에 조영한 옥전고분에서도 찾을 수 있다.

옥전고분 23호분은 목곽묘로서 M1호와 M2호분의 전단계에 축조된 무덤이다. 후자가 5세기 중반이나 그 이전에 축조된 것이므로 전자는 5세기 전반 또는 그 이전 시기에 조영되었다고 볼 수 있다. 23호분에서 64점의 토기가 출토되었는데, 여기에서 신라 양식의 창녕계 토기, 즉 유개식(有蓋式) 이단교호투창(二段交互透窓) 고배(高杯) 2점만 발견되었을 뿐이고 나머지는 신라 양식과 관련이 적다. 특히 그들 가운데 상당수는 부산이나 함안, 김해지역 및 고령지역 토기와 형식상으로 서로 연결된다고 주장한 연구성과가 제기되어 주목된다.207) 더구나 여기서 출토된 금동제 관모가 백제계 금동관과 형식상 유사하다는 견해가 제기되기도 하였다.208) 또한 23호분에서 출토된 철지금동제심엽형행엽(鐵地金銅製心葉形杏葉)을 고구려 마구(馬具)로부터 영향을 받은 형식으로 해석하는 연구자들도 있다.209) 23호분의 부장 유물은 4세기대 또는 5세기 초까지도 옥전고분의 축조세력이 황강과 낙동강 수로를 통하여 낙동강 하류지역에 위치한 여러 가야세력과 교류하고, 뿐만 아니라 고령의 대가야와도 교류하였음을 엿보게 해준다. 5세기 전반 이전 신라가 황강의 수로를 적절하게 통제, 장악하지 못하였음을 이를

206) 부산대학교 박물관, 1979 『부산화명동고분군』, 부산대학교 박물관 유적조사보고 제2집.
207) 조영제, 2007 앞의 책, 195~200쪽.
208) 이한상, 2008 「백제 금동관모의 제작과 소유방식」 『한국고대사연구』 51, 114~115쪽.
209) 김두철, 1997 「전기가야의 마구」 『가야와 고대 일본』, 제3회 가야사 국제학술대회 발표요지; 이상률, 1993 「삼국시대 杏葉 소고」 『영남고고학』 13.
한편 신경철, 1999 「복천동고분군의 갑주와 마구」 『복천동고분군의 재조명』에서 이러한 형식의 행엽은 중국 동북지방 鏡板轡의 경판을 모델로 하여 낙동강 하류지역에서 고안, 제작한 것이라고 주장하였다.

통해서 엿볼 수 있을 것이다.

4세기 후반에 낙동강 중·하류 수로의 통제권을 확고하게 장악하지 못하였음은 『일본서기』권9 신공황후(神功皇后) 섭정(攝政) 49년 봄 3월조에 왜군이 신라를 격파하고 평정한 가야 7국에 창녕의 비자발(比自㶱)이 포함되어 있었던 사실을 통해서도 방증할 수 있다.[210] 이 기사의 신빙성을 둘러싸고 논란이 분분하다. 여기서 그것에 대하여 자세하게 언급하지 않도록 하겠다. 다만 종래에 왜군의 신라와 가라 7국 평정은 인정하기 어렵지만, 4세기 후반에 비자발이 다른 가야의 여러 나라와 함께 백제 및 왜와 교역을 개시한 사실을 과장되게 반영한 기사라고 이해한 견해를 참조한다면,[211] 당시에 창녕의 비자발은 신라국가의 통제에서 벗어나 가야세력의 일원으로 활동하였다는 추론도 가능할 것이다.[212] 따라서 4세기대 낙동강 중·하류 수로를 확고하게 통제, 장악하지 못했음을 시사해주는 자료로서 유의된다.

그러나 여기서 4세기대 신라와 가야세력의 낙동강 수로를 둘러싼 동향과 관련하여 간과해서는 안 되는 사료가 있다.

> 군사를 파견하여 비지국(比只國), 다벌국(多伐國), 초팔국(草八國)을 쳐서 병합하였다(『삼국사기』 신라본기 제1 파사이사금 29년 5월).

초팔국의 위치와 관련하여 합천군 초계의 옛지명이 초팔혜현(草八兮縣)이라는

---

210) 以荒田別·鹿我別爲將軍. 則與久氏等 共勒兵而度之 至卓淳國 將襲新羅. 時或曰 兵衆少之 不可破新羅. 更復 奉上沙白·蓋盧 請增軍士. 卽命木羅斤資·沙沙奴跪〈是二人 不知其姓人也 但木羅斤資者 百濟將也〉 領精兵 與沙白·蓋盧共遣之. 俱集于卓淳 擊新羅而破之. 因以 平定比自㶱·南加羅·喙國·安羅·多羅·卓淳·加羅七國(『日本書紀』 권9 神功皇后 攝政 49년 봄 3월).
211) 김태식, 2002 『미완의 문명 7백년 가야사』(3권 왕들의 나라), 푸른역사, 119쪽.
212) 이희준, 2005 앞의 논문, 22쪽.

점이 주목된다. 이에 근거하여 초팔국은 경남 합천군 초계면으로 비정한다. 대체로 비지국은 창녕군 창녕읍에 위치한 소국으로, 다벌국은 대구에 위치한 소국으로 비정한다. 파사이사금 29년은 기년상 108년에 해당하나 그것을 그대로 신뢰하기 곤란하다. 신라본기 초기기록이 기년상에 많은 문제점을 드러내고 있기 때문이다. 『삼국사기』 신라본기 이사금시기의 기록에 신라가 주위의 소국을 정복한 기사가 자주 보이다가[213] 마립간시기의 기록에는 그러한 기사가 전혀 보이지 않는다. 신라가 주변의 소국들을 4세기 후반 마립간시기 이전에 정복하거나 복속시켜 그들과 지배-복속관계를 맺었다고 볼 수 있다. 위의 자료는 낙동강 동안에 위치한 소국뿐만 아니라 서안에 위치한 초팔국과도 그러한 관계를 맺었음을 알려주는 증거인 것이다.

  4세기 후반 이전에 낙동강 동안의 여러 소국지역에서 신라의 강력한 통제를 받았음을 알려주는, 또는 밀접한 관계를 지녔음을 명확하게 입증해주는 고고학적인 유적이나 유물은 아직까지 발견되지 않았다. 당시에 비록 신라가 주변의 소국을 정복하거나 복속시켜 지배-복속관계를 맺었으나 신라가 낙동강 수로에 대한 통제권을 장악하지 못하여서 그들에 대한 통제를 강력하게 행사하지 못하였음을 반영해주는 측면으로 이해된다. 신라는 5세기 전반에서 중반에 걸쳐 낙동강과 황강 수로의 통제권을 장악하고, 성주군을 비롯한 낙동강 서안 일부 지역뿐만 아니라 황강을 거슬러 올라가 합천군 쌍책면 성산리에 위치한 옥전고분군 축조세력, 즉 탁국까지 영향권 아래에 두었다. 5세기 후반 고구려가 남진정책

---

213) 이 밖에 『삼국사기』 신라본기 이사금시기와 열전의 기록에 于尸山國(울산광역시 울주군 웅촌면 일대), 居柒山國(부산광역시 동래구), 音汁伐國(경북 경주시 안강읍 근처), 悉直國(강원특별자치도 삼척시), 押督國(경북 경산시) 등 경주 근처의 小國들을 비롯하여 경북 의성군 금성면의 召文國, 김천시 개령면의 甘文國, 영천시의 骨伐國, 상주시의 沙伐國, 영주와 예천 방면의 세력, 청도군의 伊西國 등 소백산맥 남쪽의 낙동강 동안에 위치한 소국들을 대부분 세력권 내로 편입시킨 내용이 전한다.

을 추진하자, 신라가 고구려의 남진에 전력투구하였고, 이러한 상황을 이용하여 대가야는 황강의 수로권을 장악하고, 황강과 낙동강이 합류하는 지점에서 경남 의령군 지정면 유곡리까지 진출하여, 상적포성, 앙진리성, 유곡리성을 쌓고 대가야의 영역으로 편제하였다. 이때 신라와 대가야는 낙동강을 경계로 대치하면서 각각 동안과 서안에 여러 성들을 축조하였음을 확인할 수 있다.

이상에서 살핀 내용을 간략하게 정리하면 다음과 같다. 390년대까지 동해안지역에서 신라의 북쪽 경계는 실직(강원특별자치도 삼척시) 또는 하슬라(강릉시)였다. 400년 무렵에 고구려가 경북 포항시 북구 청하면에서 강릉시에 이르는 동해안지역을 자신의 영토로 편제하여 지배하였다. 450년 무렵에 신라가 강릉시 이남의 동해안지역에서 고구려세력을 몰아내고 다시 실직 또는 하슬라를 경계로 고구려와 대치하였다. 신라가 475년에서 481년 사이에 비열성(比列城; 북한의 강원도 안변군 안변읍)까지 진출하자, 고구려가 이에 대응하여 481년(소지마립간 3) 3월에 말갈과 함께 신라를 공격하여 미질부(彌秩夫; 경북 포항시 북구 흥해읍)까지 나아갔다가 백제와 대가야, 신라 연합군에게 이하(泥河 : 강원특별자치도 강릉시 남대천)에서 패배하였다. 496년까지 신라의 북계는 북한의 강원도 통천군 이북이었다가 497년에 고구려가 통천군을 지나 남진하였다. 6세기 전후에 신라는 실직 또는 하슬라를 경계로 고구려와 대치하였다. 4세기 후반에 백제의 근초고왕이 대외팽창을 활발하게 전개하면서 우두지역을 백제의 영토로 편입하였고, 396년에 고구려 광개토왕이 백제를 공략하여 한강 이북의 58성, 700촌을 획득할 때에 그곳은 고구려의 영토로 편입되었다.

5세기 후반 신라의 서북 경계는 무산성(茂山城; 전북특별자치도 무주군 무풍면), 비라성(鄙羅城 ; 충북 영동군 양산면), 사시성(沙尸城; 충북 옥천군 이원면), 구례성(仇禮城; 충북 옥천군 옥천읍), 일모성(一牟城; 충북 청주시 상당구 문의면)을 연결하는 선이었다. 당시 청주 방면에서 신라의 북쪽 경계는 일모성과 살매지역(충북 괴산군 청천면)을 연결하는 선이었다. 고구려가 5세기 전반과 중반 사이에 강원특별자치도 영서지역을 거쳐 충주지역에 진출하였고, 5세기 전반에서 449년 사이에 소백산맥을 넘어 경북 북부지역에 진출하여 영역으로 편제하였다. 신라는 5세기 후반에 경북 북부지역에서 고구려세력을 구축(驅逐)하고, 그때부터 500년 사이에 그 지역의 여러 읍락을 행정촌(行政村)으로 편제하여 직접 지배를 실현하였다. 신라는 540년대 후반에 단양과 충주지역에 진출하기까지 한동안 고구려와 소백산맥을 경계로 대치하였다.

신라는 5세기 중반과 전반에 낙동강과 황강 수로를 장악하고 경남 합천군 쌍책면에 위치한 탁국까지 정치적 영향력을 행사하였다. 또한 경남 창녕군을 흐르는 낙동강 수로뿐만 아니라 대구광역시를 흐르는 낙동강 중류의 수로도 장악, 통제하고 낙동강 서쪽의 성주지역까지 세력권으로 편입시켰다. 신라는 마립간 시기에 낙동강 동안에 위치한 여러 소국이나 읍락집단에 대한 통제력을 한층 더 강화하는 한편, 지배, 통제의 범위를 낙동강을 건너 탁국과 성주지역의 정치세력까지 확장하였던 것이다. 427년 평양 천도 이후 고구려가 남진을 적극 추진하자, 이후 신라는 백제와 동맹을 맺어 고구려에 대항하였다. 이러한 틈을 타서 대가야가 5세기 후반에 옥전고분군 축조세력, 즉 탁국에 대한 정치적 영향력을 강화한 다음, 이를 토대로 낙동강과 황강이 합류하는 지역에서 낙동강과 남강이 합류하는 지역 사이에 위치한 지역을 차지하고, 상적포성(경남 합천군 청덕면 적포리 상적포마을)과 두곡리성(결남 합천군 청덕면 두곡리), 앙진리성(경남 합천군 청덕면 앙진리), 유곡리성(경남 의령군 지정면 유곡리) 등을 쌓은 다음, 낙동강을 경계로 신라와 대치하였다.

2부
중고기(中古期) 신라의 영토 확장과 국경의 변동

1. 진흥왕의 영토 확장과 동북 경계의 변화

신라는 5세기 후반부터 6세기 전반 사이에 동해안지역에 위치한 소국의 국읍이나 읍락을 행정촌으로 재편하고, 거기에 도사(道使)와 같은 지방관을 파견하여 직접 지배를 실현하였다.[1] 앞에서 당시 신라의 동북 변경은 실직 또는 하슬라 근처였음을 살폈다. 그 후 신라 동북경의 변화와 관련하여 『삼국사기』 신라본기 제4 진흥왕 17년(556) 가을 7월 기록에 비열홀주(比列忽州)를 설치하고, 사찬(沙湌) 성종(成宗)을 군주(軍主)로 삼았다고 전하는 점이[2] 주목을 끈다. 이 무렵 신라에는 주(州)로서 상주(上州)와 하주(下州), 신주(新州)만이 존재하였기 때문에[3] 이 기사를 비열홀주 설치 기사로 보는 것은 옳지 않다. 『삼국사기』 신라본기 중고기 기록에 전하는 주의 치폐기사(置廢記事)는 정군단의 치폐를 반영하는 것으로 이해하는 것이 일반적이다.[4] 이에 따른다면, 이 기사는 신라가 556년(진흥왕 17) 7월에 6부인으로 구성된 정군단을 비열홀에 설치하고, 그 사령관, 즉 군주(軍主)

---

1) 전덕재, 2013 「상고기 신라의 동해안지역 경영」 『역사문화연구』 45; 2023 『신라지방통치제도사』, 학연문화사, 140~146쪽.
2) 置比列忽州 以沙湌成宗爲軍主(『삼국사기』 신라본기 제4 진흥왕 17년 가을 7월).
3) 전덕재, 위의 책, 236~250쪽.
4) 전덕재, 2018 『삼국사기 본기의 원전과 편찬』, 주류성, 80~95쪽.

로서 사찬 성종을 임명한 사실을 반영한다고 봄이 옳을 것이다. 524년에 건립된 「울진봉평리신라비」에 실지군주(悉支軍主)가 보인다. 이를 통해 524년에 정군단이 실직에 주둔하고 있음을 짐작해볼 수 있다. 그 이후 하슬라지역으로 그것을 다시 이치(移置)시켰다는 기록은 전하지 않는다. 그러나 524년 이전 어느 시기에 정군단의 주둔지를 하슬라에서 실직으로 옮겼음을 알려주는 기록도 전하지 않은 점을 참조하건대, 524년 이후에 정군단의 주둔지를 실직에서 하슬라로 옮겼을 가능성을 완전히 배제하기 어렵다. 이에 따르면, 556년 7월 비열홀주의 설치 기사는 실직 또는 하슬라에 위치한 정군단의 주둔지를 비열홀로 이치시킨 사실을 반영한 것으로 이해할 수 있다. 물론 이는 신라의 동북경(東北境)이 하슬라 근처에서 비열홀로 변경되었음을 의미하는 것이기도 하다. 신라는 550년대 전반에 한강유역에 진출하였다. 아마도 한강유역을 차지한 후, 신라는 곧이어 556년 7월에 동해안 방면으로 북상하여 비열홀까지 영토를 확장한 것으로 이해된다.

진흥왕대에 신라가 동해안 방면으로 어디까지 진출하였는가를 알려주는 자료가 바로 「진흥왕순수비 마운령비」와 「진흥왕순수비 황초령비」이다. 두 비의 앞부분에 '태창(太昌) 원년 세차(歲次) 무자(戊子) 8월 21일 계미(癸未)에 진흥태왕(眞興太王)이 관경(管境)을 순수(巡狩)하고 돌에 새겨 기록하였다.'라고 전한다. 태창 원년 무자는 568년(진흥왕 29)이다. 마운령비는 옛 함남 이원군 동면 사동(현재 함경남도 이원군 청산리) 만덕산(萬德山) 복흥사(福興寺)의 배후에 솟아 있는 운시산[雲施山; 운무산(雲霧山)]의 산꼭대기에 세워져 있었다고 전해지고, 황초령비는 옛 함남 함흥군 하기천면(현재 함경남도 영광군) 황초령에 있었다고 한다. 따라서 두 비를 568년 8월에 신라가 함흥과 이원 일대까지 영토를 확장하였음을 알려주는 유력한 증거로 제시할 수 있다.

그런데 『삼국사기』 신라본기에 진흥왕 29년(568) 10월에 비열홀주를 폐하고 달홀주(達忽州)를 설치하였다고 전한다.[5] 이것은 정군단의 주둔지를 비열홀에서 달홀(達忽; 북한의 강원도 고성군 구읍리)로 이치시켰음을 알려주는 자료이다. 이때 동시에 북한산주(北漢山州)를 폐하고, 남천주(南川州)를 설치하였는데, 이는 정군단의 주둔지를 북한산(한강 이북의 서울)에서 남천(경기도 이천시)으로 옮겼음을 반영한 것이다. 신라와 고구려는 552년 무렵에 동맹을 맺었고,[6] 568년을 전후한 시기에 두 나라의 관계가 변동되었음을 알려주는 자료를 찾을 수 없다. 더구나 신라가 한강 이북의 영토를 고구려에게 빼앗겨 정군단의 주둔지를 북한산에서 남천으로 옮겼다고 보기 어렵다는 점을 감안한다면, 정군단의 이치를 곧바로 영역의 변동과 직결시키는 것은 위험한 판단이라고 보지 않을 수 없다. 이러한 측면에서 신라가 정군단의 주둔지를 비열홀에서 달홀로 옮긴 사실을 근거로 하여 고구려가 동해안 방면으로 신라를 공격하여 비열홀과 그 이북의 함흥과 이원 일대를 차지하였다고 추정하기는 곤란할 것이다. 그러면 신라가 함흥과 이원 일대를 고구려에게 빼앗긴 시기는 언제였을까? 이와 관련하여 다음의 기록을 주목할 필요가 있다.

왕이 고구려가 자주 강역을 침략하는 것을 걱정해 수나라에 군사를 요청하여 고구려를 치려고 원광(圓光)에게 명령하여 걸사표(乞師表)를 짓게 하니, 원광이 말하기를, '자기 살기를 구하여 남을 멸하는 것은 승려로서의 행동이 아니나, 빈도(貧道)는 대왕의 땅에서 살고 대왕의 물과 풀을 먹고 있으니, 따르지 않겠습니까?'라고 하고, 이에 [글을] 지어서 바쳤다. 2월에 고구려가 북쪽 변방을 침략하여 8천 명을 사로잡아 갔다. 4월에 고구려가 우명산성(牛鳴山城)을

---

5) 廢北漢山州 置南川州. 又廢比列忽州 置達忽州(『삼국사기』 신라본기 제4 진흥왕 29년 겨울 10월).
6) 신라와 고구려가 552년 무렵에 밀약을 맺은 사실과 관련하여 노태돈, 1999 『고구려사연구』, 돌베개, 401~435쪽이 참조된다.

빼앗았다(『삼국사기』 신라본기 제4 진평왕 30년).

종래에 위의 기록에 나오는 우명산성을 강원특별자치도 춘천지역에 위치한 성으로 비정하는 견해가 제기되었다.[7] 우명산성을 춘천지역에 위치한 성으로 보는 근거는 우명산성과 우두(牛頭) 또는 우수(牛首)의 음이 비슷한 것에서 찾는다.[8] 그러나 우명산성과 우두(牛頭) 또는 우수(牛首)는 '우(牛)'자만 공통적일 뿐이고, '명(鳴)'과 '두(頭)' 또는 '수(首)'가 음운상으로 서로 통한다고 보기 어렵다. 따라서 우명산성과 우두주와의 음상사(音相似)에 근거하여 우명산성의 위치를 비정하는 것은 재고의 여지가 많다고 하겠다.

우명산성의 위치와 관련하여 『신증동국여지승람』 권49 함경도 안변도호부 고적조에 흡곡현(歙谷縣; 옛 강원도 통천군 송전면 : 북한의 강원도 통천군 장대리) 경계에 있다고 전하는 철원수(鐵垣戍)를 주목할 필요가 있다.[9] 우명(牛鳴)은 '소울(쇠울)', 철원(鐵垣) 역시 '쇠울(소울)'의 훈차(訓借) 표기로 볼 수 있기 때문이다.[10] 우명산성을 안변 동남쪽에 위치한 철원수로 비정한다면, 고구려가 안변지역을 신라로

---

7) 서영일, 2001 「6~7세기 고구려 남경 연구」 『고구려연구』 11, 37쪽; 장창은, 2013 「6세기 후반~7세기 초반 고구려의 남진과 대신라 영역방향」 『민족문화논총』 55, 440쪽; 윤성호, 2019a 「신라 진평왕대 대고구려전투의 의미」 『역사와 경계』 110, 171~174쪽 ; 박종서, 2022 「고구려 남진 연구」, 단국대학교 박사학위논문, 189~190쪽.
장창은은 우명산성이 광주산맥 이남의 경기 동북부 또는 춘천 일대에 위치한 성으로 비정하였고, 윤성호는 구체적으로 강원특별자치도 춘천시에 위치한 봉의산성을 우명산성으로 비정하였다.

8) 윤성호, 위의 논문, 171쪽.

9) 鐵垣戍〈在府東派川社海口 有小石城 世稱戍城 在江原道歙谷縣境〉(『신증동국여지승람』 권49 함경도 안변도호부 고적).

10) 酒井改藏, 1970 「三國史記의 地名考」 『朝鮮學報』 54; 강종훈, 2004 「7세기 삼국통일전쟁과 신라의 군사활동-660년 이전 對高句麗戰을 중심으로-」 『신라문화』 24, 233쪽 ; 정구복 등, 2012a 『개정증보 역주 삼국사기』 3(주석편상), 한국학중앙연구원출판부, 544쪽.

부터 빼앗은 시기는 608년(진평왕 30, 영양왕 19) 4월 무렵이라고 정리할 수 있다.

550년대에 신라와 동맹을 맺었던 고구려가 서북지방에서 고구려를 위협하던 돌궐의 기세가 한풀 꺾이자, 590년 무렵부터 과거에 신라에게 빼앗긴 한강유역을 회복하기 위해 신라를 공격하기 시작하였다. 영양왕이 즉위한 590년대 전반에 온달(溫達)이 군사를 이끌고 한강유역을 회복하기 위하여 신라를 공격하였다가 사망한 사실이 확인된다.[11] 603년(진평왕 25) 8월에 고구려가 북한산성을 공격하였다가 신라군의 반격을 받고 물러났다.[12] 아울러 위의 기록을 통하여 608년 무렵에도 고구려가 자주 신라 강역을 침략하였음을 살필 수 있다. 비록 고구려가 한강유역을 공격하여 성공을 거두지 못하였지만, 그러나 마침내 608년 4월에 동해안 방면으로 신라를 공격하여 함흥과 이원 일대뿐만 아니라 안변지역을 빼앗은 것으로 추정된다.

『삼국사기』 신라본기 제5 선덕여왕 8년(639) 봄 2월 기록에 '하슬라주(何瑟羅州)를 북소경(北小京)으로 삼고 사찬 진주(眞珠)에게 명하고 그곳을 지키게 하였다.'라고 전하고,[13] 그리고 태종무열왕 5년(658) 3월 기록에 '하슬라의 땅이 말갈과 맞닿아 있으므로 사람들이 편안하지 못하다고 여겨 소경을 폐지하여 주(州)로 삼고 도독(都督)을 두어 지키게 하였다. 또 실직(悉直)을 북진(北鎭)으로 삼았다.'라

---

11) 『삼국사기』 열전 제5 온달조에 陽岡王(陽原王)이 즉위하자, 온달이 한강유역을 회복하기 위하여 신라를 공격하였다가 사망하였다고 전한다. 그런데 온달은 양원왕의 아들인 平原王 때에 활동한 인물이므로 양강왕은 영양왕의 착오로 봄이 옳다(정구복 등, 2012b 『개정증보 역주 삼국사기』 4(주석편하), 한국학중앙연구원출판부, 769~770쪽). 평원왕은 590년 10월에 사망하였다. 이에 근거하여 온달이 한강유역에 위치한 阿旦城을 공격한 시점을 대략 591년에서 594년 사이로 추정한 견해가 제기되었음이 참조된다(전상우, 2018 「6세기 후반 고구려의 대외정책 변화와 신라 아단성 공격」 『한국고대사연구』 89, 188~198쪽).
12) 高句麗侵北漢山城 王親率兵一萬以拒之(『삼국사기』 신라본기 제4 진평왕 25년 가을 8월).
13) 以何瑟羅州爲北小京 命沙湌眞珠鎭之(『삼국사기』 신라본기 제5 선덕왕 8년 봄 2월).

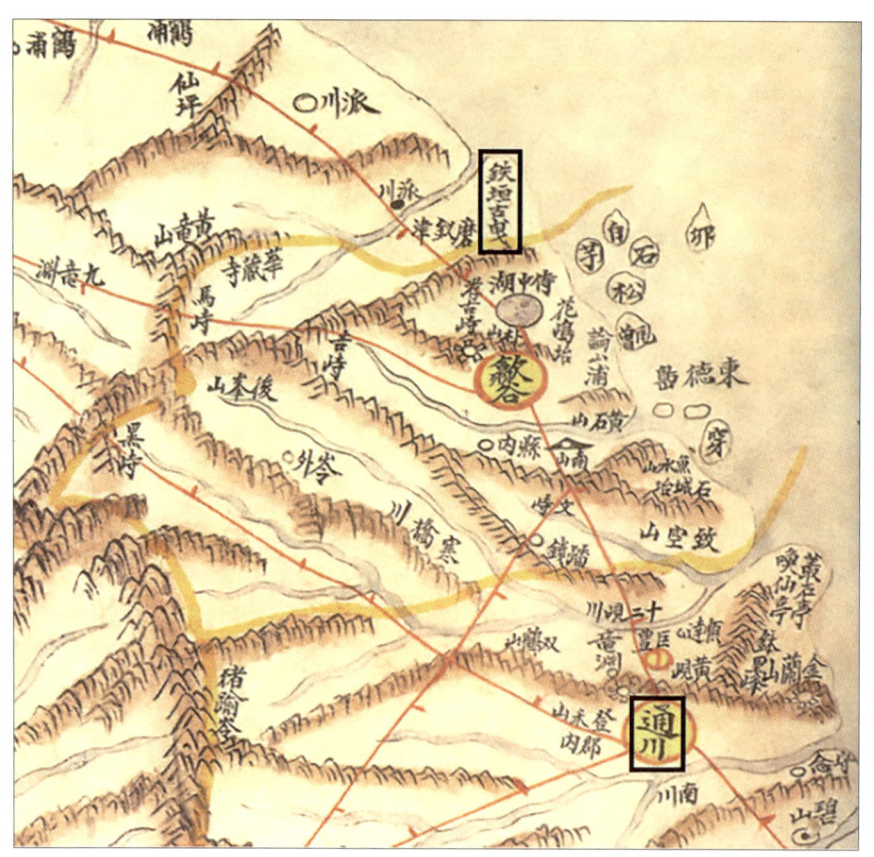

〈그림 1〉 철원수[철원고예(鐵垣古曳)]와 통천[우산성(牛山城)]의 위치(『동여도(東輿圖)』)

고 전한다.[14] 일단 후자의 기록을 통하여 658년 무렵에 하슬라가 신라의 북경(北境)이었음을 확인할 수 있다. 태종무열왕 2년(655) 정월에 고구려가 말갈·백제와 함께 신라의 북쪽 변경을 침략하여 33성을 탈취하였다는 기록이 『삼국사기』 신

---

14) 王以何瑟羅地連靺鞨 人不能安 罷京爲州 置都督以鎭之. 又以悉直爲北鎭(같은 책, 태종무열왕 5년 3월).

라본기에 전한다.[15] 이때 말갈, 즉 동예가[16] 동해안 방면에서 신라 북방을 공격하여 하슬라 근처까지 접근한 것으로 보인다.

한편 『삼국사기』 잡지 제9 직관(하) 범군호조에 '하서정(河西停)은 본래 실직정(悉直停)이었다. 태종왕 5년에 실직정을 혁파하고 하서정을 두었다.'라고 전한다.[17] 태종무열왕 5년(658)에 북소경을 폐지하고, 주를 설치함과 동시에 정군단을 실직에서 하서(하슬라)로 옮겼음을 알려준다. 이때 신라는 고구려로부터 동해안지역을 안전하게 지키기 위하여 실직에도 군사기지인 북진(北鎭)을 설치하고 군대를 주둔시켰다. 『삼국사기』 신라본기 중고기 기록에 전하는 주의 치폐기사는 6정군단의 치폐를 반영한 것임을 염두에 둔다면, 하슬라주를 폐지하고, 하슬라를 북소경으로 삼은 선덕여왕 8년(639) 2월 이전 시기에는 정군단이 하슬라에 주둔하고 있었다고 볼 수 있다.[18] 이에서 568년(진흥왕 29) 10월부터 639년 2월 사이에 정군단을 달홀에서 하슬라로 이치시켰음을 추론할 수 있는데, 구체적으로 그 시기는 고구려에게 우명산성을 빼앗긴 608년 4월 무렵이었을 것으로 짐작된다. 다만 이때 고구려가 하슬라 이북의 어느 지역까지 남진하였을 것이나 그곳이 어디인가 정확하게 고구(考究)하기 어렵다.

태종무열왕 5년(658) 3월에 북소경이 말갈과 맞닿아 있어 사람들이 편안하지

---

15)　高句麗與百濟·靺鞨連兵 侵軼我北境 取三十三城. 王遣使入唐求援(같은 책, 태종무열왕 2년 봄 정월).
16)　丁若鏞이 上古期 신라본기 기록에 전하는 말갈은 『삼국지』 위서 동이전에 전하는 東濊를 가리킨다고 언급한 이래, 여러 학자가 이를 수용하였다(노태돈, 1997 『삼국사기』 신라본기의 고구려 관계 기사 검토」 『경주사학』 16, 83~84쪽).
17)　五日河西停 本悉直停. 太宗王五年罷悉直停 置河西停 衿色綠白(『삼국사기』 잡지 제9 직관(하) 범군호).
18)　658년 3월 북소경을 폐지할 때, 실직정을 하슬라정으로 개칭한 것을 통하여 639년 2월 하슬라주를 폐지하고 하슬라지역을 북소경으로 삼을 때에 정군단을 실직으로 이치시켰음을 유추할 수 있다.

못하다고 하여 그것을 폐지하고 주(州)를 설치한 것에서 역설적으로 하슬라에 북소경을 설치한 639년 2월에는 그곳이 고구려의 공격으로부터 안전한 지역이었다고 추론할 수 있다. 그러면 당시 신라의 동북경은 어디였을까? 이와 관련하여 다음의 기록들을 주목할 필요가 있다.

> Ⅰ-① [정관(貞觀)] 17년(643)에 [신라가] 사신을 보내어 '고구려와 백제가 여러 차례 번갈아 공격하여 수십 성을 잃었고, 두 나라의 군대가 연합하여 신(臣; 신라)의 사직(社稷)을 없애려고 합니다. 삼가 배신(陪臣)을 보내어 대국(大國)에 보고를 하오니, 약간의 군사로나마 구원해 주시기 바랍니다.'라고 상언(上言)하였다(『구당서』 신라전).
>
> Ⅰ-② 또한 비열(卑列)의 성[卑列之城]은 본래 신라 땅이었는데, 고구려가 공격하여 빼앗은 지 30여 년 만에 [신라가] 다시 이 땅을 되찾아 백성을 옮겨 살게 하고 관리를 두어 지키게 하였습니다. 그런데 [당나라가] 이 성을 가져다 다시 고구려에 되돌려 주었습니다(『삼국사기』 신라본기 제7 문무왕 11년 가을 7월 답설인귀서).

Ⅰ-②는 671년에 당(唐)의 장수(將帥) 설인귀(薛仁貴)가 문무왕에게 편지를 보내자, 문무왕이 거기에 대하여 답신(答信)한 내용 가운데 일부이다. 뒤에서 자세하게 살필 예정이지만, 신라가 고구려로부터 비열성을 되찾은 것은 666년 12월이었다. 따라서 고구려가 비열성을 신라로부터 빼앗은 시기는 630년대 후반이었던 셈이 된다. 그러나 『삼국사기』를 비롯한 여러 사서에서 630년대 후반에 고구려가 동해안 방면에서 신라를 침략하였다는 기록을 찾을 수 없다. 고구려가 비열성을 차지한 시기와 관련하여 Ⅰ-①의 기록을 주목할 필요가 있다. 642년(선덕여왕 11)에 백제가 신라의 서쪽 변경 40여 성을 공격하여 빼앗고, 대야성을 함

락시켰을 뿐만 아니라 고구려와 연합하여 당항성을 공격하려 하였다.[19] 아마도 이때 고구려가 동해안 방면으로 진출하여 비열성을 빼앗은 것으로 추정된다. 문무왕은 답설인귀서(答薛仁貴書)에서 이를 두고 고구려가 마치 30여 년 전에 비열의 성을 빼앗은 것처럼 언급하지 않았을까 한다. 이처럼 639년 2월에 비열성이 분명히 신라의 영토였기 때문에 하슬라를 북소경으로 삼을 수 있었을 것이다. 물론 642년에 신라가 비열성을 빼앗겼음에도 불구하고 여전히 북소경을 폐지하지 않은 것에서 신라의 북경은 하슬라에서 비열성 사이였음을 유추해볼 수 있을 것이다.

앞에서 608년(진평왕 30) 무렵에 고구려가 안변지역을 신라로부터 빼앗았다고 언급하였다. 따라서 이때부터 639년 사이에 다시 신라가 동해안지역으로 북상하여 비열홀을 차지하였다고 볼 수 있다. 그러면 그 시기는 언제였을까? 현재 그 시기를 추적할 수 있는 단서를 찾을 수 없다. 다만 612년 이래 고구려가 수나라와 치열한 전쟁을 치렀음을 염두에 둔다면, 신라가 동해안 방면으로 비열성까지 북상한 시기는 612년 이후일 가능성이 높다는 점만을 언급할 수 있을 뿐이다.

이상에서 살핀 내용을 간단하게 정리하면 다음과 같다. 신라는 550년대 전반에 한강유역을 차지한 후, 동해안 방면으로 북상하여 비열홀까지 진출하고, 556년과 568년 사이에 함흥, 이원 방면까지 영토를 확장하였다. 고구려는 608년 4월에 함흥과 이원, 안변지역을 차지하고 통천군까지 나아가 신라와 대치하였다.

---

19) 秋七月 百濟王義慈大擧兵 攻取國西四十餘城. 八月 又與高句麗謀欲取党項城 以絶歸唐之路. 王遣使告急於太宗. 是月 百濟將軍允忠領兵攻拔大耶城 都督伊湌品釋·舍知竹竹·龍石等死之(『삼국사기』 신라본기 제5 선덕여왕 11년).
한편 『삼국사기』 백제본기에는 의자왕 3년(643) 겨울 11월에 '왕이 고구려와 화친을 맺고 신라의 党項城을 빼앗아 [당나라로] 조공하러 가는 길을 막으려고 모의하였다. 마침내 군사를 내어 [신라를] 공격하니, 신라왕 德曼이 당나라로 사신을 보내 구원을 요청하였다. 왕이 그 말을 듣고 군사를 철수시켰다.'라고 전한다. 백제본기에는 백제와 고구려가 643년 11월에 당항성을 공격하였다고 전하여 신라본기에 전하는 기록과 차이를 보인다.

신라는 수나라가 고구려를 공격한 612년 이후 어느 시기에 다시 비열홀까지 북진하였고, 642년 무렵에 고구려가 다시 남진하여 비열성을 빼앗았다. 이후 655년 정월에 말갈·백제와 함께 신라를 공격하여 하슬라 근처까지 접근하였다. 신라가 다시 비열홀지역에 진출한 것은 연개소문의 동생 연정토가 신라에 투항한 666년 12월이었다.

2. 한강유역 진출과 서북 경계의 변동

1) 6세기 중반 충주·청주지역 진출

 신라의 수도인 경주에서 충주 방면으로 진출하기 위해서는 소백산맥에 위치한 죽령과 계립령을 넘어야 한다. 앞에서 5세기 후반에서 500년 사이에 신라가 소백산맥 이남의 경북 북부지역을 영역으로 편제하였음을 살펴보았다. 이후 신라와 고구려는 소백산맥을 경계로 한동안 대립하였다고 볼 수 있다. 신라가 계립령과 죽령을 넘어 충북 충주와 단양지역을 공략하여 차지한 것은 언제였을까가 궁금하다. 신라가 죽령을 넘어 단양지역을 차지하였음을 알려주는 자료가 「단양신라적성비(丹陽新羅赤城碑)」이다. 이것의 주요 내용은 신라가 단양의 적성(赤城)을 차지한 이후에 적성 공략에 공을 세운 현지인들에 대하여 포상한다는 것으로 정리된다. 비의 앞부분이 결락되어 건립 연대를 정확하게 알 수 없다. 다만 비문에 비차부지(比次夫智)의 관등이 아간지(阿干支)로 전하고, 『삼국사기』 거칠부열전에 진흥왕 12년(551)에 신라가 백제와 연합하여 한강유역을 공격하였을 때에 장군으로 참여한 비차부(比次夫)의 관등이 대아찬으로 전한다. 이들 두 자료를 비교하면, 「단양신라적성비」를 551년 이전에 건립하였다는 추론이 가능하다. 구체적인 연대는 알 수 없으나 대체로 540년대 후반으로 이해하고 있다.[20] 따라서 신라가 죽령을 넘어 단양지역을 차지한 것은 540년대 후반 진흥왕대로 볼 수 있을 것이다.

신라는 단양지역을 차지한 후에 남한강 상류에 위치한 충주지역으로 진출하였을 것인데, 이러한 사실을 알려주는 자료가 바로 다음의 기록들이다.

> Ⅱ-① 후에 우륵은 그 나라가 장차 어지러워질 것이라고 생각하여 악기(가야금)를 지니고 신라 진흥왕에게 투항하였다. 왕은 그를 받아들여 국원(國原)에 안치하고, 대나마(大奈麻) 주지(注知)와 계고(階古), 대사(大舍) 만덕(萬德)을 보내 그 업을 전수받게 하였다(『삼국사기』 잡지 제1 악 가야금).
>
> Ⅱ-② 왕이 순행(巡幸)하다가 낭성(娘城)에 이르러, 우륵(于勒)과 그의 제자 이문(尼文)이 음악을 잘한다는 말을 듣고 그들을 특별히 불렀다. 왕이 하림궁(河臨宮)에 머무르며 음악을 연주하게 하니, 두 사람이 각각 새로운 노래를 지어 연주하였다. … 왕이 거칠부(居柒夫) 등에게 명하여 고구려를 공격하게 하였는데, 이긴 기세를 타고 10개 군(郡)을 빼앗았다(『삼국사기』 신라본기 제4 진흥왕 12년 3월).

Ⅱ-② 기록의 내용은 진흥왕이 551년(진흥왕 12) 3월에 낭성에 행차한 다음, 행궁(行宮)인 하림궁에서 우륵과 그의 제자들의 가야금 연주를 들었고, 왕이 거칠부 등에게 명하여 한강유역을 공격하여 빼앗았다는 것으로 요약된다. 현재 낭성

---

20) 「단양신라적성비」의 건립 연대를 둘러싼 제견해에 대해서는 장창은, 2015 「4세기 후반~6세기 중반 단양지역을 둘러싼 신라와 고구려의 각축」 『한국고대사탐구』 21, 60~63쪽이 참조된다.

을 청주지역에 위치한 지명으로 보는 견해와²¹ 충주지역에 위치한 지명으로 이해하는 견해가²² 제기되었다. 필자는 전에 낭성이 청주지역에 위치한 지명이 아니라 충주지역에 소재한 지명임을 자세하게 논증한 바 있다.²³ Ⅱ-① 기사에 우륵이 신라에 투항하자, 그를 국원(충북 충주)에 안치(安置)하였다고 전한다. 진흥왕이 551년 3월 충주지역에 위치한 낭성에 행차하여 우륵을 불러 하림궁(河臨宮)에서 가야금을 연주하게 하였으므로 우륵을 국원에 안치한 것은 그 이전이 되는

---

21) 安鼎福이 『東史綱目』에서 娘城을 청주부로 비정하였고, 이병도, 1977 『국역 삼국사기』, 을유문화사, 58쪽에서 낭성을 청주로, 정구복 등, 2012a 앞의 책, 114쪽에서는 충북 청주시 상당구 낭성면으로 비정하였다. 그리고 이원근, 1976 「백제낭비성고」 『사학지』 10, 1~7쪽에서 娘臂城=娘城을 구체적으로 충북 청원군 북이면 토성리·광암리·부연리 경계에 있는 해발 238m의 山頂에 소재한 산성, 즉 오늘날 충북 청주시 상당구 낭성면 성대리와 보은군 내북면 도원리 경계에 위치한 낭성산성이라 추정하기도 하였다. 이 밖에 민덕식, 1983 「고구려의 도서현성고」 『사학연구』 36, 48~49쪽; 천관우, 1989 『고조선사·삼한사연구』, 일조각, 338쪽; 이우태, 1997 「영토의 확장과 왕권강화」 『한국사』 7(삼국의 정치와 사회Ⅲ-신라·가야), 국사편찬위원회, 106쪽; 김갑동, 1999 「신라와 백제의 관산성전투」 『백산학보』 52, 196쪽; 노중국, 2006 「5~6세기 고구려와 백제의 관계-고구려의 한강유역 점령과 상실을 중심으로-」 『북방사논총』 11, 46쪽; 주보돈, 2006 「우륵의 삶과 가야금」 『악성 우륵의 생애와 대가야의 문화』, 고령군·대가야박물관·계명대학교 한국학연구원, 74쪽; 장창은 2014 『고구려 남방 진출사』, 경인문화사, 161~162쪽; 정운용, 2016 「삼국시대 신라 이사부의 군사활동」 『선사와 고대』 50, 129쪽; 윤성호, 2017a 「신라의 도살성·금현성 전투와 국원 진출」 『한국고대사연구』 87, 245쪽에서도 낭성을 청주지역에 위치한 지명으로 이해하는 견해를 제기하였다.

22) 신채호 선생이 『조선상고사』에서 낭성을 충주로 비정하였고(신채호 저·이만열 주석, 1983 『조선상고사』(하), 단재신채호선생기념사업회, 346쪽), 이기백·이기동, 1982 『한국사강좌』Ⅰ(고대편), 일조각, 265쪽에서도 이에 동조하였다. 이외에 김윤우, 1987 「낭비성과 낭자곡성」 『사학지』 21, 266~269쪽 및 양기석, 2006 「국원소경과 우륵」 『충북사학』 16, 8~12쪽, 그리고 김현길, 2013 「낭성고」 『호서문화』 창간호, 119쪽; 장준식, 1998 『신라 중원경 연구』, 학연문화사, 120쪽; 박성현, 2011 「5~6세기 고구려·신라의 경계와 그 양상」 『역사와 현실』 82, 81쪽에서도 낭성이 충주지역에 위치한 지명이라고 이해하는 견해를 제기하였다.

23) 전덕재, 2023 「신라 진흥왕의 순행과 순행로 고찰」 『신라사학보』 57, 4~18쪽.

셈이다. 결국 우륵을 국원에 안치한 시기의 상한은 진흥왕이 즉위한 540년 7월이고, 그 하한은 551년 3월이라고 볼 수 있다.

우륵은 대가야가 장차 어지러워질 것이라고 생각하여 가야금을 들고 신라로 망명하였다. 한편 『삼국사기』 신라본기에는 '나라(대가야)가 어지러워지자 [우륵이] 악기를 가지고 우리(신라)에게 귀의하였다.'고 전하여[24] 약간 차이를 보인다. 우륵은 대가야의 정국이 어지러워질 것을 우려하여[또는 어지러워서] 신라로 망명한 것인데, 그러면 그가 망명한 시점은 언제였을까? 이와 관련하여 우륵이 백제가 아니라 신라로 망명한 사실을 주목할 필요가 있다. 이에서 우륵의 망명과 대가야가 백제와 유기적인 관계를 맺게 된 것이 어떤 연관성을 지니지 않았을까 추론해볼 수 있기 때문이다.

『일본서기(日本書紀)』 권19 흠명천황(欽明天皇) 9년(548) 여름 4월 기록에 고구려가 마진성(馬津城; 충남 예산군 예산읍)을 공격하였는데, 이때 백제가 사로잡은 포로가 '고구려가 마진성을 공격한 이유는 안라국(安羅國)과 일본부(日本府)가 고구려를 불러들여 백제를 벌줄 것을 권하였기 때문이었다.'라고 언급한 내용이 전한다.[25] 『삼국사기』 신라본기에는 548년(진흥왕 9) 2월에 고구려가 예인(穢人)과 함께 백제 독산성(獨山城)을 공격하자, 백제가 신라에게 구원을 요청하였으므로

---

24) 先是 加耶國嘉悉王製十二弦琴 以象十二月之律 乃命于勒製其曲. 及其國亂 操樂器投我 其樂名加耶琴(『삼국사기』 신라본기 제4 진흥왕 12년 3월).

25) 壬戌朔甲子 百濟遣中部杆率掠葉禮等奏曰 德率宣文等 奉勅至臣蕃曰 所乞救兵 應時遣送. 祇承恩詔 嘉慶無限. 然馬津城之役〈正月辛丑 高麗率衆 圍馬津城〉虜謂之曰 由安羅國與日本府 招來勸罰. 以事准況 寔當相似. 然三廻欲審其言 遣召而並不來. 故深勞念 伏願 可畏天皇〈西蕃皆稱日本天皇 爲可畏天皇〉先爲勘當. 暫停所乞救兵 待臣遣報. 詔曰 式聞呈奏 爰覩所憂 日本府與安羅 不救隣難 亦朕所疾也. 又復密使于高麗者 不可信也. 朕命卽自遣之 不命何容可得. 願王 開襟緩帶 恬然自安 勿深疑懼. 宜共任那 依前勅 戮力俱防北敵 各守所封. 朕當遣送若干人 充實安羅逃亡空地(『日本書紀』 권19 欽明天皇 9년 여름 4월).

이에 신라의 진흥왕이 장군 주령(朱玲)을 보내 굳센 군사 3천 명을 거느리고 치게 하였다고 전한다.[26] 동일한 내용이 고구려본기와 백제본기에도 전하는데,[27] 여기서 고구려와 예인(濊人)이 같은 해 정월에 독산성을 공략하였고, 신라 장군의 이름이 주진(朱珍)이라고 전하여 차이를 보인다. 『삼국사기』 잡지 제6 지리4 도독부 13현 지심주(支潯州)조에 '마진성(馬津城)은 본래 고산성(孤山城)이었다.'라고 전한다. 고산(孤山)과 독산(獨山)은 상통하므로 둘은 동일한 지명을 가리키는 이표기(異表記)라고 볼 수 있다. 마진현, 즉 고산현은 현재 충남 예산군 예산읍으로 비정되고 있다.[28] 『일본서기』 기록과 『삼국사기』 신라·고구려·백제본기에 전하는 기록의 기년이 모두 548년(성왕 26)에 해당하는 점, 독산성과 마진성이 모두 충남 예산으로 비정되고 있는 점 등을 미루어 보건대, 『일본서기』와 『삼국사기』 기록에 전하는 마진성역(馬津城役)과 독산성전투는 동일한 사건을 기술한 것으로 보아도 무리가 없을 것이다. 현재 『일본서기』에 전하는 일본부는 대개 안라왜신관(安羅倭臣館)을 지칭하고, 독산성전투, 즉 마진성전투는 안라와 안라왜신관이 백제를 견제하기 위하여 고구려와 밀통(密通)한 데에서 비롯되었다고 이해하고 있다.[29] 마진성전투에서 고구려군이 패배함으로써 안라가 고구려와 연결하여 백제를 견제하려던 시도는 무산되었고, 이후 대가야를 비롯한 후기 가야연맹의 어느 한 나라라도 백제의 의사에 반대하여 행동하는 기사를 더 이상 찾을 수

---

26) 高句麗與穢人攻百濟獨山城 百濟請救. 王遣將軍朱玲領勁卒三千擊之 殺獲甚衆(『삼국사기』 신라본기 제4 진흥왕 9년 봄 2월).

27) 以濊兵六千攻百濟獨山城 新羅將軍朱珍來援 故不克而退(『삼국사기』 고구려본기 제7 양원왕 4년 봄 정월); 高句麗王平成與濊謀 攻漢北獨山城. 王遣使請救於新羅. 羅王命將軍朱珍 領甲卒三千發之. 朱珍日夜兼程至獨山城下 與麗兵一戰 大破之(『삼국사기』 백제본기 제4 성왕 26년 봄 정월).

28) 孤山縣 本百濟烏山縣 景德王改名 今禮山縣(『삼국사기』 잡지 제5 지리3 웅주 임성군).

29) 김태식, 2007 「가야와의 관계」 『백제의 대외관계』(백제문화사대계 연구총서 제9권), 충청남도 역사문화연구원; 2014 『사국시대의 사국관계사 연구』, 서경문화사, 147~148쪽.

없다. 이것은 548년 4월 이후에 가야연맹의 모든 나라가 백제에 부용화(附庸化)되었음을 시사해주는 측면으로 주목되는데, 아마도 정치적으로 친신라적인 입장에 있었던 우륵은[30] 대가야가 백제의 강력한 영향력 아래에 놓이게 되자, 가야금을 들고 신라로 망명한 것으로 추정된다.[31] 이에 따른다면, 우륵이 망명한 시점은 대체로 548년 또는 549년 무렵이었을 가능성이 높다고 볼 수 있다.

548년 또는 549년 무렵에 우륵이 망명하자, 진흥왕이 우륵을 곧바로 국원에 안치하였다고 한다면, 신라가 국원, 즉 충주지역으로 진출한 시기 역시 그 무렵으로 이해할 수 있다. 현재 신라가 죽령을 넘어 단양의 적성을 차지한 후에, 남한강을 따라 충주로 진출하였는지, 아니면 문경과 충주를 연결하는 계립령을 넘어 충주로 진출하였는지 정확하게 판단하기 어렵다. 다만 「단양신라적성비」에 신라가 적성을 점령한 이후에 고두림성(高頭林城)에 2명의 군주(軍主)가 머물러 있었고, 또한 적성 공략에 물사벌성(勿思伐城; 경북 예천군 예천읍)과 추문촌(鄒文村; 경북 의성군 금성면) 당주(幢主)가 참전하였다고 전하는 사실을 미루어 보건대, 적성을 점령한 이후, 곧바로 적성비에 보이는 군주와 당주 등이 그 예하의 군대를 이끌고 남한강을 따라 국원지역으로 진출하여 그곳을 차지하였을 가능성이 더 높지 않았을까 한다. 물론 충주지역을 차지한 이후에 죽령로보다는 계립령로가 교통로로서 널리 활용되었을 것으로 추정된다.

6세기 중반 신라의 청주지역 진출과 관련하여 다음의 기록이 주목된다.

백제가 고구려 도살성(道薩城)을 빼앗았다. 3월에 고구려가 백제의 금현성

---

30) 종래에 이영호, 2006 「우륵 12곡을 통해 본 대가야의 정치체제」『악성 우륵의 생애와 대가야의 문화』, 고령군·대가야박물관·계명대학교 한국학연구원, 105쪽에서 우륵을 친신라파로 분류하였음이 참조된다.
31) 남재우, 2009 「가야 말기 우륵의 신라 망명」『악사 우륵과 의령지역의 가야사』, 홍익대학교 인문과학연구소·우륵문화발전연구회, 162~163쪽.

(金峴城)을 함락시켰다. 왕은 두 나라의 군사가 피로한 틈을 타 이찬 이사부(異斯夫)에게 명하여 군사를 내어 이를 쳐 두 성을 빼앗아 증축(增築)하고 군사 1천 명을 머물게 하여 지키게 하였다(『삼국사기』 신라본기 제4 진흥왕 11년 봄 정월).

위의 기사는 백제가 진흥왕 11년(550)에 고구려의 도살성을 공격하여 빼앗자, 고구려가 이에 대한 보복으로 백제의 금현성을 함락시켰고, 후에 신라가 두 성을 공략하여 모두 점령하고 거기에 군사를 주둔시켰다는 내용이다. 삼국이 사건에 모두 개입된 것으로 보아서 도살성과 금현성은 삼국의 국경지역 근처에 위치하였다고 이해하는 것이 자연스럽다고 하겠다.

종래에 도살성의 위치와 관련하여 고구려 금물노군의 영현인 도서현을 주목하였다.[32] 도살성(道薩城)에서 '살(薩)'과 '설(薛)'을 서로 통용한 사례를 발견할 수 있다. 『속일본기(續日本紀)』 권36 광인천황(光仁天皇) 보구(寶龜) 11년(780) 정월 임신 기록에 일본에 파견된 사신 가운데 살중업(薩仲業)이란 인물이 보인다.[33] 살중업이 바로 설총(薛聰)의 아들이다. 그의 성씨를 '설(薛)'이 아니라 '살(薩)'이라고 표기하였는데, 이를 통하여 신라시대에 '살(薩)'과 '설(薛)'을 서로 통용하였음을 엿볼 수 있다. 한편 『삼국사기』 지리지에 웅주의 서림군(西林郡)이 본래 백제 설림군(舌林郡)이었다고 전하는데, 경덕왕대에 '설(舌)'을 '서(西)'로 고쳐 개칭하였음을 살필 수 있다. 비슷한 사례로서 명주(溟州)를 본래 고구려 하서량(河西良) 또는 하슬라(何瑟羅)라고 불렀다고 하고, 또는 하슬라주(何瑟羅州)를 하서량(河西良)이나

---

32) 민덕식, 1983 앞의 논문, 47쪽; 양기석 등, 2001 『신라 서원소경 연구』, 서경, 34쪽.
   도살성을 도서현과 연결시키는 연구자들은 구체적으로 괴산 증평의 尼聖山城 또는 진천군 초평면의 두타산성을 도살성으로 비정하기도 하였다.

33)   授新羅使薩湌金蘭蓀正五品上 副使級湌金巖正五品下 大判官韓奈麻薩仲業·少判官奈麻金貞樂·大通事韓奈麻金蘇忠三人 各從五品下 自外六品已下各有差 並賜當色幷履(『續日本紀』 권36 光仁天皇 寶龜 11년 정월 壬申).

하서(河西)라고 부른다고 전하는 것을[34] 들 수 있다. 여기서 '양(良)'은 '라(羅)'와 통용되므로 하서량(河西良)은 '하서라(河西羅)' 또는 '하슬라(何瑟羅)'와 통하고, 이 것을 단지 '하서(河西)'라고 표기하기도 하였음을 알려준다. 이와 같은 사례들을 참고하건대, 도살성(道薩城)은 '도설성(道薛城)' 또는 '도서라성(道西羅城)'으로 치환이 가능하고, 나아가 단지 '도서성(道西城)'이라고 표기하여도 무방하다고 추론할 수 있다. 따라서 위의 기록에 나오는 도살성은 오늘날 증평군 도안면으로 비정되는 고구려의 도서현으로 고증하여도 문제가 되지 않을 것이다.

도살성과 달리 금현성(金峴城)은 백제의 영역에 위치하였다고 하였다. 종래에 고구려와의 국경지역에 위치한 대록군(大麓郡)의 영현인 금지현(金池縣)을 주목하였다.[35] 이곳은 현재 세종특별자치시 전의면으로 비정된다. 고구려의 영역인 금물노군(진천군 진천읍)에서 전의면이 그리 멀지 않은 곳이므로 기존의 추정은 나름대로 타당성을 지닌다고 여겨진다. 궁극적으로 진흥왕 11년(550)에 신라가 증평군 도안면에 위치한 도살성과 세종특별자치시 전의면에 위치한 금현성을 차지하고, 거기에다 군사를 배치하였다고 볼 수 있는데, 전자는 청주의 북동지역, 후자는 북서지역에 위치하였으므로 같은 해에 신라가 청주지역에 진출하였다고 보아도 좋을 것이다. 다만 당시에 신라가 곧바로 청주지역을 행정구역으로 편제하지 않다가 신문왕 5년(685)에 거기에 서원소경을 설치하였다.[36] 신라는 청주와 충주지역에 진출한 후에 551년에 한강 상류를 공격하여 10군을 차지하고, 이어 553년에 백제가 차지한 한강 하류를 급습하여 6군을 차지한 후에 신주

---

34) 溟州 本高句麗河西良〈一作何瑟羅〉後屬新羅(『삼국사기』잡지 제4 지리2); 何瑟羅州〈一云河西良 一云河西〉(『삼국사기』잡지 제6 지리4 고구려).
35) 양기석 등, 2001 앞의 책, 34쪽.
36) 전덕재, 2005「서원소경의 설치와 행정체계에 대한 고찰」『호서사학』41, 4~16쪽.
　　필자는 위의 논문, 11쪽에서 진흥왕 11년(550)에 도살성과 금현성을 탈취한 시기를 전후하여 신라가 청주지역을 확보하였다고 이해한 견해는 재고의 여지가 있다고 언급하였는데, 여기서 기존의 견해를 철회하고자 한다.

를 설치하였다. 이에 대한 자세한 내용은 절을 달리하여 살펴보도록 하겠다.

2) 한강유역 진출과 신주(新州)의 설치

신라는 551년(진흥왕 12)에 백제와 연합하여 고구려의 한강유역을 공격하고, 신라는 한강 상류, 백제는 한강 하류를 차지하였다.『삼국사기』신라본기 제4 진흥왕 12년(551) 기록에 '왕이 거칠부(居柒夫) 등에게 명하여 고구려를 침공하게 하였는데, 승리한 기세를 타서 10군을 빼앗았다.'라고 전한다.[37] 이에 관한 보다 자세한 내용은『삼국사기』열전 제4 거칠부조에 전한다. 이를 소개하면 다음과 같다.

[진흥왕] 12년 신미(551)에 왕이 거칠부(居柒夫)와 구진(仇珍) 대각찬(大角湌), 비태(比台) 각찬, 탐지(耽知) 잡찬(迊湌), 비서(非西) 잡찬, 노부(奴夫) 파진찬(波

---

37) 王命居柒夫等侵高句麗 乘勝取十郡(『삼국사기』신라본기 제4 진흥왕 12년).
동일한 내용이『삼국사기』고구려본기 제7 양원왕 7년(551) 기록[新羅來攻 取十城]에도 전한다. 여기서는 신라가 와서 공격하여 10城을 취하였다고 하였다. 진흥왕 12년 기록에서 10郡이라고 표기한 것을 고구려본기를 찬술하면서 10城이라고 개서한 것으로 보인다. 고구려본기에서는 같은 해 9월에 돌궐이 新城과 白嚴城을 공격하였다는 내용의 기사 다음에 신라가 10성을 취하였다는 기사를 배치하였다. 반면에 신라본기에서는 551년(진흥왕 12) 3월에 진흥왕이 娘城에 행차한 기사 및 우륵이 가야금을 가지고 신라에 망명한 기사 다음에 거칠부가 고구려를 침략한 기록을 배치하였다. 신라본기와 고구려본기에 전하는 두 기록을 참조하건대, 거칠부 등이 고구려를 공격하여 한강 상류지역에 위치한 10군(또는 10성)을 취한 月에 대하여 정확하게 전승되지 않았다고 봄이 옳을 것이다. 거칠부열전에서도 거칠부 등이 고구려를 공격한 해가 진흥왕 12년 辛未라고 전할 뿐이고, 월에 대하여 언급하지 않았음을 살필 수 있다. 진흥왕 12년과 거칠부열전의 기록을 면밀하게 상호 비교하여 분석해보면, 전자는 후자의 기록을 토대로 축약하여 정리하였음을 쉽게 인지할 수 있다. 이에서『삼국사기』신라본기 찬자는 거칠부열전 또는 이것의 典據가 되는 전승기록을 요약 정리한 내용을 진흥왕 12년(551)조에 새로이 첨입하였는데, 이때 거칠부 등이 고구려를 공격한 월을 정확하게 알 수 없었기 때문에 그것을 해당년조 말미에 배치하였음을 추론할 수 있다(전덕재, 2018 앞의 책, 98쪽).

珎湌), 서력부(西力夫) 파진찬, 비차부(比次夫) 대아찬(大阿湌), 미진부(未珍夫) 아찬 등 여덟 장군(將軍)에게 명하여, 백제와 함께 고구려를 침략하게 하였다. 백제 사람들이 먼저 평양(平壤; 한강 이북의 서울)을 공격하여 격파하자, 거칠부 등은 승세를 타고 죽령(竹嶺) 바깥에서 고현(高峴) 안쪽에 있는[竹嶺以外高峴以內] [고구려의] 10군을 [공격하여] 빼앗았다.

현재 학계에서 고현을 예전의 함경남도 안변군 신고산면과 강원도 회양군 하북면(현재 북한의 강원도 고산군과 회양군) 사이에 있는 고개인 철령(鐵嶺)으로 비정하는 것이 일반적이다. 아울러 이때 신라가 빼앗은 10군은 모두 삭주(朔州) 소속이라는 전제 아래 551년에 신라가 빼앗은 10군의 위치를 비정하는 방법이 널리 받아들여지고 있다. 이러한 방법론에 입각하여 10군의 위치를 비정한 연구자들의 견해를 정리하면 다음과 같다.

〈표 1〉 551년에 신라가 빼앗은 10군의 위치 비정[38]

고구려 지명	경덕왕대 개정 지명	현재 지명	박성현 여호규 윤성호 박종서	이인철 장창은	서영일	임기환
[우두군(牛頭郡)]	삭주(朔州)	강원특별자치도 춘천시	●	●		●

38) 〈표 1〉을 작성할 때에 참고한 연구자의 논문은 다음과 같다.
박성현, 2010「신라의 거점성 축조와 지방제도의 정비과정」, 서울대학교 박사학위논문, 150~151쪽; 여호규, 2013「5세기 후반~6세기 중엽 고구려와 백제의 국경 변천」,『백제문화』48, 145~146쪽; 윤성호, 2017b「신라의 한강유역 영역화과정 연구」, 고려대학교 박사학위논문, 104~112쪽; 박종서, 2022 앞의 논문, 174~176쪽; 이인철, 1997「신라의 한강유역 진출과정에 대한 고찰」,『향토서울』57; 2003『신라정치경제사연구』, 일지사, 107~108쪽; 장창은, 2011「6세기 중반 한강유역 쟁탈전과 관산성 전투」,『진단학보』111, 10~14쪽; 서영일, 1999『신라육상교통로연구』, 학연문화사, 174~179쪽; 임기환, 2002「고구려·신라의 한강유역 경영과 서울」,『서울학연구』18, 12~14쪽.

고구려 지명	경덕왕대 개정 지명	현재 지명	박성현 여호규 윤성호 박종서	이인철 장창은	서영일	임기환
평원군(平原郡)	북원경(北原京)	강원특별자치도 원주시	●	●	●	●
나토군(奈吐郡)	나제군(奈堤郡)	충북 제천시	●	●	●	●
근평군(斤平郡)	가평군(嘉平郡)	경기도 가평군 가평읍	●	●	●	●
양구군(楊口郡)	양록군(楊麓郡)	강원특별자치도 양구군 양구읍	●	●	●	●
성천군(狌川郡)	낭천군(狼川郡)	강원특별자치도 화천군 화천읍	●	●	●	●
대양관군(大楊管郡)	대양군(大楊郡)	강원도 금강군 현리	●	●	●	●
모성군(母城郡)	익성군(益城郡)	강원도 김화군 김화읍	●	●	●	●
동사홀군(冬斯忽郡)	기성군(岐城郡)	강원도 창도군 기성리	●		●	
각련성군(各連城郡)	연성군(連城郡)	강원도 회양군 회양읍	●	●	●	●
나생군(奈生郡)[39]	나성군(奈城郡)	강원특별자치도 영월군 영월읍		●	●	

박성현 등은 고현이 철령으로 비정된다는 사실과 더불어 『삼국사기』 잡지 제4 지리2 삭주조에 철령 이북과 경북 북부지역에 위치한 4군[나령군(奈靈郡), 급산군(岌山郡), 삭정군(朔庭郡), 정천군(井泉郡)]을 제외한 삭주의 주치(州治) 및 북원경(北原京), 그리고 8군[나제군(奈堤郡), 가평군(嘉平郡), 양록군(楊麓郡), 낭천군(狼川郡), 대양군(大楊郡), 익성군(益城郡), 연성군(連城郡)]이 있다고 전하는 사실을 고려하여, 10군을 삭주의 주치[우두군(牛頭郡)], 북원경(平原郡)과 나머지 8군으로 비정하였다. 그런데 박성현 등이 제기한 견해의 가장 큰 문제점으로서 우선 고현을 철령으로 비정할 수 있는 근거가 약하다는 사실을 들 수 있다. 가장 먼저 고현을 철령으로 비정한 학자는 이케우치 히로시[池內宏]였다. 그는 551년에 백제가 점령한 지역의 최북단은 칠중성(七重城; 경기도 파주시 적성면 구읍리에 위치한 산

---

[39] 奈生郡과 그 領縣(乙阿旦縣, 郁烏縣, 酒淵縣)은 본래 우수주 소속이었다가 후에 하서주로 소속이 바뀌었다.

성)이었고, 반면에 신라군이 죽령을 지나 강원특별자치도 방면으로 진출한 점, 556년(진흥왕 17) 7월에 신라가 비열홀주(比列忽州; 안변)를 설치한 점, 북한산으로부터 칠중성을 경유하여 북쪽으로 통하는 통로는 삼방관(三防關; 옛날 함경남도 안변군 신고산면 삼방리; 현재의 북한 강원도 세포군 삼방리)을 거쳐 안변으로 연결된다는 사실 등을 주목하여 신라가 점령한 북계(北界)로 알려진 고현은 철령으로 비정된다고 주장하였다.[40]

이케우치 히로시는 신라군이 죽령을 넘어 강원특별자치도 방면으로 진출한 사실과 556년에 신라가 안변에 비열홀주를 설치한 사실 등을 주요 논거로 삼아 고현을 철령으로 추정하였을 뿐이고, 이를 뒷받침할만한 구체적인 자료 또는 증거를 제시하였다고 보기 어렵다.[41] 이 밖에 고현을 여러 곳으로 비정한 견해가 제기되었지만, 대체로 신뢰하기 어렵다고 이해되고 있다.[42] 고현(高峴)이란 막연하게 '높은 고개'를 뜻하는 지명이기 때문에 전국 어느 곳에도 존재할 수 있는 것에 해당한다고 볼 수 있다. 이에 현재로서는 고현의 위치를 정확하게 비정하는 것은 사실상 불가능에 가깝다고 보는 것이 합리적이라고 판단된다.

종래에 고현의 위치를 정확하게 비정하기 어렵다는 사실에 동의하면서도, 죽령을 통하는 길은 후대에 삭주(朔州)로 편제되었던 사실, 철령 이북의 삭정군(朔定郡)과 정천군(井泉郡)을 제외하고 우수주의 군이 10개가 된다는 사실 등을 주목

---

40) 池內宏, 1929「眞興王の戊子巡境碑と新羅の東北境」『古蹟調査特別報告』第六册, 朝鮮總督府, 17~18쪽.
41) 신라는 553년 7월에 新州를 설치하고, 554년 관산성전투에서 백제와 대가야, 왜 연합군의 침략을 물리친 이후에 한강유역에 대한 확고한 지배력을 실현할 수 있었다. 신라는 이후 동해안지역으로 북상하여 556년(진흥왕 17) 7월에 比列忽州를 설치한 것[정확히는 停軍團을 비열홀에 배치한 것]으로 이해된다. 그리고 이를 기반으로 계속 북상하여 568년 무렵에 함흥, 이원 방면까지 진출할 수 있었지 않았을까 한다.
42) 고현의 위치비정을 둘러싼 제견해에 대해서는 장창은, 2011 앞의 논문, 10~11쪽이 참조된다.

하여 고현을 철령으로 비정하는 것이 가능하다고 이해하는 견해를 제기한 바 있다.[43] 이 견해는 신라가 551년에 차지한 10군은 죽령 이북의 삭주에 소속된 군이었을 것으로 추정한 다음, 실제로 죽령 이북에서 철령 이남에 위치한 삭주의 군(주치, 소경 포함)이 10개였는바, 역으로 고현을 철령으로 비정하는 것이 합리적이라고 주장한 점이 특징적이다. 그런데 이 견해는 삭주의 군·현 변천에 대한 올바른 이해를 전제로 논지를 전개한 것이 아니기 때문에 약간의 문제가 있다.

『삼국사기』잡지 제6 지리4 고구려조에 우수주(牛首州)에 1주 1소경 13군 29현이 있다고 전한다. 그리고『삼국사기』신라본기 제9 경덕왕 16년(757) 겨울 12월조에서는 삭주는 1주 1소경 11군 27현을 거느린다고 하였다. 그리고『삼국사기』잡지 제4 지리2 삭주조에서 삭주에 1주 1소경 12군 26현이 존재하였다고 밝혔다. 이들 기록을 상호 비교하여 군의 수가 시기마다 약간의 변동이 있었음을 알 수 있다. 지리4 고구려조의 내용은 대체로 신문왕 9년(689) 군·현의 영속관계(領屬關係)를 반영하고, 지리2 삭주조는 9세기 후반 경문왕·헌강왕대의 군·현 영속관계를 반영한 것이라고 이해되고 있다.[44] 신문왕 9년에서 경덕왕 16년 사이에 나생군(奈生郡)과 그 영현 3개의 소속을 하서주(河西州)로 바꾸었고, 또한 어떤 군을 현으로 강등시켜서 경덕왕 16년에 삭주 소속 군과 현이 각기 11개, 25개가 되었던 것이다. 또한 경덕왕 16년에서 경문왕·헌강왕대 사이에 어떤 현을 군으로 승격시킴에 따라 군과 현의 수에 변화가 나타났던 것이다.『삼국사기』잡지 제4 지리2 삭주조에 죽령 이북과 철령 이남에 주치(삭주)와 소경(북원경), 그리고 8군

---

43) 박성현, 2010 앞의 논문, 150쪽.
한편 여호규, 2013 앞의 논문, 145~146쪽에서 '551년 신라가 점령한 10군은 죽령에서 고현[鐵嶺]에 이르는 지역에 위치했으며, (『일본서기』권19 欽明天皇 13년조에 전하는) 牛頭方은 신라의 牛首州로서 통일신라기의 朔州에 해당하는데, 실제 삭주 중 죽령에서 철령에 이르는 지역의 군(주치, 소경 포함)은 모두 10개이다.'라고 언급한 바 있다.
44) 전덕재, 2021『삼국사기 잡지·열전의 원전과 편찬』, 주류성, 188~199쪽 및 107~124쪽.

이 존재하였다고 전하는데, 이것은 9세기 후반의 상황을 반영한다는 사실을 명심할 필요가 있다. 689년 무렵에는 죽령 이북과 철령 이남에 주치와 소경, 그리고 군이 9개(나생군 추가) 존재하였음이 확인된다. 따라서 지리2 삭주조에 전하는 정보만을 근거로 하여 죽령 이북과 철령 이남의 군이 10개가 되어서 고현을 철령으로 비정할 수 있다는 주장은 위험하다고 보지 않을 수 없다. 게다가 우수주는 6세기 중반이 아니라 637년에 신주(新州)를 분할하여 비로소 설치되었다는 사실도[45] 상기할 필요가 있을 것이다.

이상에서 고현을 철령으로 비정하는 기존 견해의 문제점을 살펴보았다. 현재로서는 고현의 위치를 정확하게 고증할 수 없다는 전제 아래, 551년에 신라가 차지한 10군의 위치를 비정하는 것이 합리적이라고 판단된다. 그런데 551년에 신라가 차지한 10군의 위치를 고증하고자 할 때, 또 하나 고려할 사항은 『삼국사기』 잡지 제4 지리2 한주와 삭주조에 전하는 군·현의 영속관계가 과연 6세기 중반의 그것과 같다고 볼 수 있을까에 관해서이다.

『삼국사기』 고구려본기 제7 양원왕 7년조에는 신라가 공격해와서 10성을 빼앗았다고 전한다. 6세기 중반에 고구려에서 군제(郡制)를 실시하였다는 증거가 발견되지 않기 때문에 고구려본기의 기록이 더 정확한 실상을 전한다고 이해할 수 있다. 아마도 신라가 주요 요충지에 위치한 10성을 빼앗은 다음, 후에 그곳을 군치(郡治)로 삼고 10군을 차지하였다고 부회하였을 가능성이 높지 않을까 한다. 『삼국사기』 신라본기에 문무왕 원년(661) 9월에 상주총관(上州摠管) 품일(品日)이 일모산군태수(一牟山郡太守) 대당(大幢), 사시산군태수(沙尸山郡太守) 철천(哲川) 등과 함께 군사를 이끌고 우술성(雨述城)을 쳐서 1천 명을 목 베었다고 전한다. 『삼국사기』 잡지 제3 지리1 상주조에는 사시산현[沙尸山縣; 소리산현(所利山縣)]이 관성군(管城郡)의 영현(領縣)으로 전한다. 사시산(소리산)과 관성의 영속관계가

---

45) 전덕재, 2023 앞의 책, 244~249쪽.

시기에 따라 변동되었음을 두 기록을 통해 살필 수 있다. 『삼국사기』 열전 제7 소나조에 675년(문무왕 15) 봄에 급찬(級飡) 한선(漢宣)이 아달성태수(阿達城太守)였다고 전한다. 여기서 아달성은 『삼국사기』 잡지 제4 지리2 한주조에 토산군(兎山郡)의 영현으로 전하는 아진압현[阿珍押縣; 안협현(安峽縣)]으로 비정된다.[46] 지리지에 아달성(아진압현)이 토산군의 영현으로 나오지만, 675년에는 아달성은 태수가 파견된 군치(郡治)로서 기능하였다고 볼 수 있다. 소나열전의 기록 역시 지리지에 전하는 군과 현의 영속관계와 차이가 나는 사실을 반영한다고 볼 수 있다. 이외에 시기에 따라 군과 현의 영속관계가 변동되었음을 시사해주는 다양한 사례를 발견할 수 있다.[47]

이처럼 시기에 따라 군과 현의 영속관계가 변동된 사례가 적지 않았음을 염두에 둔다면, 『삼국사기』 잡지 제4 지리2 한주와 삭주, 명주조에 전하는 군이 6세기 중반에도 군이었다고 단언하기 어렵다고 하겠다. 이러한 측면에서 『삼국사기』 잡지 제4 지리2 한주와 삭주조에 전하는 군에 관한 정보를 기초로 하여 신라가 551년에 차지한 10군의 위치를 고증하는 방법론은 한계가 있다고 말할 수 있음은 물론이다. 이에 필자는 10군의 위치를 정확하게 고증하는 것은 지양하고, 551년에 신라가 차지한 고구려의 땅이 어느 정도 범위였는가를 고구(考究)하는 것으로 대체하고자 한다.

신라가 551년에 차지한 고구려 영토의 범위와 관련하여 우선 다음의 기록을 주목할 필요가 있다.

이 해에 백제가 한성(漢城; 한강 이남의 서울)과 평양(平壤; 한강 이북의 서울)을

---

46) 정구복 등, 2012b 앞의 책, 801~802쪽.
47) 시기에 따라 군과 현의 영속관계가 변동되었다는 사실과 관련하여 전덕재, 2021 앞의 책, 175~199쪽 및 341~342쪽의 '〈표 1〉 『삼국사기』 신라본기와 지리지에 전하는 군·현수 변동'이 참조된다.

버렸다. 이로 말미암아 신라가 한성에 들어가 살았으니, 현재 신라의 우두방(牛頭方)과 니미방(尼彌方)이다(『일본서기』 권19 흠명천황(欽明天皇) 13년).

본래 신라가 한강 하류지역을 차지한 것은 553년이다. 그런데 『일본서기』의 찬자는 흠명천황 13년(552)에 신라가 그렇게 하였다고 기술하였다. 『일본서기』 찬자의 착오로 봄이 옳을 것이다. 위의 기록에 전하는 우두방은 강원특별자치도 춘천시에 해당하는 우두주(牛頭州)를 가리킨다고 볼 수 있다. 전에 필자는 견성군(堅城郡) 사천현(沙川縣)의 본래 이름인 내을매현(內乙買縣)의 별칭(別稱) 내이미(內尒米)와 니미(尼彌)가 음운상 통한다는 사실에 유의하여 니미방을 사천현, 즉 경기도 동두천시 송내동 일대로 비정한 바 있다.[48] 신라가 551년과 553년에 빼앗은 10군과 6군 가운데 우두방과 니미방이 비교적 전방(前方)에 위치한 전략적 거점지역이었기 때문에 『일본서기』에 6세기 중반에 신라가 빼앗은 대표적인 지역으로 기록되지 않았을까 한다.

한편 다음의 여러 기록은 고구려인이 6세기 중반에 신라에게 빼앗긴 영토의 범위에 대해 어떻게 이해하고 있는가를 알려주는 자료로서 주목된다.

번호		기록
Ⅲ	①	고구려왕[보장왕(寶藏王)]이 [김춘추에게 말하기를, '죽령(竹嶺)은 본래 우리 땅이니, 그대가 만약 죽령 서북의 땅을 돌려준다면 군사를 보낼 수 있다.'라고 하였다(『삼국사기』 신라본기 제5 선덕여왕 11년 8월).
	②	[고구려] 왕은 대답하기 곤란한 질문을 하여 춘추(春秋)가 제대로 대답하기 난처해하는 것을 빌미로 욕보이려고 하였다. [왕이 춘추에게 말하기를, '마목현(麻木峴)과 죽령은 본래 우리나라의 땅이니, 만일 우리에게 돌려주지 않으면, 돌아갈 수 없을 것이다.'라고 하였다(『삼국사기』 열전 제1 김유신).
	③	[온달은] 출정하기에 앞서 맹세하기를 '계립현(鷄立峴)·죽령(竹嶺)의 서쪽 지역을 되찾아오지 못한다면 돌아오지 않겠다.'라고 하였다(『삼국사기』 열전 제5 온달).

---

48) 전덕재, 2023 앞의 책, 246~247쪽.
이외에 尼彌方을 南川(南買; 경기도 이천시)으로 비정한 견해도 있다(여호규, 2020 「고구려의 한반도 중부지역 지배와 한성 별도의 건설」『한국고대사연구』 99, 242쪽).

Ⅲ-①~③ 기록에 공통으로 등장하는 것이 바로 죽령이다. 죽령은 경북 영주시 풍기읍과 충북 단양군 대강면을 연결하는 고개이다. 계립현은 계립령을 말하며, 충북 충주시 수안보면 미륵리와 경북 문경시 문경읍 관음리를 연결하는 고개로서 하늘재, 한단령, 대원령(大院嶺)이라고도 불렀다.『신증동국여지승람』권14 충청도 연풍현 산천조에 '계립령은 세속(世俗)에서 마골점(麻骨岾)이라 이른다.'라고 전한다. 마골은 껍질을 벗긴 삼대를 가리키며, 우리말로 겨릅이라 부른다. 겨릅을 음차(音借)한 것이 계립(鷄立)이고, 겨릅, 즉 삼대를 훈차(訓借)하면 마목(麻木) 또는 마골(麻骨), 마개(麻稭)가 된다. 따라서 마목현은 바로 계립현을 가리킨다고 볼 수 있다.[49]

Ⅲ-①~③ 기록을 통해 고구려인들이 6세기 중반에 신라에게 계립령과 죽령 서쪽의 땅을 빼앗겼다고 인식하였음을 살필 수 있다. 이 범위에는 548년 또는 549년에 신라가 차지한 단양과 충주지역을 비롯하여 551년에 신라가 빼앗은 한강 상류의 10군, 553년에 백제에게서 탈취한 한강 하류의 6군이 포함되었다고 보인다. 앞에서 550년 3월에서 멀지 않은 시기에 신라가 백제를 쳐서 도살성(충북 증평군 도안면)을 빼앗았다고 언급하였다. 551년 3월에 진흥왕이 낭성(충북 충주시)에 순행하였고, 이 해에 신라가 백제와 함께 고구려를 공격하여 10군을 차지하였다고 볼 수 있다. 그런데『삼국사기』잡지 제4 지리2 한주조와 삭주조에서 충북지역에 중원경(中原京; 충북 충주시), 괴양군[槐壤郡; 잉근내군(仍斤內郡); 충북 괴산군 괴산읍], 흑양군[黑壤郡; 금물노군(今勿奴郡); 충북 진천군 진천읍]과

---

49) 『海東繹史續』卷第7 地利考7 新羅 疆域總論 北界 沿革條에서 韓鎭書가 '대개 麻木峴은 바로 鷄立峴으로, 方音으로 麻를 鷄立[겨릅]이라고 한다[盖麻木峴 卽鷄立嶺 方音呼麻爲鷄立也].'라고 언급하였다. 한편 金正浩도『대동지지』권9 경상도 문경 典故條에서 麻木峴은 곧 鷄立嶺이라고 밝혔고, 신채호도『조선상고사』에서 鷄立嶺은 一名 麻木嶺이라고 언급하였다(단재신채호전집편찬위원회, 2007『단재 신채호 전집』제1권 역사(조선상고사), 독립기념관 한국독립운동사연구소, 617쪽).

그 영현인 도서현[都西縣; 도서현(道西縣); 충북 증평군 도안면]과 음성군[陰城縣; 잉홀현(仍忽縣); 충북 음성군 음성읍], 나제군[奈堤郡; 나제군(奈吐郡; 충북 제천시)]과 그 영현인 청풍현[淸風縣; 사열이현(沙熱伊縣)], 적산현(赤山縣; 충북 단양군 단양읍)이 위치하였음을 확인할 수 있다. 현재 사료상에서 신라가 551년 이전에 차지하였다고 알려진 곳은 증평군 도안면, 충주시, 단양 적성(赤城)뿐이다. 현재까지 551년 이전에 신라가 이들 이외의 충북지역을 공격하여 차지하였다는 사실을 알려주는 자료를 찾을 수 없다. 물론 신라가 충주시와 증평군 도안면을 차지할 때에 그 사이에 위치한 괴산군과 음성군, 진천군도 함께 차지하였을 가능성을 배제할 수 없지만, 그러나 551년 이전에 그곳들을 신라의 영역으로 편제하였다는 결정적 증거가 발견되지 않는 한, 그곳들은 551년 무렵에 비로소 신라의 영역으로 편제되었다고 봄이 합리적이지 않을까 한다.

551년에 신라가 우두지역을 차지하였음이 확실한 바, 죽령을 통해서 우두지역을 연결하는 교통로상에 위치한 나제군(奈堤郡)과 그 영현들을 비롯하여 평원군[平原郡; 북원경(北原京)]과 삭주의 영현인 녹효현[綠驍縣; 벌력천현(伐力川縣); 강원특별자치도 홍천군 홍천읍], 황천현[潢川縣; 횡천현(橫川縣); 강원특별자치도 횡성군 횡성읍]도 신라가 차지하였을 것으로 짐작된다. 우두지역에서 북한강을 따라 가평군[嘉平郡; 근평군(斤平君); 경기도 가평군 가평읍], 양록군[楊麓郡; 양구군(楊口郡); 강원특별자치도 양구군 양구읍], 낭천군[狼川郡; 성천군(狌川郡); 강원특별자치도 화천군 화천읍]을 비교적 어렵지 않게 연결할 수 있으므로, 이들 지역 역시 551년에 고구려가 차지한 영토의 범위에 속하였을 가능성이 높다. 한편 원주에서 남한강을 따라 여주시와 여주시 흥천면, 양평군에 비교적 쉽게 접근할 수 있으므로 황효현[黃驍縣; 골내근현(骨乃斤縣); 경기도 여주시], 소천군[沂川郡; 술천군(述川郡); 경기도 여주시 흥천면], 빈양현[濱陽縣; 양근현(楊根縣); 경기도 양평군 양평읍]도 551년에 신라가 차지한 지역으로 짐작된다. 이외에 진천에서 멀지 않은 안성시 죽산면에 위치한 개산군[介山郡; 개차산군(皆次山郡)]과 그 영현인 음죽현[陰竹縣; 노음죽현(奴音竹縣); 경기도 이천시 장호원읍]도 551년에 본래 고구려의 땅이었는데, 신라가 차지한 곳일 가능성을 배제할 수 없을 것이다.[50]

신라는 553년(진흥왕 14)에 백제가 차지한 한강 하류지역을 급습하여 차지하고 신주(新州)를 설치하였다.[51] 그런데 백제가 차지한 한강 하류지역에 6군이 있었다고 알려졌다. 이에 관한 기록을 제시하면 다음과 같다.

> 이 해 백제 성명왕(聖明王)이 몸소 군사 및 두 나라의 병사를 거느리고〈두 나라는 신라·임나(任那)를 말한다〉고려(高麗)를 정벌하여 한성(漢城)의 땅을 차지하였다. 또 진군하여 평양(平壤)을 토벌하였는데, 무릇 옛 땅[故地] 6군을 회복하였다.[52]

위의 기록에 전하는 한성은 한강 이남의 서울, 평양은 한강 이북의 서울을 가리킨다. 위의 기록은 551년에 신라와 백제가 연합하여 고구려를 공격하고, 백제가 한강 하류지역을 차지하였는데, 거기에 6군이 있었음을 알려주는 자료이다. 앞에서 니미방(尼彌方)을 사천현(沙川縣), 즉 경기도 동두천시 송내동 일대로 비정한 바 있다. 동두천시 송내동 일대도 6군의 범위에 포함되었다고 봄이 합리적일 것이다. 뒤에서 살펴보듯이 7세기 전반 신라의 북경이 칠중성(七重城)이었다. 이것은 현재 임진강 바로 남쪽의 경기도 파주시 적성면에 위치한 성이었다. 이

---

50) 필자는 전덕재, 2009「신라의 한강유역 진출과 지배방식」『향토서울』73, 107~109쪽에서 신라가 차지한 한강 상류의 10군을 牛頭(郡), 斤平郡, 楊口郡, 狌川郡, 平原郡, 奈吐郡, 仍斤內郡, 述川郡, 今勿奴郡, 皆次山郡 등이라고 추정한 바 있다. 기존 필자의 견해를 본고에서 언급한 바와 같이 수정하였음을 밝혀둔다.
51) 取百濟東北鄙 置新州 以阿飡武力爲軍主(『삼국사기』신라본기 제4 진흥왕 14년).
52) 是歲 百濟聖明王 親率衆及二國兵〈二國謂新羅·任那也〉. 往伐高麗 獲漢城之地 又進軍討平壤. 凡六郡之也 遂復故地(『日本書紀』권19 欽明天皇 12년 是歲).

를 통해 당시에 고구려와 신라가 임진강을 경계로 서로 대치하였음을 유추할 수 있다. 이에 따른다면, 백제가 차지한 6군은 임진강에서 한강 하류지역 사이에 위치한 것들로 볼 수 있을 것이다. 6군 가운데 서울에 위치한 한산군[漢山郡; 남한산군(南漢山郡); 한강 이남의 서울]과 북한산군[北漢山郡; 남평양(南平壤); 한강 이북의 서울]은 6군에 포함되었음이 분명하다고 보인다. 이 밖에 임진강에서 한강 하류유역 사이에 위치한 고구려의 군이 매홀군[買忽郡; 수성군(水城郡) ; 경기도 수원시], 당성군[唐城郡; 당은군(唐恩郡) ; 경기도 화성시 남양면], 율진군[栗津郡; 율목군(栗木郡) ; 경기도 과천시], 주부토군[主夫吐郡; 장제군(長堤郡); 인천광역시 계산동·임학동 일대], 마홀군[馬忽郡; 견성군(堅城郡) : 경기도 포천시 군내면] 등이다.[53] 이 가운데 당성군은『삼국사기』신라본기에 보이는 당항성(党項城)이 치소(治所)였다고 추정되며, 당성(唐城)은 신라에서 비로소 사용한 명칭이었을 가능성이 높다. 현재 당성과 관련된 고구려 당시의 지명이 전하지 않는 것으로 보건대, 551년 이전에 고구려가 거기에다 군을 설치하였는가에 대해서 의문이 든다. 당성군을 제외하면, 백제가 차지한 고구려의 6군은 한산군, 북한산군, 매홀군, 율진군, 주부토군, 마홀군 등으로 정리할 수 있다. 신라가 551년에 한강 상류의 10군을, 553년에 한강 하류의 6군을 차지하고, 이것을 기반으로 신주를 설치하였다고 보이므로 결과적으로 그것의 영역적 범위는 북한강·남한강의 상류와 한강 하류지역을 모두 망라한 셈이 된다.

한편『삼국사기』열전 제7 소나조에 7세기 전반에 백성군(白城郡; 경기도 안성시)과 사산현(蛇山縣; 충남 천안시 서북구 직산읍)이 신라의 영역이었음을 알려주는 기록이 전한다.[54] 신라가 백성군과 사산현을 언제 영역으로 편제하였는가를 알

---

53) 고구려의 獐項口縣과 買省縣, 泉井口縣을 신라 경덕왕대에 각각 獐口郡, 來蘇郡, 交河郡으로 개칭하였다.

54) 蛇山境與百濟相錯 故互相寇擊無虛月. 沈那每出戰 所向無堅陣. 仁平中 白城郡出兵 往抄百濟邊邑. 百濟出精兵急擊之 我士卒亂退(『삼국사기』열전 제7 素那).

려주는 기록은 전하지 않는다. 다만 7세기 전반 백제와 신라의 경계선이 신라가 553년 7월에 백제가 차지한 한강 하류지역을 급습하여 빼앗은 이후에 정해졌다고 보는 것이 일반적이기 때문에 553년 7월 무렵에 백성과 사산이 한강 하류에 위치한 6군과 함께 신라의 영토로 편제되었거나 아니면 거기에서 멀지 않은 시기에 그렇게 되었을 것으로 추정된다. 6세기 중반 이후부터 660년까지 신라와 백제는 아산만에서 천안, 진천을 잇는 선을 두고 대립하였던 것으로 이해된다. 이에 대한 보다 자세한 내용은 뒤에서 살필 예정이다.

3) 7세기 전·중반 신주의 서북과 동북 경계

앞에서 니미방(尼彌方)은 경기도 동두천시 송내동 일대로 비정된다고 언급하였다. 그런데 송내동에서 북쪽으로 가면, 한탄강에 이르고, 이것을 건너면 연천군 전곡읍에 도달할 수 있다. 송내동에서 전곡읍을 연결하는 교통로에서 가까운 곳에 대전리산성(경기도 연천군 청산면 대전리 산 1번지)이 위치하고 있다. 산성의 서쪽은 한탄강에 연해 있어서 천연의 요새를 이루고 동·남·북쪽으로 평야지대가 펼쳐있으며, 여기에서 신라와 백제 토기 및 기와편이 수습되었다고 한다.[55] 한탄강 북쪽에는 전곡리토성과 은대리성이, 한탄강 이남에는 초성리토성과 산성이 분포하고 있다. 은대리성에서 고구려와 백제 토기편이 조사되었는데, 95% 이상이 고구려토기이고 백제토기는 극히 소량이라고 한다.[56] 한편 동두천과 전곡읍을 연결하는 교통로상에 초성리산성이 위치하였다. 이 성은 연천군 청산면에 위치한 초성리역에서 남동쪽으로 700m 떨어진 해발 140m 가량의 낮은 산정상에 테뫼식으로 쌓은 석축산성인데, 여기에서 백제와 신라계통의 회백색 연질 및 경

이 기록에 전하는 仁平은 선덕여왕대의 연호로서 634년부터 646년까지 사용되었다.
55) 서영일, 1999 앞의 책, 학연문화사, 283쪽.
56) 백종오, 2006 『고구려 남진정책 연구』, 서경, 65~73쪽.

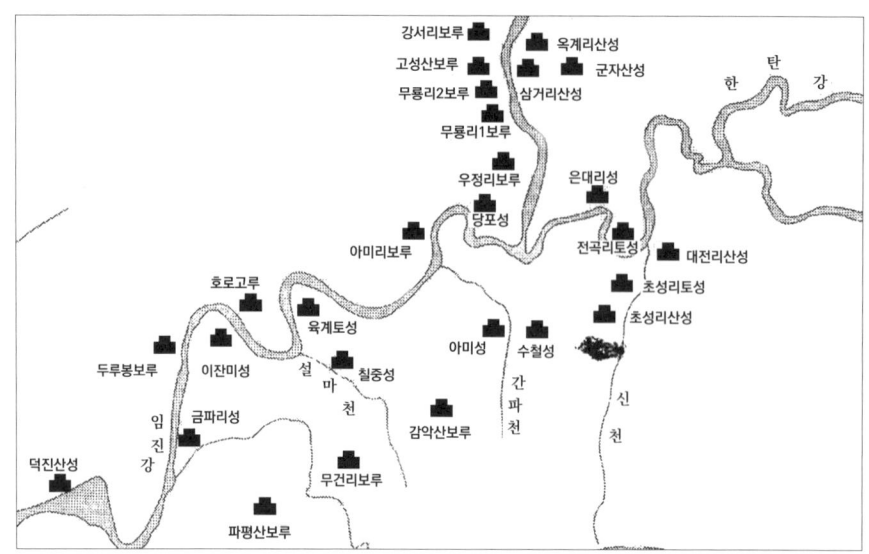

〈그림 2〉 임진강·한탄강 유역 관방 유적[57]

질토기편 등이 수습되었다.[58] 현재 대체로 은대리성은 고구려성으로, 대전리산성과 초성리산성은 남하하는 고구려세력을 방어하기 위하여 쌓은 백제 또는 신라의 성으로 이해되고 있다. 이러한 측면에서 신라가 신주를 설치한 이후 대전리산성과 초성리산성을 잇는 선, 즉 한탄강을 경계로 하여 신라와 고구려가 대치하였다고 이해하여도 무방하지 않을까 한다.

   신주 설치 이후 신라의 북계와 관련하여 가장 많은 주목을 받았던 곳이 바로 칠중성이었다. 『삼국사기』 신라본기에 전하는 칠중성에 관한 기록을 정리하면 다음과 같다.

---

57) 〈그림 2〉는 백종오, 위의 책, 275쪽의 '임진강유역 관방유적 분포도(1:200,000)'를 인용한 것이다.
58) 최진연, 2011 『역사의 흔적 경기도 산성여행』, 주류성, 58쪽.

Ⅳ-① 봄 3월에 칠중성 남쪽의 큰 돌이 저절로 35보(步) 옮겨갔다. 겨울 10월에 고구려가 북쪽 변경의 칠중성을 침공하였으므로 백성들이 놀라고 동요하여 산골짜기로 들어갔다. 왕이 대장군 알천(閼川)에게 명하여 그들을 안정시키게 하였다. 11월에 알천이 고구려 군사와 칠중성 밖에서 싸워 이겨 죽이고, 사로잡은 사람이 매우 많았다(『삼국사기』 신라본기 제5 선덕여왕 7년).

Ⅳ-② 11월 1일에 고구려가 칠중성을 침공하여 군주(軍主) 필부(匹夫)가 전사하였다(『삼국사기』 신라본기 제5 태종무열왕 7년).

Ⅳ-③ 건봉(乾封) 2년(667)에 이르러 대총관(大摠管) 영국공(英國公[이적(李勣)]이 요동을 정벌한다는 말을 듣고 저(문무왕)는 한성주(漢城州)에 가서 군사를 국경으로 모이게 하였습니다. … 정탐이 돌아와 말하기를, '대군이 아직 평양에 도착하지 않았다.'고 하였으므로 우선 고구려 칠중성을 쳐서 길을 뚫고 대군이 도착하기를 기다리고자 하였습니다. 그래서 성을 막 깨뜨리려고 할 때 영공의 사인(使人) 강심(江深)이 와서 '대총관의 처분을 받들어 신라군사는 성을 공격할 필요 없이 빨리 평양으로 와 군량을 공급하고 와서 모이라.'고 말하였습니다. 행렬이 수곡성(水谷城)에 이르렀을 때 대군이 이미 돌아갔다는 말을 듣고 신라 군사도 역시 곧 빠져나왔습니다(『삼국사기』 신라본기 제7 문무왕 11년 가을 7월 답설인귀서).

Ⅳ-④ 2월에 유인궤(劉仁軌)가 칠중성에서 우리 군사를 깨뜨렸다. … 가을 9월에 말갈이 아달성(阿達城)을 침입하여 노략질하자, 성주(城主) 소나(素那)가 맞아 싸우다 죽었다. 당나라 군사가 거란·말갈 군사와 함께 칠중성을 에워쌌으나 이기지 못하였는데, 소수(小守) 유동(儒冬)이 전사하였다(『삼국사기』 신라본기 제7 문무왕 15년).

Ⅳ-① 기록에서 선덕여왕 7년(638)에 칠중성이 신라 북경이라고 언급하였다. 신라가 553년 신주를 설치하였을 때, 현재 동두천시 송내동으로 비정되는 내을매(內乙買), 즉 니미방(尼彌方)이 그 영역 안에 포괄된 것으로 보건대, 그 무렵에 신라가 칠중성까지 진출하여 임진강을 경계로 하여 고구려와 대치하였다고 봄이 자연스럽지 않을까 한다. Ⅳ-②의 기록은 태종무열왕 7년(660) 무렵에도 여전히 칠중성이 신라의 북경이었음을 알려주지만, 그러나 Ⅳ-③ 기록에 667년에 칠중성이 고구려의 성이라고 전하여서 660년과 667년 사이에 고구려가 칠중성을 공격하여 빼앗았음을 확인할 수 있다. Ⅳ-④ 기록에 문무왕 15년(675) 2월에 당의 장수 유인궤가 칠중성을 공격하여 함락시켰다고 전하는데, 이에서 668년 고구려 멸망을 전후한 시기에 신라가 칠중성을 다시 차지하였음을 추정해볼 수 있다. 아울러 이 기사는 칠중성이 나당전쟁 과정에서도 여전히 당과 신라가 공방전을 벌였던 중요한 전략적 요충지였음을 시사해주고 있어 주목된다.

칠중성은 경기도 파주시 적성면 구읍리에 위치하였다. 문무왕 2년(662)에 김유신 등은 수레 2천여 대에 쌀 4천 석과 조(租; 벼) 2만 2천여 석을 싣고 평양으로 갈 때에 칠중하(七重河)를 건너 산양(蒜陽)에 이르렀고, 또한 신라로 돌아오는 도중에 과천(瓢川)을 건넜다는 기록이 『삼국사기』 신라본기에 전한다.[59] 반면에 신라본기 문무왕 11년조에 전하는 답설인귀서(答薛仁貴書)에서는 김유신 등이 신라로 돌아올 때에 호로하(瓠瀘河)를 건넜다고 하였고,[60] 김유신열전에서는 칠중하

---

59) 王命庾信與仁問·良圖等九將軍 以車二千餘兩 載米四千石租二萬二千餘石 赴平壤. 十八日 宿風樹村 冰滑道險 車不得行 並載以牛馬. 二十三日 渡七重河至蒜壤. … 定方得軍粮便罷還. 庾信等聞唐兵歸 亦還渡瓢川. 高句麗兵追之 廻軍對戰 斬首一萬餘級 虜小兄阿達兮等 得兵械萬數(『삼국사기』 신라본기 제6 문무왕 2년 정월).

60) 至龍朔二年正月 劉摠管共新羅兩河道摠管金庾信等 同送平壤軍粮. 當時陰雨連月 風雪極寒 人馬凍死 所將兵粮 不能勝致. 平壤大軍 又欲歸還 新羅兵馬 粮盡亦廻. 兵士饑寒 手足凍瘃 路上死者 不可勝數. 行至瓠瀘河 高麗兵馬 尋後來趂 岸上列陣. 新羅兵士 疲乏日久 恐賊遠趂 賊未渡河 先渡交刃 前鋒暫交 賊徒瓦解 遂收兵歸來(『삼국사기』 신라본기 제

에서 배로 건너 산양에 이르렀고, 돌아올 때에 표하(瓢河)를 건넜다고 하였다.[61] 여러 기록을 종합하면, 김유신 등은 수레 2천여 대에 곡식을 싣고 칠중하를 건너 산양에 이르렀고, 돌아올 때에 과천[瓠川; 표하(瓢河)], 즉 호로하를 건넜다고 볼 수 있는데, 신라시대에 한산주에서 평양으로 갈 때에 칠중하와 호로하를 활용하였음을 이를 통하여 알 수 있다. 문무왕 2년에 신라군은 수레에 곡식을 싣고 칠중하에서 배로 건넌 다음 산양(蒜陽)에 도착하고, 여기에서 다시 황해북도 토산군[신라의 토산군(兎山郡)], 신계군[신라의 단계현(檀溪縣)], 수안군[신라의 장새현(獐塞縣)], 상원군[신라의 토산현(土山縣)]을 경유하여 평양에 이르렀을 것으로 추정된다.[62] 주지하듯이 칠중하와 호로하는 임진강 중류에 위치하였고, 그 근처에 각각 칠중성과 호로고루(瓠瀘古壘)가 위치하였다.

기존의 연구에 따르면, 북한산성에서 칠중성에 이르는 교통로는 북한산성에서 출발하여 중랑천로를 이용하여 의정부에 이른 다음, 여기에서 양주시 백석읍 방성리에 위치한 양주 대모산성(大母山城)과 연결된 도로를 따라 파주시 광적면과 남면을 지나 파주시 적성면 구읍리의 칠중성에 이르는 코스였다고 한다. 이 것을 흔히 감악산(紺岳山) 서로(西路)라고 통칭한다.[63] 현재 칠중성 앞으로 흐르는 임진강을 가여울이라고 부르는데, 강 양안에 틈이 있고, 수심이 얕아서 이곳은 특별한 장비가 없어도 건너기가 매우 수월한 것으로 알려졌다. 한편 호로고루는 임진강 북안의 연천군 장남면 원당리에 소재하는데, 이곳의 서쪽이 자지포

---

7 문무왕 11년 가을 7월 답설인귀서).

61) 定方以食盡兵疲 不能力戰 及得糧 便廻唐. 良圖以兵八百人 泛海還國. 時 麗人伏兵 欲要擊我軍於歸路. 庾信以鼓及桴 繫羣牛腰尾 使揮擊有聲 又積柴草燃之 使煙火不絕 夜半潛行至瓢河 急渡岸休兵. 麗人知之來追 庾信使萬弩俱發 麗軍且退. 率勵諸幢將士分發 拒擊敗之 生擒將軍一人 斬首一萬餘級(『삼국사기』열전 제2 김유신).

62) 정요근, 2005「7~11세기 경기도 북부지역에서의 간선교통로 변천과 '長湍渡路'」『한국사연구』131, 194~206쪽.

63) 서영일, 1999 앞의 책, 249~261쪽.

(紫之浦)로서 하천에 의하여 자연적인 통로가 형성되어 임진강을 도하(渡河)하는 것이 매우 수월한 곳에 해당한다. 이러한 측면에서 칠중성은 임진강을 건너 남하하는 고구려세력을 방어할 수 있는 신라의 전략적 요충지였고, 반면에 호로고루는 임진강을 건너 북진하는 신라군을 저지할 수 있는 고구려의 전략적 요충지였다고 볼 수 있을 것이다. 지금까지 언급한 것처럼 칠중성은 임진강을 남하하여 북한산성으로 나아갈 수 있는, 그리고 그곳을 교두보로 삼아 서북지방으로 진출할 수 있는 전략적 요충지에 해당하였기 때문에 고구려와 당 및 신라가 서로 이곳을 차지하기 위하여 치열하게 공방전을 전개하였다고 이해할 수 있다. 이상의 검토에 따른다면, 553년 신주를 설치한 이후부터 신라가 675년 2월에 임진강 이북의 고구려지역을 군·현으로 편제하여 그 영역으로 편입하기 전까지,[64] 칠중성은 고구려의 남하를 저지할 수 있는 최전방 방어기지로서의 역할을 수행하였다고 정리하여도 무방하다고 보인다.

이상에서 6~7세기에 고구려와 신라가 한탄강과 임진강 중류에 위치한 칠중하와 호로하를 경계로 대치하였음을 살펴보았다. 그러면 임진강 하류에서 신라의 북계는 어느 곳이었을까가 궁금한데, 이와 관련하여 신라와 당이 치열하게 공방전을 전개한 천성(泉城)을 주목할 필요가 있다. 『삼국사기』 신라본기 제7 문무왕 15년(675) 가을 9월조에 '설인귀(薛仁貴)가 숙위학생(宿衛學生) 풍훈(風訓)의 아버지 김진주(金眞珠)가 본국에서 처형당한 것을 이용하여 풍훈을 향도(嚮導)로 삼아 천성(泉城)을 쳐들어왔다. 우리(신라)의 장군 문훈(文訓) 등이 맞아 싸워 이겨서 1천 4백 명을 목 베고 병선 40척을 빼앗았으며, 설인귀가 포위를 풀고 도망감에 전마(戰馬) 1천 필을 얻었다.'라고 전한다.[65] 이 밖에 천성을 가리키는 것으로 보

---

64) 이에 대해서는 뒤에서 자세하게 언급할 예정이다.
65) 薛仁貴以宿衛學生風訓之父金眞珠伏誅於本國 引風訓爲鄕導 來攻泉城 我將軍文訓等逆戰勝之 斬首一千四百級 取兵船四十艘. 仁貴解圍退走 得戰馬一千匹(『삼국사기』 신라본기 제7 문무왕 15년 가을 9월).

이는 백수성(白水城)에서 신라와 당이 싸웠다는 기록이 또 전한다.『삼국사기』신라본기 제7 문무왕 12년(672) 8월조에 '[당나라 군사가] 한시성(韓始城), 마읍성(馬邑城)을 공격하여 이기고, 군사를 백수성으로부터 500보쯤 떨어진 곳까지 진격하여 군영을 설치하였다. 우리(신라) 군사와 고구려 군사가 맞아 싸워 수천 명을 목베었다. 고간(高侃) 등이 후퇴하자, 석문(石門)까지 뒤쫓아 가 싸웠으나 우리 군사가 패하였다.'라고 전한다.[66] 비슷한 내용이『삼국사기』고구려본기,『자치통감(資治通鑑)』,『신당서』고려전에도 나온다.

『자치통감』권202 당기(唐紀)18 고종(高宗) 함형(咸亨) 3년(672) 12월 기록에는 '고간이 고려(고구려)의 남은 무리와 백수산(白水山)에서 싸워 격파하고, 신라가 군사를 보내 고려를 구원하자, [그들을] 공격하여 깨뜨렸다.'라고 전한다.[67] 또한『삼국사기』고구려본기 제10 함형(咸亨) 3년(672) 임신년(壬申年) 12월 기록에는 '고간이 우리(고구려)의 남은 무리와 백수산에서 싸워 그들을 깨뜨렸다. 신라가 군사를 보내 우리를 구원하였으나, 고간이 쳐서 이기고 2천 명을 사로잡았다.'라고 전한다.[68] 두 기록은 앞의 신라본기 기록과 약간의 차이를 보이고 있다. 한편『신당서』고려전에는 '고간(高侃)이 도호부[(安東)都護府]의 치소(治所)를 요동주(遼東州)로 옮기고 반란군을 안시[安市(城)]에서 격파하였으며, 또 천산(泉山)에서 [고려의 남은 무리를] 쳐부수고 신라의 구원병 2천 명을 사로잡았다.'라고 전한다.[69] 이것은 백수산(白水山)이 바로 천산(泉山)을 가리킨다는 사실을 알려주는

---

66) 攻韓始城·馬邑城 克之. 進兵距白水城五百許步作營 我兵與高句麗兵逆戰 斬首數千級. 高侃等退 追至石門戰之 我兵敗績 大阿湌曉川·沙湌義文·山世·阿湌能申·豆善·一吉湌安那含·良臣等死之(『삼국사기』신라본기 제7 문무왕 12년 8월).

67) 高侃與高麗餘衆戰于白水山破之 新羅遣兵救高麗 侃擊破之(『資治通鑑』권202 唐紀18 高宗 咸亨 3년 12월).

68) (咸亨)三年壬申歲十二月 高侃與我餘衆戰于白水山破之. 新羅遣兵救我 高侃擊克之 虜獲二千人(『삼국사기』고구려본기 제10 咸亨 3년).

69) 高侃徙都護府治遼東州 破叛兵於安市. 又敗之泉山 俘新羅援兵二千(『신당서』고려전).

유력한 증거 자료이다. 아마도 위에서 아래로 필사하면서 '천(泉)'을 '백수(白水)'로 잘못 기재한 것으로 이해된다. 그렇다면 천성(泉城) 또는 천산(泉山)은 어디로 비정할 수 있을까?

문무왕 15년 천성전투에서 신라가 당나라의 병선 40척을 획득하였다고 하였다. 천성이 배를 이용하여 접근할 수 있는 곳에 위치하였음을 시사해주는 측면으로 주목된다. 천성의 위치와 관련하여 다음의 기록을 주목할 필요가 있다.

> 도미(都彌)는 백제인이다. … 왕이 후에 속임을 당한 것을 알고는 크게 노하여 도미를 왕을 속인 죄로 처벌하여 두 눈을 빼고 사람을 시켜 작은 배에 태워 강에 띄웠다. … 부인이 곧바로 도망쳐 강어귀에 갔으나 건널 수가 없었다. 하늘을 우러러 통곡하니, 문득 외로운 배가 물결을 따라 이르렀으므로 이를 타고 천성도(泉城島)에 다다라 남편을 만났는데, 아직 죽지 않았다. 풀뿌리를 캐씹어 먹으며, 함께 배를 타고 고구려의 산산(蒜山) 아래에 이르니, 고구려 사람들이 불쌍히 여겼다(『삼국사기』 열전 제8 도미).

위의 기록에서 백제 개루왕, 즉 개로왕이[70] 도미에게 일을 시켜 궁에 잡아두었다가 그 아내가 왕을 속이자, 도미의 눈을 멀게 하고, 작은 배에 태워 보냈다고 하였다. 그가 궁궐에서 쫓겨났으므로 그가 탄 배가 항해한 곳은 한강이었음이 분명하다. 그의 아내가 개로왕의 난행(亂行)을 피해 배를 타고 가서 천성도에 이르러 도미를 만났다고 하였던바, 도미와 그 아내가 한강을 따라 배를 타고 가서 천성도에 이르렀다고 봄이 자연스러울 것이다. 앞에서 문무왕 2년(662)에 김유신 등이 수레 2천여 대에 곡식을 싣고 칠중하를 건너 산양(蒜陽)에 이르렀다고 하

---

70) 『삼국사기』 도미열전에는 蓋婁王이라고 전하는데, 일반적으로 近蓋婁王, 즉 蓋鹵王을 가리키는 것으로 이해한다(이병도, 1977 앞의 책, 707쪽).

었다. 산양과 산산(蒜山)은 동일한 곳을 가리킨다고 추정되는데, 이처럼 산산이 임진강 북쪽에 위치하였던바, 도미 부부는 임진강을 따라 배를 타고 산산에 이르렀을 가능성이 높다고 볼 수 있다. 이러한 추정에 잘못이 없다면, 천성도는 바로 한강과 임진강이 합류하는 지점에 위치하였다고 봄이 합리적일 것이다.

한강과 임진강이 합류하는 지점에 위치하면서도 천산(泉山) 또는 천성(泉城)과 음운상 통하는 지명이 바로 천정구현(泉井口縣)이다. 이것은 현재 경기도 파주시 탄현면 오금리 일대로 비정되며, 신라 경덕왕 때에 이것을 교하군(交河郡)으로 개칭하였다. 『삼국사기』 잡지 제6 지리4 고구려 한산주조에서는 천정구현을 또는 어을매곶(於乙買串)으로 부른다고 하였다. 또한 우수주조에 천정군[泉井郡; 정천군(井泉郡)]은 또는 어을매(於乙買)라고 불렀다고 전하고, 그리고 『일본서기』 권24 황극천황(皇極天皇) 원년(642) 2월조에 고구려의 연개소문(淵蓋蘇文)을 이리가수미(伊梨柯須彌; いりかすみ)라고 불렀다는 기록이 보인다.[71] 연개소문의 아들 남생(男生)이 당나라에 항복한 이후에 당(唐) 고조(高祖)의 이름에 '연[淵; 이연(李淵)]'자가 포함되었으므로 이를 피휘(避諱)하여 성씨를 '천(泉)'으로 변경하였다. 이 때문에 연개소문을 천개소문(泉蓋蘇文)이라고 부르기도 하였다. 여기서 '이리(伊梨)'와 대응되는 것은 연(淵) 또는 천(泉)이 된다. 결과적으로 '어을[於乙; 이리(伊梨)]'은 '천(泉)'과 대응시킬 수 있고, '매(買)'는 '정(井)'과 대응시킬 수 있다. 그런데 앞에서 '매(買)'는 '수(水)', '천(川)'으로도 치환이 가능하였음을 살폈다. 따라서 어을매곶(於乙買串)은 천수곶(泉水串) 또는 천천곶(泉川串)으로 치환이 가능하다고 볼 수 있다. 이러한 측면에서 천산(泉山)이나 천성(泉城)은 바로 천수(泉水) 또는 천천(泉川)에 위치한 산이나 성으로 볼 수 있지 않을까 한다. 종래에 천성을 천정구현과 연결시켜 이해한 다음, 천성을 바로 파주시 탄현면 성동리에 위치한

---

71) 大臣伊梨柯須彌弑大王 幷殺伊梨渠世斯等百八十餘人. 仍以弟王子兒爲王 以己同姓都須流金流爲大臣(『일본서기』 권24 皇極天皇 원년 2월).

오두산성[烏頭山城; 오도성산성(烏島城山城)]으로 비정한 바 있는데,[72] 나름대로 타당성이 있는 견해라고 판단된다.

오두산성은 한강 하류에 위치하는데, 여기에서 임진강이 합류하고 있다. 강이 합류한다는 뜻을 지닌 교하(交河)라는 지명도 이에서 비롯되었다. 천성을 오두산성으로 비정한다면, 675년에 당나라 군사가 서해에서 배를 타고 임진강을 따라 오두산성에 다다른 것도 쉽게 이해가 가능하다. 『삼국사기』 신라본기에서는 672년에 신라군이 백수성전투(白水城戰鬪)에서 당군(唐軍)을 물리쳤다고 전하는 반면, 고구려본기와 중국 사서에서는 백수산, 즉 천산전투에서 마치 신라가 패배한 듯이 기록하였다. 고구려본기와 중국 사서의 기록은 신라군이 석문전투에서 당군에게 패배한 사실을 마치 신라군이 천성전투(泉城戰鬪)에서 당군에게 패배한 것처럼 잘못 기록하였다고 이해하는 것이 옳을 듯싶다. 결과적으로 신라는 당군에게 천성을 빼앗긴 적이 없는 셈이 되는데, 만약에 당군이 천성을 차지하였다면, 그들이 한강을 거슬러 올라가 오늘날 서울을 직접적으로 위협하였을 것으로 짐작된다. 마찬가지로 6~7세기에 천성을 고구려가 차지하였다면, 신라 역시 한강을 통한 고구려의 침략에 상당한 곤란을 겪었을 것이다. 대체로 670년대 이래 신라와 당은 임진강을 경계로 하여 치열한 공방전을 전개하였는데, 앞에서 언급하였듯이 임진강은 신라와 고구려의 접경에 해당하였다. 천성을 둘러싸고 신라와 당이 두 차례에 걸쳐 공방전을 전개한 것을 통해서 고구려 멸망 이전에 천성이 신라의 서북경에 위치한 전략적 요충지였다고 추론하여도 무방할 것이다. 신라는 637년(선덕여왕 6)에 신주를 분할하여 한산주와 우두주(우수주)를 설치하였

---

72) 도수희, 1999 「도미전의 천성도에 대하여」 『한국지명연구』, 이회문화사; 서영교, 2006 『나당전쟁사연구-약자가 선택한 전쟁-』, 아세아문화사, 227~233쪽.
『신증동국여지승람』 권11 경기도 교하현 산천조에 '烏島城山은 현 서쪽 7리에 있다.'라고 전하고, 고적조에 '烏島城山城은 石築이고, 둘레가 2,071尺이다. 한강과 임진강 하류가 여기에서 합류한다.'라고 전한다.

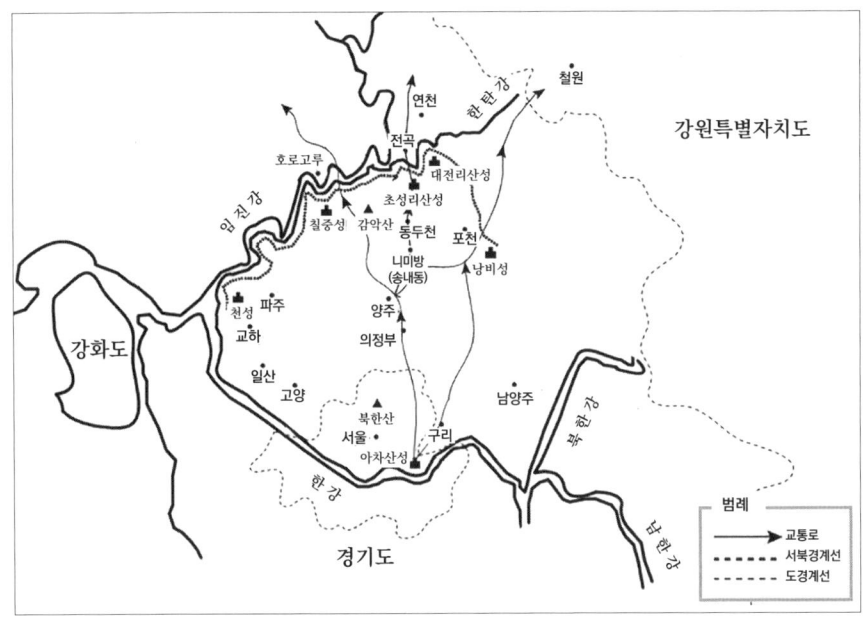

〈그림 3〉 통일 이전 신라의 서북 경계와 교통로

다.[73] 이상의 검토에 따른다면, 6~7세기 전반까지 신주·한산주의 북계는 임진강 하류의 천성(오두산성 ; 경기도 파주시 탄현면 성동리), 임진강 중류의 칠중성(파주시 적성면 구읍리), 임진강 상류와 한탄강 하류의 초성리산성(연천군 청산면 초성리)과 대전리산성(연천군 청산면 대전리)을 연결하는 선이었다고 정리할 수 있을 것이다.

「진흥왕순수비 황초령비」와 「진흥왕순수비 마운령비」를 통해 진흥왕이 568년 (진흥왕 29) 8월 21일에 왕경(王京)을 떠나 같은 해 10월 2일 이후에 비문을 찬술하고 황초령과 마운령에 비석을 세웠음을 살필 수 있다. 그런데 「진흥왕순수비 북한산비」와 「진흥왕순수비 마운령비」의 내용이 일치하지 않지만, 두 비에 '欲勞賴如有忠信精誠'이란 구절이 공통적으로 보이고, 내부지(內夫智)와 미지(未智; 未知), 무력지(另力智)란 인명이 공통적으로 전하는 점을 염두에 둔다면, 두 비를 작

---

73) 전덕재, 2023 앞의 책, 244~249쪽.

성한 시기는 거의 비슷하였다고 짐작해볼 수 있다. 국왕이 지방을 자주 순수하는 것이 현실적으로 어렵다는 점을 유념한다면, 진흥왕이 황초령과 마운령을 순수할 때에 북한산도 아울러 순행하였을 것으로 짐작된다. 즉 진흥왕이 황초령과 마운령을 순수하고, 이어 북한산을 순수한 다음, 북한산에서 왕경으로 돌아왔을 가능성이 높다고 볼 수 있는 것이다. 「진흥왕순수비 마운령비」에 568년 10월 2일에 진흥왕이 비리(非里), 즉 현재 북한의 강원도 안변군 안변읍에 행차하였다고 전하므로, 그는 그 후 거기에서 북한산으로 향하였을 텐데, 추가령구조곡을 통해 연결된 교통로를[74] 이용하여 안변에서 북한산에 이르렀을 것으로 보인다. 추가령구조곡을 연결하는 교통로는 원산에서 안변을 거쳐 북한의 세포와 고산 및 평강을 경유하여 철원, 연천, 전곡, 동두천, 의정부를 지나 서울에 이르는 것이었는데, 진흥왕도 10월 2일 이후에 안변을 떠나 이 루트를 통해 북한산(北漢山; 오늘날 한강 이북의 서울)에 이르렀을 것이다. 568년에 진흥왕이 안변에서 추가령구조곡을 활용한 교통로를 이용하여 북한산에 이르렀다는 것은 당시 신주(新州)의 동북방에 해당하는 철원지역을 신라가 영토로 확보하였음을 전제할 때 합리적으로 이해할 수 있다. 신라는 553년에 한강 하류를 차지하고, 이어 568년 이전에 철원까지 진출하였던 것으로 짐작된다.[75]

568년 이후 신주 동북 경계의 변화와 관련하여 다음의 기록을 주목할 필요가 있다.

---

74) 남북분단 이전까지 서울과 원산은 광주산맥과 마식령산맥 사이 대략 서울~원산을 잇는 북북동~남남서 방향의 斷層線谷, 즉 서울과 원산을 잇는 약 160㎞ 길이의 구조 운동에 의해 형성된 직선상의 골짜기인 추가령구조곡(Chugaryeong tectonic valley)을 통해 연결된 교통로를 이용하여 왕래하는 것이 일반적이었다. 추가령구조곡은 전근대시기에 서울에서 함경도로 통하는 길로 널리 이용되었으며, 1914년에 추가령구조곡을 따라 서울과 원산을 잇는 경원선 철도가 개통되기도 하였다(이민부·이광률, 2016 「추가령구조곡의 지역지형 연구」 『대한지리학회지』 51-4, 474~475쪽).
75) 전덕재, 2023 앞의 논문, 19~25쪽.

왕이 대장군(大將軍) 용춘(龍春)과 서현(舒玄), 부장군(副將軍) 유신(庾信)을 보내 고구려 낭비성(娘臂城)을 침공하도록 하였다. … 여러 군사들이 승세를 타고 북을 치며 진격하여 5천여 명을 목 베어 죽이니, 그 성이 이에 항복하였다 (『삼국사기』 신라본기 제4 진평왕 51년 가을 8월).

위의 기록은 진평왕 51년(629)에 일어난 낭비성전투에 관한 내용을 전하는 것이다. 여기서 낭비성은 본래 고구려의 성이었고, 629년에 신라가 낭비성을 쳐서 빼앗았다고 하였다. 종래에 낭비성을 청주지역에 소재한 성으로 보는 견해,[76] 경기도 파주시 적성면에 위치한 칠중성(七重城)으로 비정한 견해,[77] 경기도 포천시 군내면에 위치한 반월산성으로 비정한 견해[78] 등이 제기되었다. 629년 무렵 청주지역을 고구려의 영역으로 보기 어렵기 때문에 이들 기록에 전하는 낭비성을 청주지역에 위치한 성으로 이해하는 것은 재고의 여지가 많다고 하겠다. 게다가 『삼국사기』 신라본기에 선덕여왕 7년(638) 10월에 고구려가 칠중성(七重城)을 공격하였다고 전하는 사실과 마홀군(馬忽郡)을 비성군(臂城郡)이라고도 불렀다는 사실 등을 두루 감안하건대, 고구려 낭비성은 칠중성이 아니라 반월산성으로 비정하는 것이 합리적이라 판단된다.

위의 기록에서 낭비성이 고구려의 성이었으나 629년 8월에 신라가 공격하여 빼앗았다고 언급하였다. 이를 통해 629년 8월 이전 어느 시기에 고구려가 낭비

---

76) 이원근, 1976 앞의 논문; 1981 「삼국시대의 성곽연구」, 단국대학교 박사학위논문, 191쪽; 민덕식, 1983 앞의 논문, 19~21쪽.
  이원근은 청주지역에 위치한 낭비성은 고구려가 아니라 백제의 성이라고 수정하여 이해하였다.
77) 김윤우, 1987 앞의 논문, 275~284쪽.
78) 서영일, 1995 「고구려 낭비성고」 『사학지』 28, 31~35쪽; 박종서, 2010 「고구려의 낭비성에 대한 검토」 『국학연구』 17; 2022 앞의 논문, 194~211쪽; 장창은 2014 앞의 책, 307~315쪽; 윤성호, 2019a 앞의 논문, 177~187쪽.

성을 차지하였음을 추론할 수 있다. 물론 고구려가 낭비성을 차지하였을 때, 그 이북에 위치한 동두천시와 연천군, 철원군 역시 고구려의 영역으로 편입되었을 것으로 짐작된다. 낭비성전투에서 승리한 신라는 이후 다시 동두천시와 연천군, 철원군지역에 진출하였을 것으로 짐작된다.

그러면 고구려가 낭비성을 차지한 것은 언제로 볼 수 있을까가 궁금한데, 이와 관련하여 다음의 기록들을 주목할 필요가 있다.

V-① 고구려가 북한산성(北漢山城)에 침입하였으므로 왕이 몸소 군사 10,000명을 이끌고 막았다(『삼국사기』 신라본기 제4 진평왕 25년 가을 8월).

V-② 2월에 고구려가 북쪽 경계를 침범하여 8,000명을 사로잡아 갔다. 4월에 고구려가 우명산성(牛鳴山城)을 쳐서 빼앗았다(같은 책, 진평왕 30년).

서울시 광진구에 위치한 아차산성에서 '북한(北漢)'명, '북한산(北漢山)'명 와편(瓦片)이 발견된 사실을 근거로 앞의 기록에 전하는 북한산성을 아차산성으로 비정하는 것이 일반적이다.[79] 『삼국사기』 열전 제5 온달조에 590년대 전반에 온달(溫達)이 고구려군을 이끌고 신라 아단성(阿旦城)을 공격하였다가 뜻을 이루지 못하였다고 전한다. 여기서 아단성은 아차산성을 가리킨다.[80] 590년대 전반과 진평왕 25년(603) 8월에 고구려군은 포천시 군내면에 위치한 낭비성, 즉 반월산성에서 출발하여 포천시 가산면과 남양주시 진접읍, 퇴계원과 구리를 거쳐 북한산성에 접근한 것으로 추정된다. 이에 따른다면, 고구려가 590년대 전반 이전에 낭

---

79) 윤성호, 2019b「아차산성 출토 명문기와를 통해 본 신라 하대의 북한산성」『한국사학보』 74 ; 윤성호, 2019a 앞의 논문, 162쪽.
80) 590년대 아단성전투에 대한 보다 자세한 내용은 전상우, 2018 앞의 논문이 참조된다.

비성을 차지하였다고 보는 것이 합리적이라고 판단된다.

V-② 기록을 통해 고구려가 진평왕 30년(608)에 다시 신라 북쪽 경계를 침략하였음을 살필 수 있는데, 고구려가 침략한 지역이 어느 곳인지 정확하게 알 수 없다. 608년(진평왕 30)에 진평왕이 고구려가 자주 강역을 침략하는 것을 걱정하여 수나라에 군사를 청하는 걸사표(乞師表)를 원광법사(圓光法師)에게 짓도록 하였음을 참조하건대, 600년을 전후한 시기에 고구려가 자주 신라를 침략하였음을 짐작해볼 수 있다. 590년 무렵에 고구려가 낭비성 등을 차지한 후에 신라에 대한 공격을 강화한 사실을 반영한 것으로 이해된다. 아마도 이 무렵에 고구려가 신라로부터 낭비성을 빼앗았지 않았을까 한다.

앞에서 V-② 기록에 전하는 우명산성을 강원특별자치도 춘천시에 위치한 성으로 비정하는 견해가 제기되었으나, 그대로 신뢰하기 어렵고, 그것은 북한의 강원도 통천군 장대리에 위치한 성으로 비정하는 것이 합리적이라는 의견을 제시한 바 있다. 우명산성을 춘천지역에 위치한 성으로 보기 어렵다고 한다면, 고구려가 590년 무렵에 낭비성과 그 이북의 동두천시와 연천군, 철원군을 차지하였다가 629년 8월에 신라가 고구려의 낭비성을 공격하여 빼앗고, 이후 동두천시와 연천군, 철원군까지 다시 진출하였다고 정리하여도 잘못은 아닐 것이다. 물론 629년 8월 이후에 신라가 계속 철원지역을 확고하게 영역으로 확보하였는가에 대해서는 좀 더 심층적인 검토가 필요한데, 이에 관한 자세한 검토는 추후의 과제로 남겨두고자 한다.

이상에서 살핀 내용을 간략하게 정리하면 다음과 같다. 신라는 548년 또는 549년에 죽령을 넘어 단양지역을 차지하고, 이어 남한강을 따라 충주지역까지 진출하였다. 550년(진흥왕 11)에 신라는 고구려의 도살성(道薩城; 충북 증평군 도안면)과 백제의 금현성(錦峴城; 세종특별자치시 전의면)을 차지하고, 이때 두 성 사이에 위치한 청주지역까지 진출하였다.

551년(진흥왕 12)에 신라와 백제가 연합하여 고구려를 공격하고, 신라는 한강 상류, 백제는 한강 하류를 차지하였다. 553년(진흥왕 14) 7월에 신라는 백제가 차지한 한강 하류를 급습하여 차지하고 신주(新州)를 설치하였다. 551년에서 553년에 걸쳐 신라는 죽령과 계립령 북쪽 지역에 위치하면서 니미방(尼彌方; 경기도 동두천시 송내동 일대)과 우두방(牛頭方; 강원특별자치도 춘천시) 이남에 위치한 충북과 경기도, 강원특별자치도, 인천광역시지역을 망라한, 즉 북한강과 남한강 상류 및 한강 하류지역을 모두 차지하였다. 또한 553년이나 또는 거기에서 멀지 않은 시기에 경기도 안성시와 평택시, 충남 천안시 서북구 직산읍을 영역으로 편제하였다. 그리고 568년 이전에 강원특별자치도 철원군 및 양구군과 화천군 이북의 강원특별자치도지역까지 신주(新州)의 영역을 확장하였다. 6세기 중반과 후반 신주(新州)의 북계, 즉 신라의 서북 경계는 임진강과 한탄강 하류의 대전리산성, 강원특별자치도 철원군을 연결하는 선이었다.

고구려가 590년 무렵에 남진하여 경기도 포천시 군내면에 위치한 반월산성으로 비정되는 낭비성(娘臂城)을 공격하여 차지하고, 그 이북에 위치한 동두천시와 연천군, 철원군 등을 회복하였다가 629년(진평왕 51)에 신라가 낭비성을 공격하여 다시 탈환하였다. 이후 신라는 또다시 철원군지역을 탈환한 것으로 보인다. 637년(선덕여왕 6)에 신라는 신주의 영역을 분할하여 충북 북부와 강원특별자치도 영서지역을 영역 범위로 하는 우두주(牛頭州)를 설치하고, 우두주의 영역에 포괄되지 않은 기존 신주의 영역에는 그 주치(州治)였던 한산(漢山)이라는 지명을 따서 이름을 지은 한산주(漢山州)를 설치하였다. 따라서 637년 이후 신라의 서북 경계는 신주가 아니라 한산주의 북계와 일치하였다고 볼 수 있다.

3. 신라의 서진(西進)과 가야 병합

1) 신라의 낙동강 서안 진출

5세기 후반에 백제와 신라가 고구려의 남진에 전력을 기울이는 틈을 타서 대가야는 서쪽으로 소백산맥을 넘어 섬진강 상류와 중류에 위치한 이른바 기문(己汶)이라고 불린 전북특별자치도 진안과 장수, 임실, 남원을 비롯하여 섬진강 하류에 위치한 전남 순천과 광양, 여수, 경남 하동에까지 세력을 확장하였고, 동쪽으로 낙동강에 이르기까지 세력을 넓혔다. 종래에 김태식 선생은 탁국[喙國; 탁기탄(喙己呑)]을 경남 창녕군 영산면과 밀양 일대에 위치한 나라로 비정하여, 5세기 후반에 대가야가 낙동강 동안의 영산지역까지 세력을 확장하였다고 주장하였으나,[81] 탁국은 경남 합천군 쌍책면 성산리 옥전고분군 축조 세력과 관계가 있다고 보이기 때문에 그대로 수용하기 어렵다. 현재까지 동리고분군을 포함한 창녕 계성지구의 5세기 고총고분에서 대가야유물이 아니라 낙동강 동안양식의 신라계 유물이 주로 발견되는 사실을 통해서도[82] 대가야가 낙동강 동안의 영산지

---

81) 김태식, 1993 『가야연맹사』, 일조각, 188쪽.
82) 이희준, 2007 『신라고고학연구』, 사회평론, 25쪽; 김용성, 2009 「창녕지역 고총 묘제의 특성과 의의」 『한국고대사 속의 창녕』, 창녕군·경북대 영남문화연구원, 95~105쪽.

역까지 진출하지 않았음을 추론할 수 있다. 종래에 이희준 선생은 이와 같은 고고학적인 현상을 주목하여 탁국을 경남 의령군 부림면에 위치한 소국으로 비정하기도 하였으나,[83] 부림면에는 임나 12국의 하나인 사이기국(斯二岐國)이 위치하였다고 이해되므로, 재고의 여지가 있다.[84]

6세기를 전후한 시기에 고구려의 남진이 둔화되었는데, 이후부터 백제와 신라는 가야지역으로의 진출을 적극 모색하였다. 『일본서기』 권17 계체천황(繼體天皇) 6년(512) 12월 기록에 왜국이 임나(任那) 4현, 즉 상치리(上哆唎), 하치리(下哆唎), 사타(娑陀), 모루(牟婁) 등을 백제에게 주었다는 기록이 보인다.[85] 여기서 상치리와 하치리는 여수시 및 돌산읍, 사타는 사평현(沙平縣)과 연결시켜 순천시, 모루는 마로현(馬老縣)과 연결시켜 광양시로 비정하는 것이 일반적이다. 이 기록을 근거로 하여 510년대에 백제가 전남 동부지역에 진출하였다고 이해하고 있다.

『일본서기』 권17 계체천황 7년(513) 여름 6월 기록에 백제가 왜국에 사신을 보내 반파국(伴跛國; 대가야)이 백제의 기문(己汶)을 빼앗았다고 알린 내용이 전한

---

83) 이희준, 1995 「토기로 본 대가야의 권역과 그 변천」 『가야사연구-대가야의 정치와 문화-』, 경상북도, 438~439쪽; 2017 『대가야고고학연구』, 사회평론, 182~183쪽.
한편 이희 준선생은 卓淳을 의령군 의령읍으로 비정하였다.

84) 경남 의령군 부림면의 삼국시대 지명이 辛尒縣이다. 신이현을 경덕왕대에 宜桑縣으로, 고려시대에 新繁縣으로 개칭하였다. 辛尒를 新繁으로 개칭한 것에서 辛과 新이 相通하였음을 엿볼 수 있다. 이렇다고 할 때, 辛尒는 新尒라고 표기할 수도 있다. '新'의 훈이 '새' 또는 '사'이므로, 新尒는 새이 또는 사이로 음독할 수 있을 것이다. 『일본서기』에 나오는 斯二岐國은 辛尒(新尒)와 통하므로, 사이기국을 의령군 부림면에 비정할 수 있지 않을까 한다(전덕재, 2011 「喙國(喙己呑)의 위치와 역사에 대한 고찰」 『한국고대사연구』 61, 269~270쪽).

85) 百濟遣使貢調 別表請任那國上哆唎·下哆唎·娑陀·牟婁四縣. 哆唎國守穗積臣押山奏曰 此四縣 近連百濟 遠隔日本. 旦暮易通 鷄犬難別. 今賜百濟 合爲同國 固存之策 無以過此. 然縱賜合國 後世猶危. 況爲異場 幾年能守. 大伴大連金村 具得是言 同謨而奏. 廼以物部大連麁鹿火 宛宣勅使. … 由是 改使而宣勅. 付賜物幷制旨 依表賜任那四縣(『일본서기』 권17 繼體天皇 6년 겨울 12월).

다.[86] 기문은 전남 남원과 임실, 장수지역으로 비정하는 견해가 널리 받아들여지고 있다.[87] 실제로 대가야가 이들 지역에 진출하였다는 사실은 남원과 장수, 임실지역의 여러 고분군에서 대가야 양식의 토기가 대량으로 출토된 사실을 통해 입증되고 있다.[88] 그런데 같은 책 계체천황 7년(513) 11월 기록에는 왜가 백제에게 기문(己汶)과 대사(帶沙)를 주었다고 전한다.[89] 왜가 백제에게 기문 등을 주었다는 표현은 일반적으로 백제가 그 지역을 대가야에게서 빼앗은 사실을 말한다고 해석한다. 여기서 대사는 다사(多沙)라고도 불린 경남 하동으로 비정되고 있다. 『일본서기』권17 계체천황 23년(529) 봄 3월 기록에 가라왕(加羅王; 대가야왕)이 다사진(多沙津)은 관가(官家)를 둔 이래로 신(臣)이 조공(朝貢)하는 나루였다고 언급한 내용이 보이는바,[90] 일찍부터 대가야가 다사진을 통해 왜국과 통교하였음을 유추할 수 있다. 결국 『일본서기』권17 계체천황 7년(513) 11월 기록을 주목하건대, 백제가 513년 11월에 기문지역뿐만 아니라 섬진강 하류에 위치한 대가야의 관문항으로 기능한 대사까지 진출하였다고 볼 수 있을 것이다.

---

86)   百濟遣姐彌文貴將軍·州利卽爾將軍 副穗積臣押山〈百濟本記云 委意斯移麻岐彌〉 貢五經博士段楊爾. 別奏云 伴跛國略奪臣國己汶之地. 伏願 天恩判還本屬(『일본서기』권17 繼體天皇 7년 여름 6월).
87)   김태식, 1993 앞의 책, 114~125쪽.
88)   곽장근, 2004「호남동부지역의 가야세력과 그 성장과정」『호남고고학보』20; 이동희, 2008「섬진강유역의 고분」『백제와 섬진강』, 서경문화사.
89)   辛亥朔乙卯 於朝庭引列百濟姐彌文貴將軍 斯羅汶得至 安羅辛已奚及賁巴委佐 伴跛旣殿奚及竹汶至等 奉宣恩勅. 以己汶·滯沙 賜百濟國(『일본서기』권17 繼體天皇 7년 겨울 11월).
90)   是月 遣物部伊勢連父根·吉士老等 以津賜百濟王. 於是 加羅王謂勅使云 此津 從置官家以來 爲臣朝貢津涉. 安得輒改賜隣國 違元所封限地. 勅使父根等 因斯 難以面賜 却還大嶋. 別遣錄史 果賜扶余. 由是 加羅結儻新羅 生怨日本. 加羅王娶新羅王女 遂有兒息. 新羅初送女時 幷遣百人 爲女從. 受而散置諸縣 令着新羅衣冠. 阿利斯等 嗔其變服 遣使徵還. 新羅大羞 飜欲還女曰 前承汝聘 吾便許婚. 今旣若斯 請 還王女. 加羅己富利知伽〈未詳〉報云 配合夫婦 安得更離. 亦有息兒 棄之何往. 遂於所經 拔刀伽·古跛·布那牟羅三城. 亦拔北境五城(같은 책, 繼體天皇 23년 봄 3월).

백제가 기문과 대사지역으로 진출할 무렵에 신라도 가야지역으로 진출하였는데, 이러한 사실을 알려주는 자료를 제시하면 다음과 같다.

[이사부가] 지도로왕(智度路王) 때에 변경지역에 관리로 파견되었다가 거도(居道)의 꾀를 답습하여 마희(馬戲)로써 가야국(加耶國)을 속여 취하였다(『삼국사기』 열전 제4 이사부).

이사부(異斯夫)는 505년(지증왕 6) 2월에 실직(悉直; 강원특별자치도 삼척시)에 주둔한 정군단(停軍團)의 군주(軍主)로 임명되었고, 512년(지증왕 13)에 하슬라(何瑟羅; 강원특별자치도 강릉시)에 주둔한 정군단의 군주로서 우산국(于山國; 울릉도)을 정벌한 바 있다. 따라서 이사부가 가야지역을 공략한 시점은 지증왕 원년(500)에서 지증왕 6년(505) 2월 사이였다고 볼 수 있다. 위의 기록에서 이사부가 빼앗은 가야지역이 어느 곳인가에 대하여 구체적으로 언급하지 않았다. 다만 6세기 초반 신라의 서진(西進)과 관련하여 경남 합천군 쌍책면 성산리에 위치한 옥전고분의 부장 유물 변화상을 주목할 필요가 있다. 5세기 후반에 조영된 옥전고분 M3호분에서 주로 대가야계 유물이 출토된 반면, 6세기 초반에 조영된 M6호분에서는 여전히 대가야 양식의 토기가 출토되나, 그것들과 더불어 낙동강 동안에서 널리 발견된 출자형금동관이 출토되었다. 출자형금동관이 M6호분 피장자의 위세품이라는 점에서 생전에 그가 신라국가와 일정한 관계를 맺고 있었다고 추정해볼 수 있다. 신라가 옥전고분군 축조세력에 대해 영향력을 강화하였다는 사실은 M6호분과 비슷한 시기에 조영된 M10호분이 낙동강 동안에서 흔히 발견되는 횡구식석실분이라는 사실을 통해서도 보완할 수 있을 것이다.[91] 현재로서 단정하기 어렵지만, 일단 필자는 6세기 초반에 신라가 옥전고분군 축조세력, 즉 탁국

---

91) 조영제, 2007 『옥전고분군과 다라국』, 혜안, 70~73쪽.

[喙國]에 영향력을 강화하였음을 알려주는 고고학적인 자료를 근거로 하여, 이사부가 6세기 초반에 황강 수로를 통해 탁국을 복속시킨 다음, 황강과 낙동강의 수로를 장악하고, 두 강의 합류 지점의 남쪽에 위치한 낙동강 서안지역을 차지한 것으로 추론하고자 한다.[92]

백제가 섬진강유역으로 진출하여 기문(己汶)과 대사(帶沙)를 차지하고, 신라가 낙동강을 건너 서진(西進)하자, 대가야가 이에 대해 강력하게 반발하였는데, 이에 관한 자료가 바로 다음의 기록이다.

> 반파(伴跛)는 자탄(子呑)과 대사(帶沙)에 성을 쌓아 만해(滿奚)와 연결하고, 봉후(烽候)와 저각(邸閣)을 설치하여 일본에 대비하였다. 다시 이열비(爾列比), 마수비(麻須比)에 성을 쌓아 마차해(麻且奚), 추봉(推封)에 잇고, 사졸(士卒)과 병기(兵器)를 모아서 신라를 핍박하였다. 자녀를 약취(略取)하고 촌읍(村邑)을 약탈하니, 흉악한 무리가 이른 곳마다 남는 것이 드물 지경이었다. 무릇 포학무도(暴虐無道)하고 괴롭히고 업신여기고 주살(誅殺)함이 너무 많아서 가히 자세하게 기재할 수 없을 정도였다(『일본서기』 권17 계체천황 8년 3월).

계체천황(繼體天皇) 8년은 기년상 514년에 해당한다. 반파(대가야)가 신라와 백제의 압박에 대응하여 자탄과 대사, 이열비 등에 성을 쌓고, 특히 신라를 노략질하여 많은 피해를 입혔음을 알려주는 자료이다. 대사는 경남 하동으로 비정된다. 자탄은 다른 기록에 보이는 자타(子他)와 연결되는데, 정확한 위치를 알기 어렵다. 대체로 경남 진주 근방으로 추정하는 견해가 우세한 듯하다.[93] 만해는 지

---

92) 전덕재, 2014 「이사부의 가계와 정치적 위상」 『사학연구』 115, 21~23쪽.
93) 김태식 등, 2004 『역주 가야사사료집성』, 재단법인 가락국사적개발연구원, 194쪽.
한편 末松保和, 1949 『任那興亡史』, 大八洲出版(1961 吉川弘文館), 127쪽에서는 자탄과 만해는 진주 서쪽, 섬진강 방면의 山地에 위치한 지명으로 추정하였다.

금의 전남 광양시 광양읍의 옛 지명인 마로(馬老)에 주목하여 그곳으로 비정하기도 한다.[94] 백제가 513년에 다사진(대사진)을 빼앗자, 대가야가 군대를 보내 만해와 자탄을 다시 탈환한 다음, 대사와 그 근처에 성을 쌓아 왜나 백제의 공격에 대비한 것으로 보인다.

한편 이열비는 종래에 경남 의령군 부림면으로 비정하였다.[95] 마수비의 위치에 대하여 종래에 옛 지명이 삼지(三支) 또는 마장(麻杖)인 경남 합천군 삼가면으로 고증하였다.[96] 그러나 마수비를 마장과 직접적으로 연결시킬 수 있는가에 대해서는 확신이 서지 않는다. 경남 창녕군 유어면 부곡리에 마수원진(馬首院津)이 위치하였다. 마수(馬首)라는 지명은 마을의 형상이 말과 같다고 하여 유래되었다. 이 마을에 구곡원(仇谷院)이 있었다고 하여 일반적으로 마수원(馬首院)이라고 불렀다고 한다.[97] 마수원이란 표현은 이미 임진년(1592)의 상황을 전하는 정인홍의 「유여아손창후간(遺與兒孫昌後看)」이란 글에 보이므로[98] 그 이전부터 사용된 지명임이 확실시된다. 마수비에서 비(比)는 지명어미로 추정된다. 따라서 마수(馬首)와 마수(麻須)는 서로 통할 수도 있다고 보인다.

추봉의 위치에 대하여 종래에 옛 지명이 추량화(推良火)인 현풍과 옛 지명이

---

94) 김태식 등, 2004 앞의 책, 194쪽.
95) 김태식, 2002『미완의 문명 7백년 가야사』(3권 왕들의 나라), 푸른역사, 163~164쪽.
96) 전영래, 1981「남원초촌리고분발굴조사보고서」(전북유적조사보고 제12집), 전주시립박물관; 김태식, 1993 앞의 책, 129쪽.
97) 창녕군지편찬위원회, 2003『창녕군지』(하), 585~586쪽.
98) 壬辰初夏 賊兵陷密陽分路 一路直向鳥嶺 一路自靈山昌寧玄風茂溪星州開寧金山 入湖西上下充斥 江路則自金海直至洛東 倭船絡繹其中 … 其年六月陝軍 與高靈星州軍 合勢攻茂溪之賊 出其不意 盡燒屯糧及實物所藏處 射殺一屯之賊 幾無遺類 但無火具 未及燒屯生力 救倭自玄風猝至 不得已還軍 此一大戰也. 未幾 賊船多自洛江下來 草溪高靈皆來請援 郡將孫仁甲又領兵赴之 追及於馬首院 江中指揮衆軍 一時齊進 賊勢窮蹙 爭墜江中 流屍蔽江 八船之倭無一人逃死 第以墜江者多 故斬級 則不多 賊屍流下 爲宜寧昌寧人所得 斬首獻級 衆所共知 此二大戰也(『來庵先生文集』卷12 雜著 遺與兒孫昌後看).

추화(推火)인 밀양설이 제기되었다.[99] 5세기 후반에 대가야가 남강과 낙동강이 합류하는 지점까지 진출하지 못한 점, 5세기 단계에 그 지점에 위치한 가야진을 기반으로 신라가 가야세력을 압박하였던 사실 등을 감안한다면, 514년 당시에 신라가 낙동강을 거슬러 내려가 밀양까지 진출하였다는 것은 상식적으로 납득하기 어렵다. 반면에 현풍은 수문진(水門津 ; 대구광역시 달성군 현풍면 성하2리와 경북 고령군 개진면 부리)을 통하여 낙동강을 건너 쉽게 도달할 수 있는 곳에 해당한다. 여기다가 추량화는 후에 현효(玄驍) 또는 현풍(玄風)으로 개칭하였다. 추봉(推封)의 '봉(封)'과 현풍의 '풍(風)'이 서로 통한다는 점도 간과할 수 없다. 이와 같은 여러 정황을 가지고 추측하건대, 추봉은 추화보다는 추량화로 비정하는 것이 합리적이라고 사료된다.

마차해의 위치에 대하여 종래에 전혀 고증하지 못하였다. 다만 이와 관련하여 경남 창녕군 장마면의 경우, 옛 계성현의 구역을 중심으로 하여 북쪽과 서쪽의 윗지역은 장가면, 아래지역인 남쪽과 동쪽은 마이면(馬耳面) 또는 마고면(馬古面; 麻姑面) 등 2개의 면이 합쳐진 것이었다는 점이 주목을 끈다. 『해동지도』 영산현 지도에 마이면이 보이고, 그 근처에 마이지(馬耳池)가 표시되어 있다.[100] 마이면과 마이지[마고지(麻姑池)]란 명칭은 근처에 위치한 마이산(馬耳山)이란 산명에서 연유하였을 것이다. 이것은 장마면 유리와 강리 사이에 위치하였다.[101] 마이(馬耳)는 산의 모양이 말의 귀처럼 생겼기 때문에 유래하였다고 추정되며, 말귀를 마귀, 마고, 마구라고도 불렀다고 한다. 따라서 이것을 다시 마고(馬古; 麻姑)라고도 표기하였던 것으로 보인다. 『신증동국여지승람』 권27 경상도 영산현 우거(寓

---

99) 이에 관해서는 김태식, 1993 앞의 책, 129쪽이 참조된다.
100) 『여지도서』 경상도 영산현읍지에서는 麻姑池라고 표기하고, 一名 馬耳라고 한다고 하였다.
101) 창녕군지편찬위원회, 2003 앞의 책, 385쪽 및 652~655쪽.

居)조에 이첨(李詹; 1345~1405)의 집이 마고리(馬古里)에 있다고 전하는 것으로[102] 보아서 마이 또는 마고라는 지명은 조선 초기에도 존속하였음을 확인할 수 있다. 그런데 흥미로운 사실은 『대동지지』에서 마이를 '마단(馬丹)'이라고 잘못 표기하였다는 점이다.[103] 이에 주목한다면, 마이(馬耳; 麻耳)를 마차(麻且)로 잘못 읽거나 표기할 수 있을 것이다. 이러한 측면에서 마차(麻且)는 마이(麻耳)의 오기(誤記)일 가능성도 완전히 배제할 수 없을 것이다.

  이상의 검토에 따른다면, 계체천황 8년(514) 3월에 반파, 즉 대가야는 경남 자탄(진주?)과 대사(하동)에 성을 쌓고, 하동에서 광양 사이에 봉후(烽候; 봉화대)와 저각(邸閣; 곡물창고)을 설치하여 왜군의 침략에 대비하는 한편, 낙동강 서안인 의령군 부림면과 낙서면 여의리 일대에 성을 쌓고, 고령에서 가까운 수문진을 통해 현풍으로, 유곡리성 근처에 위치한 박진(朴津; 경남 창녕군 남지읍 월하리와 경남 의령군 부림면 경산리 박진마을)을 통해 창녕군 장마면 강리 및 유리 방면으로 진출하여 신라의 촌읍을 약탈하였다고 이해할 수 있다. 514년 3월에 대가야가 예전에 백제가 차지하였던 대사와 만해 등에 성을 쌓고, 봉후 등을 설치한 것으로 보건대, 이때 대가야가 하동과 광양 등에서 백제세력을 축출하였다는 추론이 가능하다. 따라서 왜국뿐만 아니라 백제의 침략에 대비하기 위해 대사에 성을 쌓아 만해와 연결하고, 봉후와 저각을 설치하였다고 볼 수 있음은 물론이다. 결국 『일본서기』 계체천황 8년(514) 3월 기록은 6세기 초반에 백제와 신라가 대가야를 강하게 압박하자, 대가야가 514년에 한편으로 백제가 차지한 경남 하동과 전남 동부지역을 공격하여 탈환하고, 이어 신라에게 빼앗겼던 낙동강 서안을 되찾은 다음, 낙동강을 건너 현풍과 장마면 강리 및 유리 일대에 전방기지를 마련한 뒤, 신

---

102) 本朝 李詹〈宅在縣西馬古里 手種雙梅于堂際 自號其齋 其梅至今猶存〉(『신증동국여지승람』 권27 경상도 영산현 우거).

103) 『大東地志』 권8 慶尙道 靈山 方面條에 '馬丹〈南初十二 終二十〉'이라는 기록이 보인다. 여기서 馬丹은 馬耳의 誤記이다.

라인을 마구 죽이고 촌읍을 약탈한 사실을 알려주는 자료로 정리할 수 있다. 그러나 대가야가 그 후에도 지속적으로 낙동강 동안 현풍 등의 지역을 점령하였다고 보기 힘들다. 현풍이나 창녕지역에서 대가야 양식의 토기가 집중적으로 출토되는 고분이 발견되지 않기 때문이다.

『일본서기』권17 계체천황 23년(529) 3월 기록에 왜가 다사진(多沙津)을 부여(扶余; 백제)에게 내려주자, 가라(加羅; 대가야)가 신라와 한편이 되어 왜를 원망하였다는 내용과 더불어 가라왕이 신라왕녀(新羅王女)를 아내로 맞아 드디어 자식을 두었다는 내용이 보인다. 『삼국사기』신라본기에 522년(법흥왕 9) 3월에 가야왕(加耶王)이 사신을 보내서 혼인을 청하였으므로, 법흥왕이 이찬 비조부(比助夫)의 누이를 가야왕에게 시집보냈다는 기록이 전한다.[104] 따라서 가야왕과 이찬 비조부의 누이가 혼인한 것은 522년 3월이었고, 그 뒤에 비조부의 누이[또는 왕녀]가 자식을 낳았다고 볼 수 있다. 백제가 522년 3월 이전에 다시 다사진을 공격하여 빼앗자, 이에 대가야가 백제를 견제하기 위해 신라에 접근하여 혼인동맹을 맺은 것으로 이해된다.[105]

524년(법흥왕 11) 9월에 법흥왕이 남쪽 변방의 새로 넓힌 지역을 두루 돌아보았는데, 이때 가야왕이 법흥왕을 찾아와서 뵈었다고 『삼국사기』신라본기에 전한다.[106] 여기서 가야왕은 대가야왕을 가리킨다고 보인다.[107] 앞에서 514년에 대가야가 낙동강을 건너 신라를 핍박하였음을 살폈다. 522년 3월에 대가야왕이 신라에 혼인을 요청하자, 신라가 대가야왕의 요구를 수용하였다는 것은 대가야가 낙동강을 건너 침탈한 지역을 신라에게 되돌려주었다는 사실을 전제로 할 때 합

---

104) 加耶國王遣使請婚 王以伊湌比助夫之妹送之(『삼국사기』신라본기 제4 법흥왕 9년 봄 3월).
105) 이영식, 2013「대가야와 신라, 혼인동맹의 전개와 성격」『역사와 세계』44.
106) 王出巡南境拓地 加耶國王來會(『삼국사기』신라본기 제4 법흥왕 11년 가을 9월).
107) 주보돈, 2017『가야사 새로 읽기』, 주류성, 230쪽에서는 신라 법흥왕이 금관국의 왕을 만났다고 이해하였다.

리적으로 이해할 수 있다. 나아가 법흥왕이 남쪽 변방의 새로 넓힌 지역을 돌아보았다는 표현에 유의하건대, 신라가 낙동강을 건너 그 서안의 일부 지역을 차지하였을 가능성도 완전히 배제하기 어려울 것이다. 이에서 백제가 다시 다사진을 공격하여 차지하고, 동쪽에서 신라가 군사적으로 강력하게 위협하자, 대가야가 관문항으로 기능한 다사진을 되찾기 위해 일단 514년에 점령한 지역을 신라에게 되돌려주고, 나아가 낙동강 서안의 일부 지역을 신라에 양보하는 조건을 내세워 522년(법흥왕 9)에 혼인동맹을 제의하였다는 추론도 충분히 해봄직하지 않을까 한다.[108]

2) 신라의 가야 병합

『일본서기』권17 계체천황 23년(529) 3월 기록에 아리사등(阿利斯等)이 신라인의 변복(變服)에 대해 문제를 제기하자, 신라에서 가라왕(加羅王)에게 시집보낸 왕녀를 되돌려 보내달라고 요청하였으나 가라왕 기부이지가(己富利知伽)가 응하지 않으매, 신라가 포라모라(布羅牟羅) 등 3성을 쳐부수고, 또 북쪽 경계의 5성을 쳐부수었다는 내용이 보인다. 종래에 아리사등을 경남 창원에 위치한 탁순국(卓淳國)의 왕 또는 유력자로, 기부이지가를 가라, 즉 대가야의 마지막왕인 이뇌왕(異惱王)으로 이해하는 것이 일반적이었다.[109] 『일본서기』권17 계체천황 24년(530) 9월 기록에 신라와 백제가 구례모라성(久禮牟羅城)을 축조한 다음, 그들이 돌아갈 때, 길목에 위치한 5성을 쳐부수었다고 전하는데,[110] 5성 가운데 포나

---

108) 전덕재, 2014 앞의 논문, 23~28쪽.
109) 김태식, 1993 앞의 책, 192~195쪽.
110) 任那使奏云 毛野臣 遂於久斯牟羅 起造舍宅 淹留二歲〈一本云 三歲者 連去來歲數也〉懶聽政焉. … 於是 阿利斯等 知其細碎爲事 不務所期 頻勸歸朝 尙不聽還. 由是 悉知行迹 心生飜背. 乃遣久禮斯己母 使于新羅請兵. 奴須久利 使于百濟請兵. 毛野臣聞百濟兵來 迎討背評〈背評地名 亦名能備己富里也〉傷死者半. 百濟 則捉奴須久利 杻械枷鏁 而共新羅圍城. 責罵阿利斯等曰 可出毛野臣. 毛野臣 嬰城自固 勢不可擒. 於是 二國圖度便

모라성(布那牟羅城)이 포함되었다. 신라와 백제가 530년 9월에 구례모라성을 쌓았다고 보기 어렵고, 532년에서 그리 멀지 않은 시기에 쌓은 것으로 짐작된다. 구례모라성은 경남 함안군 칠서면 무릉리 산성마을에 위치한 산성으로 비정된다.[111] 이에 따른다면, 포나모라성도 구례모라성에서 멀지 않은 곳에 위치하였다고 추론할 수 있다. 결국 신라인들이 함락시킨 3성은 탁순국과 가까운 곳에 위치하였고, 북쪽 경계는 바로 탁순국의 북쪽 경계를 가리킨다고 이해할 수 있다. 따라서 계체천황 23년 3월 기록은 신라와 탁순국의 아리사등이 대립한 사실을 전한다고 볼 수 있는데, 이와 관련하여 계체천황 23년 4월 기록에 신라의 상신(上臣) 이질부례지간기(伊叱夫禮智干岐; 이사부)가 금관(金官)·배벌(背伐)·안다(安多)·위타(委陀) 또는 다다라(多多羅)·수나라(須那羅)·화다(和多)·비지(費智) 등 4촌을 공략하여 빼앗았다고 전하는 사실이 유의된다. 배벌과 안다, 위타 및 화다, 비지 등의 위치를 정확하게 고증하기 어렵지만, 금관(수나라)은 금관가야를 가리키며, 다다라는 부산의 다대포(多大浦)로 비정된다. 필자는 위의 기록을 이사부(이질부례지간기)가 529년에 4촌을 초략(抄掠)하여 복속시킨 사실을 반영한 것으로 이해하고자 한다. 이후 신라가 금관국에 대해 강력한 통제력을 행사하자, 『삼국사기』 신라본기에 전하는 것처럼[112] 532년(법흥왕 19)에 금관국(金官國)의 김구해(金仇亥)가 스스로 나라를 들어 신라에 항복한 것으로 보인다.[113]

  529년에 신라가 금관국 등을 초략하려고 하였거나 또는 초략하였다면, 탁순국이 신라의 서진(西進)에 대해 커다란 위협을 느꼈을 것으로 짐작된다. 이러한

        地 淹留弦晦 築城而還 號曰久禮牟羅城. 還時觸路 拔騰利枳牟羅·布那牟羅·牟雌枳牟羅·阿夫羅·久知波多枳五城(『일본서기』 권17 繼體天皇 24년 9월).
111) 전덕재, 2007 「삼국시대 황산진과 가야진에 대한 고찰」 『한국고대사연구』 47, 63~65쪽.
112) 金官國主金仇亥 與妃及三子 長曰奴宗 仲曰武德 季曰武力 以國帑寶物來降. 王禮待之 授位上等 以本國爲食邑. 子武力仕至角干(『삼국사기』 신라본기 제4 법흥왕 19년).
113) 전덕재, 2014 앞의 논문, 23~28쪽.

상황에서 529년에 가야의 여러 지역에 분산 배치된 신라인들이 가야의 의복을 입고 활동하자, 탁순국의 아리사등이 가야지역에서 신라인들을 축출하려고 하였고, 이에 반발하여 신라가 탁순국 근처에 위치한 여러 성을 공격한 것이 아닐까 한다. 이때 522년 3월에 신라와 대가야 사이에 맺은 결혼동맹도 결렬되었고, 이후 신라가 대가야를 강하게 압박하였음은 물론이다.

한편『일본서기』권17 계체천황 21년(527) 6월 기록에 남가라(南加羅)와 탁기탄(㖨己呑)이 신라에 병합되었다고 전하고,[114] 또한 계체천황 23년(529) 3월 기록에도 동일한 내용이 보인다.[115] 그리고 흠명천황(欽明天皇) 2년(541) 4월 기록에 신라가 남가라와 탁순, 탁기탄을 병합하였다는 사실이 전한다.[116] 금관국, 즉 남가라가 신라에 완전히 병합된 것은 532년이므로, 앞에서 언급한 계체천황 21년 6월과 23년 3월 기록은 기년상에 착란이 있다고 볼 수 있다. 흠명천황 2년 4월 기

---

114) 壬辰朔甲午 近江毛野臣 率衆六萬 欲往任那 爲復興建新羅所破南加羅·㖨己呑 而合任那 (『일본서기』권17 繼體天皇 21년 여름 6월).

115) 是月 遣近江毛野臣 使于安羅. 勅勸新羅 更建南加羅·㖨己呑. 百濟遣將軍君尹貴·麻那甲背·麻鹵等 往赴安羅 式聽詔勅. 新羅恐破蕃國官家 不遣大人 而遣夫智奈麻禮·奚奈麻禮等 往赴安羅 式聽詔勅(같은 책, 繼體天皇 23년 3월).

116) 夏四月 安羅次旱岐夷呑奚·大不孫·久取柔利·加羅上首位古殿奚·卒麻旱岐·散半奚旱岐兒·多羅下旱岐夷他·斯二岐旱岐兒·子他旱岐等 與任那日本府吉備臣〈闕名字〉 往赴百濟 俱聽詔書. 百濟聖明王謂任那旱岐等言 日本天皇所詔者 全以復建任那. 今用何策 起建任那 盍各盡忠 奉展聖懷. 任那旱岐等對曰 前再三廻 與新羅議 而無答報. 所圖之旨 更告新羅 尙無所報. 今宜俱遣使 往奏天皇. 夫建任那者 爰在大王之意. 祇承教旨 誰敢間言 然任那境接新羅 恐致卓淳等禍〈等謂㖨己呑·加羅 言卓淳等國 有敗亡之禍〉. 聖明王曰 昔我先祖速古王·貴首王之世 安羅·加羅·卓淳旱岐等 初遣使相通 厚結親好. 以爲子弟 冀可恆隆. 而今被誑新羅 使天皇忿怒 而任那慎恨 寡人之過也. … 其㖨己呑 居加羅與新羅境際 而被連年攻敗 任那無能救援 由是見亡. 其南加羅 蕞爾狹小 不能卒備 不知所託 由是見亡. 其卓淳 上下携貳 主欲自附 內應新羅 由是見亡. 因斯而觀 三國之敗 良有以也. 昔新羅請援於高麗 而攻擊任那與百濟 尙不剋之. 新羅安獨滅任那乎. 今寡人 與汝戮力幷心 翳賴天皇 任那必起. 因贈物各有差 忻忻而還(『일본서기』권19 欽明天皇 2년).

록은 대체로 기년상에 커다란 문제가 없다고 이해되고 있는바, 이를 통해 541년 이전에 신라가 탁순과 탁기탄을 병합하였음을 유추할 수 있다. 『일본서기』권19 흠명천황 4년(543) 11월 기록에 백제가 표(表)를 올려 임나를 꼭 세우겠다[當建任那]고 말한 것이 10여 년이나 되었다는 언급이 보인다.[117] 이에 의거하건대, 신라가 탁기탄을 병합한 것은 533년 이전이었을 가능성이 높다고 볼 수 있다. 아마도 신라는 금관국(남가라)을 병합할 무렵에 탁기탄도 함께 병합한 것으로 추정된다.

신라가 탁순국을 병합한 시기와 관련하여 『일본서기』권18 선화천황(宣化天皇) 2년(537) 10월 기록에 신라가 임나(任那)를 침략하자, 왜의 협수언(狹手彦)이 임나를 평정하고 백제를 구원했다고 전하는 사실이 유의된다.[118] 기년과 사실 관계에 대한 엄밀한 사료비판이 필요하지만, 임나를 평정하고, 백제를 구원하였다는 사실을 주목하건대, 신라가 가야 소국 및 백제를 공격하였던 어떤 사건과 관계가 있는 자료라고 이해할 수 있지 않을까 한다. 530년대에 신라가 가야 소국과 백제를 공격한 사건으로 신라가 탁순을 병합하고 구례산에 주둔하고 있는 백제군을 축출한 사실을 들 수 있다. 선화천황 2년 10월 기록을 신라가 탁순을 병합한 사실과 관련된 자료라고 본다면, 신라가 탁순을 병합하고 구례산에 주둔한 백제군을 축출한 것은 537년을 전후한 시기로 추정하여도 문제가 되지 않을 것이다. 백제 성왕이 538년에 사비로 천도하였음을 염두에 둔다면, 신라가 백제가 천도를 준비하는 틈을 타서 구례산에 주둔한 백제군을 축출한 것으로 이해할 수도 있을

---

117)   丁亥朔甲午 遣津守連 詔百濟曰 在任那之下韓 百濟郡令城主 宜附日本府. 幷持詔書 宣曰 爾屢抗表 稱當建任那 十餘年矣. 表奏如此 尙未成之. 且夫任那者 爲爾國之棟梁. 如折棟梁 詎成屋宇 朕念在玆 爾須早建. 汝若早建任那 河內直等〈河內直已見上文〉自當止退 豈足云乎. 是日 聖明王 聞宣勅已 歷問三佐平內頭及諸臣曰 詔勅如是 當復何如. 三佐平等答曰 在下韓之 我郡令城主 不可出之. 建國之事 宜早聽聖勅(『일본서기』권19 欽明天皇 4년 11월).

118)   壬辰朔 天皇 以新羅寇於任那 詔大伴金村大連 遣其子磐與狹手彦 以助任那. 是時 磐留筑紫 執其國政 以備三韓. 狹手彦往鎭任那 加救百濟(『일본서기』권18 宣化天皇 2년 10월).

것이다.[119]

신라가 532년에 금관국을 병합하고, 그 무렵에 탁국[喙國]마저 병합하자, 탁순뿐만 아니라 낙동강을 경계로 신라와 접경(接境)한 함안의 안라(安羅)도 신라의 서진에 대해 상당한 위기의식을 느꼈을 것으로 짐작된다.『일본서기』권17 계체천황 23년(529) 3월 기록에 왜에서 안라에 근강모야신(近江毛野臣)을 칙사(勅使)로 파견하였고, 천황의 조칙(詔勅)을 받기 위해 신라와 백제가 안라에 사신을 파견하였으며, 이때 안라에서 고당(高堂)을 세우고 백제 사신을 거기에 오르지 못하게 하여 원망을 샀다는 내용이 전한다.[120] 이 기록에 신라가 이미 남가라(南加羅)와 탁기탄을 병합하였음을 시사해주는 언급이 보이므로, 신라와 백제가 안라에 사신을 파견한 시기는 532년 이후라고 볼 수 있다. 필자는 이 기록은 532년 이후 어느 시기에 안라가 왜를 끌어들여 신라와 백제를 견제한 사실을 반영한 것으로 이해한다. 특히 이 기록에 안라가 백제의 사신을 홀대하였다고 전하는 점이 유의되는데, 안라가 532년 이후 신라뿐만 아니라 백제의 동진(東進)에 대해서도 강하게 의식하였음을 엿보게 해주기 때문이다.

『일본서기』권17 계체천황 25년(531) 12월 기록에서 인용한『백제본기(百濟本記)』에 '신해년(531) 3월에 군대가 나아가 안라에 이르러 걸탁성(乞乇城)을 쌓았다.'라고 전한다고 하였다.[121] 529년 대가야와 신라의 혼인동맹이 깨지고, 같은

---

119)   김태식, 1993 앞의 책, 218쪽.

120)   是月 遣近江毛野臣 使于安羅. 勅勸新羅 更建南加羅喙己呑. 百濟遣將軍君尹貴麻那甲背麻鹵等 往赴安羅 式聽詔勅. 新羅 恐破蕃國官家 不遣大人 而遣夫智奈麻禮奚奈麻禮等 往赴安羅 式聽詔勅. 於是 安羅新起高堂 引昇勅使. 國主隨後昇階 國內大人 預昇堂者一二. 百濟使將軍君等 在於堂下. 凡數月再三 謨謀乎堂上 將軍君等 恨在庭焉(『일본서기』권17 繼體天皇 23년 3월).

121)   丙申朔庚子 葬于藍野陵〈或本云 天皇 廿八年歲次甲寅崩 而此云廿五年歲次辛亥崩者 取百濟本記爲文 其文云 太歲辛亥三月 軍進至于安羅 營乞乇城. 是月 高麗弒其王安. 又聞 日本天皇及太子皇子 俱崩薨. 由此而言 辛亥之歲 當廿五年矣. 後勘校者 知之也

해에 신라가 금관 등 4촌을 초략하자, 이에 신라의 서진에 위협을 느낀 안라가 백제를 끌어들인 것인지, 아니면 백제가 안라 및 대가야가 신라와 대립한 틈을 타서 임의적으로 안라에 이르러 걸탁성을 쌓은 것인지 알 수 없다. 그러나 531년 3월 무렵에 백제의 군대가 안라의 걸탁성에 주둔하였던 것만은 확실해 보인다. 안라는 백제가 걸탁성을 쌓고 군대를 주둔시키자, 후에 고당회의(高堂會議)를 개최하여 백제를 견제한 것으로 이해된다.

『일본서기』권19 흠명천황 5년(544) 3월 기록에 '이에 적신(的臣) 등이 신라를 왕래(往來)한 것은 짐(천황)의 뜻이 아니다. 옛날 인지미(印支彌)와 아로한기(阿鹵旱岐)가 있을 때, [안라가] 신라의 핍박을 받아 경종(耕種)할 수 없었다. 백제는 길이 멀어 능히 위급함을 구할 수 없었다. 적신 등이 신라에 왕래함으로써 비로소 경종할 수 있었다고 짐은 일찍이 들은 바 있다.'라고 전하는 내용과 함께, '신라는 봄에 탁순[㖨淳]을 취하고 이어 구례산(久禮山)에서 우리(백제)의 수병(戍兵)을 내쫓고 마침내 점유하였다. 안라에 가까운 곳은 안라가 경종하고, 구례산에 가까운 곳은 사라(斯羅; 신라)가 경종하였다. 각자가 경종하고 서로 침탈하지 않았는데, 이나사(移那斯)와 마도(麻都)가 남의 경계를 넘어 경종하다가 6월에 도망갔다. 인지미의 뒤에 온 허세신(許勢臣) 때에 신라가 다시 남의 경계를 침략하여 핍박하지 못하였다.'라는 내용이 전한다.[122] 앞의 기록은 왜의 천황이 언급한 것이고, 뒤의 기록은 백제 성명왕(聖明王)이 언급한 것이다. 두 기록을 종합하여 보건대, 인지미와 아로한기가 안라에 있을 때에 신라가 탁순국을 병합하고 구례산

〉(『일본서기』권17 繼體天皇 25년 12월).

122) 於是 詔曰 的臣等〈等者 謂吉備弟君臣·河內直等也〉 往來新羅 非朕心也. 曩者 印支彌〈未詳〉與阿鹵旱岐在時 爲新羅所逼 而不得耕種. 百濟路迥 不能救急. 由的臣等往來新羅 方得耕種 朕所曾聞. … 新羅春取㖨淳 仍擯出我久禮山戍 而遂有之. 近安羅處 安羅耕種. 近久禮山處 斯羅耕種. 各自耕之 不相侵奪 而移那斯·麻都 過耕他界 六月逃去. 於印支彌後來 許勢臣時〈百濟本記云 我留印支彌之後 至旣酒臣時 皆未詳〉 新羅無復侵逼他境(『일본서기』권19 欽明天皇 5년 3월).

에 주둔하던 백제 수병을 내쫓은 다음, 안라를 핍박(逼迫)하여 경종(耕種)하지 못하도록 하자, 이에 안라에서 적신(的臣) 등을 신라에 파견하여 안라에 가까운 곳은 안라가, 구례산에 가까운 곳은 신라가 경종하는 것으로 타협한 것으로 이해할 수 있다. 그리고 이후 이나사와 마도가 신라가 경종하는 지역을 침탈하였다가 도망가자, 인지미의 뒤를 이어 안라에 온 허세신이 안라와 구례산에 가까운 곳을 안라와 신라가 각기 경종하고, 상대방의 경계를 침탈하지 않는다는 협상안을 신라에 제시하여 동의를 받았던 것으로 정리할 수 있다.

그런데 흠명천황 5년(544) 3월 기록에서 인용한 『백제본기』에 백제가 인지미를 안라에 보내 머무르게 하였다고 전하고 있어 주목된다. 종래에 김태식 선생은 이를 근거로 백제가 자국(自國)에 왔던 왜의 사신인 인지미를 안라에 보내 머무르게 하였고, 백제의 의도와 안라의 부응에 의하여 534년에서 멀지 않은 시기에 인지미를 비롯한 친백제계 왜인들을 중심으로 백제-왜 사이의 교역기관인 안라왜신관(安羅倭臣館)을 설립하였다고 주장하였다.[123] 김태식 선생의 견해를 존중한다면, 백제가 예전에 쌓은 구례산성에 수병을 주둔시킨 후에 인지미를 비롯한 왜인들을 안라에 파견하고, 안라의 동의를 받아 인지미 등을 중심으로 하여 안라왜신관을 설립한 다음, 왜와 안라, 백제가 함께 신라의 서진에 대한 대책을 논의하였을 가능성이 높다고 볼 수 있다. 537년에 신라가 탁순을 병합하고, 구례산에서 백제 수병을 내쫓기 전까지 안라왜신관을 주도한 것은 백제였다고 짐작된다.

신라가 537년에 구례산에서 백제 수병을 내쫓은 이후, 백제가 신라의 서진을 견제하고, 가야지역에 대한 영향력을 계속 유지하기 위해 540년을 전후한 시기에 임나(任那)의 하한(下韓), 즉 남한(南韓)에 군령(郡令)과 성주(城主)를 두었음이 확인된다.[124] 군령과 성주는 『주서(周書)』 백제전(百濟傳)과 『한원(翰苑)』 등에 군

---

123) 김태식, 1993 앞의 책, 229~236쪽.
124) 백제가 설치한 郡領(郡令)·城主에 관해서는 『일본서기』 권19 欽明天皇 4년 11월과 5년

과 그 예하의 성에 파견되었다고 전하는 군장(郡將)과 성주를 가리키는 것으로 이해된다. 6세기 전반에 백제가 섬진강 중·상류와 하류, 전남 동부지역을 지방통치조직으로 편제하였을 가능성이 높은 점, 『일본서기』권19 흠명천황 5년 11월 기록에 남한에 군령과 성주를 두는 것이 천황을 거슬러 공조(貢調)의 길을 차단하고자 하는 것이 아니라고 언급한 사실 등을 염두에 둔다면, 경남 하동을 비롯한 섬진강 하류지역을 백제가 지방통치조직으로 편제하고, 거기에 군령과 성주를 파견하였다고 봄이 자연스럽지 않을까 한다. 『일본서기』권19 흠명천황 4년(543) 11월 기록에 왜가 진수련(津守連)을 백제에 보내, 백제의 군령과 성주를 일본부(日本府)에 귀속시켜야 한다고 명령을 내리자, 백제가 이러한 요구를 거절하였다는 내용이 보인다.[125] 앞에서 대가야와 백제가 경남 하동에 위치한 다사진(多沙津)을 둘러싸고 갈등을 벌였다는 사실을 언급한 바 있다. 이를 통해 백제가 섬진강 하류지역을 지방통치조직으로 편제하고, 거기에 군령과 성주를 파견한 것에 대해 대가야를 비롯한 여러 가야세력이 불만을 표출하였고, 안라 역시 마찬가지였음을 추론할 수 있다. 이에 대해 백제는 신라를 핍박하고 임나(가야)를 위로(慰勞), 휼문(恤問)하기 위해 남한(南韓)에 군령과 성주를 두었다(흠명천황 4년 11월 기록)고 해명한 것으로 이해된다.

　『일본서기』권19 흠명천황 5년(544) 11월 기록에 백제 성명왕(聖明王)이 안라와 대가야 및 왜 등과 연대하여 신라의 서진(西進)을 저지할 수 있는 세 가지 계책을

　　2월 및 11월 기록에 전한다.
125)　丁亥朔甲午 遣津守連 詔百濟曰 在任那之下韓 百濟郡令城主 宜附日本府. 幷持詔書 宣曰 爾屢抗表 稱當建任那 十餘年矣. 表奏如此 尙未成之. 且夫任那者 爲爾國之棟梁. 如折棟梁 詎成屋宇. 朕念在玆 爾須早建 汝若早建任那 河內直等〈河內直已見上文〉自當止退 豈足云乎. 是日 聖明王 聞宣勅已 歷問三佐平內頭及諸臣曰 詔勅如是 當復何如. 三佐平等答曰 在下韓之 我郡令城主 不可出之. 建國之事 宜早聽聖勅(『일본서기』권19 欽明天皇 4년 겨울 11월).

제시한 내용이 보인다.[126] 세 가지 계책 가운데 첫 번째가 신라와 안라 두 나라 사이에 위치한 대강수(大江水)를 차지하여 그 근처에 위치한 6성을 수축(修築)한 다음, 거기에 왜군을 청하여 성마다 500명씩 배치하고, 이들로 하여금 신라인들이 농사를 짓지 못하도록 핍박하게 하여 구례산 5성에 주둔한 신라 군사들이 스스로 무기를 버리고 항복하게 만든다는 것이었다. 여기서 남강과 낙동강이 합류하는 지점을 가리키는 대강수는 조선시대에 기음강(歧音江)이라고 불렸다. 백제 성왕은 기음강의 수로를 장악한 다음, 낙동강의 동안과 서안에 위치한 6성을 수선하여 군사를 배치한다면, 자연히 그 서쪽의 구례산에 주둔한 신라 군사가 고립되어 스스로 항복할 것이라고 판단한 것으로 보인다. 결과적으로 성왕의 첫

---

126) 百濟遣使 召日本府臣任那執事日 遣朝天皇 奈率得文許勢奈率奇麻物部奈率奇非等 還自日本. 今日本府臣及任那國執事 宜來聽勅 同議任那. 日本吉備臣 安羅下旱岐大不孫久取柔利 加羅上首位古殿奚卒麻君斯二岐君散半奚君兒 多羅二首位訖乾智 子他旱岐 久嗟旱岐 仍赴百濟. 於是 百濟王聖明 略以詔書示日 吾遣奈率彌麻佐奈率己連奈率用奇多等 朝於日本. 詔曰 早建任那. 又津守連奉勅 問成任那. 故遣召之 當復何如 能建任那 請各陳謀. 吉備臣任那旱岐等曰 夫建任那國 唯在大王. 欲冀遵王 俱奏聽勅. 聖明王謂之曰 任那之國 與吾百濟 自古以來 約爲子弟. 今日本府印岐彌〈謂在任那日本臣名也〉旣討新羅 更將伐我. 又樂聽新羅虛誕謾語也. 夫遣印岐彌於任那者 本非侵害其國〈未詳〉往古來今 新羅無道 食言違信 而滅卓淳. 股肱之國 欲快返悔. 故遣召到 俱承恩詔 欲冀 興繼任那之國 猶如舊日 永爲兄弟. 竊聞 新羅安羅 兩國之境 有大江水 要害之地也. 吾欲據此修繕六城. 謹請天皇三千兵士 每城充以五百 幷我兵士 勿使作田 而逼惱者 久禮山之五城 庶自投兵降首. 卓淳之國 亦復當興. 所請兵士 吾給衣粮. 欲奏天皇 其策一也. 猶於南韓 置郡令城主者 豈欲違背天皇 遮斷貢調之路. 唯庶 剋濟多難 殲撲强敵. 凡厥凶黨 誰不謀附. 北敵强大 我國微弱 若不置南韓郡領城主 修理防護 不可以禦此强敵. 亦不可以制新羅 故猶置之 攻討新羅 撫存任那. 若不爾者 恐見滅亡 不得朝聘 欲奏天皇 其策二也. 又吉備臣河內直移那斯麻都 猶在任那國者 天皇雖詔建成任那 不可得也. 請 移此四人 各遣還其本邑. 奏於天皇 其策三也. 宜與日本臣任那旱岐等 俱奉遣使 同奏天皇 乞聽恩詔. 於是 吉備臣旱岐等曰 大王所述三策 亦協愚情而已. 今願 歸以敬諮日本大臣〈謂在任那日本府之大臣也〉安羅王加羅王 俱遣使同奏天皇. 此誠千載一會之期 可不深思而熟計歟 (『일본서기』 권19 欽明天皇 5년 11월).

번째 계책은 실현에 옮기지 못하였다.[127] 한편 백제는 541년 3월에 신라에 사신을 파견하여 화친을 청하기도 하였는데,[128] 백제가 신라에 대해 화전양면술을 적절하게 구사하였음을 시사해주는 측면으로 유의된다.

『일본서기』 권19 흠명천황 2년(541) 7월 기록에 안라(安羅)의 일본부(日本府)가 신라와 더불어 계책을 공모하였다는 언급이 보인다.[129] 또한 흠명천황 5년(544) 3월 기록에 좌로마도(佐魯麻都) 등이 신라에 마음을 두고 마침내는 신라의 옷을 입고 아침저녁으로 내왕(來往)하면서 속으로 간악한 마음을 굳혀 왔다는 언급이 전한다.[130] 『일본서기』에는 안라에 파견된 왜신(倭臣)들이 신라와 연결하였다고 전하지만, 실제로는 안라가 왜신들을 움직여서 신라와의 연결을 모색한 사실을 반영한 것으로 봄이 옳다고 판단된다. 537년에 신라가 구례산으로 진출한 이후, 신라의 가야지역에 대한 압박이 강화되자, 이에 안라는 왜신(倭臣)들을 활용하여

---

127) 나머지 두 계책 가운데 하나는 南韓에 郡슈과 城主를 두어 신라를 공격 핍박하여 임나를 위로하고 恤問하는 것이고, 다른 하나는 吉備臣·河內直·移那斯·麻都가 任那國에 있기 때문에 天皇이 비록 詔勅을 내려 任那를 再建하게 하였으나 이를 제대로 실행할 수 없으니, 마땅히 이들 4명을 각각 本邑에 돌려보낼 것을 천황에게 아뢰어 청한다는 것이었다.

128) 百濟遣使請和 許之(『삼국사기』 신라본기 제4 진흥왕 2년 3월).

129) 百濟聞安羅日本府與新羅通計 遣前部奈率鼻利莫古·奈率宣文·中部奈率木刕眯淳·紀臣奈率彌麻沙等〈紀臣奈率者 蓋是紀臣娶韓婦所生 因留百濟 爲奈率者也. 未詳其父 他皆效此也〉使于安羅 召到新羅任那執事 謨建任那. 別以安羅日本府河內直 通計新羅 深責罵之〈百濟本記云 加不至費直·阿賢移那斯·佐魯麻都等 未詳也〉(『일본서기』 권19 欽明天皇 2년 가을 7월).

130) 臣深懼之 佐魯麻都 雖是韓腹 位居大連. 廁日本執事之間 人榮班貴盛之例. 而今反着新羅奈麻禮冠. 卽身心歸附 於他易照. 熟觀所作 都無怖畏. 故前奏惡行 具錄聞訖. 今猶着他服 日赴新羅域 公私往還 都無所憚. 夫㖨國之滅 匪由他也. 㖨國之函跛旱岐 貳心加羅國 而內應新羅 加羅自外合戰 由是滅焉. 若使函跛旱岐 不爲內應 㖨國雖少 未必亡也. 至於卓淳 亦復然之. 假使卓淳國主 不爲內應新羅招寇 豈至滅乎. 歷觀諸國敗亡之禍 皆由內應貳心人者. 今麻都等 腹心新羅 遂着其服 往還旦夕 陰構奸心. 乃恐 任那由兹永滅. 任那若滅 臣國孤危. 思欲朝之 豈復得耶. 伏願天皇 玄鑒遠察 速移本處 以安任那(『일본서기』 권19 欽明天皇 5년 3월).

신라의 압박을 완화하려고 노력한 것으로 정리할 수 있다는 의미이다. 이와 더불어 안라는 다른 한편으로 대가야 및 여러 가야 소국과 함께 백제와의 연대를 모색하기도 하였는데, 541년과 544년에 백제가 주도하여 개최한 이른바 사비회의에 안라와 대가야 등이 참석한 것을 통해 이러한 사실을 뒷받침할 수 있다.

544년 이후 안라의 동향과 관련하여 548년에 안라가 고구려에게 백제의 마진성[馬津城; 독산성(獨山城) : 충남 예산]을 공격하도록 권유하였다고 전하는 사실이 유의된다.[131] 종래에 김태식 선생은 544년에 성명왕이 신라를 견제하기 위한 세 가지 계책을 주장한 이래, 왜에 사신을 파견하여 파병(派兵)을 요청하였고, 이에 대해 548년 1월에 왜가 파병을 약속하자, 안라는 백제가 대강수(大江水)를 차지하고 신라군을 구례산에서 축출한 후에 자신들을 강하게 압박할 것이라고 예상하여, 고구려에게 백제를 공격하여 달라고 권유하였다는 견해를 제기한 바 있다.[132] 안라에 주재하고 있는 왜신(倭臣)들이 친신라·반백제 입장을 견지하고 있는 상황에서 백제가 구례산에서 신라군을 축출하고, 안라에 대해 영향력을 강화한다면, 안라의 지배층과 왜신들이 불리한 위치에 처할 수 있는바, 김태식 선생의 견해는 나름 설득력이 있다고 판단된다.

고구려가 백제 독산성(마진성 ; 충남 예산)을 공격하자, 백제는 신라에게 도움을

---

131) 壬戌朔甲子 百濟遣中部杆率掠葉禮等奏日 德率宣文等 奉勅至臣蕃日 所乞救兵 應時遣送. 祇承恩詔 嘉慶無限. 然馬津城之役〈正月辛丑 高麗率衆 圍馬津城〉虜謂之日 由安羅國與日本府 招來勸罰. 以事准況 寔當相似. 然三廻欲審其言 遣召而並不來 故深勞念. 伏願 可畏天皇〈西蕃皆稱日本天皇 爲可畏天皇〉先爲勘當. 暫停所乞救兵 待臣遣報. 詔日 式聞呈奏 爰覩所憂 日本府與安羅 不救隣難 亦朕所疾也. 又復密使于高麗者 不可信也. 朕命卽自遣之 不命何容可得. 願王 開襟緩帶 恬然自安 勿深疑懼. 宜共任那 依前勅 戮力俱防北敵 各守所封. 朕當遣送若干人 充實安羅逃亡空地(『일본서기』권19 欽明天皇 9년 4월).

132) 김태식, 1993 앞의 책, 284~287쪽.

요청하였고, 이에 대해 신라는 구원군을 파견하였다.[133] 신라는 비록 안라를 둘러싸고 백제와 첨예하게 대립하였지만, 그러나 마진성전투에서 고구려가 승리한다면, 이후 고구려가 자신들을 침략할 수도 있고, 또한 고구려의 후원을 받은 안라가 신라의 서진을 방해할 수 있다고 판단하여 구원군을 보낸 것으로 추정된다. 이렇다고 하더라도 당시에 두 나라의 신뢰 관계가 완전히 회복되었다고 보기 어렵다. 이러한 사실은 550년 3월에 신라가 백제가 차지한 고구려의 도살성을 공격하여 빼앗은 사실,[134] 553년에 백제가 차지한 한강 하류지역을 급습하여 빼앗은 사실[135] 등을 통해 쉬이 상기할 수 있다.

종래에 549년 또는 550년 무렵에 여러 가야 소국이 백제에 부용(附庸)되었다고 주장하였는데,[136] 『일본서기』 권19 흠명천황 13년(552) 5월 기록에 백제와 가라, 안라가 중부(中部) 덕솔(德率) 목협금돈(木劦今敦) 등을 왜에 보내, '고려(高麗)가 신라와 화친하고 세력을 합쳐 신(백제)의 나라와 임나를 멸하려고 도모합니다.'라고 언급한 내용이[137] 보이므로, 이러한 견해는 나름 일리가 있다고 판단된다. 신라는 이후 계속 안라를 압박하다가 560년 무렵에 안라를 병합하기에 이르

---

133)   高句麗與穢人攻百濟獨山城 百濟請救. 王遣將軍朱玲領勁卒三千擊之 殺獲甚衆(『삼국사기』 신라본기 제4 진흥왕 9년 2월).
      이와 동일한 내용이 고구려본기 제7 양원왕 4년 정월 및 백제본기 제4 성왕 26년 정월 기록에도 보인다.
134)   春正月 百濟拔高句麗道薩城. 三月 高句麗陷百濟金峴城. 王乘兩國兵疲 命伊湌異斯夫 出兵擊之 取二城增築 留甲士一千戍之(『삼국사기』 신라본기 제4 진흥왕 11년).
135)   取百濟東北鄙 置新州 以阿湌武力爲軍主(『삼국사기』 신라본기 제4 진흥왕 14년 가을 7월).
136)   김태식, 1993 앞의 책, 287~289쪽.
137)   戊辰朔乙亥 百濟加羅安羅 遣中部德率木劦今敦河內部阿斯比多等奏曰 高麗與新羅 通和幷勢 謀滅臣國與任那. 故謹求請救兵 先攻不意. 軍之多少 隨天皇勅. 詔曰 今百濟王安羅王加羅王 與日本府臣等 俱遣使奏狀聞訖. 亦宜共任那 幷心一力. 猶尙若玆 必蒙上天擁護之福 亦賴可畏天皇之靈也(『일본서기』 권19 欽明天皇 13년 5월).

렸다.[138]

앞에서 548년 이후 가야연맹의 여러 나라가 백제에 부용화되었다고 언급한 바 있다. 이후 대가야는 554년 관산성전투에 군대를 파견하였지만, 백제와 대가야, 왜 연합군은 신라군에게 패배하였다. 나아가 신라는 562년(진흥왕 23)에 대가야를 공격하여 멸망시키고, 가야지역을 모두 신라 영토로 편제하기에 이르렀다. 이와 관련된 자료가 바로 다음의 기록들이다.

> VI-① 가야(加耶)가 반란을 일으켰으므로 왕이 이사부(異斯夫)에 명하여 토벌케 하였는데, 사다함(斯多含)이 부장(副將)이 되었다. 사다함은 5천 명의 기병을 이끌고 앞서 달려가 전단문(栴檀門)에 들어가 흰 기(旗)를 세우니 성안의 사람들이 두려워 어찌할 바를 몰랐다. 이사부가 군사를 이끌고 거기에 다다르자 일시에 모두 항복하였다(『삼국사기』 신라본기 제4 진흥왕 23년 9월).
>
> VI-② 신라가 임나(任那) 관가(官家)를 쳐서 멸하였다〈일본(一本)에는 21년에 임나가 멸망하였다고 하였다. 한데 묶어 말하면 임나라고 하고, 따로 말하면, 가라국(加羅國), 안라국(安羅國), 사이기국(斯二岐國), 다라국(多羅國), 졸마국(卒麻國), 고차국(古嵯國), 자타국(子他國), 산반하국(散半下國), 걸손국(乞飡國), 임례국(稔禮國)이라고 하니, 모두 합하여 열 나라이다〉.[139]

---

138) 『日本書紀』卷19 欽明天皇 22년(561)조에 阿羅 波斯山에 성을 쌓았다고 전한다. 또 23년(562) 봄 정월조에 신라가 安羅國(아라가야)을 포함한 任那 10국을 滅하였다고 전하고, 또 同 기록의 一本에서는 欽明天皇 21년(560)에 임나 10국을 滅하였다고 하였다. 이러한 기록들을 근거로 하여 560년 무렵에 신라가 안라국을 병합하였음을 추론할 수 있다.

139) 新羅打滅任那官家〈一本云 卄一年 任那滅焉. 總言任那 別言加羅國·安羅國·斯二岐國·多羅國·卒麻國·古嵯國·子他國·散半下國·乞飡國·稔禮國 合十國〉『일본서기』 권19 欽明

Ⅵ-② 기록에 전하는 가라국은 경북 고령군 대가야읍, 안라국은 경남 함안군 가야읍, 사이기국은 경남 의령군 부림면, 다라국은 경남 합천군 합천읍, 고차국은 경남 고성군 고성읍, 자타국은 경남 진주시로 비정된다. 이 밖에 졸마국을 경남 함양군 함양읍, 산반하국은 경남 합천군 초계면, 걸손국은 경남 산청군 단성면, 임례국은 경남 의령군 의령읍으로 비정하기도 하나[140] 단언하기 어렵다. 졸마국 등의 위치에 대하여 연구자마다 의견이 약간 다르지만, 그들이 경남 일원에 위치한 소국이라고 이해하는 것에 대하여 이견이 없는 편이다.[141] 『일본서기』에서 임나 10국이 멸망한 연도를 흠명천황 23년(562)이라고 하였으나, 또한 여기에서 임나 10국이 멸망한 해를 흠명천황 21년(560)이라는 전승도 존재하였음을 밝히고 있다. Ⅵ-① 기록에서 신라가 대가야를 정복한 연도를 진흥왕 23년(562)이라고 하였으므로, 신라가 대가야를 비롯한 가야 소국들을 모두 병합하여 신라의 영역으로 편제한 시기는 562년으로 보아도 문제가 되지 않을 것이다. 562년 이후 신라의 서쪽 경계는 『삼국사기』 지리지에 전하는 강주(康州)와 상주(尙州)의 서쪽 경계를 연결하는 선과 일치하였다. 이후 영남지역에서의 신라의 서쪽 경계는 백제와의 전쟁과정에서 자주 변동되었는데, 이에 대해서는 3부에서 자세하게 살필 예정이다.

이상에서 살핀 내용을 간략하게 정리하면 다음과 같다. 6세기를 전후한 시기에 고구려의 남진(南進)이 둔화되자, 신라와 백제가 본격적으로 가야지역으로 진출하기 시작하였다. 백제는 510년대 전반에 전남 동부지역에 진출하고, 이어 하동지역을 둘러싸고 대가야와 충돌하였다. 신라는 500년(지증왕 1)에서 505년(지증왕 6) 사이에 황강 수로를 통해 탁국을 복속시킨 다음, 황강과 낙동강 합류 지

天皇 23년 봄 정월).
140) 김태식, 1993 앞의 책, 158~163쪽.
141) 임나 10국의 위치 비정에 대한 제견해에 대해서는 김태식, 위의 책, 159쪽의 '〈표 10〉 후기가야 13국에 대한 기존의 지명비정'이 참조된다.

점 남쪽에 위치한 대가야의 성들을 공격하여 차지하였다. 대가야는 백제와 신라의 압박에 대항하여 514년에 자탄(子吞 : 경남 진주시?)과 대사(帶沙 : 경남 하동군)에 성을 쌓고, 대사에서 만해(滿奚; 전남 광양시) 사이에 봉후(烽候)와 저각(邸閣)을 설치하여 왜군 및 백제의 침략에 대비하는 한편, 이열비(爾列比; 경남 의령군 부림면)와 마수비(麻須比; 의령군 낙서면 여의리)에 성을 쌓고, 낙동강을 건너 추봉(推封; 대구광역시 달성군 현풍읍)과 마차해(麻且奚; 경남 창녕군 장마면 강리 및 유리?) 방면으로 진출하여 신라의 촌읍(村邑)을 약탈하였다. 이후 대가야는 백제가 하동지역을 다시 차지하자, 522년에 신라와 결혼동맹을 맺어 백제에 대항하였다가, 529년에 신라와 결별하고 백제와 연결하여 신라의 서진(西進)에 대응하였다.

532년(법흥왕 19)에 경남 김해시에 위치한 금관국의 왕 김구해(金仇亥)가 신라에 항복하였다. 신라는 이 무렵에 경남 합천군 쌍책면에 위치한 탁국을 병합하였다. 신라는 537년 봄에 경남 창원시에 위치한 탁순국(卓淳國)을 병탄(倂吞)하고, 구례산(久禮山; 경남 함안군 칠서면 무릉리)을 경계로 안라(安羅 : 경남 함안군 가야읍)와 대치하였다. 이후 신라는 계속 안라를 압박하다가 마침내 560년 무렵에 안라를 병합하였다. 554년(진흥왕 15)에 대가야는 백제와 연합하여 신라의 관산성(管山城; 충북 옥천군 옥천읍)을 공격하였다가 패배하였다. 마침내 신라는 562년(진흥왕 23) 9월에 대가야를 공격하여 멸망시켰는데, 이때 가라국(加羅國), 안라국(安羅國), 사이기국(斯二岐國), 다라국(多羅國), 졸마국(卒麻國), 고차국(古嵯國), 자타국(子他國), 산반하국(散半下國), 걸손국(乞飡國), 임례국(稔禮國) 등 가라 10국을 쳐서 병합하였다. 562년에 신라는 대가야를 정복함과 동시에 모든 가야지역을 자신의 영역으로 편제하였는데, 이후 신라는 『삼국사기』 지리지에 전하는 강주(康州)와 상주(尙州)의 서쪽 변방을 연결하는 선을 경계로 백제와 대치하였다.

3부
통일신라의 국경과 변천

1. 660년 신라와 백제의 경계

1) 충청지역의 경계

앞에서 상고기와 중고기 신라 국경의 변천에 대하여 살펴보았다. 이제 통일신라의 국경과 그 변천에 대하여 살필 차례인데, 여기서는 먼저 660년 무렵 신라와 백제의 경계, 웅진도독부와 신라의 경계를 먼저 고찰하고, 이어 통일신라의 서북 경계의 변천과정 및 발해와 신라와의 경계를 살피는 순으로 논지를 전개하고자 한다. 660년 백제 북쪽 경계와 관련하여 웅진도독부(熊津都督府) 51현 가운데 북쪽에 위치한 지심주(支潯州) 평이현(平夷縣)과 자래현(子來縣)을 주목할 필요가 있다. 평이현은 오늘날 충남 당진시, 자래현은 충남 서산시 지곡면에 해당하는데,[1] 이것들은 660년에 백제 영토에 속하였음이 분명하다. 『삼국사기』 열전 제7 소나조에 7세기 전반에 사산현(蛇山縣; 충남 천안시 서북구 직산읍)과 백성군(白城郡; 경기도 안성시)이 신라 영역에 속하였음을 알려주는 내용이 전한다.[2] 660년

---

1) 平夷縣과 子來縣의 위치 비정에 대해서는 뒤에서 자세하게 살필 예정이다.
2) 蛇山境與百濟相錯 故互相寇擊無虛月. 沈那每出戰 所向無堅陣. 仁平中 白城郡出兵 往抄百濟邊邑. 百濟出精兵急擊之 我士卒亂退(『삼국사기』 열전 제7 素那).
위의 기록에 보이는 仁平은 634년(선덕여왕 3)부터 646년(선덕여왕 15)까지 사용된 연호이다.

무렵에도 이들 지역은 신라의 영토에 속하였을 것이다. 이외에 『삼국사기』 열전 제2 김유신조에 650년대에 조미갑(租未坤)이 부산현령(夫山縣令)에 재직하였다고 전한다.[3] 부산현은 오늘날 경기도 평택시 진위면에 해당하는 부산현(釜山縣)을 가리킨다. 660년에 평이현과 자래현은 백제의 영토, 백성군과 사산현, 부산현이 신라 영토였다는 점, 『삼국사기』 지리지에 대목악군(大木岳郡; 충남 천안시 동남구 목천읍)과 아술현(牙述縣; 충남 아산시 영인면)이 본래 백제의 영토였다고 전하는 점, 6세기 중반 이래 금물노군(今勿奴郡; 충북 진천군 진천읍)이 계속 신라의 영역이었다는 사실[4] 등을 고려하건대, 660년 신라와 백제의 경계는 아산만에서 천안, 진천을 잇는 선이었다고 정리할 수 있을 것이다.

660년 충청지역에서의 신라와 백제 경계를 살피고자 할 때, 우선 백제 멸망 이후 백제부흥운동세력과 나·당군(羅·唐軍)이 싸운 지역을 주목할 필요가 있다. <표 1>은 660~662년 백제부흥운동세력과 신라 또는 당군 사이에 전투가 벌어진 지역을 정리한 것이다.

〈표 1〉 660~662년 백제부흥운동세력과 나·당군 전투 지역[5]

시기	장소	백제 지명	현재 위치	비고
660년 8월	남잠성(南岑城)			

---

3) 永徽六年乙卯秋九月 庾信入百濟 攻刀比川城克之. 是時 百濟君臣奢泰淫逸 不恤國事. 民怨神怒 災怪屢見. 庾信告於王曰 百濟無道 其罪過於桀紂 此誠順天吊民伐罪之秋也. 先是 租未坤級湌爲夫山縣令 被虜於百濟 爲佐平任子之家奴(『삼국사기』 열전 제2 김유신).
4) 앞에서 551년에 한강 상류지역을 공격하여 차지하였을 때에 今勿奴郡이 신라의 영역에 편제되었음을 살핀 바 있다.
5) 백제본기에 전한다고 밝힌 지명 이외의 나머지는 『삼국사기』 신라본기 기록에 전하는 것이다.

시기	장소	백제 지명	현재 위치	비고
660년 8월	정현성(貞峴城)	진현현(眞峴縣)	대전광역시 서구 진잠지역[6]	진현성(眞峴城)과 동일
	두시원악(豆尸原嶽)	두시이현(豆尸伊縣)	전북특별자치도 무주군 부남면[7]	
	임존대책(任存大柵)	임존성(任存城)	충남 예산군 대흥면	
660년 9월	사비성(泗沘城)	소부리군(所夫里郡)	충남 부여군 부여읍	
660년 10월	이례성(尒禮城)		충남 논산시 연산면	이리성(伊里城) 『대동지지』[8]
	사비남령(泗沘南嶺)	소부리군	충남 부여군 부여읍	
660년 11월	왕흥사잠성(王興寺岑城)		충남 부여군 규암면[9]	
661년 2월	사비성(泗沘城)	소부리군	충남 부여군 부여읍	
661년 3월	두량윤성(豆良尹城)	열이현(悅已縣)	충남 청양군 정산면	두릉윤성(豆陵尹城)·두곶성(豆串城)·윤성(尹城)
	고사비성(古沙比城)	고사부리군(古眇夫里郡)[10]	전북특별자치도 정읍시 고부면	
	웅진강구(熊津江口)	웅천주(熊川州)	충남 공주시	백제본기에 전함

6) 심정보, 1983 「백제부흥군의 주요 거점에 관한 연구」, 『백제연구』 14, 167~169쪽에서 정현성(진현성)을 대전광역시 서구 흑석동에 위치한 흑석동산성[밀암산성(密巖山城)]으로 비정하였다.

7) 정구복 등, 2012b 『개정증보 역주 삼국사기』 4(주석편하), 한국학중앙연구원출판부, 330쪽에서 豆尸伊縣을 충남 금산군 부리면으로 비정하였고, 양기석 등, 2008 『백제사자료역주집』(한국편 I), 충청남도 역사문화연구원, 436쪽에서 전북특별자치도 무주군 부남면으로 비정하였다. 후자에서 부리면으로 비정하는 견해의 문제점을 지적하였는데, 나름 타당하다고 판단된다.

8) 爾禮城 在兜率山 有遺址 俗轉呼伊里城. 新羅武烈王七年 王滅百濟 班師 率太子及諸軍攻爾禮城取之 百濟二十餘城 震懼皆降(『大東地志』 卷5 忠淸道 連山).
이병도, 1977 『국역 삼국사기』, 을유문화사, 87쪽; 노중국, 2003 『백제부흥운동사』, 일조각, 197~198쪽.

9) 노중국, 위의 책, 201쪽.

10) 古眇夫里郡에서 '眇'는 '沙'의 오기로 보인다.

시기	장소	백제 지명	현재 위치	비고
661년 3월	사비도성(泗沘都城)	소부리군	충남 부여군 부여읍	위와 동일
661년 4월	빈골양(賓骨壤)	빈굴현(賓屈縣)	전북특별자치도 정읍시 옹동면 산성리[11]	
	각산[角山(城)]		전북특별자치도 임실군 관촌면 덕천리 성미산성	
661년 9월	옹산성(甕山城)		대전광역시 대덕구[12]	
	우술성(雨述城)	우술군(雨述郡)	대전광역시 대덕구	
662년 7월	지라성(支羅城)		대전광역시 대덕구 비래동 질현성[13]	백제본기에 전함
	윤성(尹城)	열이현	충남 청양군 정산면	위와 동일
	대산책(大山柵)			위와 동일
	사정책(沙井柵)		대전광역시 중구 사정동	위와 동일
662년 7월	진현성(眞峴城)	진현현	대전광역시 서구 구진잠지역	

11) 賓骨壤과 角山의 위치에 대해서는 뒤에서 자세하게 살필 예정이다.
12) 심정보, 2007 「백제 부흥운동의 전개」 『백제의 멸망과 부흥운동』(백제문화사대계 연구총서6), 충청남도 역사문화연구원, 179~187쪽에서 옹산성을 대전광역시 대덕구 장동에 위치한 계족산성, 우술성을 대덕구 읍내동에 위치한 연축동산성으로 비정하였다. 김병남, 2013 「백제 부흥전쟁기의 옹산성 전투와 그 의미」 『전북사학』 42, 48~49쪽; 이상훈, 2015 「백제부흥군의 옹산성 주둔과 신라군의 대응」 『역사교육논집』 57, 119~120쪽에서 옹산성을 계족산성으로 비정하고, 우술성은 그 근처에 위치하였다고 이해하는 견해를 제기하였다. 노중국, 2003 앞의 책, 82~184쪽 및 201~202쪽에서 계족산성 발굴조사에서 '雨述' 등의 명문이 새겨진 기와가 발견된 사실을 주목하여 계족산성을 우술성으로 비정하고, 회덕산성을 옹산성으로 이해하는 견해를 제기하였다. 그리고 김영관, 2010 「660년 신라와 백제의 국경선에 대한 고찰」 『신라사학보』 20, 122~123쪽에서 계족산성을 우술성으로, 보은군 내북면 창리에 위치한 주성산성을 옹산성으로 비정하는 견해를 제기하였다. 본서에서는 계족산성이 옹산성과 우술성 가운데 하나로 비정된다는 사실만을 언급하는 데에 그치고, 옹산성과 우술성의 정확한 위치에 대한 고증은 차후의 과제로 남겨두고자 한다.
13) 심정보, 1983 앞의 논문, 170쪽; 심정보, 2007 앞의 논문, 212쪽; 노중국, 2003 앞의 책, 200쪽.
한편 『册府元龜』 卷366 長帥部 機畧6 劉仁願條에는 支離城이라 전한다.

시기	장소	백제 지명	현재 위치	비고
662년 8월	내사지성(內斯只城)	노사지현 (奴斯只縣)	대전광역시 유성구	

〈표 1〉에서 언급한 백제부흥운동이 전개된 지역들이 『삼국사기』 지리지에 본래 백제의 영역이었다고 전하는 웅주(熊州)의 군과 현에 위치하였음을 살필 수 있다. 이들은 660년에 모두 백제의 영토에 속하였다고 보아도 무방할 것이다. 이 가운데 옹산성 또는 우술성은 대전광역시 대덕구 장동에 위치한 계족산성(鷄足山城)으로 비정되고 있다. 계족산성과 지라성(支羅城)으로 비정되는 질현성(迭峴城)이 옥천과 대전 사이에 소재한 신라의 서쪽 경계에서 그리 멀지 않은 곳에 위치하지 않았을까 한다. 전북특별자치도 무주군 부남면에 소재한 두시원악(豆尸原嶽)은 전주(全州)의 군·현 가운데 동북쪽에 위치한 적천현(赤川縣; 전북특별자치도 무주군 무주읍)의 바로 서쪽에 위치하였다. 이러한 사실을 근거로 660년 무렵 충청지역에서 백제의 동쪽 경계가 웅주의 동쪽과 전주의 동북쪽에 위치한 군과 현을 연결하는 선과 별로 차이가 나지 않았을 것이라고 추론할 수 있다.

오늘날 세종특별자치시 전의면에 해당하는 웅진도독부 동명주(東明州) 구지현(久遲縣)이었던 연산군(燕山郡)의 영현 구지현(仇知縣)도 660년에 백제 영토였을 것이다. 한편 『삼국사기』 신라본기 제6 문무왕 원년(661) 9월 기록에 상주총관(上州摠管) 품일(品日)과 일모산군태수(一牟山郡太守) 대당(大幢), 사시산군태수(沙尸山郡太守) 철천(哲川) 등이 군사를 이끌고 우술성(雨述城)을 공격하였다고 전한다. 일모산군은 충북 청주시 상당구 문의면, 사시산군은 충북 옥천군 이원면으로 비정된다. 『삼국사기』 잡지 제5 지리3 웅주조에 연산군이 본래 백제의 일모산군이었다고 전한다. 백제 멸망 이후 신라가 이곳을 곧바로 자신들의 영역으로 편제한 것이 아닌가 한다. 『삼국사기』 지리지에 연산군의 영현 매곡현(昧谷縣; 충북 보은군 회인면)도 본래 백제 영토였다라고 전한다. 그런데 이곳은 일모산군 동쪽에 위치하였다. 이곳도 백제 멸망 이후 신라의 영역으로 편제된 것으로 짐작된다.

청주지역은 삼국이 대치하는 완충지대로서의 성격을 지니고 있었다. 이러한 이유 때문에 삼국 모두 청주지역에 지방통치조직을 설치하지 못하였다. 신라가 신문왕 5년(685)에 청주지역에 서원소경(西原小京)을 설치함에 따라 비로소 그곳이 지방통치조직으로 편제되기에 이르렀다. 청주지역에서 백제부흥운동세력과 신라군이 싸웠다는 기록이 전하지 않는 것으로 보건대, 신라는 660년 백제 멸망 이후에 청주지역을 확고하게 지배하였음이 확실시된다.[14]

『삼국사기』열전 제2 김유신조에 '영휘(永徽) 6년 을묘(태종무열왕 2년; 655) 가을 9월에 유신(庚信)이 백제에 들어가 도비천성(刀比川城)을 공격하여 이겼다.'라고 전한다. 열전 제7 김흠운조에는 영휘 6년(655)에 신라가 백제의 조천성(助川城)을 공격하였다고 전하므로,[15] 도비천성은 조천성을 가리킨다고 볼 수 있다.[16] 조천성은 현재 충북 영동군 양산면에 해당한다. 그런데『삼국사기』열전 제7 취도조에 태종대왕(太宗大王) 때에 백제가 와서 조천성을 쳤다고 전한다. 태종무열왕은 654년 3월에 즉위하였으므로, 백제가 654년 3월 이후와 655년 9월 사이에 조천성을 공격하였다고 볼 수 있다.『삼국사기』신라본기에 태종무열왕 2년(655) 정월에 고구려와 백제, 말갈이 연합하여 신라의 북경(北境)을 쳐서 33성을 차지하였다고 전한다.[17] 따라서 백제가 도비천성(조천성)을 공격하여 차지한 것은 655

---

14) 전덕재, 2005「서원소경의 설치와 행정체계에 대한 고찰」『호서사학』41, 4~16쪽; 김영관, 2008「고대 청주지역의 역사적 동향」『백산학보』82에서 신라의 청주지역 진출 시기와 그곳을 서원소경으로 편제하기까지의 과정에 대하여 자세하게 살핀 바 있다.

15) 永徽六年 太宗大王慎百濟與高句麗梗邊 謀伐之. 及出師 以歆運爲郎幢大監. 於是 不宿於家 風梳雨沐 與士卒同甘苦. 抵百濟之地 營陽山下 欲進攻助川城 百濟人乘夜疾驅 黎明緣壘而入 我軍驚駭顚沛 不能定(『삼국사기』열전 제7 김흠운).

16) 『삼국사기』잡지 제3 지리1 상주조에 永同郡의 領縣인 陽山縣이 본래 助比川縣이라고 전하는데, 이것과 조천성은 같은 지명에 대한 이표라 할 수 있다.

17) 高句麗與百濟靺鞨連兵 侵軼我北境 取三十三城(『삼국사기』신라본기 제5 태종무열왕 2년 봄 정월).

년 정월이라 볼 수 있다. 김유신열전의 기록은 같은 해 9월에 김유신이 도비천성을 공격하여 다시 빼앗았음을 알려주는 자료인 셈인데, 660년에도 조비천현은 신라의 영토였을 것이다.

『삼국사기』열전 제1 김유신조에 648년 옥문곡전투(玉門谷戰鬪) 이후 김유신이 악성(嶽城) 등 12성과 더불어 진례(進禮) 등 9성을 공격하여 함락시켰다고 전한다.[18] 악성의 위치를 고증하기 어렵다. 진례성은 일부 연구자가 경남 김해시 진례면으로 비정하기도 하지만,[19] 648년 당시 김유신이 상주(上州)의 행군군단(行軍軍團)을 지휘하는 상주행군총관(上州行軍摠管)이었던 점을 고려하건대, 오늘날 충남 금산군 금산읍에 해당하는 진례군[進禮郡; 진잉을군(進仍乙郡)]과 연결시켜 이해하는 것이 합리적이다.[20] 그런데 655년 정월에 백제가 도비천성을 공격하여

한편『삼국사기』백제본기 제6 의자왕 15년 기록에는 655년(의자왕 15) 8월에 백제가 고구려, 말갈과 더불어 신라의 30여 성을 깨뜨렸다고 전한다. 같은 해 9월에 신라가 도비천성을 공격하여 다시 빼앗았음을 고려하건대, 백제 등이 신라를 공격하여 30여 성을 차지한 시기는 8월이 아니라 정월로 보는 것이 옳다고 판단된다.

18) 時庾信爲押梁州軍主 若無意於軍事 飮酒作樂 屢經旬月. … 遂簡練州兵赴敵 至大梁城外 百濟逆拒之. 佯北不勝 至玉門谷. 百濟輕之 大率衆來 伏發擊其前後 大敗之 獲百濟將軍八人 斬獲一千級. … 遂乘勝入百濟之境 攻拔嶽城等十二城 斬首二萬餘級 生獲九千人. 論功 增秩伊湌 爲上州行軍大摠管. 又入賊境 屠進禮等九城 斬首九千餘級 虜得六百人(『삼국사기』열전 제1 김유신).

19) 문안식, 2004「의자왕 전반기의 신라 공격과 영토확장」『경주사학』23, 21쪽; 김영관, 2010 앞의 논문, 142쪽; 김병남, 2018「661년 신라 하주 州治의 大耶 이동 배경-신라와 백제의 공방을 중심으로-」『지역과 역사』42, 182쪽.

20) 津田左右吉, 1913「羅濟境界考」『朝鮮歷史地理』1, 南滿洲鐵道株式會社; 이부오·장익수역, 2009「나제경계고」『신라사학보』16; 장창은, 2019「7세기 전반~중반 백제·신라의 각축과 국경선 변천」『한국고대사탐구』33; 2020『삼국시대 전쟁과 국경』, 도서출판 온샘, 211~212쪽.
648년 무렵 김유신이 공격할 때에는 본래 進仍乙城이라 불렀으나, 하대에 金長淸이 金庾信行錄을 찬술하면서 進禮城으로 개서한 것으로 추정된다.『삼국사기』찬자는 이를 그대로 인용한 것으로 보인다.

차지한 것으로 보아, 이때에 백제에서 도비천성을 연결하는 중간에 위치한 진잉을성도 차지하였을 것으로 짐작된다. 660년 7월 백제 멸망 때까지 신라가 진잉을성을 공격하였다고 전하는 기록이 보이지 않는바, 이곳은 655년 정월 이후 계속 백제 영토였을 가능성이 높다고 하겠다. 이상의 검토를 고려하건대, 660년 무렵 충청지역에서 백제의 동쪽 경계는 대체로 서원소경을 제외한 웅주의 동쪽과 전주의 동북쪽 경계에 위치한 군과 현을 연결하는 선이었다고 보아도 무방하지 않을까 한다.

한편 진덕여왕 원년(647) 11월에 백제가 무산성(茂山城)과 동잠성(桐岑城), 감물성(甘勿城)을 공격하였다가 실패하였다. 이 가운데 무산성[무풍현(茂豊縣)]은 오늘날 전북특별자치도 무주군 무풍면에 해당한다. 이를 통해 647년 11월에 무산성은 신라 영토였고, 그 서쪽은 백제의 영토였음을 추정해볼 수 있다. 무산현과 인접한 곳은 오늘날 전북특별자치도 무주군 무주읍에 해당하는 적천현(赤川縣)인데, 『삼국사기』 지리지에 본래 백제의 현이었다고 전한다. 660년에 신라와 백제는 적천현과 무산현의 경계를 국경으로 삼았던 것으로 보인다. 『삼국사기』 잡지 제3 지리1 상주조에 삼년산군(三年山郡; 충북 보은군 보은읍), 아동혜현(阿冬兮縣; 충북 옥천군 안내면), 고시산군(古尸山郡; 충북 옥천군 옥천읍), 소리산현[所利山縣; 사시산군(沙尸山郡); 충북 옥천군 이원면]은 본래 신라의 땅에 설치한 상주(尙州) 소속이라고 전한다. 이와 같은 사실과 이상에서 검토한 바를 고려한다면, 충청지역에서 660년 무렵 신라의 서쪽 경계는 금물노군과 서원소경, 삼년산군, 고시산군, 아동혜현, 소리산현과 조비천현, 무산현의 서쪽 경계를 연결하는 선이었다고 정리할 수 있을 것이다.

2) 영·호남의 경계

『삼국사기』 지리지에 의거하건대, 전주(全州)와 무주(武州) 및 강주(康州)의 경계는 소백산맥 및 이것과 남해안을 연결하는 선이었다고 볼 수 있다. 다만 오늘날 전북특별자치도 남원시 운봉읍에 해당하는 모산현(母山縣)은 신라의 영토였다고 전한다. 그런데 『삼국사기』 지리지에 신라 영토였다고 전하는 지역 가운데 660년 백제 멸망 이후 한때 백제부흥운동세력이 차지하였다고 전하는 곳이 바로 거열성(居列城; 경남 거창군 거창읍)이다. 이에 관한 기록을 제시하면 다음과 같다.

흠순(欽純)과 천존(天存)이 군대를 거느리고 백제의 거열성을 공격하여 차지하니, 목을 벤 것이 7백여 급이었다. 또한 거물성(居勿城)과 사평성(沙平城)을 공격하여 항복시켰으며, 덕안성(德安城)을 공격하여 1,070명의 목을 베었다 (『삼국사기』 신라본기 제6 문무왕 3년 2월).

위의 기록에 따르면, 문무왕 3년(663) 2월에 거열성, 거물성, 사평성, 득안성을 백제부흥운동세력이 차지하고 있었다고 볼 수 있다. 거물성은 『삼국사기』 잡지 제5 지리3 전주조에 전하는 임실군(任實郡) 영현(領縣) 청웅현(青雄縣)의 본래 이름인 거사물현(居斯勿縣; 전북특별자치도 장수군 번암면)과 통한다. 사평성의 위치는 고증하기 어렵지만, 청웅현과 가까운 지역에 위치한 곳으로 추정된다.[21] 덕안성은 『주서(周書)』 백제전(百濟傳)에 전하는 동방(東方) 득안성(得安城)과 동일한 곳으로 보이는데, 일반적으로 『삼국사기』 잡지 제5 지리3 전주조에 보이는 덕은군[德殷郡; 덕근군(德近郡); 충남 논산시 가야곡면·은진면]으로 비정한다.

『삼국사기』 신라본기 제6 문무왕 5년(665) 겨울 기록에 '일선주(一善州)와 거열

---

21) 종래에 沙平城을 欿平郡과 연결시켜 오늘날의 순천으로 비정하는 견해(전영래, 1996 『백촌강에서 대야성까지』, 신아출판사, 119쪽; 김영관, 2005 『백제부흥운동연구』, 서경, 185쪽), 웅주 부여군의 領縣 新平縣의 본래 이름이 沙平縣이었음을 고려하여 충남 당진시 신평면으로 비정하는 견해(井上秀雄 譯註, 1980 『三國史記』 1, 平凡社, 180쪽), 전북특별자치도 임실군 신평면으로 비정하는 견해(김태식, 1993 『가야연맹사』, 일조각, 123쪽)가 제기되었다.

주(居列州) 2주의 백성들로 하여금 하서주(河西州)로 군대에 쓸 물건을 옮기게 하였다.'라고 전한다.『삼국사기』잡지 제3 지리1 양주조에 '문무왕 5년, 인덕(麟德) 2년(665)에 상주(上州)와 하주(下州)의 땅을 나누어 삽량주(歃良州)를 두었다.'라고 전하는데, 신라본기의 기록은 삽량주 설치 이후 기존의 상주는 일선주, 하주는 거열주라고 불렀음을 알려주는 자료로 이해할 수 있다. 661년 5월 이래 하주의 주치(州治)는 대야(大耶; 경남 합천군 합천읍)였는데,[22] 663년 2월 이후에 하주의 주치를 거열로 옮겼고, 665년부터 하주가 아니라 거열주라고 불렀다고 볼 수 있다. 아무튼 663년 2월 이후 백제부흥운동세력이 거창지역을 공격하여 차지하였다거나 그곳을 웅진도독부가 통제하였음을 알려주는 기록은 전하지 않는바, 그 이후 거열성은 계속 신라의 영역에 속하였다고 보아도 좋을 것이다.

663년 2월에 백제부흥운동세력이 차지한 거물성, 사평성, 덕안성은 백제가 멸망한 660년 7월에도 역시 백제의 영토였을 것이다. 그런데 여기서 문제는 거열성이 과연 660년 7월에도 백제의 영토였을까에 관해서이다. 이와 관련하여 다음의 기록을 주목할 필요가 있다.

여름 4월 19일에 군사를 거느리고 돌아왔는데, 대당(大幢)과 서당(誓幢)이 먼저 가고 하주(下州)의 군사는 뒤에 가게 하였다. 빈골양(賓骨壤)에 이르러 백제의 군사를 만나 서로 싸웠지만 패하여 물러났다. 죽은 사람은 비록 적었으나 병기(兵器)와 수레를 잃어버린 것이 매우 많았다. 상주(上州)와 낭당(郎幢)은 각

---

22) 移押督州於大耶 以阿湌宗貞爲都督(『삼국사기』신라본기 제5 태종무열왕 8년 5월). 위의 기록을 통해 661년(태종무열왕 8년) 5월에 下州의 州治를 압독(경북 경산시)에서 대야(경남 합천군 합천읍)로 옮겼음을 살필 수 있다. 참고로 665년 上州와 下州의 땅을 분할하여 歃良州를 설치하기 이전 시기의『삼국사기』신라본기 기록에 전하는 州의 置廢에 관한 내용은 주치의 이동을 반영한 것으로 이해되고 있다(전덕재, 2018『삼국사기 본기의 원전과 편찬』, 주류성, 80~92쪽).

산(角山)에서 적을 만났으나 진격하여 이기고, 드디어 백제의 진영에 들어가서 2,000명의 목을 베거나 사로잡았다. 왕은 군대가 패배하였음을 듣고 크게 놀라서 장군(將軍) 김순[金純; 김흠순(金欽純)]·진흠(眞欽)·천존(天存)·죽지(竹旨)를 보내서 군사를 도와 구원케 하였다. 그런데 [구원군이] 가시혜진(加尸兮津)에 이르렀을 때, [우리의] 군사가 퇴각하여 가소천(加召川)에 이르렀다는 소식을 듣고 이에 돌아왔다(『삼국사기』 신라본기 제5 태종무열왕 8년).

위의 기록에서 태종무열왕 8년(661) 4월에 신라군이 전북지역에서 퇴각하여 가소천에 이르렀음을 살필 수 있다. 위의 기록에 전하는 빈골양은 빈골현(賓屈縣; 전북특별자치도 정읍시 태인면·옹동면·신태인읍·감곡면 일대)과 연결되는 지명이다. 종래에 빈골양을 전북특별자치도 정읍시 옹동면 산성리의 산성으로 비정하는 견해가 제기되었다.[23] 그리고 각산(성)은 일반적으로 전북특별자치도 임실군 관촌면 덕천리의 성미산성으로 비정하고 있다.[24] 가시혜진, 즉 가혜진(加兮津)은 경북 고령군 개진면 개포리에 위치한 나루로 비정되고,[25] 가소천은 경상남도 거창군 가조면 가천천(加川川)에 해당한다. 신라군은 빈골양과 각산을 지나 가소천으로 퇴각하였다고 볼 수 있다. 전북 임실 방면에서 가천천에 이르기 위해서는 반드시 거창읍을 지나야 한다. 그런데 위의 기록에 퇴각하는 신라군이 거창읍을 지날 때 백제부흥운동세력의 공격을 받았다는 정보가 전하지 않는다. 이에서 661년 4월에 거열성은 백제부흥운동세력이 장악한 것이 아니라 신라가 지배·통

---

23) 전영래, 1990 「주류성·백강 위치비정에 관한 신연구」『백제 최후 항쟁사 연구』, 전주문화원, 124~128쪽.
24) 전영래, 위의 논문, 128~131쪽; 박종욱, 2013 「602년 아막성전투의 배경과 성격」『한국고대사연구』69, 203쪽; 김병남, 2022 「백제부흥운동 관련 '전북지역' 지명의 검토」『전북사학』64, 16쪽.
25) 전덕재, 2008 「삼국시대 낙동강 수로를 둘러싼 신라와 가야세력의 동향-낙동강 중류지역을 중심으로-」『대구사학』93, 30쪽.

제한 지역, 즉 신라의 영토였다는 추론이 가능할 것이다.[26] 이에 따른다면, 661년 4월 이후부터 663년 2월 사이에 백제부흥운동세력이 거열성을 공격하여 차지하였다고 볼 수 있을 것이다. 여기서 문제는 660년 7월 백제 멸망 때 거열성이 어느 나라의 영토였는가에 관해서인데, 이와 관련하여 640년대 신라의 서쪽 경계 변화를 주목할 필요가 있다.

642년 8월에 백제가 대야성을 공격하여 차지하였다. 이후 백제는 낙동강 서쪽의 옛 가야지역 대부분을 차지한 것으로 보인다. 『삼국사기』 열전 제1 김유신조에 선덕여왕 13년(644) 9월에 왕이 명하여 [김유신을] 상장군(上將軍)으로 삼아, 군사를 거느리고 백제의 가혜성(加兮城)·성열성(省熱城)·동화성(同火城) 등 7성을 치게 하여 크게 이겼다고 전한다. 가혜성은 경북 고령군 우곡면,[27] 성열성은 경남 의령군 부림면으로[28] 비정된다. 동화성을 경북 구미시 인의동(옛날 경북 칠곡군 인동면)으로 비정하는 견해가 제기되었으나[29] 가혜성과 거리가 멀기 때문에 확언하기 어렵다. 동화성의 위치는 고증하기 어렵지만, 가혜성과 성열성의 위치로 보아 644년 9월에 낙동강 중류지역에서 신라와 백제는 낙동강을 경계로 대치하였다고 추정해볼 수 있다.

김유신열전에 을사년(선덕여왕 14; 645) 정월에 백제의 대군이 매리포성(買利浦

---

26) 津田左右吉, 1913 앞의 논문; 이부오·장익수역, 2009 앞의 논문, 361쪽에서 신라군이 태연하게 가조천 부근으로 온 것으로 보아 661년 4월 당시 거창은 신라의 영역에 속하였을 것이라고 추측한 바 있다.
27) 정구복 등, 2012b 앞의 책, 228쪽.
28) 末松保和, 1949 『任那興亡史』, 大八洲出版(1961 吉川弘文館), 241~243쪽; 田中俊明, 1992 『大加耶連盟の興亡と任那-加耶琴だけが殘った-』, 吉川弘文館, 62~64쪽; 김태식, 2009 「우륵 출신지 성열현의 위치」 『악사 우륵과 의령지역의 가야사』, 홍익대학교 인문과학연구소·우륵문화발전연구회, 59쪽.
29) 정구복 등, 2012b 앞의 책, 663~664쪽.

城)을 공격하자, 김유신이 군대를 이끌고 가서 물리쳤다고 전한다.[30] 멸포(蔑浦) 또는 매포(買浦)라고도 부른 매리포(買利浦)는 경남 창녕군 길곡면 오호리와 함안군 칠북면 봉촌리 외봉촌을 연결하는 나루이다.[31] 매리포성은 아마도 낙동강 동쪽인 길곡면 오호리에 위치한 성으로 짐작된다. 645년에 창녕과 함안지역에서도 신라와 백제가 낙동강을 경계로 대치하였음을 이를 통해 엿볼 수 있다. 이처럼 644년에 가혜성과 성열성이 백제의 성이었고, 645년에 백제가 낙동강을 건너 매리포성을 공격하였다는 사실 등을 근거로 하여 642년 8월 대야성전투 이후 백제가 낙동강 서안의 옛 가야지역을 대부분 차지하였다고 추론하는 것이 가능할 듯싶다.

『삼국사기』열전 제1 김유신조에 648년에 김유신이 군사를 이끌고 대량성[大梁城; 대야성(大耶城)] 밖에 진격하였는데, 이에 맞서 백제군이 대항하자, 신라군이 일부러 패해 도주하며 이기지 못한 척하고 옥문곡(玉門谷)에 이르러 복병(伏兵)을 발하여 백제군을 크게 물리쳤다고 전한다.[32] 옥문곡의 위치에 대해 종래에 경남 합천군 가야면 구원리 일대로 보는 견해,[33] 『신증동국여지승람』권28 경상도 성주목 산천조에 나오는 여근내지(汝斤乃池)와 관련시켜 이해하는 견해,[34] 경

---

30) 乙巳正月 歸未見王 封人急報百濟大軍來攻我買利浦城. 王又拜庾信爲上州將軍 令拒之. 庾信聞命卽駕 不見妻子 逆擊百濟軍走之 斬首二千級(『삼국사기』열전 제1 김유신).

31) 고석규 등, 2006 『장보고시대의 포구조사』, 재단법인 해상왕장보고기념사업회, 672~676쪽.

32) 한편 『삼국사기』백제본기 제6 의자왕 8년 4월 기록에는 '進軍於玉門谷 新羅將軍庾信逆之 再戰大敗之'라고 전한다.

33) 김태식, 1997 「백제의 가야지역관계사-교섭과 정복-」『백제의 중앙과 지방』(백제연구총서 5권), 충남대학교 백제연구소; 2014 『사국시대의 사국관계사 연구』, 서경문화사, 153쪽.

34) 문안식, 2006 『백제의 흥망과 전쟁』, 혜안, 398~400쪽.

북 성주군 용암면의 조곡산으로 비정한 견해가[35] 제기되었다. 『삼국사기』 신라본기 제5 선덕여왕 5년(636) 여름 5월 기록에 옥문곡이 신라의 서남 변경에 위치하였다고 전한다.[36] 따라서 옥문곡이 대량성에서 멀리 떨어지지 않은 합천군 가야면 구원리에 위치하였다고 이해하는 견해가 나름 타당하지 않을까 한다.

현재 학계에서 648년 옥문곡전투 이후 신라가 대야성을 탈환하였는가의 여부를 둘러싸고 의견이 분분하다. 상당수의 연구자들은 『삼국사기』 본기와 김유신열전에서 옥문곡전투 이후 신라가 대량성(대야성)을 탈환하였다고 분명하게 밝히지 않은 사실 및 661년(태종무열왕 8) 5월에 이르러 하주의 주치(州治)를 압독에서 대야로 옮긴 사실, 그리고 663년 2월에 백제부흥운동세력이 거열성(居列城)에 웅거(雄據)하였음을 알려주는 『삼국사기』 신라본기 제6 문무왕 3년 2월 기록 등을 근거로 하여, 648년에 신라가 대야성을 탈환하지 못하였고, 660년까지 백제가 계속 옛 가야지역의 상당 부분을 차지하였다고 이해하고 있다.[37] 그러나 김유신열전에 신라군이 먼저 대량성(大梁城)을 공격하려 하였을 뿐만 아니라 김유신이 옥문곡전투 이후 승리한 기세를 타고 백제의 영토에 들어가 악성(嶽城) 등 12성 및 진례성(進禮城) 등 9성을 공격하여 함락시켰다고 전하는 사실, 『삼국사기』 신라본기 제5 태종무열왕 8년(661) 4월 19일 기록에 대한 세밀한 분석을 통하여

---

35) 전영래, 1985 「백제 남방경역의 변천」 『천관우선생환력기념사학논총』, 정음문화사, 155~156쪽.

36) 蝦蟆大集宮西玉門池. 王聞之 謂左右曰 蝦蟆怒目 兵士之相也. 吾嘗聞西南邊亦有地名玉門谷者 意或有隣國兵潛入其中乎 乃命將軍閼川弼吞 率兵往搜之. 果百濟將軍于召欲襲獨山城 率甲士五百人來伏其處. 閼川掩擊 盡殺之(『삼국사기』 신라본기 제5 선덕여왕 5년 여름 5월).

37) 김창석, 2009 「6세기 후반~7세기 전반 백제·신라의 전쟁과 대야성」 『신라문화』 34, 103~104쪽; 김영관, 2010, 앞의 논문, 142~143쪽; 김병남, 2018 앞의 논문, 183쪽; 박종욱, 2021 「백제 사비기 신라와의 전쟁과 영역 변천」, 고려대학교 박사학위논문, 169~177쪽; 최상기, 2023 「642년 대야성전투에 나타난 신라 군제의 일면」 『한국고대사연구』 112, 255쪽.

661년 4월 이전에 거열성은 신라의 영토에 속하였음을 추론할 수 있다는 사실, 648년부터 660년까지 신라와 백제가 대야성을 둘러싸고 충돌하였음을 알려주는 자료가 전하지 않은 사실 및 『삼국사기』 지리지에 거창과 합천지역이 본래 신라 영토였다고 전하는 사실 등을 두루 고려하건대, 신라가 옥문곡전투에서 승리한 후 낙동강에서 황강의 수로를 통하여 쉽게 나아갈 수 있는 전략적 요충지에 해당하는 대야성을 탈환하지 않았다고 보는 것은 상식적으로 쉽게 납득하기 어렵다. 648년 옥문곡전투 이후부터 659년 4월까지 낙동강 이서지역에서 신라와 백제가 충돌하였다는 기록이 전하지 않는 이유는 신라가 대야성을 확고하게 차지하고 방비하였기 때문이라고 이해하는 것이 보다 합리적이지 않을까 하는 것이 필자의 판단이다.[38]

그러면 648년이나 그 이후에 신라가 거창지역까지 차지하였을까가 궁금하다.[39] 648년에서 661년 4월 사이에 거창지역의 동향을 알려주는 자료는 전하지 않는다. 그러나 여러 가지 정황을 고려하건대, 648년이나 또는 여기에서 멀지 않은 시기에 신라가 거창지역을 영역으로 편입하였다고 보는 것이 옳다고 판단된다. 『삼국사기』에는 648년 이후 백제가 세 차례 신라를 공격한 것으로 전한다. 백제는 649년 8월에 신라의 석토성(石吐城) 등 7성을 공격하여 함락시키고, 이후 도살성(道薩城)에서 김유신이 이끄는 신라군과 싸워 크게 패하였다.[40] 도살성은

---

38) 津田左右吉, 1913 앞의 논문; 이부오·장익수역, 2009 앞의 논문, 358쪽; 강봉룡, 1994 「신라 지방통치체제 연구」, 서울대학교 박사학위논문, 156~159쪽; 윤성호, 2022 「7세기 가야고지 일대의 신라와 백제간 경계 변화」 『한국고대사연구』 107, 94~95쪽에서도 옥문곡전투 이후 신라가 대야성을 탈환하였다고 이해하는 견해를 제기한 바 있다.
39) 현재 『삼국사기』 신라본기 제6 문무왕 3년 2월 기록에 백제부흥운동세력이 거열성을 차지하고 있었다고 전하는 사실을 근거로 하여 660년 무렵에도 거열성은 백제의 영역에 속하였다고 이해하는 것이 일반적이다.
40) 백제의 석토성 등의 공격 사실과 도살성전투에 관한 기록은 『삼국사기』 신라본기

오늘날 충북 증평군 도안면에 해당한다. 석토성은 충북 진천군 진천읍의 문안산성(文案山城)으로 비정하는 견해가 있으나,[41] 단언하기 어렵다. 다만 백제군이 석토성 등을 공격하고, 이어 도살성에 나아간 것으로 보건대, 석토성 등 7성이 충북지역에 위치한 사실만은 부인할 수 없다고 하겠다.

앞에서 언급하였듯이 백제는 655년 정월에 고구려·말갈 등과 함께 신라의 북쪽 변경을 공격하여 조천성 등을 차지한 바 있다. 그리고 659년(의자왕 19) 4월에 백제군이 신라의 독산성(獨山城)과 동잠성(桐岑城)을 공격하였다. 독산성은 경북 성주군 가천면의 독용산성으로 비정된다.[42] 김정호(金正浩)는 『대동지지』 권9 경상도 금산(金山) 연혁(沿革)조에서 동잠성을 금산, 즉 오늘날 경북 김천시로 비정하였고,[43] 또한 동잠성을 경북 구미시 인의동으로 비정하는 견해도 있다.[44] 647년(진덕여왕 1) 11월에 백제가 무산성과 동잠성, 감물성을 공격하였다가 실패하였는데, 이를 통해 동잠성이 무산성(전북특별자치도 무주군 무풍면)과 그리 멀지 않은 거리에 위치하였음을 추정해볼 수 있다. 이에 따른다면, 동잠성을 김천시로 비정하는 것이 보다 더 설득력이 있지 않을까 한다.

독산성을 독용산성, 동잠성을 김천시에 위치한 성으로 비정한다면, 일단 659년 4월에 백제군은 거창읍과 가조면, 옥문곡이 위치한 합천군 가야면을 지나 독산성을 공격하고, 이어 김천시 조마면과 감천면을 지나 김천시에 위치한 동잠

제5 진덕여왕 3년 가을 8월 기록, 백제본기 제6 의자왕 9년 8월 기록, 열전 제2 김유신조에 전한다.

41) 민덕식, 1983 「고구려의 도서현성고」 『사학연구』 36, 52쪽.
42) 전영래, 1985 앞의 논문, 155~156쪽; 김병남, 2004 「백제 무왕대의 아막성전투 과정과 그 결과」 『역사학연구』 22, 120쪽; 김영관, 2010 앞의 논문, 135쪽; 박종욱, 2021 앞의 논문, 136~137쪽.
43) 本新羅桐岑 景德王十六年改金山爲開寧郡領縣(『大東地志』卷9 慶尙道 金山 沿革).
44) 정구복 등, 2012a 『개정증보 역주 삼국사기』 3(주석편상), 한국학중앙연구원출판부, 826쪽.

성을 공격하였다고 추정해볼 수 있다. 앞에서 661년 4월 이전에 거창군 가조면을 신라가 확고하게 지배하였음을 살핀 바 있다. 아마도 648년 대야성 탈환 이후 가조면 역시 신라의 영토로 편입되었을 가능성이 높다고 보인다. 이처럼 신라가 650년대에 가조면지역을 그들의 영토로 차지한 상황을 염두에 둔다면, 백제군이 거창읍과 가조면을 지나고 합천군 가야면을 거쳐 성주군 가천면에 위치한 독산성에 이르기가 쉽지 않았을 것으로 짐작된다. 게다가 독산성을 거쳐 동잠성까지 나아갔다고 상정하기 어렵다는 측면도 유념할 필요가 있을 것이다.[45] 한편 무주 방면에서 무주군 설천면과 김천시 부항면을 지나 김천시 지례면에 이른 다음, 일군(一軍)은 여기서 남쪽으로 나아가 독산성을 공격하고, 일군(一軍)은 김천시 구성면을 지나 동잠성을 공격하였음을 예상해볼 수 있다. 비록 무산성이 신라의 영토였지만, 그러나 그곳을 우회하여 김천 방면으로 진출하는 것이 얼마든지 가능하였음을 고려하건대, 659년 4월에 백제군이 무주 방면에서 나아가 독산성과 동잠성을 동시에 공격한 것으로 보는 것이 합리적이지 않을까 한다. 따라서 659년 4월에 백제가 독산성과 동잠성을 공격한 사실을 근거로 하여 당시에 거창지역을 백제가 지배하였다고 말하기가 쉽지 않다고 판단된다.

648년 이후부터 660년 7월 백제 멸망 때까지의 거창지역의 향배와 관련하여 백제가 648년 이후에 영남지역에서 신라를 공격하지 않고 석토성(石吐城)과 조천성(助川城)을 비롯한 충북지역에 위치한 신라의 성들을 공격한 사실을 주목할 필요가 있을 것이다. 만약에 백제가 648년 이후에도 계속 거창지역을 차지하고

---

45) 636년(선덕여왕 5) 5월에 500명의 백제군이 獨山城을 공격하기 위하여 玉門谷에 숨어 있다가 閼川과 弼呑이 이끈 신라군의 공격을 받아 죽임을 당한 적이 있었다. 이때 백제군은 거창읍과 가조면을 우회하여 가야면에 위치한 옥문곡에 이른 것으로 추정된다. 659년 4월에도 백제군이 이렇게 하였을 가능성을 생각해볼 수 있다. 그러나 당시에 백제군이 독산성뿐만 아니라 김천시에 위치한 동잠성까지 공격한 정황을 감안하건대, 이와 같이 추정하는 것에 대해서는 약간 신중할 필요가 있지 않을까 하는 것이 필자의 판단이다.

있었다면, 640년대에 고구려와 연합하여 신라를 압박하고 있는 상황에서, 백제는 낙동강 방면으로 진출할 수 있는 전략적 요충지에 해당하는 대야성의 탈환에 군사력을 집중하였을 가능성이 높다고 판단되지만, 그러나 그러한 움직임은 전혀 포착되지 않는다. 반면에 백제는 신라의 서북지역을 공격하고 있음을 확인할 수 있다. 이와 같은 여러 사실 등을 근거로 하여 648년 이후 신라가 대야성과 거열성 등을 모두 신라의 영토로 편입하였고, 이후 신라가 이들 지역을 방어하기 위하여 영남 서부지역에 군사력을 집중 배치하자, 백제는 서북지역에 대한 신라의 방비가 상대적으로 취약할 것이라고 판단하여 그곳을 공격하는 방향으로 전략의 변화를 꾀하였다고 추론하는 것이 결코 억측만은 아니지 않을까 한다. 이러한 추론과 더불어 648년에서 661년 4월 사이에 대야성이나 거열성을 둘러싸고 백제와 신라가 충돌하였음을 알려주는 자료가 전하지 않은 점 및 백제 멸망 후 거열성에서 곧바로 백제부흥운동이 일어나지 않은 점 등을 두루 고려하건대, 660년 7월 백제 멸망 시에도 대야성뿐만 아니라 거열성 역시 신라의 영역에 속하였다고 보는 것이 합리적이라 판단된다. 아마도 신라가 648년 대야성을 탈환하고, 곧이어 거열성을 공격하여 차지한 것으로 추정된다.[46]

『삼국사기』지리지에 욕내군(欲乃郡; 전남 곡성군 곡성읍), 구차례현(仇次禮縣; 전남 구례군 구례읍), 마로현(馬老縣; 전남 광양시), 원촌현(猿村縣; 전남 여수시), 돌산현(突山縣; 여수시 돌산읍)은 본래 백제의 영토였고, 반면에 전야산군(轉也山郡; 경남 남해군 고현면) 및 한다사군(韓多沙郡; 경남 하동군 고전면)과 이들 예하의 영현(領縣)은 본래 신라의 영역이었다고 전한다. 그리고 궐지군(闕支郡; 경남 산청군 단성

---

[46] 648년 옥문곡전투 이후 김유신이 嶽城 등 12성을 공격하여 차지하였을 때, 거열성도 12성 가운데 하나였을 가능성을 충분히 고려해볼 수 있을 것이다. 한편 종래에 660년에 백제가 거열성을 차지하고 있었고, 이곳이 위치한 거창읍과 거창군 가조면 가천천 사이가 신라와 백제의 국경이었다고 이해한 견해도 있다(김영관, 2010 앞의 논문, 143쪽; 윤성호, 2022 앞의 논문, 104~105쪽).

면) 및 속함군(速含郡; 경남 함양군 함양읍)과 이들 예하의 영현 역시 마찬가지이다. 그런데 경남 남해군 고현면 남치리의 남치리 1호분(횡혈식석실분)에서 백제 은제관식(銀製冠飾)이 출토되었다. 이것이 639년에 건립된 익산 미륵사지 서탑에서 나온 은제관식과 비슷하다는 사실을 근거로 남치리 1호분은 대체로 7세기 2/4분기에 조영된 것으로 추정하고 있다.[47] 남치리 1호분 출토 은제관식은 백제가 630~640년대에 남해지역으로 진출하였음을 알려주는 자료로서 주목된다. 이때 물론 전야산군과 가까운 한다사군 역시 백제 영토에 편입되었을 것이다. 백제가 624년(진평왕 46)에 속함성(速含城)을 공격하여 함락시켰다고 전하므로,[48] 이곳과 더불어 거기에서 멀지 않은 곳에 소재한 궐지군은 624년부터 계속 백제가 지배하였을 가능성이 높다고 보인다.

종래에 648년 이후에도 합천의 서쪽에 위치한 운봉·함양·산청·거창·하동·남해·진주지역을 백제가 계속 차지하였다고 추정한 견해가 제기되었다.[49] 현재 648년 이후 전야산군과 한다사군, 궐지군, 속함군지역의 동향을 알려주는 자료는 전하지 않는다. 그런데 앞에서 신라가 660년 백제 멸망 때에 이미 거창지역을 차지하고 있었을 가능성이 높다고 언급한 바 있다. 여기에다 『삼국사기』 지리지에 무·전주와 강주 경계에 위치한 영남의 여러 군과 현이 모두 본래 신라의 영역에 속하였다고 전하는 사실 등을 고려하건대, 648년 무렵에 신라가 거열성을 비롯하여 한다사군, 전야산군, 궐지군, 속함군 등을 대부분 회복하였다고 보는 것이 사실에 가깝지 않을까 한다. 다만 660년 이전에 남원시 운봉읍[모산현(母山

---

47) 김낙중, 2016 「서남해안 일대의 백제 해상교통로와 기항지 검토」 『백제학보』 16, 85~87쪽.
48) 百濟兵來圍我速含櫻岑歧岑烽岑旗懸穴柵等六城. 於是 三城或沒或降. 級湌訥催合烽岑櫻岑旗懸三城兵堅守 不克死之(『삼국사기』 신라본기 제4 진평왕 46년 겨울 10월). 위의 기록에 보이는 속함성이 오늘날 경남 함양군 함양읍으로 비정된다.
49) 박종욱, 2019 「660년 백제의 영역과 가야고지」 『백제학보』 29, 70~75쪽.

縣); 아막성(阿莫城)]까지 신라가 차지하였다고 단정하기 어려울 것이다.[50] 이상의 검토에 따른다면, 642년 이후부터 648년까지 신라의 서쪽 경계는 낙동강이었다가 648년 대야성 탈환 이후 신라가 낙동강 서안의 옛 영토를 대부분 회복하면서 신라의 서쪽 경계는 소백산맥과 거기에서 남해안을 잇는 선, 즉 오늘날 전남·북과 경남의 경계를 가르는 선이 되었고, 660년에 전주·무주 동쪽의 군과 현 및 모산현은 백제의 동쪽 경계, 강주의 서쪽에 위치한 군과 현은 신라의 서쪽 경계 가까이에 위치하였다고 정리할 수 있을 것이다.

---

50) 『삼국사기』 신라본기 제4 진평왕 24년(602) 가을 8월 기록에 백제가 신라의 阿莫城을 공격하였다가 성공을 거두지 못하였다고 전한다. 아막성은 母山城, 阿英城이라고도 부르며, 현재 전북특별자치도 남원시 운봉읍으로 비정되며, 구체적으로 운봉읍 동쪽의 할미산성으로 추정된다(정구복 등, 2012a 앞의 책, 137쪽). 위의 기록을 통해 신라가 602년 이전에 소백산맥 서쪽의 모산성까지 진출하였음을 살필 수 있는데, 종래에 『삼국사기』 신라본기에 大耶州를 설치하였다고 전하는 565년(진흥왕 26)을 전후로 한 시점에 신라가 운봉고원으로 진출하였다고 이해한 견해가 제기되었다(박종욱, 2013 앞의 논문, 179쪽). 이후 백제가 624년(진평왕 46) 10월에 신라의 速含·櫻岑·歧岑·烽岑·旗懸·穴柵 등 6성을 공격하여 차지할 무렵에 아막성을 백제의 영토로 편제하였다가, 660년 백제 멸망 이후 신라가 다시 그곳을 차지한 것으로 추정된다.

2. 웅진도독부 51현의 위치와 신라와의 경계

1) 51현의 위치 비정

660년 백제가 멸망할 때에 5부(部) 37군(郡) 200성(城)이 있었고, 당이 백제를 정복한 후에 이것을 5도독(都督) 37주(州) 250현(縣)으로 재편하였다.[51] 그러나 백제 유민들이 부흥운동을 활발하게 전개함에 따라, 이와 같은 당나라의 통치체계는 제대로 작동되지 못한 것으로 판단된다. 『삼국사기』 잡지 제6 지리4에 당나라가 백제고지에 1도독부, 7주(州), 51현을 설치하였다고 전한다. 51현에 인덕현(麟德縣), 평왜현(平倭縣)이 포함되어 있다. 인덕은 당 고종 때의 연호인데, 원년이 664년이고, 그다음 해까지 사용되었다. 663년에 당군이 백강전투에서 왜군을 물리쳤다. 평왜현은 백강전투 이후에 작명한 것으로 짐작된다. 인덕현과 평왜현이라는 지명을 통해 664년 또는 665년에 당이 5도독, 37주, 250현을 1도독부, 7주, 51현으로 개편하였다고 추정해볼 수 있다. 아마도 664년 2월 웅령회맹(熊嶺會盟)에서 백제와 신라가 웅령을 기준으로 경계를 정하고, 665년 8월 취리산회맹(就

---

51) 『삼국사기』 백제본기 제6 의자왕 20년 기록에 백제 멸망 시에 5部 37郡 200城이 있었다고 전하고, 「大唐平百濟國碑銘」에 백제고지에 당나라가 5都督 37州 250縣을 두었다고 전한다.

利山會盟)에서 경계에 푯말을 세우고 경계를 획정한 것으로 이해된다.[52] 이 무렵에 당나라는 백제고지에 1도독부 7주 51현을 설치한 것으로 보이는데, 그 이후 웅진도독부와 신라의 경계에 대해서는 51현의 위치를 규명함으로써 가능하다고 볼 수 있다.

〈표 2〉 웅진도독부 51현의 위치

부(府)·주(州)명	번호	현명	본명	백제 지명	현재 위치
웅진도독부 (熊津都督府)	1	우이현(嵎夷縣)			충남 부여군 부여읍 및 주변
	2	신구현(神丘縣)			충남 부여군 부여읍 및 주변
	3	윤성현(尹城縣)	열이(悅己)	열이현(悅己縣)	충남 청양군 정산면
	4	인덕현(麟德縣)	고량부리(古良夫里)	고량부리현(古良夫里縣)	충남 청양군 청양읍
	5	산곤현(散崑縣)	신촌(新村)	신촌현(新村縣)	충남 보령시 주포면
	6	안원현(安遠縣)	구시파지(仇尸波知)		충남 부여군 세도면
	7	빈문현(賓汶縣)	비물(比勿)	비중현(比衆縣)	충남 서천군 비인면
	8	귀화현(歸化縣)		가림군(加林郡)	충남 부여군 임천면
	9	매라현(邁羅縣)	마사량(麻斯良)	마서량현(馬西良縣)	전북특별자치도 군산시 옥구읍
	10	감개현(甘蓋縣)	고막부리(古莫夫里)	사포현(寺浦縣)	충남 보령시 웅천읍
	11	내서현(奈西縣)	내서혜(奈西兮)	노사지현(奴斯只縣)	대전광역시 유성구
	12	득안현(得安縣)	덕근지(德近支)	덕근군(德近郡)	충남 논산시 가야곡면·은진면
	13	용산현(龍山縣)	고마산(古麻山)	마산현(馬山縣)	충남 서천군 한산면

---

[52] 至麟德元年 復降嚴勅 責不盟誓 卽遣人於熊嶺 築壇共相盟會 仍於盟處 遂爲兩界. 盟會之事 雖非所願 不敢違勅. 又於就利山築壇 對勅使劉仁願 歃血相盟 山河爲誓 畫界立封 永爲疆界 百姓居住 各營産業(『삼국사기』신라본기 제7 문무왕 11년 가을 7월 답설인귀서).

『삼국사기』신라본기에 문무왕 4년(664) 2월에 角干 金仁問과 伊湌 天存, 唐勅使 劉仁願, 百濟 扶餘隆이 熊津에서 회맹하였고, 문무왕 5년 8월에 文武王과 勅使 劉仁願, 熊津都督 扶餘隆이 熊津 就利山에서 회맹하였다고 전한다.

부(府)·주(州)명	번호	현명	본명	백제 지명	현재 위치
동명주(東明州)	14	웅진현(熊津縣)	웅진촌(熊津村)	웅천주(熊川州)	충남 공주시
	15	노신현(鹵辛縣)	아로곡(阿老谷)	아술현(牙述縣)	충남 아산시 영인면
	16	구지현(久遲縣)	구지(仇知)	구지현(仇知縣)	세종특별자치시 전의면
	17	부림현(富林縣)	벌음촌(伐音村)	벌음현(伐音支縣)	충남 공주시 신풍면
지심주(支潯州)	18	기문현(己汶縣)	금물(今勿)	금물현(今勿縣)	충남 예산군 고덕면
	19	지심현(支潯縣)	지삼촌(只彡村)	임존성(任存城)	충남 예산군 대흥면
	20	마진현(馬津縣)	고산(孤山)	오산현(烏山縣)	충남 예산군 예산읍
	21	자래현(子來縣)	부수지(夫首只)	벌수지현(伐首只縣)	충남 당진시
	22	해례현(解禮縣)	개이리(皆伊利)	결이군(結已郡)	충남 홍성군 결성면
	23	고로현(古魯縣)	고마지(古麻只)		충남 홍성군 금마면
	24	평이현(平夷縣)	지류(知留)	지육현(知六縣)	충남 서산시 지곡면
	25	산호현(珊瑚縣)	사호살(沙好薩)	사시량현(沙尸良縣)	충남 홍성군 장곡면
	26	융화현(隆化縣)	거사물(居斯勿)		충남 예산군 신양면
노산주(魯山州)	27	노산현(魯山縣)	감물아(甘勿阿)	감물아현(甘勿阿縣)	전북특별자치도 익산시 함라면
	28	당산현(唐山縣)	구지지산(仇知只山)	구지산현(仇知只山縣)	전북특별자치도 김제시 금구면
	29	순지현(淳遲縣)	두시(豆尸)	두이현(豆伊縣)	전북특별자치도 완주군 이서면
	30	지모현(支牟縣)	지마마지(只馬馬知)	금마저군(金馬渚郡)	전북특별자치도 익산시
	31	오잠현(烏蠶縣)	마지사(馬知沙)	마진현(馬珍縣)	전북특별자치도 진안군 마령면
	32	아착현(阿錯縣)	원촌(源村)	완산(完山)	전북특별자치도 전주시
고사주(古四州)		고사주(古四州)	고사부리(古沙夫里)		
	33	평왜현(平倭縣)	고사부촌(古沙夫村)	고묘부리군(古眇夫里郡)53	전북특별자치도 정읍시 고부면
	34	대산현(帶山縣)	대시산(大尸山)	대시산군(大尸山郡)	전북특별자치도 정읍시 칠보면
	35	벽성현(辟城縣)	벽골(辟骨)	벽골현(碧骨縣)	전북특별자치도 김제시
	36	좌찬현(佐贊縣)	상두(上杜)	상칠현(上柒縣)	전북특별자치도 고창군 흥덕면
	37	순모현(淳牟縣)	두내지(豆奈只)	두내산현(豆乃山縣)	전북특별자치도 김제시 만경읍

---

53) 古眇夫里郡에서 '眇'는 '沙'의 誤記로 보인다.

부(府)·주(州)명	번호	현명	본명	백제 지명	현재 위치
사반주(沙泮州)		사반주(沙泮州)	무시이성(另尸伊城)		
	38	모지현(牟支縣)	무시이촌(另尸伊村)	무시이군(武尸伊郡)	전남 영광군 영광읍
	39	무할현(無割縣)	모량부리(毛良夫里)	모량부리현(毛良夫里縣)	전북특별자치도 고창군 고창읍
	40	좌로현(佐魯縣)	상로(上老)	상로현(上老縣)	전북특별자치도 고창군 상하면
	41	다지현(多支縣)	부지(夫只)	다지현(多只縣)	전남 함평군 해보면
대방주(帶方州)		대방주(帶方州)	죽군성(竹軍城)		
	42	지류현(至留縣)	지류(知留)	실어산현(實於山縣)	전남 나주시 봉황면
	43	군나현(軍那縣)	굴내(屈奈)	굴내현(屈乃縣)	전남 함평군 함평읍
	44	도산현(徒山縣)	추산(抽山)	도산현(徒山縣)	전남 진도군 군내면
	45	반나현(半那縣)	반나부리(半那夫里)	반나부리현(半奈夫里縣)	전남 나주시 반남면
	46	죽군현(竹軍縣)	두힐(豆肹)	두힐현(豆肹縣)	전남 나주시 다시면
	47	포현현(布賢縣)	파로미(巴老彌)	발라군(發羅郡)	전남 나주시
분차주(分嵯州)		분차주(分嵯州)	파지성(波知城)		
	48	귀단현(貴旦縣)	구사진혜(丘斯珍兮)	구사진혜현(丘斯珍兮縣)	전남 장성군 진원면
	49	수원현(首原縣)	매성평(買省坪)	마사량현(馬斯良縣)	전남 보성군 회천면
	50	고서현(皐西縣)	추자혜(秋子兮)	추자혜군(秋子兮郡)	전남 담양군 담양읍
	51	군지현(軍支縣)			전남 보성군 벌교읍·순천시 낙안면 일대

51현 가운데 22현의 경우는 본래의 명칭이 『삼국사기』 잡지 제5 지리3 웅주와 전주, 무주조에 전하는 군·현의 본래 명칭과 일치하거나 그 음이 거의 비슷한 사례에 해당한다. 현재 <표 2>에 제시한 이들 현의 위치에 대해서는 연구자 대부분이 동의하고 있다.[54] 웅진도독부 빈문현(賓汶縣)의 본래 이름이 비물(比勿)

---

54) 22현은 尹城縣, 麟德縣, 散崑縣, 得安縣, 熊津縣, 久遲縣, 富林縣, 己汶縣, 魯山縣, 唐山縣, 平倭縣, 帶山縣, 辟城縣, 牟支縣, 無割縣, 佐魯縣, 軍那縣, 徒山縣, 半那縣, 竹軍縣, 貴旦縣, 皐西縣이다. 다만 徒山縣의 경우는 본래의 명칭[抽山]과 牟山郡의 본래의 백제 명칭[徒郡]이 일치한 사례가 아니라 개정 명칭과 본래의 백제 명칭이

이고, 『삼국사기』 잡지 제5 지리3 웅주조에 서림군(西林郡) 비인현(庇仁縣)의 본래 이름이 비중현(比衆縣)으로 전한다. '중(衆)'의 훈이 '무리' 또는 '뭇'이므로, 비물(比勿)에서 '물(勿)'을 '무리(물)'나 '뭇'의 음을 그대로 표현한 것으로 이해할 수 있다.[55] 『삼국사기』 잡지 제5 지리3 웅주조에 임성군(任城郡) 고산현(孤山縣)이 본래 백제 오산현(烏山縣)이었다고 전한다. 본래 이름이 고산(孤山)인 마진현(馬津縣)은 고산현(孤山縣)과 연결시켜 이해하여도 문제가 없을 것이다.

『고려사』 권56 지10 지리1에 '당진현(唐津縣)은 본래 백제 벌수지현(伐首只縣)〈또는 부지군(夫只郡)이라고도 한다〉이었다.'라고 전한다.[56] 이를 주목하건대, 지심주(支潯州) 자래현(子來縣)의 본래 명칭인 부수지(夫首只)와 부지(夫只)라고도 부른 벌수지(伐首只)는 상통(相通)한다고 볼 수 있다.[57] 지심주 해례현(解禮縣)의 본래 이름이 개이리(皆伊利)이다. 웅주 결성군(潔城郡)의 본래 이름이 결이군(結已郡)인데, '결이(겨리)'와 '개이리'의 음이 서로 통하므로, 해례현을 결이군과 연결시켜도 무방할 것이다.[58] 한편 지심주 고로현(古魯縣)의 본래 이름이 고마지(古麻只)이다. 종래에 '고마', '개마'를 웅(熊; 고마=곰)의 뜻을 지닌 용어로 해석한 다음, 해모수(解慕漱)의 '해모(解慕)', 검모잠(劍牟岑)의 '검모(劍牟)', 금마저(金馬渚)의 '금마(金馬)' 등이 모두 '고마'와 유사한 표음(表音)이라고 이해한 견해가 제기되었

일치한 사례에 해당한다.
55) 천관우, 1989 『고조선사·삼한사연구』, 일조각, 399쪽; 정구복 등, 2012b 앞의 책, 441쪽.
56) 唐津縣 本百濟伐首只縣〈一云夫只郡〉 新羅景德王改今名 爲槥城郡領縣. 顯宗九年來屬 睿宗元年置監務(『고려사』 권56 지10 지리1 홍주).
57) 末松保和, 1935 「百濟の故地に置かれた唐の州縣について」 『青丘學叢』 19; 1996 『高句麗と朝鮮古代史』(末松保和著作集3), 吉川弘文館, 105쪽; 천관우, 위의 책, 401쪽; 정구복 등, 위의 책, 444쪽.
58) 천관우, 위의 책, 401쪽.

다.⁵⁹ 또한 곰은 금·검·금 등과 호전(互轉)되는 신(神)의 고어(古語)라는 사실을 주목한 다음, 음운상으로 곰의 차자(借字)로 해모(解慕)·개마(蓋馬)·건마(乾馬)·금마(金馬) 등이 있다는 주장도 제기된 바 있다.⁶⁰ 금마(金馬)가 곰(고마)과 관련된 지명으로 이해하는 견해를 수용할 때, 『신증동국여지승람』 권19 충청도 홍주목 산천조에 홍주목에 금마천(金馬川)이 있다고 전하는 사실이 유의된다. 금마천에서 유래된 지명이 바로 홍성군 금마면이다. 고마지(古麻只)의 '고마(古麻)'와 '금마(金馬)'가 서로 연관되는 지명이라고 한다면, 고마지, 즉 고로현을 오늘날 홍성군 금마면으로 비정하는 것도 충분히 고려해볼 수 있지 않을까 한다.

평이현(平夷縣)의 본래 이름이 지류(知留)이다. 이와 비슷한 음을 가진 지명으로 부성군(富城郡) 지육현(地育縣)이 주목된다. 지육현의 본래 이름은 지육현(知六縣)이었다. 지심주 산호현(珊瑚縣)의 본래 이름이 사호살(沙好薩)이다. 이와 음이 상통하는 지명이 '살라현'으로 음독(音讀)할 수 있는 사시량현(沙尸良縣)이다. 지류(知留)와 지육(知六), 사호살(沙好薩)과 사시량(沙尸良)을 동일 지명에 대한 이표기로 이해하여도 무방할 것이다.⁶¹ 노산주(魯山州) 순지현(淳遲縣)의 본래 이름이 두시(豆尸)이다. 전주(全州) 진례군(進禮郡) 이성현(伊城縣)의 본래 이름이 두시이현(豆尸伊縣)이고, 전주 두성현(杜城縣)의 본래 이름이 두이현(豆伊縣)이라 전한다. 음운상으로 두시(豆尸)는 두시이(豆尸伊), 두이(豆伊)와 모두 통한다. 그런데 노산주(魯山州)의 노산현(魯山縣), 당산현(唐山縣)이 모두 전북지역에 위치하였음을 감안하건대, 순지현은 두성현(전북특별자치도 완주군 이서면)과 연결시키는 것이 합리적이라 판단된다.⁶²

---

59) 이병도, 1976 「현토군고」 『한국고대사연구』, 박영사, 170~171쪽.
60) 양주동, 1965 『증정고가연구』, 일조각, 422쪽; 천관우, 1989 앞의 책, 390쪽.
61) 천관우, 위의 책, 401쪽; 정구복 등, 2012b 앞의 책, 445쪽; 양기석 등, 2008 앞의 책, 495쪽.
62) 末松保和, 1935 앞의 논문; 1996 앞의 책, 107~108쪽; 천관우, 위의 책, 401쪽; 정구

『삼국사기』잡지 제6 지리4에 고사주(古四州) 좌찬현(佐贊縣)의 본래 이름이 상두(上杜)라 전한다. 전주 고부군(古阜郡) 상질현(尙質縣)의 본래 이름이 상칠현(上柒縣)이다. 두(杜)와 칠[柒(桼)]의 글자가 비슷한 바, 상두(上杜)는 상칠(上柒)의 오기(誤記)일 가능성도 배제할 수 없다.[63] 만약에 이러한 추론이 맞는다고 한다면, 좌찬현을 상칠현(上柒縣)과 연결시켜 이해하는 것도 가능하다.[64] 고사주 순모현(淳车縣)의 본래 이름인 두내지(豆奈只)는 전주 김제군(金堤郡) 만경현(滿頃縣)의 본래 이름인 두내산현(豆乃山縣)과 서로 음이 통한다. 그리고 대방주(帶方州) 포현현(布賢縣)의 본래 이름인 파로미(巴老彌)와 무주 금성군(錦城郡)의 본래 이름인 발라군(發羅郡)도 서로 음이 통한다.[65] 두내지(豆奈只)와 두내산(豆乃山), 파로미(巴老彌)와 발라(發羅)는 같은 지명에 대한 이표기로 볼 수 있다.[66]

660년 백제를 정벌할 때에 소정방(蘇定方)과 태종무열왕의 직함(職銜)이 신구도행군대총관(神丘道行軍大總管), 우이도행군총관(嵎夷道行軍總管)이었다. 이를 주목하여 우이현(嵎夷縣)과 신구현(神丘縣)은 백제의 수도인 부여 또는 그 주변에 위치한 것으로 이해하는 것이 일반적이다.[67] 종래에 웅진도독부 귀화현(歸化

　　　복 등, 위의 책, 446쪽; 양기석 등, 위의 책, 496쪽.
63)　末松保和, 위의 논문; 위의 책, 109쪽.
64)　천관우, 1989 앞의 책, 402쪽; 정구복 등, 2012b 앞의 책, 447쪽.
65)　『삼국사기』신라본기에 법흥왕비와 혜공왕의 첫째 왕비, 민애왕의 어머니를 保刀夫人, 新寶夫人, 貴寶夫人이라 전하나 『삼국유사』권제1 왕력제1에는 각각 巴刀夫人, 神巴夫人, 貴巴夫人이라 전한다. 이와 같은 여러 사례를 통해 고대에 ㅂ과 ㅍ을 동일하게 音讀하였음을 인지할 수 있다. 또한 'ㅗ'와 'ㅏ'도 통용되었음을 엿볼 수 있다. 따라서 巴老彌에서 巴老는 '파로' 또는 '바라'라고 음독하는 것이 가능하다고 하겠다. 이러한 측면에서 巴老彌와 發羅는 동일한 지명에 대한 이표기라고 보아도 이견이 없을 듯싶다.
66)　末松保和, 1935 앞의 논문; 1996 앞의 책, 109쪽 및 111쪽; 천관우, 위의 책, 402~403쪽; 정구복 등, 위의 책, 447쪽 및 449쪽.
67)　천관우, 위의 책, 399쪽; 정구복 등, 위의 책, 440~441쪽; 양기석 등, 2008 앞의 책, 491~492쪽; 박지현, 2013 「웅진도독부의 성립과 운영」『한국사론』59, 서울대학교

縣)의 본래 이름이 마사량(麻斯良)이라고 전하는 사실에 의거하여, 귀화현을 전주 임피군(臨陂郡) 옥구현(沃溝縣)의 본래 명칭인 마서량현(馬西良縣)과 연결시켜, 오늘날 전북특별자치도 군산시 옥구읍으로 비정하였다.[68] 그런데 귀화현을 마서량현과 연결시킬 때, 충남 남부와 전북 북부지역에 위치하였다고 보이는 매라현(邁羅縣)의 위치를 고증하기 어렵다는 문제점이 제기된다. 이러한 점을 고려하여, 『삼국사기』 잡지 제6 지리4에 전하는 '歸化縣本麻斯良邁羅縣'은 '歸化縣邁羅縣本麻斯良'의 잘못으로 이해하는 견해가 제기되었다.[69]

『삼국사기』 열전 제4 이사부조에서 이사부(異斯夫)를 혹은 태종(苔宗)이라 부른다고 하였다. 그리고 『삼국유사』 권제1 기이제1 지철로왕조에서 이사부를 박이종(朴伊宗)이라고 기술하였다. '태(苔)'는 '이끼(잇)'라는 뜻이고, 이사부를 이종(伊宗)이라 기술한 사실을 감안하건대, 이사부는 '잇부'라고 음독(音讀)하였을 가능성이 높다. 이럴 때 '사(斯)'는 사이시옷의 의미로 사용되었다고 볼 수 있다. 그리고 '양(良)'은 '라'로 독음(讀音)되는 것이 일반적이었다.[70] 이에 따른다면, 麻斯良은 '맛라(말라)'로 독음할 수 있다. '매라'와 '맛라(말라)'는 음이 비슷하므로 매라(邁羅)와 마사량(麻斯良)은 같은 지명에 대한 이표기로 보아도 이견이 없을 것이다. 『삼국사기』 지리지에서 마사량(麻斯良)과 대응시킬 수 있는 지명이 바로 마서량현(馬西良縣)이다. 『속일본기(續日本紀)』에 설총(薛聰)의 아들이 살중업(薩仲業)이라 전한다.[71] 신라에서 '살(薩)'과 '설(薛)'을 통용하였음을 살필 수 있다. 'ㅏ'와 'ㅓ'

국사학과, 105~107쪽.

68) 末松保和, 1935 앞의 논문; 1996 앞의 책, 102~103쪽; 정구복 등, 위의 책, 441~442쪽; 양기석 등, 위의 책, 492~493쪽.
69) 천관우, 1989 앞의 책, 400쪽.
70) 양주동, 1965 앞의 책, 597~598쪽.
71) 授新羅使薩湌金蘭蓀正五品上 副使級湌金巖正五品下 大判官韓奈麻薩仲業・少判官奈麻金貞樂・大通事韓奈麻金蘇忠三人 各從五品下 自外六品已下各有差 並賜當色幷履(『續日本紀』 권36 光仁天皇 寶龜 11년 정월 壬申).

가 치환될 수 있음을 염두에 둔다면, 마사량(麻斯良)과 마서량(馬西良) 역시 동일 지명에 대한 이표기로 보아도 무방할 것이다.[72]

그러면 귀화현은 어디로 비정할 수 있을까? 귀화현이라는 지명의 의미를 고려한다면, 이곳은 백제와 당나라에서 매우 중요하게 여긴 요지였을 가능성이 높다.[73] 부여의 근처에 위치하며 이와 같은 조건을 갖춘 곳으로 가림성(加林城)을 들 수 있다. 가림성은 충남 부여군 임천면의 성흥산성(聖興山城)으로 비정되고 있다.[74] 성흥산성에서 금강 하구와 사비도성이 모두 보이기 때문에 그것은 금강을 제어하는 중요한 역할을 수행한 것으로 이해된다. 실제로 가림성이 요지였음을 알려주는 기록이 『구당서(舊唐書)』 권84 열전34 유인궤(劉仁軌)조에 전한다. 이에 따르면, 662년에 당나라에서 구원군(救援軍)을 이끌고 온 손인사(孫仁師)가 유인궤 등을 만나자 병사들의 기세가 크게 떨쳤고, 이에 여러 장수가 모여 의논하였는데, 이때 어떤 이가 '가림성은 수륙의 요충이니 먼저 치기를 청하고자 합니다.'라고 말하자, 인궤가 '가림성은 험하고 견고하여서 급하게 공격하면 전사(戰士)들이 다칠 것이고, 굳게 지킨다면 상당히 오랫동안 버틸 수 있을 것이다. 먼저 주류성(周留城)을 공격한 것만 못하다.'라고 말하였다고 한다.[75] 671년(문무왕 11) 6월에 신라군이 가림성의 벼를 밟아버렸고, 그다음 해 2월에 가림성을 공격하였

---

72) 한편 양기석 등, 2008 앞의 책, 493쪽에서 邁羅縣을 충남 보령시 남포면일 가능성이 높다고 이해하는 견해를 제기하였다.
73) 천관우, 1989 앞의 책, 400쪽.
74) 이병도, 1977 앞의 책, 401쪽.
75) 俄而餘豊襲殺福信 又遣使往高麗及倭國請兵 以拒官軍. 詔右威衛將軍孫仁師率兵浮海以爲之援 仁師旣與仁軌等相合 兵士大振. 於是諸將會議 或曰 加林城水陸之衝 請先擊之. 仁軌曰 加林險固 急攻則傷損戰士 固守則用日持久 不如先攻周留城. 周留賊之巢穴 羣兇所聚 除惡務本 須拔其源. 若克周留 則諸城自下『舊唐書』卷84 列傳34 劉仁軌).
이와 비슷한 내용이 『삼국사기』 백제본기 제6 의자왕 20년 기록의 龍朔 2년 기사 및 『資治通鑑』 권201 唐紀11 高宗 龍朔 3년(663) 9월조에도 전한다.

으나 함락시키지 못하였다.76 이처럼 가림성이 수륙교통의 요지였고, 신라군과 당군이 싸운 격전지였음을 감안하건대, 당나라는 오늘날 충남 부여군 임천면에 해당하는 가림군(加林郡)에 51현 가운데 하나를 설치하였을 가능성이 높다고 볼 수 있다. 필자는 그것이 바로 귀화현이었다고 추정한다.

종래에 안원현(安遠縣)을 특별하게 전거를 제시하지 않고 충남 보령시 남포면으로 비정한 견해가 제기된 바 있다.77 안원현의 본래 이름이 구시파지(仇尸波知)이다. '시(尸)'는 사이시옷 또는 'ㄹ'받침의 의미로 널리 사용되었다.78 앞에서 'ㅂ'과 'ㅍ'도 통용되었다고 언급한 바 있다. 이러한 사실들을 고려하건대, 구시파지는 '굿(굴)파지' 또는 '굿(굴)바지'라고 음독(音讀)할 수 있다. 이와 비슷한 음을 가진 지명으로서 고다지소(古多只所)가 주목된다.79 충남 부여군 세도면 반조원리는 옛날 임천군 성백면의 지역으로서 지형이 곶으로 되었다고 하여 곶지 또는 고다지(古多只)라 불렀다. 고려 때 고다지소(古多只所)가 있었기 때문에 고다지소 혹은 고다진(古多津)이라고 칭하였다가 조선시대에 고다지원(古多津院)이 있었으므로 고다진원, 또는 변하여 반조원(頒詔院)이라 하였다.80 『삼국유사』 권제1 왕력제1에서 미추이질금(未鄒尼叱今)을 또는 미소(未炤), 미조(未祖), 미소(未召)라고도 부른다고 하였고, 권제1 기이제1 미추왕죽엽군조에는 '미추이질금을 또는 미조(未祖), 미고(未古; 未召의 오기)라고 부르기도 한다.'라고 전한다. 또한 『삼국사기』 잡지 제3 지리1 상주조에 오늘날 경북 의성군 금성면에 해당하는 문소군(聞韶郡)의 본래 이름이 소문국(召文國)이라 전한다. 그런데 「단양신라적성비」에서

---

76) 遣將軍竹旨等 領兵踐百濟加林城禾(『삼국사기』 신라본기 제7 문무왕 11년 6월); 攻百濟加林城 不克(『삼국사기』 신라본기 제7 문무왕 12년 2월).
77) 천관우, 1989 앞의 책, 399쪽.
78) 양주동, 1965 앞의 책, 96~97쪽.
79) 『신증동국여지승람』 권17 충청도 임천군 고적조에 '古多只所는 군 북쪽 25리에 있다.'라고 전한다.
80) 한글학회, 1974 『한국지명총람』 4(충남편상), 466쪽.

이곳을 추문촌(鄒文村)이라 표기하였음이 확인된다. 고대에 'ㅗ'와 'ㅜ'를 서로 치환하여 사용하였음을 알려주는 자료들로서 주목된다. 이에 따른다면, 구시파지(仇尸波知)는 '곳파지(곳바지)'라고 음독할 수도 있다. '고다지'와 '구시파지'를 서로 연결시켜 이해할 수 있는바, 안원현은 옛날 고다지소가 소재한 부여군 세도면으로 비정하는 것도 나름 설득력이 있을 것이다.

종래에 감개현(甘蓋縣)을 마한 소국의 하나인 감해비리국(監奚卑離國)과 연결시킬 수 있고, 충남 홍성군 금마면(金馬面)의 구명(舊名)이 대감개면(大甘介面)이라는 사실을 주목하여, 감개현을 홍성군 금마면에 비정한 견해가 제기되었다.[81] 감개현이 당나라에서 개칭한 명칭이라는 측면에서 그것을 감해비리국과 연결시키기 어려운 점, 대감개면은 조선 후기에 비로소 사용한 지명이라는 점을 감안하건대, 감개현을 홍성군 금마면으로 비정하는 것에 대해서는 재고의 여지가 있다고 하겠다. '포변(浦邊)'은 우리말로 '갯가'로 부르는데, 갯가는 바닷물이 드나드는 곳의 물가를 말한다. 상(上), 신(神), 신성(神聖), 군장(君長) 등 존귀함을 의미하는 금, 검, 감, 곰 등을 음차(借音)한 표기가 '금(金)'이라고 이해하는 견해가 있다.[82] 이 견해를 존중한다면, 감개(甘蓋)는 '상포(上浦)', '신포(神浦)' 등을 달리 표기한 것이라고 추론할 수 있다. 감개현의 본래 이름이 고막부리(古莫夫里)이다. '부리(夫里)'는 들, 들판을 가리키는 지명어미로 널리 쓰였다. 그리고 '고막(古莫)'은 '고막', 즉 '고마(곰)'를 가리키는 표현으로 추정할 수 있다. 그런데 『대동지지』 권5 충청도 남포조에 남포현(藍浦縣)에 웅천포(熊川浦)가 있다고 전한다. 현재 충청남도 부여군 외산면 문신리에서 시작하여 보령시 웅천읍 노천리까지 이어지는 하천을 웅천천(熊川川)이라 부른다. 충남 보령시 웅천읍은 웅천천에서 유래한 지명이라 할 수 있다. 웅천읍이 곰과 관련된 지명에서 유래하였다는 점 및 감개

---

81) 이병도, 1977 앞의 책, 571쪽.
82) 이병도, 위의 책, 13쪽.

(甘蓋)가 포변(浦邊)과 연관된 지명이었을 가능성이 높은 점 등에 유의한다면, 감개현, 즉 고막부리는 보령시 웅천읍과 그 옆에 위치한 남포면과 관계가 깊다고 볼 수 있다. 웅천읍과 남포면에 위치한 것이 사포현[寺浦縣; 남포현(藍浦縣)]이다. 감개현을 사포현으로 비정하는 것도 나름 설득력이 있지 않을까 한다.

종래에 오늘날 대전광역시 유성구에 해당하는 노사지현(奴斯只縣)을 내서현[奈西縣; 내서혜(奈西兮)]으로 비정하는 견해가 제기되었다.[83] 『삼국사기』 신라본기 제6 문무왕 2년 8월 기록에 백제부흥운동세력이 내사지성(內斯只城)에 웅거(雄據)하고 있다고 전한다. 앞에서 고대에 'ㅏ'와 'ㅓ'가 서로 치환될 수 있다는 사실을 살핀 바 있다. 이러한 사실과 더불어 '혜(兮)'와 '지(只)'가 지명어미로 널리 사용된 사실[84] 등을 두루 감안하건대, 내서혜(奈西兮)와 내사지(內斯只)는 같은 지명에 대한 이표기라고 보아도 문제가 없을 것이다. 『삼국사기』 지리지에 전하는 지명 가운데 내사지성과 관련이 깊은 곳은 노사지현이다. 따라서 내서현을 노사지현과 연결시켜 이해한 기존의 견해는 긍정적으로 평가할 수 있다.

『삼국사기』 잡지 제5 지리3 무주조에 전하는 보성군(寶城郡) 마읍현(馬邑縣)의 본래 이름이 고마미지현(古馬旀知縣)이지만, 『삼국사기』 신라본기 제10 헌덕왕 17년 3월조에는 무진주(武珍州) 마미지현(馬彌知縣)이라 전한다. 종래에 이러한 사실을 주목하여, 웅진도독부 용산현(龍山縣)의 본래 이름인 고마산(古麻山)을 '옛 마산'이라 해석한 다음, 용산현을 오늘날 충남 서천군 한산면에 해당하는 웅주 가림군의 영현인 마산현(馬山縣)으로 비정한 견해가 제기되었다.[85] 나름 타당성이 있는 견해로 판단된다. 김정호는 『대동지지』 권5 충청도 대흥(大興)조에서 '[대흥군의] 본래 백제 지삼촌(只彡村)이다. 당에서 지심(支潯)으로 고치고, 지심주(支

---

83) 천관우, 1989 앞의 책, 400쪽.
84) 이와 같은 사례로서 熊只縣과 多斯只縣, 伐首只縣, 豆仍只縣 및 熱兮縣과 阿尸兮縣, 芼兮縣, 加尸兮縣, 秋子兮郡 등을 들 수 있다.
85) 천관우, 위의 책, 400쪽.

溽州)의 영현(領縣)으로 삼았다. 신라 경덕왕 16년에 임성군(任城郡)으로 개칭하였다.'라고 하였다. 김정호가 지삼촌을 임성군과 연결시킨 전거를 제시하지 않았지만, 대부분의 연구자가 김정호의 견해를 수용하여 지심현을 충남 홍성군 대흥면으로 비정하고 있다.[86]

지심주 융화현(隆化縣)의 본래 이름인 거사물현(居斯勿縣)에서 '사(斯)'는 사이시옷의 의미로 사용되었을 가능성이 높다. 이렇다고 할 때, 『신증동국여지승람』권20 충청도 대흥현 고적조에 거변소(居邊所)를 옛날에 거질물소(居叱勿所)라고 불렀다고 전하는 점이 유의된다. 거질물소(居叱勿所)에서 '질(叱)' 역시 사이시옷의 의미로 사용되었으므로, 거사물(居斯勿)과 거질물(居叱勿)은 모두 '것물'로 음독할 수 있다. 종래에 이와 같은 사실을 주목하여 융화현을 거변소가 위치한 충남 예산군 신양면 일대로 비정한 견해가 제기되었다.[87] 노산주(魯山州) 지모현(支牟縣)의 본래 이름이 지마마지(只馬馬知)이다. 『천지서상지(天地瑞祥志)』에 665년 8월에 신라 문무왕과 당 칙사(勅使) 유인원(劉仁願), 웅진도독(熊津都督) 부여융(扶餘隆)이 회맹한 장소인 취리산(就利山)이 지마현(只馬縣)에 있다고 전한다.[88] 한편 『관세음응험기(觀世音應驗記)』에서 익산을 지모밀지(枳慕蜜地)라고 표기하였다. 신라 6부명에 보이는 '훼(喙)'를 신라시대에 탁(닥) 또는 톡(독), 그리고 달 또는 돌로 음독(音讀)하였음이 확인된다.[89] 본래 신라인들은 '훼(喙)'를 톡(독) 또는 돌로 읽었을 텐데, '아래 아'자가 사라지면서 이와 같이 다양하게 음독하게 된 것이다. 이처럼 고대에 'ㅗ'와 'ㅏ'가 통용되었고, 밀지(蜜地)가 지명어미에 널리 사용된 미

---

86) 이병도, 1977 앞의 책, 571쪽; 천관우, 위의 책, 408쪽; 정구복 등, 2012b 앞의 책, 444쪽.
87) 정구복 등, 위의 책, 445쪽.
88) 大唐 麟德二年(665) 秋八月 勅使劉仁願新羅王及百濟隆 盟于就利山＜山百濟地也 由盟改亂山爲就利山 在只馬縣也＞(『天地瑞祥志』卷20).
89) 이에 관해서는 전덕재, 2009 『신라 왕경의 역사』, 새문사, 50~53쪽이 참조된다.

지(彌知)와 통하였음을[90] 염두에 둔다면, 只馬와 支牟, 枳慕는 동일한 지명에 대한 이표기로 볼 수 있을 것이다. 따라서 지모현, 즉 지마마지는 오늘날 전북특별자치도 익산시에 비정할 수 있다.[91]

노산주 오잠현(烏蠶縣)의 위치 비정과 관련하여 '사(師)' 또는 '사(斯)'라는 글자가 사이시옷의 의미로 사용되는 경우가 있음을 주목할 필요가 있다. 이사금(尼師今)을 『삼국유사』에서 이질금(尼叱今)이라고 표기하였다. '질(叱)'이 사이시옷의 의미로 사용되었으므로, 이질금(尼叱今)은 '잇금'으로 음독할 수 있다. 이에 따른다면, 이사금(尼師今) 역시 '잇금'으로 음독할 수 있고, 이럴 때 '사(師)'는 사이시옷의 의미를 지닌다고 볼 수 있다. 앞에서 이사부(異斯夫)의 사례를 들어 '사(斯)'도 사이시옷의 의미로 사용되는 경우가 있음을 살핀 바 있다. 이러한 사례에 유의하여 '마지사(馬知沙)'에서 '사(沙)' 역시 'ㅅ' 받침의 의미로 사용되었다고 추정해 볼 수 있다. 이렇다고 할 때, 마지사(馬知沙)는 '마짓(마지사)'으로도 음독할 수 있을 것이다. '마짓'과 음이 통하는 지명으로 오늘날 전북특별자치도 진안군 마령면에 해당하는 마진현[馬珍縣; 마돌현(馬突縣)]을 들 수 있다.[92]

노산주 아착현(阿錯縣)의 본래 이름이 원촌(源村)이다. 노산주에 소속된 현은 전북지역에 위치하였으므로, 원촌 역시 마찬가지라고 보인다. 종래에 이러한 사

---

90) 박종희, 2018 「百濟 遷都 地名 '枳慕蜜地'와 俗地名 '모질매'」 『마한·백제문화』 32, 32쪽.
91) 천관우, 1989 앞의 책, 402쪽에서도 지모현을 전북특별자치도 익산시로 비정하였다. 한편 『天地瑞祥志』에 就利山이 只馬縣에 있다고 전하지만, 현재 취리산은 공주시에 위치한 취리산(치미)과 연미산(취미산) 가운데 하나로 비정하는 것이 일반적이다. 취리산의 위치 비정을 둘러싼 제견해에 대해서는 이현숙, 2009 「취리산유적의 고고학적 검토」 『선사와 고대』 31, 8~12쪽이 참조된다.
92) 『삼국사기』 잡지 제5 지리3 전주 임실군조에 '馬靈縣은 본래 백제 馬突縣이었는데, 경덕왕이 이름을 고쳤다. 지금도 그대로 쓴다.'라고 전한다. 그리고 잡지 제6 지리4 백제조에 '馬突縣은 또는 馬珍이라고도 한다.'라고 전한다. 한편 천관우, 1989 앞의 책, 403쪽에서 烏蠶縣의 본래 이름인 馬知沙와 『신증동국여지승람』 권33 전라도 전주부 역원조에 전하는 毛叱知院을 연결시켜 이해하는 견해를 제기한 바 있다.

실을 고려하여 오늘날 전주시에 해당하는 완산(完山)을 원촌과 연결시켜 이해하는 견해가 제기되었는데,[93] 나름 수긍할 만한 견해로 판단된다. 사반주(沙泮州) 다지현(多只縣)의 위치 비정과 관련하여 무주(武州) 무안군(務安郡)의 영현 다기현[多岐縣; 본래 이름은 다지현(多只縣)]이 주목된다. 백제 때에 부지(夫只) 또는 다지(多只)라고 불렀는데, 당나라에서 다지(多只)란 지명을 고려하여 다지현(多支縣)이라 개칭한 것으로 이해되기 때문이다. 다기현은 오늘날 전남 함평군 해보면에 해당한다.

대방주(帶方州) 지류현(至留縣)의 위치 비정과 관련하여 대방주 소속의 현들이 대체로 전남 함평군과 나주시 등에 분포하였다는 사실이 유의된다. 앞에서 미추(未鄒)를 또는 미소(未炤), 미조(未祖), 미소(未召)라고도 불렀다고 언급한 바 있다. 이를 통해서 고대에 ㅅ과 ㅈ, ㅊ이 서로 통용되었음을 살필 수 있다. 이외에도 ㅅ과 ㅈ이 통용되었음을 알려주는 사례를 여럿 발견할 수 있다.[94] 이러한 사례를 염두에 두건대, 지류현(至留縣)의 본래 명칭인 지류(知留)와 비슷한 음을 가진 지명으로 오늘날 전남 나주시 봉황면에 해당하는 무주 금산군(錦山郡) 철야현(鐵冶

---

93) 정구복 등, 2012b 앞의 책, 446쪽.
    한편 천관우, 위의 책, 402쪽에서 아착현을 오늘날 전북특별자치도 완주군 봉동면에 해당하는 우召渚縣(紆州縣)으로 비정하기도 하였다.

94) 『신증동국여지승람』권31 경상도 거창군조에 '加祚縣은 縣의 동쪽 15리에 있다. 본래 신라 加召縣으로서 方言이 서로 비슷하여 召가 변하여 祚가 되었다.'라고 전한다. 『세종실록』지리지에서 경기도 양주도호부 적성현에 있는 丹棗驛을 世俗에서 丹召 또는 丹金이라 잘못 칭한다고 언급하였다. 여기서 '金'은 '쇠'나 '소' 등의 訓借이다. 따라서 丹金은 '단소'라고 讀音하였다고 볼 수 있다. 본래 丹棗를 '丹召'라고도 표기하였는데, 이때 '召'를 '소'로 독음하였으므로 그것을 訓借하여 '丹金'으로도 표기한 사실을 반영한 것이다(전덕재, 2012 「고대 의성지역의 역사적 변천에 관한 고찰」『신라문화』39, 6~7쪽). 이외에 오늘날 경남 창원시에 해당하는 屈自郡을 『삼국유사』권제3 탑상제4 南白月二聖·努肹夫得·怛怛朴朴條에서 仇史郡이라고 기술하였음을 확인할 수 있다.

縣)의 본래 이름인 실어산현(實於山縣)이 주목된다. 실어산(實於山)은 실어산 또는 질어산(지러산)으로 음독할 수 있는바, 지류(知留)와 실어(實於)의 음이 서로 통한다고 볼 수 있기 때문이다.

　분차주(分嵯州) 수원현(首原縣)의 본래 이름이 매성평(買省坪)이다. 매성평의 위치를 비정하고자 할 때, 성(省)이 소(蘇) 또는 소(所) 등과 통용되는 글자였음을 주목할 필요가 있다. 『동국문헌비고(東國文獻備考)』권7 여지고(輿地考)2 역대국계(하)[歷代國界(下)]조에 영남의 성현(省峴)을 속칭으로 소을현(所乙峴)이라고 부른다고 전하는 사실[95] 및 강주(康州) 하동군(河東郡) 성량현(省良縣)을 고려시대에 쇠라부곡(또는 소라부곡)으로 음독이 가능한 금량부곡(金良部曲)이라고 개정한 사실, 매성현(買省縣)과 성대혜현(省大兮縣)을 경덕왕대에 내소군(來蘇郡), 소태현(蘇泰縣)으로 개칭한 사실 등을 통해 성(省)을 '소'로 음독하였음을 살필 수 있다. 이에 따른다면, 매성평(買省坪)은 '매소평[買蘇坪; 매소평(買所坪)]'이라 표기하는 것도 가능하다고 하겠다. 전남지역에 위치하면서도 '매소'와 음이 유사한 지명으로서 오늘날 전남 보성군 회천면에 해당하는 대로현(代勞縣)의 본래 명칭인 마사량현(馬斯良縣)을 들 수 있다. 고대에 'ㅗ'와 'ㅏ'가 통용되었던바, 마사량(馬斯良)은 마소량[馬蘇良; 마소량(馬所良)]으로 표기하는 것도 가능하다. 함안의 아라가야(阿羅伽耶) 또는 아나가야(阿那加耶), 안라국(安羅國)을 『삼국사기』잡지 제3 지리1 강주 함안군조에서 아시량국(阿尸良國)이라고 표기하였다.[96] '양(良)'이 지명어미로 널리 쓰인 '나(那)' 또는 '라(羅)'와 통용되었음을 알려주는 사례라 할 수 있다. 따라서 '매성(買省)'과 '마사(馬斯)'는 같은 지명에 대한 이표기라고 이해하여도 이견

---

95)　所夫里 古省津也. 方言呼省爲所 所或作蘇. 如高句麗之買省郡 後爲來蘇郡 百濟之省大號縣 後爲蘇泰縣. 所又轉爲所乙 今嶺南之省峴 俗號所乙峴 是也. 言謂嘴爲夫里 指山之嘴也[『東國文獻備考』권7 輿地考2 歷代國界(下)].
96)　咸安郡 法興王以大兵滅阿尸良國〈一云阿那加耶〉 以其地爲郡. 景德王改名 今因之(『삼국사기』잡지 제3 지리1 강주).

이 없지 않을까 한다.[97]

　마지막으로 분차주 군지현(軍支縣)의 위치 비정과 관련하여 우선 『삼국사기』 잡지 제6 지리4에 전하는 다음의 기록을 주목할 필요가 있다.

　　분차주는 본래 파지성(波知城)으로서 4현이 소속되어 있다. 귀단현(貴旦縣)은 본래 구사진혜(仇斯珍兮)이다. 수원현(首原縣)은 본래 매성평(買省坪)이다. 고서현(皐西縣)은 본래 추자혜(秋子兮)이다. [다음은] 군지현(軍支縣)이다.[98]

　위의 기록에서 분차주의 본래 이름이 파지성이라고 언급하였다. 종래에 '파지(波知)'에서 '파(波)'는 '밤'의 음을 표기한 것이고, '율지(栗支)'에서 '율(栗)'은 '밤'의 훈(訓)을 빌어 표기한 것으로 이해하여, 분차주의 치소를 율지현, 즉 전남 담양군 금성면이라고 주장한 견해가 제기되었다.[99] 그런데 여기서 문제는 4현 가운데 하나는 분차주의 치소였을 것인데, 파지성과 직접 연결시킬 수 있는 현명을 찾을 수 없다는 사실에 관해서이다.

　이러한 의문은 분차주라는 주명이 분차군(分嵯郡)에서 유래되었다는 사실을 통해 나름 해소할 수 있다. 분차군은 오늘날 보성군 벌교읍·순천시 낙안면 일대에 해당하였다. 분차군의 치소와 분차주의 치소는 일치하였을 가능성이 높다. 그런데 분차군의 치소와 가까운 곳에 군지부곡(軍知部曲)이 위치하였음이 유의된다.[100] 일찍이 안정복(安鼎福)이 『동사강목(東史綱目)』에서 군지현을 낙안군(樂

---

97)　한편 지원구, 2022 「백제 5방성 연구」, 고려대학교 박사학위논문, 226쪽에서 買省坪을 오늘날 전남 고흥군 일원으로 비정하는 견해를 제기하였다.
98)　分嵯州 本波知城 四縣. 貴旦縣 本仇斯珍兮. 首原縣 本買省坪. 皐西縣 本秋子兮. 軍支縣(『삼국사기』 잡지 제6 지리4).
99)　정구복 등, 2012b 앞의 책, 450쪽; 양기석 등, 2008 앞의 책, 500쪽.
100)　『세종실록』 지리지 전라도 낙안군조에 部曲으로 群智가 있다고 전하고, 『신증동국여지승람』 권40 전라도 낙안군 고적조에 '軍知部曲이 남쪽 25리에 있다.'라고 전한다.

安郡) 남쪽 25리에 위치한 군지부곡으로 비정한 바 있다.[101] 군지현을 군지부곡과 연결시킨다면, 분차주 예하의 4개 현 가운데 군지현을 분차주의 치소라고 이해할 수 있어 분차주의 치소 문제를 해결할 수 있다.[102] 이렇다고 할 때, 남는 문제는 파지성을 어떻게 이해할 것인가에 관해서이다. 파지성은 군지현 중심에 위치하여 분차주의 치소성(治所城)으로서의 역할을 수행하였다고 추정해볼 수 있지만, 확언하기 어렵다. 이에 대해서는 추후의 숙제로 남겨두고자 한다. 군지부곡은 낙안군의 치소에서 남쪽 25리에 위치하였으므로, 군지현은 보성군 벌교읍을 중심으로 하고 그 북쪽에 위치한 순천시 낙안면을 포괄하는 범위였다고 봄이 합리적이라고 판단된다.[103]

2) 웅진도독부와 신라의 경계

앞에서 웅진도독부 51현의 위치를 비정하였다. 51현 가운데 웅진도독부 북쪽과 동쪽 경계에 위치한 현을 다시 정리한 것이 〈표 3〉이다.

---

101)   軍支縣〈今樂安郡南二十五里 有軍知部曲 疑是〉(『東史綱目』附卷下 地理考 熊津都督府考).
　　　金正浩는 『大東地志』 권14 전라도 낙안조에서 '軍知部曲은 唐이 백제를 滅한 후에 설치하였고, 軍支를 嵯州의 領縣으로 하였는데, 남쪽으로 25리에 있다[軍知部曲 唐滅百濟 置軍支 爲嵯州領縣 南二十五里].'라고 하였다. 또한 『대동지지』 권31 歷代志 方輿總志3 백제 未詳地分條에서 軍支縣은 樂安郡의 軍知部曲인 듯하다고 언급하였다.
102)   지원구, 2022 앞의 논문, 225~226쪽에서도 군지현을 군지부곡과 연결시켜 이해하였다. 한편 『삼국사기』 잡지 제5 지리3 무주조에 전하는 祁陽縣(전남 담양군 창평면)의 백제 때 지명인 屈支縣과 軍支縣의 음이 비슷하다고 보아, 군지현을 굴지현으로 비정한 견해도 제기되었다(末松保和, 1935 앞의 논문; 1996 앞의 책, 112쪽; 천관우, 1989 앞의 책, 403쪽).
103)   정구복 등, 2012b 앞의 책, 342쪽에서 고려시대 낙안군의 邑治는 지금의 전남 보성군 벌교읍 고읍리에 있었다고 주장하였다. 웅진도독부 分嵯州와 신라 分嶺郡 치소 역시 마찬가지였을 것으로 추정된다.

<표 3> 웅진도독부의 북쪽과 동쪽 경계에 위치한 현

경계	현명	본명	백제 지명	위치
북쪽 경계	자래현	부수지	벌수지현	충남 당진시
	평이현	지류	지육현	충남 서산시 지곡면
동쪽 경계	구지현	구지	구지현	세종특별자치시 전의면
	내서현	내서혜	노사지현	대전광역시 유성구
	득안현	덕근지	덕근군	충남 논산시 가야곡면·은진면 일대
	오잠현	마지사	마진현	전북특별자치도 진안군 마령면
	고서현	추자혜	추자혜군	전남 담양군 담양읍
	군지현			전남 보성군 벌교읍·순천시 낙안면 일대

51현 가운데 웅진도독부 북쪽 경계에 위치한 것으로서 평이현(平夷縣)과 자래현(子來縣)을 들 수 있다. 평이현은 충남 서산시 지곡면, 자래현은 충남 당진시에 해당한다. 웅진도독부 가운데 북쪽 경계에 위치한 또 다른 현과 관련하여 『삼국사기』 잡지 제5 지리3 웅주조에 전하는 다음의 기록을 주목할 필요가 있다.

    탕정군(湯井郡)은 본래 백제의 군이었다. 문무왕 11년, 당 함형(咸亨) 2년(671)에 주를 설치하고 총관(摠管)을 두었다. 함형 12년(681)에 주를 폐하고 군으로 삼았으며, 경덕왕도 그대로 따랐다.[104]

신라는 671년 7월에 소부리주(所夫里州)를 설치하였다.[105] 신라는 신문왕 6년

---

104) 湯井郡 本百濟郡 文武王十一年 唐咸亨二年爲州 置摠管. 咸亨十二年 廢州爲郡 景德王因之(『삼국사기』 잡지 제5 지리3 웅주).
105) 『삼국사기』 잡지 제5 지리3 웅주 부여군조에 문무왕 12년(672)에 摠管을 두었다[扶餘郡 本百濟所夫里郡 唐將蘇定方與庾信平之. 文武王十二年置摠管]고 전한다. 총관이 주의 장관이었으므로, 이는 문무왕 12년에 소부리주를 설치하였다는 의미

(686) 2월에 소부리주를 폐지하고 웅천주(熊川州)를 설치하였다. 지리지의 기록을 신뢰할 때, 671년에 충남지역에 소부리주와 탕정주를 설치하였다고 볼 수도 있다. 통일신라에서 지방에 9주를 설치하였다. 이 가운데 웅주, 전주, 무주 등 3주는 백제고지에 두었다고 밝혔다.[106] 이를 고려하건대, 671년에 충남지역에 두 개의 주를 설치하였다고 보기가 쉽지 않을 것이다. 아마도 671년에 소부리주를 설치하고, 이때 그 예하에 탕정군을 설치한 사실을 마치 탕정주를 설치한 것처럼 잘못 기술한 것이 아닌가 한다.[107] 물론 충남 아산시에 해당하는 탕정군은 671년까지 웅진도독부에 소속되어 있었을 것으로 보인다.[108]

웅진도독부 51현 가운데 하나인 노신현(鹵辛縣)의 본래 이름이 아로곡(阿老谷)이었다. 이것은 동명주(東明州)에 속하였는데, 여기에 웅진현(熊津縣)과 구지현(久遲縣), 부림현(富林縣)이 소속되어 있었다. 웅진현은 공주시, 구지현은 세종특

로 받아들일 수 있다. 종래에 지리지의 기사를 존중하여, 문무왕 12년에 소부리주를 설치하였다고 이해하는 견해가 제기되었다(이도학, 1987 「웅진도독부의 지배조직과 대일본정책」『백산학보』34, 111쪽). 그러나 671년에 탕정군을 설치한 사실을 염두에 둔다면, 671년 7월에 소부리주를 설치하였다고 보는 것이 합리적이라고 판단된다. 다만 672년에도 부여에 위치한 古省城과 그 근처에 위치한 加林城에서 신라군과 당군이 싸운 사실이 확인되는바, 당군을 모두 축출하기까지 광역 지방행정기구로서의 소부리주의 역할은 제한되었을 가능성이 높다고 보인다.

106) 始與高句麗百濟地錯犬牙 或相和親或相寇鈔. 後與大唐侵滅二邦 平其土地 遂置九州. 本國界內置三州 王城東北當唐恩浦路曰尙州 王城南曰良州 西曰康州. 於故百濟國界置三州 百濟故城北熊津口曰熊州 次西南曰全州 次南曰武州. 於故高句麗南界置三州 從西第一曰漢州 次東曰朔州 又次東曰溟州(『삼국사기』잡지 제3 지리1).

107) 전덕재, 2021『삼국사기 잡지·열전의 원전과 편찬』, 주류성, 154~155쪽.
咸亨이란 연호는 670년부터 673년까지 사용하였다. 함형 12년은 존재하지 않지만, 이후 연수를 따지면 681년에 해당한다. 이와 같은 연호의 오류는 탕정주 설치 기사를 사실 그대로 신뢰하기 어려움을 시사해주는 측면으로 유의된다고 하겠다.

108) 所夫里州와 湯井郡의 설치 사례를 통하여 신라는 671년 7월부터 점진적으로 백제고지를 군·현으로 편제하는 작업을 진행하였음을 짐작해볼 수 있다. 아마도 이러한 작업은 672년 2월부터 674년 2월 사이에 마무리된 것으로 이해된다.

별자치시 전의면, 부림현은 공주시 신풍면에 해당한다. 노신현은 공주시 이북, 전의면 서쪽의 백제지역에 위치하였다고 추정해볼 수 있다. 이러한 위치에 있는 현으로 탕정군 예하의 아술현(牙述縣)과 굴직현(屈直縣)을 들 수 있다. 탕정군이 웅진도독부 예하에 있었던바, 아술현과 굴직현 역시 마찬가지였을 것이다. 두 현 가운데 아로곡과 연결시킬 수 있는 것으로 오늘날 아산시 영인면에 해당하는 아술현을 들 수 있다. 아(阿)와 아(牙)의 음이 같고, 곡(谷)과 술(述)이 서로 통하기 때문이다.[109] 이러한 추정에 잘못이 없다고 한다면, 웅진도독부의 북쪽 경계는 공주시 이북과 전의면 서북쪽에 위치한 아산시 영인면이었다고 볼 수 있을 것이다. 결과적으로 웅진도독부의 북쪽과 신라 한산주의 서남쪽 경계는 660년 무렵 신라와 백제의 경계와 차이가 없었다고 하겠다.

웅진도독부 51현 가운데 그 동쪽 경계에 위치한 것으로 구지현(久遲縣; 세종특별자치시 전의면), 내서현(奈西縣; 대전광역시 유성구), 득안현(得安縣; 충남 논산시 가야곡면·은진면), 오잠현(烏蠶縣; 전북특별자치도 진안군 마령면), 고서현(皐西縣; 전남 담양군 담양읍), 군지현(軍支縣; 전남 보성군 벌교읍·순천시 낙안면)을 들 수 있다. 이들 현의 동쪽에 위치한 군·현은 대목악군(大木岳郡; 충남 천안시 동남구 목천읍)과 서원소경(西原小京; 충북 청주시), 우술군(雨述郡; 대전광역시 대덕구), 진동현(珍同縣; 충남 금산군 진산면), 난진아현(難珍阿縣; 전북특별자치도 진안군 진안읍), 도실군(道實郡; 전북특별자치도 순창군 순창읍)과 과지현(菓支縣; 전남 곡성군 옥과면), 감평군(欿平郡; 전남 순천시)을 들 수 있다. 웅진도독부의 동쪽 경계는 구지현-내서현-득안현-오잠현-고서현-군지현의 동쪽 경계를 연결하는 선, 신라의 서쪽 경계는 대목악군-서원소경-우술군-진동현-난진아현-도실군-과지현-감평군의 서쪽 경계를 연결하는

---

109) 牙述縣을 경덕왕대에 陰峯縣으로 개칭하였는데, 이를 통해 述과 峯이 서로 통하였음을 추정해볼 수 있다. 여기서 述은 봉우리를 뜻하는 수리의 音借로 짐작된다. 峯과 谷도 서로 관계가 있으므로, 阿老谷과 牙述은 나름 상관관계를 지닌 지명으로 볼 수 있을 것이다.

선이었을 가능성이 높지 않을까 한다.

다음의 〈표 4〉는 웅주와 전주, 무주 예하의 군·현 가운데 웅진도독부의 동쪽 경계와 660년 백제 동쪽 경계 사이에 위치한 군·현을 정리한 것이다.

〈표 4〉 웅진도독부 동쪽 경계와 660년 백제 동쪽 경계 사이에 위치한 군과 현

주명	백제 지명	경덕왕대 개칭 지명	현재 위치
웅주 (熊州)	대목악군(大木岳郡)	대록군(大麓郡)	충남 천안시 동남구 목천읍
	두잉지현(豆仍只縣)	연기현(燕岐縣)	세종특별자치시 연기면
	일모산군(一牟山郡)	연산군(燕山郡)	충북 청주시 상당구 문의면
	미곡현(未谷縣)	매곡현(昧谷縣)	충북 보은군 회인면
	소비포현(所比浦縣)	적오현(赤烏縣)	대전광역시 유성구 덕진동
	우술군(雨述郡)	비풍군(比豊郡)	대전광역시 대덕구
	진동현(珍同縣)	진동현(珍同縣)	충남 금산군 진산면
전주 (全州)	진잉을군(進仍乙郡)	진례군(進禮郡)	충남 금산군 금산읍
	두시이현(豆尸伊縣)	이성군(伊城縣)	전북특별자치도 무주군 부남면
	적천현(赤川縣)	단천현(丹川縣)	전북특별자치도 무주군 무주읍
	물거현(勿居縣)	청거현(淸渠縣)	전북특별자치도 진안군 용담면
	난진아현(難珍阿縣)	진안현(鎭安縣)	전북특별자치도 진안군 진안읍
	백이군(伯伊郡)	벽계군(壁谿郡)	전북특별자치도 장수군 장계면
	우평현(雨坪縣)	고택현(高澤縣)	전북특별자치도 장수군 장수읍
	임실군(任實郡)	임실군(任實郡)	전북특별자치도 임실군 임실읍
	돌평현(突坪縣)	구고현(九皐縣)	전북특별자치도 임실군 청웅면
	거사물현(居斯勿縣)	청웅현(青雄縣)	전북특별자치도 장수군 번암면
	역평현(礫坪縣)	적성현(磧城縣)	전북특별자치도 순창군 적성면
	도실군(道實郡)	순화군(淳化郡)	전북특별자치도 순창군 순창읍
	고룡군(古龍郡)	남원경(南原京)	전북특별자치도 남원시
무주 (武州)	과지현(菓支縣)	옥과현(玉菓縣)	전남 곡성군 옥과면

주명	백제 지명	경덕왕대 개칭 지명	현재 위치
무주 (武州)	욕내군(欲乃郡)	곡성군(谷城郡)	전남 곡성군 곡성읍
	구차례현(仇次禮縣)	구례현(求禮縣)	전남 구례군 구례읍
	둔지현(遁支縣)	부유현(富有縣)	전남 순천시 주암면
	마로현(馬老縣)	희양현(晞陽縣)	전남 광양시
	감평군(欲平郡)	승평군(昇平郡)	전남 순천시
	원촌현(猿村縣)	해읍현(海邑縣)	전남 여수시
	돌산현(突山縣)	여산현(廬山縣)	전남 여수시 돌산읍

　위의 〈표 4〉에 제시한 28개의 군·현은 웅진도독부 소속이 아니라 신라의 영역으로 편제된 곳일 가능성이 높은 곳이다. 물론 경계지역에 위치한 다수의 군과 현이 신라의 지배를 받았을 가능성을 배제할 수 없다. 따라서 실제로 신라의 영역에 편제된 군과 현의 수는 28개보다 많았을 것으로 판단된다. 『삼국사기』 잡지 제5 지리3에 웅주에 주 1, 소경 1, 군 13, 현 29개가 있고, 전주에 주 1, 소경 1, 군 10, 현 31개, 무주에 주 1, 군 14, 현 44개가 있다고 전한다. 660년 백제지역에 위치한 주와 군, 현, 소경은 모두 146개 내외였다고 볼 수 있다. 결국 660년 무렵에는 백제의 영토였으나, 664년 2월 웅진도독부와 신라가 경계를 정한 이후 그 가운데 대략 20% 정도가 신라의 영토로 편입되었다고 추정해볼 수 있지 않을까 한다.

　신라는 궁극적으로 백제고지에서 당군을 축출하고 그곳을 모두 자신들의 영역으로 편제하기에 이른다. 『자치통감(資治通鑑)』 권202 당기(唐紀)18 고종(高宗) 상원(上元) 원년(674) 정월조에 고종이 유인궤(劉仁軌) 등에게 신라를 토벌하도록 명령하였는데, 이때 신라 문무왕 김법민(金法敏)이 이미 고려반중(高麗叛衆)을 받아들이고, 또한 백제고지를 점거(占據)하여 사람들을 시켜 지키게 하자, 고종이 크게 노하여 조서(詔書)를 내려 법민의 관작(官爵)을 삭탈하였다고 전한다.[110] 그

---

110)　上元元年 春正月 壬午 以左庶子·同中書門下三品劉仁軌爲雞林道大總管〈帝以新

런데 『책부원구(冊府元龜)』와 『구당서(舊唐書)』, 『신당서(新唐書)』에는 고종이 신라 토벌을 명령한 시기가 674년 2월 임오(壬午)라 전한다.[111] 당 고종이 문무왕의 관작을 삭탈한 시기는 674년 2월이라 봄이 옳을 것이다. 이들 중국 사서에 전하는 기록에 따른다면, 적어도 674년 2월에는 신라가 백제고지를 모두 차지하고 영역으로 편제하였다고 볼 수 있다.

『삼국사기』 신라본기에 문무왕 10년(670) 7월에 신라가 백제고지에 위치한 82성을 공격하여 차지하였다고 전한다.[113] 이때부터 신라가 백제고지에서 당군을 축출하기 위한 작전을 전개하였다고 볼 수 있다. 672년 2월에 신라군이 가림성(加林城)을 공격하였다가 함락시키지 못하였다. 이후 시기의 자료에서 당군과 신라군이 백제고지에서 싸운 기록을 더 이상 찾을 수 없다. 신라군이 672년 2월에 가림성을 함락시키지 못한 것으로 보아, 그 이후에도 계속 당군과 신라군이 백제고지에서 충돌하였다고 추론할 수 있다. 결국 신라는 672년 2월에서 674년 2월 사이에 백제고지에서 당군을 축출하고 그곳을 모두 차지하였다고 정리할 수 있는데, 현재로서 그 시기를 정확하게 고구(考究)하기가 쉽지 않은 실정이다. 이

羅國爲雞林州〉 衛尉卿李弼·右領軍大將軍李謹行副之 發兵討新羅. 時新羅王法敏 旣納高麗叛衆 又據百濟故地 使人守之. 上大怒 詔削法敏官爵 其弟右驍衛 員外大將軍·臨海郡公仁問在京師 立以爲新羅王 使歸國(『資治通鑑』卷202 唐紀18 高宗).

111) 『册府元龜』卷986 外臣部 征討5 唐 高宗 咸亨 五年(674)條에는 674년 2월, 『구당서』권5 본기5 고종(하) 함형 5년조 및 『신당서』권3 본기제3 고종 上元 元年條에는 같은 해 2월 壬午에 고종이 劉仁軌 등에게 신라를 토벌하도록 명령하였다고 전한다. 『자치통감』 기록의 正月은 二月의 잘못으로 이해된다.

112) 숫자는 〈표 2〉의 번호를 가리키며, ㄱ은 대목악군, ㄴ은 서원소경, ㄷ은 우술군, ㄹ은 진동현, ㅁ은 난진아현, ㅂ은 도실군, ㅅ은 과지현, ㅇ은 감평군이다.

113) 王疑百濟殘衆反覆 遣大阿湌儒敦於熊津都督府請和 不從 乃遣司馬禰軍窺覘. 王知謀我 止禰軍不送 擧兵討百濟. 品日文忠衆臣義官天官等攻取城六十三 徙其人於內地. 天存竹旨等取城七 斬首二千. 軍官文穎取城十二(『삼국사기』 신라본기 제6 문무왕 10년 가을 7월).

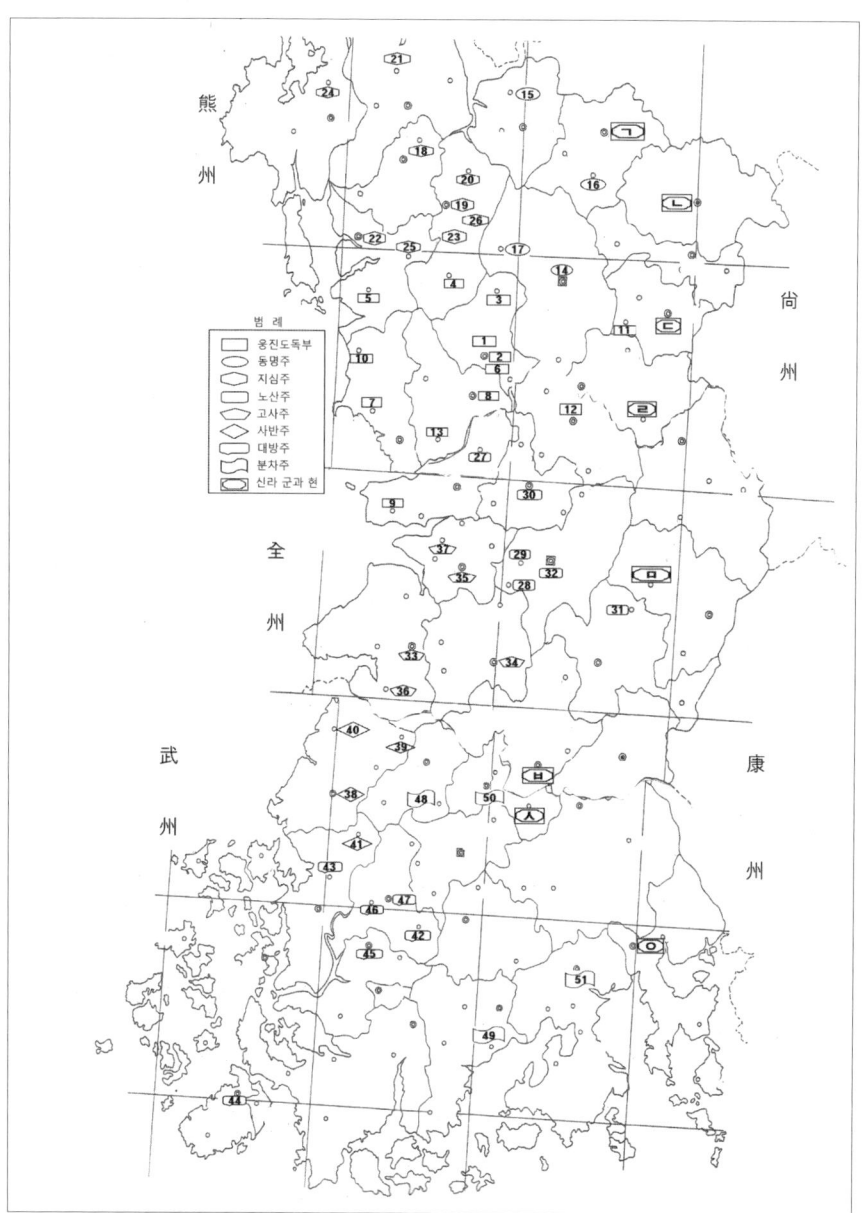

〈그림 1〉 웅진도독부 51현의 위치와 신라 서쪽 경계에 위치한 군과 현[112]

에 대해서는 추후의 과제로 남겨두고자 한다. 신라가 웅진도독부 관할의 백제고지를 모두 차지하게 되면서 신라의 서쪽 경계는 서해가 되었고, 서북쪽 경계는 한산주(漢山州)의 서북 경계와 일치하게 되었다. 7세기 후반 한산주의 서북 경계는 예성강과 북한의 강원도 이천군, 철원군, 평강군과 김화군을 연결하는 선이었는데, 이에 대해서는 뒤에서 자세하게 살필 것이다.

이상 1장과 2장에서 살핀 내용을 간단하게 정리하면 다음과 같다. 660년 무렵 백제의 북쪽 경계는 오늘날 아산만에서 천안, 진천을 잇는 선이었다. 당시 충청지역에서 신라의 서쪽 경계는 충북 진천과 청주, 보은, 옥천군 안내면, 옥천읍, 이원면과 영동군 양산면, 전북특별자치도 무주군 무풍면을 연결하는 선과 일치하였다. 642년 백제가 대야성(경남 합천군 합천읍)을 공격하여 함락시킨 이후 신라와 백제는 한동안 낙동강을 경계로 대치하였다가 648년 신라가 옥문곡전투에서 승리하고 옛 가야지역 대부분을 회복하면서 『삼국사기』 지리지에 전하는 강주 서쪽에 위치한 군과 현을 연결하는 선, 즉 소백산맥 및 이것과 남해안을 연결하는 선이 신라의 서쪽 경계가 되었다. 웅진도독부의 북쪽 경계는 충남 당진시와 서산시 지곡면, 아산시 영인면을 연결하는 선이었고, 동쪽 경계는 세종특별자치시 전의면, 대전광역시 유성구, 충남 논산시 가야곡면, 전북특별자치도 진안군 마령면, 전남 담양군 담양읍, 순천시 낙안면·보성군 벌교읍을 연결하는 선이었다. 이때 신라의 서쪽 경계는 충남 천안시 동남구 목천읍, 충북 청주시, 대전광역시 대덕구, 충남 금산군 진산면, 전북특별자치도 진안군 진안읍, 순창군 순창읍, 전남 곡성군 옥과면과 순천시를 연결하는 선과 일치하였다. 웅진도독부가 존재하던 시기에 신라는 660년 백제의 영토 가운데 약 20%를 차지하였다. 신라는 670년 7월부터 백제고지에서 당군을 축출하는 작전을 전개하기 시작하여 672년 2월과 674년 2월 사이에 백제고지를 모두 신라의 영역으로 편제하기에 이르렀다. 이에 따라 신라의 서쪽 경계는 서해가 되었고, 서북 경계는 한산주의 서북 경계와 일치하게 되었다.

3. 7세기 후반 이후 서북 경계의 변동

앞에서 7세기 전반 신라의 서북 경계는 임진강과 한탄강을 연결하는 선이었음을 살폈다. 신라는 7세기 후반 이후부터 고구려고지에 군과 현을 설치하여 영역을 확대하면서 서북 국경이 여러 차례 변동되었다. 나당전쟁 기간 중에도 신라의 서북계는 커다란 변동이 없었다. 신라가 나당전쟁 막바지에 임진강을 넘어 한산주의 영역을 확장하였는데, 이와 관련된 자료가 바로 다음의 기록들이다.

Ⅰ-① 유인궤(劉仁軌)가 칠중성(七重城)에서 우리[신라] 군사를 깨뜨렸다. 인궤는 군사를 이끌고 돌아가고, 조칙(詔勅)으로 안동진무대사(安東鎭撫大使)로 삼아 경략케 하였다. 그래서 왕은 사신을 보내 조공하고 사죄하니, 황제가 용서하고 왕의 관작을 회복시켜 주었다. 김인문(金仁問)은 중간에서 [당으로] 되돌아갔는데, 그를 임해군공(臨海君公)으로 고쳐 봉하였다. (ㄱ) 그러나 백제 땅을 많이 빼앗았고, 마침내 고구려 남쪽 경계지역에 이르기까지 주와 군으로 삼았다[然多取百濟地 遂抵高句麗南境爲州郡](『삼국사기』 신라본기 제7 문무왕 15년 2월).

Ⅰ-② 상원(上元) 2년(675) 2월에 계림도행군대총관(雞林道行軍大總管) 유인궤가 신라의 무리를 칠중성(七重城)에서 크게 깨뜨리고 돌아왔다. 신

라가 이에 사신을 보내 엎드려 죄를 청하고, 아울러 계속해서 마음을 다하여 토산물을 헌상하였으므로, 법민[문무왕]의 관작을 회복시켜 주었다. (ㄴ) 이미 백제의 땅을 모두 차지하고 고려의 남경(南境)에 이르렀다[既盡有百濟之地 及高麗南境]. 동서가 900리이고, 남북이 1,800리이다. 경계 내에 상(上)·양(良)·강(康)·웅(熊)·금[金; 전(全)]·무(武)·한(漢)·삭(朔)·명(溟) 등의 주(州)를 두었다(『당회요(唐會要)』권95 신라).

Ⅰ-③ 상원 2년 2월에 인궤가 신라의 무리를 칠중성에서 깨뜨리고, 말갈병으로써 바다를 통해 [신라의] 남경(南境)을 공략하여 죽이거나 사로잡은 자가 매우 많았다. 조서를 내려 이근행(李謹行)을 안동진무대사(安東鎭撫大使)로 삼고, 매소성(買肖城)에 주둔하여 신라와 세 번 싸워 모두 물리쳤다. 법민(法敏)이 사신을 보내 조회하고 사죄하며, 계속해서 공물을 바치자, 인문이 이에 돌아와 신라왕을 그만두었으므로, 조서를 내려 법민의 관작을 회복시켜 주었다. (ㄷ) 그러나 [신라는] 백제 땅을 많이 취하고, 마침내 고려의 남경에 이르렀다[然多取百濟地 遂抵高麗南境矣]. 상·양·강·웅·전·무·한·삭·명주의 9주를 두었다(『신당서』신라전).

종래에 김영하 선생은 (ㄱ)~(ㄷ)에 전하는 '고구려남경(高句麗南境)[고려남경(高麗南境)]'을 '고구려(고려)의 남쪽 경계선'이라고 해석한 다음, 675년에 신라가 백제의 영토를 차지하고, 고구려 남쪽 경계선에 이르렀다고 이해하였다. 즉 675년에 신라는 임진강 이남의 영토를 차지하였다고 보았던 것이다.[114] 그런데 '경(境)'이

---

114) 김영하, 2018「신라의 '백제통합'과 '일통삼한' 재론」『한국고대사연구』89, 252~254쪽. 한편 윤경진은 '고구려 남경'은 신라가 당이 패강지역을 사여한 성덕왕대 이후에 최종 확보한 영토의 상한인 대동강을 가리킨다고 이해하였다(윤경진, 2019「삼한일통의식은 7세기의 이념인가」『한국고대사연구』92, 276~282쪽).

라는 한자는 '경계(境界)'라는 뜻과 더불어 '경역(境域)'이라는 뜻을 지니고 있다.[115] 따라서 '고려남경(高麗南境)'을 '고려(고구려)의 남쪽 경역'이라고 해석하는 것도 가능하다. 그러면 두 가지 가운데 어느 해석이 더 정확하다고 볼 수 있을까?

Ⅰ-① 기록에 '그러나 백제의 땅을 많이 취하고, 마침내 고구려의 남경에 이르러 주군으로 삼았다[然多取百濟地 遂抵高句麗南境爲州郡].'라고 전한다. Ⅰ-③의 (ㄷ) 기록이 이것의 원전임이 분명하다. 다만 『삼국사기』 찬자는 '고려남경'을 '고구려의 남쪽 경역'을 가리키는 것으로 이해하여, 신라본기를 찬술하면서 '遂抵高麗南境矣'를 '遂抵高句麗南境爲州郡'이라고 바꾸어 표현하였다고 볼 수 있다. 『삼국사기』 찬자가 '고려남경'을 '고구려의 남쪽 경역'이라고 이해하였다는 사실을 근거로, 『당회요』와 『신당서』의 찬자 역시 그렇게 이해하였다고 단정하기 곤란하지만, 그렇다고 완전히 무시하기도 어려울 것이다.

『구당서』 신라전에 당나라가 신라와 함께 백제를 평정한 사실을 언급하고, 이어 '이로부터 신라가 점차로 고려(고구려)·백제의 땅을 차지하게 되니, 그 영역이 더욱 넓어져 서쪽으로 바다에 이르렀다.'라고 전한다.[116] 『구당서』 신라전에는 고구려 멸망과 나당전쟁에 관한 내용이 전하지 않는다. 따라서 위의 기록은 나당전쟁 종결 후의 상황을 반영한다고 볼 수 있다. 이를 통해 당나라 사람들이 나당전쟁 후에 신라가 백제 땅뿐만 아니라 고구려의 경역도 차지하였다고 이해하였음을 알 수 있다.

그런데 『구당서』는 945년에 완성된 것이고, 『당회요』는 961년에 편찬된 것이다. 따라서 Ⅰ-②의 밑줄 친 (ㄴ) 기록의 내용은 『구당서』 신라전에 전하는 기록

---

115) 宗福邦·陳世饒·蕭海波主編, 2003 『故訓匯纂』, 商務印書館, 442쪽에서 '境'은 '疆', '界'. '壤'의 뜻이 있다고 하였고, 단국대학교 동양학연구소, 2000 『한한대사전』 3, 단국대학교출판부, 664쪽에서는 '境'은 국경, 변경이란 뜻과 더불어 장소, 구역, 지역이라는 뜻이 있다고 하였다.
116) 自是新羅漸有高麗·百濟之地 其界益大 西至于海(『구당서』 신라전).

의 그것과 맥락을 같이한다고 이해하는 것이 합리적이라고 판단된다. 다시 말하면, '旣盡有百濟之地 及高麗南境'을 '이미 백제의 땅을 모두 차지하고 고려(고구려)의 남쪽 경역에 이르렀다'고 해석하는 것이 자연스럽다는 의미이다. Ⅰ-③의 (ㄷ) 기록의 내용도 역시 동일한 맥락으로 이해할 수 있음을 확인할 수 있다.

앞에서 인용한 『신당서』 신라전(Ⅰ-③)의 기록에 '남경(南境)'이라는 표현이 두 번 나온다. 『자치통감(資治通鑑)』 권202 당기(唐紀)18 고종(高宗) 상원(上元) 2년(675) 2월 기록에는 '유인궤(劉仁軌)가 신라의 무리를 칠중성에서 크게 깨트렸다. 또한 말갈로 하여금 바다를 통해 신라의 남경(南境)을 공략하게 하여 죽이거나 사로잡은 자가 매우 많았다. 인궤가 군사를 이끌고 돌아왔다.'라고 전한다.[117] 이 기록을 통해 『신당서』에서 말갈병이 공략한 남경이 신라의 남경을 가리킨다는 사실을 확인할 수 있다. 말갈병이 신라의 남경을 공략하여 죽이거나 사로잡은 자가 많았다고 하였으므로, 여기서 신라의 남경은 신라의 남쪽 경계선이 아니라 신라인들이 거주하는 신라의 남쪽 경역을 가리킨다고 보는 것이 합리적이다. 동일한 기록에 전하는 '고려남경' 역시 '고려의 남쪽 경역'을 의미한다고 이해하는 것이 자연스럽다고 보인다.

실제로 위에서 밑줄 친 (ㄴ), (ㄷ) 기록의 '고려남경'을 '고려(고구려)의 남쪽 경계선'으로 해석할 때, 논리적으로 부자연스러운 측면이 있음을 발견할 수 있다. 『삼국사기』 신라본기에서 638년(선덕여왕 7) 10월에 고구려가 신라의 북쪽 변경인 칠중성(七重城)을 침략하였다고 하였다.[118] 칠중성은 경기도 파주시 적성면 구읍리에 위치하였다. 칠중성 북쪽에 임진강이 흐르고 있다. 『구당서』 유인궤열전에 함형(咸亨) 5년(674)에 유인궤가 병사를 이끌고 지름길로 호로하(瓠盧河)를 건

---

117) 劉仁軌大破新羅之衆於七重城. 又使靺鞨浮海略新羅之南境 斬獲甚衆. 仁軌引兵還 (『資治通鑑』 권202 唐紀18 高宗 上元 2년 2월).

118) 高句麗侵北邊七重城 百姓驚擾入山谷. 王命大將軍閼川安集之(『삼국사기』 신라본기 제5 선덕왕 7년 10월).

너 신라의 북방 대진(大鎭) 칠중성을 깨트렸다고 전한다.[119] 함형 5년은 상원 2년 (675)의 잘못이다. 『삼국사기』 신라본기 문무왕 11년 가을 7월조에 전하는 답설인귀서에서 662년 정월에 고구려에 들어갔던 김유신 등이 신라로 돌아올 때에 호로하(瓠瀘河)를 건넜다고 하였다.[120] 호로하는 경기도 연천군 장남면 원당리에 위치한 호로고루 남쪽을 흐르는 임진강을 가리킨다. 호로고루에서 임진강을 건너면 칠중성에 이른다. 따라서 유인궤는 호로고루 남쪽을 흐르는 임진강을 건너 신라의 북방 대진 칠중성을 공격하였다고 볼 수 있다. 그리고 675년(문무왕 15) 9월에 당군이 거란·말갈 군사와 함께 칠중성을 에워쌌으나 이기지 못하였다고 신라본기에 전한다.[121] 한편 『삼국사기』 김유신열전에 임술년(662) 정월 23일에 김유신이 배를 타고 칠중하를 건너자, 장졸(將卒)이 그 뒤를 따라 강을 건너 고구려의 경역에 들어갔다는 기록이 보인다.[122] 고구려의 남계와 신라의 북계가 칠중성 근처에 위치한 임진강을 가리키는 칠중하였음을 알려주는 자료이다.

이처럼 638년에서 675년까지 신라의 북계와 고구려의 남계가 임진강이었고, (ㄷ) 기록의 '고려남경'을 '고려의 남쪽 경계선'을 이른다고 이해한다면, (ㄷ) 기록

---

119) (咸亨)五年 爲鷄林道大總管 東伐新羅. 仁軌率兵徑度瓠瀘河 破其北方大鎭七重城 (『구당서』 권84 열전34 劉仁軌).

120) 至龍朔二年正月 劉摠管共新羅兩河道摠管金庾信等 同送平壤軍粮. 當時陰雨連月 風雪極寒 人馬凍死 所將兵粮 不能勝致. 平壤大軍 又欲歸還 新羅兵馬 粮盡亦廻. 兵士饑寒 手足凍瘃 路上死者 不可勝數. 行至瓠瀘河 高麗兵馬 尋後來趂 岸上列陣. 新羅兵士 疲乏日久 恐賊遠趂 賊未渡河 先渡交刃 前鋒暫交 賊徒瓦解 遂收兵歸來(『삼국사기』 신라본기 제7 문무왕 11년 가을 7월 답설인귀서).

121) 唐兵與契丹·靺鞨兵來圍七重城 不克 小守儒冬死之. 靺鞨又圍赤木城滅之 縣令脫起 率百姓 拒之 力竭俱死. 唐兵又圍石峴城拔之 縣令仙伯·悉毛等力戰死之(『삼국사기』 신라본기 제7 문무왕 15년 가을 9월).

122) 壬戌正月二十三日 至七重河 人皆恐懼 不敢先登. 庾信曰 諸君若怕死 豈合來此. 遂先自上船而濟 諸將卒相隨渡河. 入高句麗之境 慮麗人要於大路 遂自險隘以行 至於䔉壤(『삼국사기』 열전제2 김유신).

에서 '마침내 고려의 남경에 이르렀다[遂抵高麗南境矣]'라고 언급한 것을 합리적으로 설명하기 어렵다. 이전부터 675년까지 계속해서 신라의 북쪽과 고구려의 남쪽 경계선이 임진강이었는데, 『신당서』의 찬자가 굳이 이때에 신라가 마침내, 즉 비로소 고려의 남쪽 경계선인 임진강에 이르렀다고 표현하였을 가능성은 희박하다고 보이기 때문이다. 그러나 신라가 675년 이전에 백제의 토지를 차지하고, 마침내 675년에 신라가 고구려의 남쪽 경계였던 임진강을 건너 고구려의 남쪽 경역에 이르렀다고 본다면, 『신당서』의 찬자가 '遂抵高麗南境矣'라고 표기한 것을 자연스럽게 이해할 수 있는 길이 열린다. 실제로 신라가 675년 무렵에 고구려의 남쪽 경역을 군현으로 편제하였음을 확인할 수 있다. 이와 관련하여 다음의 기록을 주목할 필요가 있다.

> 소나(素那)는 용감하고 호걸스러워 아버지[심나(沈那)]의 풍채를 닮았다. 백제가 멸망한 후에 한주(漢州) 도독(都督) 도유공(都儒公)이 대왕[문무왕]에게 청하여 소나를 아달성(阿達城)으로 옮기어 북쪽 변방을 막도록 하였다. 상원(上元) 2년(675) 을해(乙亥) 봄에 아달성태수(阿達城太守) 급찬 한선(漢宣)이 백성에게 이르기를, '어느 날 모두 나가 삼을 심으려 하니, 명을 어기지 말도록 하라.'고 하였다. 말갈의 첩자가 이를 알고 돌아가 자기 추장에게 보고하니, 그 날 백성이 모두 함께 성을 나가 밭에 있는 틈을 타서 말갈이 군사를 숨겼다가 갑자기 성에 들어가 온 성을 겁탈하니 노인과 어린아이가 허둥지둥 어쩔 줄을 몰랐다. … 아침부터 저녁때까지 싸우니 소나의 몸에 화살이 박혀 고슴도치 같았다. 드디어 거꾸러져 죽었다(『삼국사기』잡지 제7 소나).

위의 기록과 동일한 내용이『삼국사기』신라본기 제7 문무왕 15년 가을 9월

기록에 전한다.[123] 여기에서는 말갈이 아달성에 침입하여 노략질하자 성주(城主) 소나가 맞아 싸우다 죽었다고 하였다. 종래에 아달성(阿達城)을 한주(漢州) 토산군(兎山郡)의 영현(領縣)인 안협현[安峽縣; 아진압현(阿珍押縣)]으로 비정하였다.[124] 『일본서기(日本書紀)』권9 중애천황(仲哀天皇) 9년 겨울 10월조에 '미질이지 파진간기(微叱已知波珍干岐)'가 나오는데,[125] 파진간기(波珍干岐)를 고대 일본인들이 'はとりかんき'라고 읽었다고 전하고, 이를 통하여 진(珍)을 'とり', 즉 '돌'로 읽었음을 살필 수 있다. 『삼국사기』잡지 제6 지리4 백제 웅천주조에서 임실군의 영현인 마령현(馬靈縣)의 옛 이름 마돌(馬突)을 다른 말로 마진(馬珍)이라고 부른다고 전한다. 진(珍)을 돌(突)로 읽었음을 시사해주는 또 다른 증거이다. 이에 따른다면, 아진압현(阿珍押縣)은 아돌압현으로 독음하는 것도 가능하다고 볼 수 있다. 『삼국사기』직관지에서 파진찬(波珍湌)은 또는 해간(海干)이라고 하였다. 파진(波珍)은 파단(波旦)이라고도 표기하는데, 파단은 바다[해(海)]의 고음인 '바돌'을 음차(音借)한 것으로 이해되고 있다.[126] 이것은 본래 진(珍)의 독음이 '돌'이었음을 시사해주는 자료로서 주목되는데, 주지하듯이 '돌'은 후대에 '달' 또는 '돌'로 발음하였다. 이에 따른다면, 아진압현(阿珍押縣)을 아달압현으로 음독할 수도 있는바, 아달성을 아진압현으로 비정하는 기존의 견해는 나름 타당성을 지녔다고 평가할 수 있다. 아진압현은 현재 북한의 강원도 철원군 철원읍(옛 강원도 이천군

---

123) 靺鞨入阿達城劫掠 城主素那逆戰 死之(『삼국사기』신라본기 제7 문무왕 15년 가을 9월).
124) 정구복 등, 2012b 앞의 책, 801~802쪽에서 아달성을 아진압현과 동일한 곳이라고 언급하였다.
125) 爰新羅王波沙寐錦 卽以微叱己知波珍干岐爲質 仍齎金銀彩色及綾·羅·縑絹 載于八十艘船 令從官軍. 是以 新羅王常以八十船之調貢于日本國 其是之緣也(『일본서기』권9 仲哀天皇 9년 겨울 10월).
126) 백두현, 1999「울진봉평신라비의 지명에 대한 어학적 고찰」『한국고대사회와 울진지방』, 울진군·한국고대사학회, 146쪽.

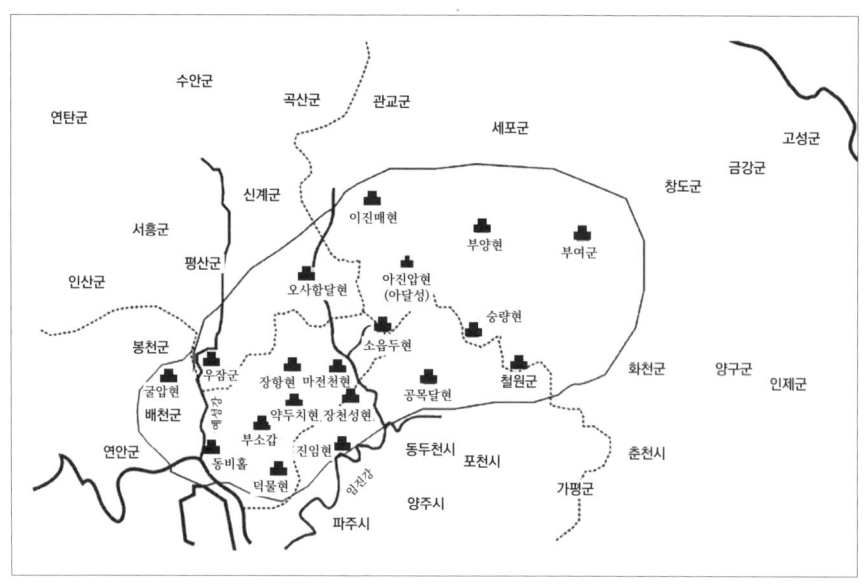

〈그림 2〉 7세기 후반에 한산주에 새로 편입된 군·현

안협면)에 해당한다.

위의 기록에서 675년 봄에 급찬 한선이 북쪽 변방에 위치한 아달성의 태수였다고 하였으므로 675년 2월에 고구려의 남쪽 경계에 설치한 군·현 가운데 아달성, 즉 아진압군(현)이 포함되었다고 이해할 수 있다. 한편 신라는 경덕왕대부터 헌덕왕대까지 패강지역에 14군·현을 설치하였는데, 여기에 포함되지 않으면서 임진강 이북에 위치한 한주(한산주)의 군·현을 정리하면 다음과 같다.

〈표 5〉 7세기 후반에 한산주에 새로 편입된 군·현

군명	현명	본래 명칭	현재 위치(북한)	비고
철성군(鐵城郡)		철원군(鐵圓郡)	강원특별자치도 철원군 철원읍	고려 동주(東州)
	동량현(㠉梁縣)	승량현(僧梁縣)	경기도 연천군 인목면	비무장지대
	공성현(功成縣)	공목달현(功木達縣)	경기도 연천군 연천읍	고려 장주(㺵州)

군명	현명	본래 명칭	현재 위치(북한)	비고
부평군(富平郡)		부여군(夫如郡)	강원특별자치도 철원군 김화읍	고려 김화현(金化縣)
	광평현(廣平縣)	부양현(斧壤縣)	옛 강원도 평강군 평강면 (강원도 평강군 평강읍)	고려 평강현(平江縣)
토산군(兎山郡)		오사함달현(烏斯含達縣)	옛 황해도 금천군 토산면 토산리 (황해북도 토산군 월성리)	
	안협현(安峽縣)	아진압현(阿珍押縣)	옛 강원도 이천군 안협면 (강원도 철원군 철원읍)	
	삭읍현(朔邑縣)	소읍두현(所邑豆縣)	옛 경기도 연천군 삭령면 삭령리 (강원도 철원군 삭령리)	고려 삭령현(朔寧縣)
	이천현(伊川縣)	이진매현(伊珍買縣)	옛 강원도 이천군 이천면 (강원도 이천군 이천읍)	
우봉군(牛峯郡)		우잠군(牛岑郡)	옛 황해도 금천군 우봉면 (황해북도 금천군 현내리 부근)	
	임강현(臨江縣)	장항현(獐項縣)	옛 경기도 장단군 강상면 임강리	
	장단현(長湍縣)	장천성현(長淺城縣)	경기도 파주시 장남면	
	임단현(臨端縣)	마전천현(麻田淺縣)	경기도 연천군 미산면 마전리	고려 마전현(麻田縣)
송악군(松岳郡)		부소갑(扶蘇岬)	옛 경기도 개성시 (개성특별시)	
	여비현(如羆縣)	약두치현(若豆耻縣)	경기도 파주시 진서면	고려 송림현(松林縣)
	강음현(江陰縣)	굴압현(屈押縣)	옛 황해도 금천군 서북면 강음리 (황해북도 금천군 연흥리 부근)	
개성군(開城郡)		동비홀(冬比忽)	옛 경기도 개풍군 서면 개성리	고려 개성부(開城府)
	덕수현(德水縣)	덕물현(德勿縣)	옛 경기도 개풍군 봉동면 홍왕리	
	임진현(臨津縣)	진림현(津臨城)	경기도 파주시 군내면	

『삼국사기』 신라본기 제6 문무왕 8년(668) 10월 22일 기록에 군사(軍師)인 부양(斧壤)의 구기(仇杞)는 평양 남교(南橋)에서 전공이 첫째였으므로 술간(述干)의 관등을 주고 벼[粟] 700석을 하사하였다고 전하는데,[127] 부양지역(북한의 강원도 평강군 평강읍)이 이미 신라의 영역에 편제되었음을 알려준다. 이에 따른다면, 아진압지역을 비롯한 이진매현과 부여군, 부양현 등이 이미 675년 이전에 신라의 영

---

127) 軍師斧壤仇杞 平壤南橋戰功第一 授位述干 賜粟七百石(『삼국사기』 신라본기 제6 문무왕 8년 10월 22일).

역에 편제되었다고 이해할 수 있다. 물론 그 이남에 위치한 철성군과 그 영현 역시 마찬가지였을 것이다. 이들 지역을 신라 한산주의 군과 현으로 편제한 시기는 연개소문 동생 연정토가 동해안의 12성을 들어 신라에 항복한 666년 12월을 전후한 무렵이[128] 아닌가 한다. 그리고 675년 무렵에 그 이외에 임진강과 예성강 사이에 위치한 지역을 한산주의 군과 현으로 편제한 것으로 추정된다. 따라서 신라가 예성강을 넘어 패강지역으로 진출하여 14군·현을 설치하기 전까지 한산주의 북계는 예성강과 토산군, 이천군, 철원군(북한), 평강군과 김화군을 연결하는 선이었다고 정리할 수 있다.

신라가 예성강 이북, 즉 패강(浿江; 대동강) 이남 지역으로 진출하기 시작한 것은 8세기 전반 성덕왕대부터였다. 발해가 732년(성덕왕 31) 가을에 당의 등주(登州)를 공격한 것을 계기로 양국간에 전쟁이 벌어졌다. 이때 당이 신라에게 발해의 남쪽을 공격하도록 요청하자, 성덕왕은 733년 겨울에 김유신의 손자인 윤충(允忠)과 그의 아우 윤문(允文) 등 4명의 장군에게 발해의 남쪽을 공격하게 하였으나, 기후 조건이 나쁘고 지형이 험악하여 별 성과를 거두지 못하였다. 신라는 734년(성덕왕 33)에 다시 발해를 공격하려고 계획하였지만, 실행에 옮기지 못하였다. 당은 신라의 발해 공격에 대한 보답으로 735년(성덕왕 34)에 패강 이남 지역에 대한 신라의 영유권을 공식적으로 인정해주었다.[129] 신라의 북방 개척은 이를 계기로 본격화되었던 것이다.

신라는 736년(성덕왕 35) 11월에 윤충과 사인(思仁), 영술(英述)을 파견하여 평양주(平壤州; 한강 이북의 한산주)와 우두주(牛頭州)의 지세를 살펴보게 하였는데,[130] 이것은 북방 개척을 위한 준비작업의 성격을 띠는 것이었다.『삼국사기』

---

128) 이에 대해서는 뒤에서 자세하게 언급할 예정이다.
129) 전덕재, 2019「통일신라의 외교」『한국의 대외관계와 외교사』(고대편), 동북아역사재단, 343~345쪽.
130) 遣伊飡允忠·思仁·英述 檢察平壤牛頭二州地勢(『삼국사기』 신라본기 제8 성덕왕 35

신라본기 경덕왕 7년(748) 8월 기록에 신라에서 아찬 정절(貞節) 등을 보내 북쪽 변경을 검찰(檢察)케 하고, 처음으로 대곡성(大谷城) 등 14개의 군과 현을 두었다고 전한다.[131] 이때 설치하였다고 전하는 14군·현은 대체로 재령강 동쪽의 패강 지역에 위치하였는데, 그것을 제시하면 다음 <표 6>과 같다.

<표 6> 패강 이남 지역에 설치한 군·현 일람표[( )은 북한 지명]

군명	현명	경덕왕대 개정명칭	위 치	비고
대곡군(大谷郡)		영풍군(永豊郡)	황해도 평산군 평산면 (황해북도 평산군 산성리)	고려 평주(平州)
	수곡성현(水谷城縣)	단계현(檀溪縣)	황해도 신계군 다율면 (황해북도 신계군 추천리)	고려 협계현(俠溪縣)
	십곡성현(十谷城縣)	진단현(鎭湍縣)	황해도 곡산군 곡산면 (황해북도 곡산군 곡산읍)	고려 곡주(谷州)
동삼홀군(冬彡忽郡)		해고군(海皐郡)	황해도 연백군 연안읍 (황해남도 연안군 연안읍)	고려 염주(鹽州)
	도납현(刀臘縣)	구택현(雊澤縣)	황해도 연백군 은천면 (황해남도 백천군 백천읍)	고려 백주(白州)
내미홀군(內米忽郡)		폭지군(瀑池郡)	황해도 해주시 (황해남도 해주시)	고려 해주(海州)
식성군(息城郡)		중반군(重盤郡)	황해도 신천군 문무면 고현리 (황해남도 삼천군 고현리)	고려 안주(安州)
휴암군(鵂嵒郡)		서암군(栖嵒郡)	황해도 봉산군 동선면 (황해북도 봉산군 구읍리)	고려 봉주(鳳州)
오곡군(五谷郡)		오관군(五關郡)	황해도 서흥군 서흥면 (황해북도 서흥군 화곡리)	고려 동주(洞州)
	장새현(獐塞縣)	장새현(獐塞縣)	황해도 수안군 수안면 (황해북도 수안군 석담리)	고려 수안군(遂安郡)
동홀(冬忽)		취성군(取城郡)	황해도 황주군 황주읍 (황해북도 황주군 황주읍)	고려 황주(黃州) 헌덕왕대 개명
	식달(息達)	토산현(土山縣)	평안남도 중화군 상원면 (평양특별시 상원군 상원읍)	헌덕왕대 개명
	가화압(加火押)	당악현(唐嶽縣)	평안남도 중화군 당정면 (평양특별시 강남군 장교리)	고려 중화현(中和縣) 헌덕왕대 개명
	부사파의현(夫斯波衣縣)	송현현(松峴縣)	평안남도 중화군 해압면 (평양특별시 강남군 영진리)	고려 중화현에 예속

년 11월).
131) 遣阿湌貞節等檢察北邊. 始置大谷城等十四郡縣(『삼국사기』 신라본기 제9 경덕왕 7년 가을 8월).

『삼국사기』 지리지에서 취성군과 토산현, 당악현, 송현현은 헌덕왕대에 개명한 명칭이라고 하였다. 헌덕왕대에 취성군과 나머지 3현을 설치하고, 고구려 때의 지명을 한식(漢式)으로 개정한 사실을 반영한 것으로 보인다. 한편 『삼국사기』 신라본기 경덕왕 21년(762) 5월의 기록에서 오곡·휴암·한성(漢城)·장새·지성(池城)·덕곡(德谷)의 6성을 쌓고, 각각 태수(太守)를 두었다고 하였다. 여기서 한성은 식성군을, 지성은 내미홀군을, 덕곡은 십곡현을 가리킨다.[132] 762년 5월에 6성을 쌓고 태수를 두었다고 전하는 것으로 보아, 이때 6성을 쌓음과 동시에 6군을 설치한 것으로 이해된다. 이에 따르면, 748년(경덕왕 7) 8월에 대곡성(大谷城) 등 14개의 군과 현을 설치하였다고 전하는 『삼국사기』의 기록은 그대로 믿기 어렵고, 당시에는 대곡군과 수곡성현, 동삼홀군, 도납현을 설치하였다고 봄이 자연스럽다. 이후 762년에 오곡군 등 6군을, 헌덕왕대에 취성군과 거기에 소속된 3개 현을 설치하였던 것으로 이해된다. 물론 762년에 설치한 6군 가운데 장새군과 덕곡군은 후에 현으로 강등되었음은 물론이다. 『삼국사기』 지리지에 전하는 한주(한산주)의 28군과 49현은 신라가 의욕적으로 북방을 개척한 결과 모두 갖추어지게 되었고,[133] 이로써 신라의 영역은 대동강 이남까지 확장되었다. 그러나 당시 신라가 설치한 군·현은 주로 재령강 이동의 황해도지역에 위치하였다. 반면에 재령강 이서의 황해도 서해안지역에는 군과 현을 설치하지 않았다. 여기에 군과 현을 처음으로 설치한 것은 궁예정부였다.[134]

---

132) 『삼국사기』 잡지 제6 지리4 고구려 한산주조에 漢城郡을 漢忽 또는 息城이라고, 내미홀을 池城 또는 長池라고, 십곡현을 德頓忽이라고 부르기도 한다고 전한다.
133) 이기동, 1976 「신라 하대의 패강진-고려왕조의 성립과 관련하여-」 『한국학보』 4; 1984 『신라 골품제사회와 화랑도』, 일조각, 210~216쪽.
134) 당시 재령강 서쪽의 황해도 서해안지역은 782년(선덕왕 3)에 평산에 설치한 浿江鎭으로 하여금 군사적으로 관할하게 하여 그 지역에 대한 실효적인 지배를 구현하였으며, 이후 궁예의 후고구려(태봉)에서 처음으로 이 지역을 군·현으로 편제한 것으로 확인된다. 이에 대한 자세한 설명은 전덕재, 2013 「신라 하대 패강진의 설치

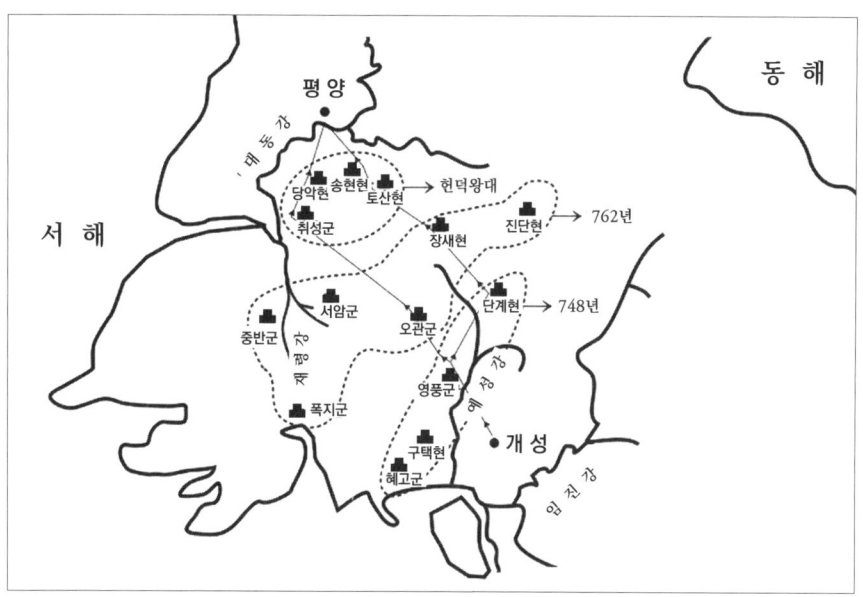

〈그림 3〉 신라의 패강지역 진출과 교통로

한산주의 북계 변화는 신라의 북진(北進)과 유기적인 연관성을 지녔을 텐데, 782년(선덕왕 3) 패강진 설치 이전에는 주로 칠중성에서 임진강을 건너 장단현에 이르고, 여기에서 임강현(황해북도 장풍군 임강리)과 토산군(황해북도 토산군 월성리)을 연결하는 교통로, 또는 장단현에서 여비현(황해북도 장풍군 선적리)과 송악군(개성시), 개성군(황해북도 개풍군 개풍읍)을 연결하는 교통로를 주로 이용하여 북진하였을 것으로 짐작된다. 그리고 대곡군(영풍군), 즉 지금의 황해북도 평산에 패강진을 설치한 이후에는 평산을 지나는 도로를 통하여 패강지역으로 진출하였을 것인데, 고려시대에 개성에서 평양을 연결하는 교통로로 개성-평산-서흥(신라의 오관군)-황주(신라의 취성군)-평양을 연결하는 코스와 개성-평산-신계(신라의 단계

와 그 성격」『대구사학』 113, 53~56쪽 및 전덕재, 2006 「태봉의 지방제도에 대한 고찰」『신라문화』 27, 153~159쪽이 참조된다.

현)-수안(신라의 장새현)-상원(신라의 토산현)-평양을 연결하는 코스가 있었다.[135]

한편 칠중성에서 평산에 이르는 교통로로 널리 활용된 것은 칠중성-장단현-임강현-우봉군(황해북도 금천군 현내리)-평산에 이르는 코스와 칠중성-장단현-여비현-송악군-강음현(황해남도 봉천군 연흥리)-평산을 연결하는 코스였다.[136] 이상에서 언급한 칠중성에서 평양에 이르는 교통로는 통일신라기의 주요 간선도로로 활용된 것인데, 신라가 임진강을 넘어 고구려 남쪽지역을 신라의 영역으로 편제하거나 또는 패강 이남 지역을 14군·현으로 편제할 때, 신라는 이상에서 언급한 교통로를 통해 북진하여 대동강까지 진출하였을 것으로 추정된다.

이상에서 살핀 내용을 간략하게 정리하면 다음과 같다. 신라는 연개소문의 동생 연정토가 동해안의 12성을 들어 신라에 항복한 666년(문무왕 6) 12월 무렵에 아진압현(阿珍押縣; 북한의 강원도 철원군 철원읍), 이진매현(伊珍買縣; 북한의 강원도 이천군 이천읍), 부여군(夫如郡; 강원특별자치도 철원군 김화읍), 부양현(斧壤縣; 북한의 강원도 평강군 평강읍), 철원군(鐵圓郡; 강원특별자치도 철원군 철원읍)과 그 영현들을 차지하였고, 675년 무렵에 임진강과 예성강 사이에 위치한 여러 군·현을 자신의 영역으로 편제하였다. 7세기 후반 한산주의 북계, 즉 신라의 서북 경계는 예성강과 북한의 강원도 이천군, 철원군, 평강군, 김화군을 연결하는 선이었다.

733년에 신라가 당나라의 요청을 받아들여 발해를 공격하였고, 이를 계기로 당나라가 735년(성덕왕 34)에 패강(浿江; 대동강) 이남 지역에 대한 신라의 영유권을 공식적으로 인정해주었다. 신라는 이때부터 북방 개척을 본격적으로 전개하여 748년(경덕왕 7)에 처음으로 대곡군(大谷郡; 황해북도 평산군 산성리)과 수곡성현(水谷城縣; 황해북도 신계군 추천리), 동삼홀군(冬彡忽郡; 황해남도 연안군 연안읍), 도

---

135) 이기동, 1976 앞의 논문; 1984 앞의 책, 217쪽.
136) 이상의 내용은 정요근, 2005 「7~11세기 경기도 북부지역에서의 간선교통로 변천과 '長湍渡路'」『한국사연구』131, 201쪽에 전하는 '〈지도 3〉 통일신라기 한반도 중서부 간선교통로'를 참조하여 정리한 것이다.

납현(刀臘縣; 황해남도 백천군 백천읍)을 설치하였다. 이어 762년(경덕왕 21) 5월에 오곡군(五谷郡), 휴암군(鵂巖郡), 한성군(漢城郡), 장새군(獐塞郡), 지성군(池城郡), 덕곡군(德谷郡) 등 6군을 설치하고, 계속해서 헌덕왕대에 동홀군(冬忽郡), 식달현(息達縣), 가화압현(加火押縣), 부사파의현(夫斯波衣縣)을 설치하였다. 재령강 동쪽의 패강지역에 14개의 군·현을 모두 설치함에 따라 『삼국사기』 지리지에 전하는 한주(한산주)의 28군과 49현이 모두 갖추어지고, 신라의 북계는 대동강에 이르게 되었다.

4. 신라와 발해의 경계

앞에서 태종무열왕 2년(655) 정월에 신라가 하슬라를 경계로 말갈(동예)과 대치하였음을 살폈다. 그런데 문무왕은 671년에 지은 답설인귀서(答薛仁貴書)에서 고구려에게 빼앗겼던 비열[卑列; 비열홀(比列忽)]의 성을 되찾아 백성을 옮겨 살게 하고 관리를 두어 지키게 하였다고 언급하였다. 신라가 비열성을 되찾은 계기는 666년 12월 연정토(淵淨土)의 신라 망명에서 찾을 수 있다.

> 고구려의 귀신(貴臣) 연정토가 12성, 763호, 3,543구를 거느리고 와서 항복하였다. 연정토와 그의 부하 24명에게 의복과 식량, 집을 하사하고, 서울 및 주부(州府)에 안주시키고, 그 8성은 온전하였으므로 군사를 보내 지키게 하였다(『삼국사기』 신라본기 제6 문무왕 6년 겨울 12월).

문무왕 6년(666) 겨울 12월에 연개소문의 동생 연정토가 12성을 들어 신라에 항복하였음을 알려주는 기록이다. 여기서 문제는 12성이 어느 곳에 위치하였는가에 관해서인데, 종래에 선덕여왕대부터 나당전쟁 때까지 신라와 고구려가 경기도 파주시 적성면에 위치한 칠중성을 둘러싸고 첨예하게 대립한 정황을 주목하여 연정토가 12성을 들어 항복한 지역은 서북 국경지역이 아니라 동북지역일 가능성이 높다는 견해가 제기되어 주목된다.[137] 이에 따르면, 666년 12월 연정토가 동북지역에 위치한 12성을 들어 신라에 망명한 것을 계기로 비열성이 다시 신라의 영토로 편입되었다고 정리할 수 있다. 문무왕 9년(669) 여름 5월에 천정(泉井)과 비열홀(比列忽), 각련(各連) 등 3군의 백성이 굶주렸으므로 창고를 열어 진휼하였다.[138] 신라가 666년 12월에 천정군까지 영토로 확보하였음을 시사해준다.

신라는 666년 12월에 비열성을 되찾은 다음, 668년(문무왕 8) 봄에 비열홀주(比列忽州)를 설치하고 파진찬 용문(龍文)을 총관(摠管)으로 삼았다.[139] 이것은 우수주를 폐지하고, 주치(州治)를 비열홀로 옮겨 비열홀주를 설치한 사실뿐만 아니라 정군단의 주둔지를 우수에서 비열홀로 옮겼음을 반영한 것이다. 『삼국사기』 지리지에 '문무왕 13년, 당나라 함형(咸亨) 4년(673)에 수약주(首若州)를 설치하였다.'라고 전한다.[140] 그리고 잡지 제9 직관(하) 범군호조에 '우수정(牛首停)은 본래 비열홀정이었는데, 문무왕 13년에 비열홀정을 혁파하고 우수정을 두었다.'라고 전한다.[141] 673년에 주치를 비열홀에서 우수(수약)로 옮기고, 정군단의 주둔지도 역시 그렇게 하였음을 반영하는 것이다.

『삼국사기』 지리지에서 천정군(泉井郡)을 문무왕 21년(681)에 고구려로부터 빼

---

137) 노태돈, 1999 『고구려사연구』, 돌베개, 248~251쪽; 전덕재, 2009 「우수주의 설치와 변천에 관한 고찰」 『강원문화연구』 28, 99~101쪽.
138) 泉井·比列忽·各連等三郡民饑 發倉賑恤 (『삼국사기』 신라본기 제6 문무왕 9년 여름 5월).
139) 置比列忽州 仍命波珍飡龍文爲摠管 (같은 책, 문무왕 8년 3월).
140) 善德王六年 唐貞觀十一年 爲牛首州置軍主 <一云 文武王十三年 唐咸亨四年 置首若州> 景德王改爲朔州 今春州 (『삼국사기』 잡지 제4 지리2 삭주).
141) 四曰牛首停 本比烈忽停 文武王十三年罷比烈忽停 置牛首停 衿色綠白 (『삼국사기』 잡지 제9 직관(하) 범군호 육정).

앗았다고 하였다.[142] 문무왕 9년(669) 5월에 천정군에 기근이 들어 진휼한 것으로 보아 당시 천정군은 신라의 영토였음이 확실시된다. 그러면 681년에 다시 천정군을 고구려로부터 빼앗았다는 것은 어떻게 이해할 수 있을까? 671년에 문무왕은 답설인귀서에서 비열의 성을 당나라가 고구려에게 넘겨주었다고 언급하였지만, 668년에 비열홀주를 설치하고, 673년에 주치(州治)를 우수(牛首)로 옮겼을 뿐만 아니라 정군단의 주둔지 역시 비열홀에서 우수로 옮긴 정황을 감안한다면, 671년 무렵에 비열홀(비열성)을 당나라가 고구려에게 넘겨주었다고 언급한 것을 그대로 신뢰하기 어렵다.[143] 다만 681년에 고구려로부터 천정군을 되찾은 점을 주목하건대, 671년 무렵에 당나라가 고구려에게 넘겨준 군·현은 비열홀주 예하의 천정군과 그 영현(領縣)뿐이었다고 봄이 옳을 것이다.[144]

문무왕 15년(675) 9월에 신라는 매소성전투(買肖城戰鬪)에서 이근행(李謹行)이 이끄는 당군(唐軍)을 크게 격파한 다음, 안북하(安北河)를 따라 관(關)과 성(城)을 설치하고, 또 철관성(鐵關城)을 쌓았다.[145] 『삼국유사』 권제2 기이제2 문무왕법민조에 안북하변(安北河邊)에 철성(鐵城)을 쌓았다[安北河邊築鐵城]고 전한다. 철관성과 철성은 동일한 성일 것이다. 조선시대 지리서에 철관산(鐵關山) 또는 철관

---

142) 井泉郡 本高句麗泉井郡 文武王二十一年取之. 景德王改名 築炭項關門 今湧州(『삼국사기』 잡지 제4 지리2 삭주).

143) 여기서 고구려는 당이 옛 고구려지역을 통치하기 위하여 설치한 安東都護府를 가리키는 것으로 이해된다.

144) 정천군의 영현은 菻山縣(高句麗 買尸達縣), 松山縣(高句麗 夫斯達縣), 幽居縣(高句麗 東墟縣)이다.

145) 薛仁貴以宿衛學生風訓之父金眞珠伏誅於本國 引風訓爲鄕導 來攻泉水城 我將軍文訓等逆戰勝之 斬首一千四百級 取兵船四十艘. 仁貴解圍退走 得戰馬一千匹. 二十九日 李謹行率兵二十萬 屯買肖城 我軍擊之 得戰馬三萬三百八十匹 其餘兵仗稱是. 遣使入唐貢方物. 緣安北河設關城 又築鐵關城(『삼국사기』 신라본기 제7 문무왕 15년 가을 9월).

〈그림 4〉 철관성, 북면천, 진명현(산산현), 용진진(송산현)의 위치(『동여도』)

(鐵關)은 덕원 북쪽에 위치하였다고 전한다.[146] 종래에 이를 근거로 철관산(鐵關山)을 해안을 따라 안변에서 문천으로 가는 도로 좌측에 위치한 망덕산(望德山)으로 비정하고, 문무왕 15년에 쌓은 철관성 또는 철성을 망덕산고성지[望德山古城址; 고정천성(古井泉城)]로 고증하였다. 아울러 망덕산 남쪽 분지(盆地)를 지나 동

---

146) 『세종실록』 지리지 함길도 宜川郡條에 '要害는 鐵關山이다〈군의 북쪽에 있다〉.'라고 전하고, 『신증동국여지승람』 권49 함경도 덕원도호부 고적조에 '古井泉城이 府 북쪽 15리에 있는데, 石築으로 되어 있으며, 둘레가 4,322尺으로서 지금은 廢하였다.', '鐵關은 부 북쪽 15리에 있는데, 둘레가 1,403척이다.'라고 전한다.

해로 흘러들어가는 북면천(北面川)을 안북하(安北河)로 비정하고, 북면천을 사이에 두고 망덕산과 남북으로 마주보며 대치하고 있는 소망덕산(小望德山)에 위치한 고성(古城)이 문무왕 15년에 안북하를 따라 설치한 관(關), 성(城)과 관련이 있다는 견해를 제기하였다.[147] 나름대로 수긍이 가는 견해로 보인다. 철관산, 즉 망덕산은 안변과 문천을 연결하는 가도(街道)에 위치한 요해처에 해당할 뿐만 아니라 여기에서 마식령을 넘고 아호비령(阿虎飛嶺; 阿好非嶺)을 경유하여 양덕, 성천, 강동을 지나 평양을 연결할 수 있는 교통의 요지이기도 하였다. 신라는 675년(문무왕 15) 9월에 요해처(要害處)인 망덕산에 철관성을 쌓고, 안북하, 즉 북면천변에 관(關)과 성(城)을 설치한 다음, 문무왕 21년(681) 정월에 사찬(沙湌) 무선(武仙)으로 하여금 정예군사 3천 명을 이끌고 비열홀을 지키게 하였다.

675년 9월에 말갈이 아달성(북한의 강원도 철원군 철원읍)을 공격하였고, 또한 적목성(赤木城 : 북한의 강원도 세포군 현리)을 공격하였다. 그리고 676년 7월에는 당나라 군사가 도림성(道臨城 : 북한의 강원도 고성군 염성리)을 공격하여 함락시켰다.[148] 675년과 676년에 걸쳐 당나라와 말갈 군사가 아달성 등을 연이어 공격한 정황을 감안하건대, 신라는 함경남·북도에 거주하고 있는 말갈(동예)의 침략에 대비하여 덕원지역에 철관성과 관 및 성을 쌓았다고 짐작해볼 수 있다. 이어 신라는 681년(문무왕 21)에 사찬 무선(武仙)에게 정예군사 3천 명을 이끌고 비열홀을 지키게 하였는데,[149] 이때 무선이 군사를 이끌고 천정군에 진출하여 다시 그곳과 그 영현들을 신라의 영역으로 편제한 것으로 이해된다. 결국 신라가 삭주와 명주의 군·현 가운데 강원특별자치도 동북지역에 위치한 군과 현을 신라의

---

147) 池內宏, 1929「眞興王の戊子巡境碑と新羅の東北境」『古蹟調査特別報告』第6冊, 朝鮮總督府; 1960『滿鮮史硏究』上世第2冊, 吉川弘文館, 40~45쪽.

148) 鞨鞨又圍赤木城滅之 縣令脫起率百姓 拒之 力竭俱死(『삼국사기』신라본기 제7 문무왕 15년 9월); 唐兵來攻道臨城拔之 縣令居尸知死之(같은 책, 문무왕 16년 가을 7월).

149) 沙湌武仙率精兵三千以戍比列忽(같은 책, 문무왕 21년 봄 정월).

영역으로 편제한 것은 666년 12월이었고, 이후 671년에 당나라가 천정군과 그 영현들을 안동도호부에 넘겨주었으며, 673년부터 676년 7월까지 강원특별자치도 북부지역에서 당나라 또는 말갈과 신라가 산발적으로 전투를 벌였다가 681년에 마침내 신라가 천정군지역까지 영토로 확보하여 삭주의 군과 현으로 편제하였다고 정리할 수 있다.

『삼국사기』잡지 제6 지리4에 가탐(賈耽)의 고금군국지(古今郡國志)에 '발해국의 남해부(南海府), 압록부(鴨淥府), 부여부(扶餘府), 책성부(柵城府)의 4부는 모두 고구려의 옛 땅이었다. 신라 천정군(泉井郡)으로부터 책성부에 이르기까지 무릇 39역(驛)이 있었다.'라고 기록하였다는 내용이 전한다.[150] 한편『신당서』발해전에 '남쪽으로 신라와 접해 있으며, 이하(泥河)로서 경계로 하였다.'라고 전한다.[151] 발해는 무왕대(719~737) 초반에 정복 활동을 활발하게 전개하였는데, 이때 발해가 함경도 동해안지역으로 진출하여 신라와 국경을 맞대기 시작한 것으로 이해된다.[152] 신라는 발해의 동해안 진출에 대응하여 성덕왕 20년(721) 가을 7월에 하슬라지역의 정부(丁夫) 2천 명을 징발하여 북쪽 국경에 장성(長城)을 쌓았다.[153] 721년 당시 북경(北境)은 천정군이었기 때문에 장성은 거기에 쌓은 것으로 볼 수 있다. 일반적으로 발해 책성부는 중국 길림성 혼춘현(琿春縣)에 위치한 팔련성(八連城)으로, 책성부에서 신라 천정군에 이르는 도로, 이른바 신라도(新羅道)가 경유하는 신라와의 국경 근처에 위치한 남경남해부(南京南海府)는 함남 북청군 북청읍에서 동남쪽으로 18km 정도 떨어진 곳에 있는 청해토성으로 이해하고 있다.

---

150) 　賈耽古今郡國志云 渤海國南海·鴨淥·扶餘·柵城四府 並是高句麗舊地也 自新羅泉井郡至柵城府 凡三十九驛(『삼국사기』잡지 제6 지리4).
151) 　渤海 本粟末靺鞨附高麗者 姓大氏. 高麗滅 率衆保挹婁之東牟山 地直營州東二千里 南比新羅 以泥河爲境 東窮海 西契丹(『신당서』발해전).
152) 　송기호, 1989「동아시아 국제관계 속의 발해와 신라」『한국사시민강좌』5, 일조각, 48~49쪽.
153) 　徵何瑟羅道丁夫二千 築長城於北境(『삼국사기』신라본기 제8 성덕왕 20년 가을 7월).

발해의 남쪽 경계와 관련하여 『속일본기(續日本紀)』 권34 광인천황(光仁天皇) 보구(寶龜) 8년(777) 정월 계유조에 발해 사신 사도몽(史都蒙) 등이 남해부(南海府) 토호포(吐号浦)로부터 출발하여 서쪽으로 대마도 죽실진(竹室津)으로 향하려고 하였다고 언급한 내용이 주목된다.[154] 종래에 '호(号)'는 '무(另)'의 오자(誤字)로 이해하고, 토호포(吐号浦)를 도련포(都連浦)로 비정한 견해가 제기되었다.[155] 도련포는 현재 함남 정평군 봉대리, 호남리, 향동리, 호중리, 선덕리, 동호리, 삼도리 및 함주군과의 경계에 있는 넓은 호수, 즉 광포(廣浦)로 비정된다. 따라서 발해와 신라의 경계는 광포에서 그리 멀리 떨어지지 않은 곳에 위치하였다고 볼 수 있다. 그러면 발해와 신라의 국경은 구체적으로 어디로 고증할 수 있을까? 이 문제를 해결할 수 있는 관건은 천정군(泉井郡)과 이하(泥河)의 위치를 정확하게 고증하는 것에 있다고 말할 수 있다. 종래에 천정군과 이하의 위치를 둘러싸고 다양한 견해가 제기되었다.

먼저 일찍이 이하(泥河)를 금진천(金津川; 북한의 금진강)으로 비정하는 견해가 제기되었고,[156] 후에 이하를 용흥강(龍興江; 북한의 금야강)으로 비정하는 견해가 제기되었다.[157] 그런데 이하의 위치 고증은 천정군의 위치 비정과 유기적인 연관성을 지녔다. 천정군(泉井郡)의 위치를 살필 수 있는 자료를 제시하면 다음과 같다.

---

154) 癸酉 遣使問渤海使史都蒙等曰 去寶龜四年 烏須弗歸本蕃日 太政官處分 渤海入朝使 自今以後 宜依古例 向大宰府 不得取北路來. 而今違此約束 其事如何. 對曰 烏須弗來歸之日 實承此旨. 由是 都蒙等發自弊邑南海府吐号浦 西指對馬島竹室之津. 而海中遭風 着此禁境. 失約之罪 更無所避(『續日本紀』권34 光仁天皇 寶龜 8년 정월).
155) 조병순, 2004「발해 남경남해부의 위치 추정에 대한 고찰」『서지학보』28, 20~23쪽.
156) 池內宏, 1929 앞의 논문; 1960 앞의 책, 68~69쪽.
157) 松井等, 1940「渤海國の疆域」『滿洲歷史地理』上, (株)丸善, 422~423쪽; 박성현, 2019「6~8세기 신라 동북 경계의 변천과 구조」『한국학논집』77, 32쪽.
이 밖에 津田左右吉, 1913「新羅北境考」『朝鮮歷史地理』1, 南滿洲鐵道株式會社; 1964『津田左右吉全集』제11卷, 岩波書店, 215~217쪽에서 泥河를 안변의 南大川으로 비정하기도 하였다.

Ⅱ-① 정천군(井泉郡)은 본래 고구려의 천정군(泉井郡)이었는데, 문무왕 21년 (681)에 빼앗았다. 경덕왕이 이름을 고치고 탄항관문(炭項關門)을 쌓았다. 지금[고려]의 용주(湧州)이다(『삼국사기』 잡지 제4 지리2 삭주).

Ⅱ-② 의주(宜州)는 본래 고구려의 천정군<또는 어을매(於乙買)라고도 한다>이다. 신라 문무왕 21년(681)에 취하였다. 이름을 고쳐 정천군이라고 하였다. 고려 초에 용주라고 칭하였고, 성종 14년에 방어사(防禦使)를 두었으며, 후에 다시 지금의 이름으로 바꾸었다. 예종 3년에 성을 쌓았다(『고려사』 권58 지12 지리3 동계).

Ⅱ-②에 나오는 의주는 조선 태종 13년(1413) 계사에 의천군(宜川郡)으로, 세종 19년(1437)에 덕원군(德源郡)으로 개칭되었다. 『세종실록』 지리지에서 고려 의주가 고구려의 천정군이었다고 언급한 이래, 조선시대에 편찬된 여러 지리서에서 그대로 이를 따랐다. 현재 대부분의 연구자들이 이러한 견해를 수용하면서 천정군=덕원설이 통설화되었다. 이에 반해 일찍이 성덕왕대에 쌓은 장성은 금진천과 용흥강 사이의 분수산맥(分水山脈)에 위치한 것으로 이해한 다음, 정천군을 용흥강이 흐르는 영흥(永興)으로 비정하고, 아마도 용주는 화주(和州)의 오기일 가능성이 높다는 견해가 제기되었다.[158] 그러면 두 견해 가운데 어느 것이 타당할까?

Ⅱ-②에 고려 초에 천정군을 용주로 개칭하고, 성종 14년(995) 이후 어느 시기에 용주를 의주로 개칭하였다고 전한다. 그런데 Ⅱ-①에 용주를 의주로 개칭하였다는 내용은 보이지 않고, 고구려와 신라의 천정군은 『삼국사기』를 편찬한 인종 23년(1145) 당시 용주로 비정된다고만 언급하였을 뿐이다. 적어도 인종 23년(1145)까지 용주를 의주로 개칭하지 않았음이 확실시된다. 이러한 사실은 『고려사』 권53 지7 오행1 수(水)조에 '[인종] 23년 6월 갑신일에 큰물이 나서 동계(東界)

---

158) 池內宏, 1929 앞의 논문; 1960 앞의 책, 47~70쪽.

문주(文州)와 용주(湧州) 두 주에서 산이 무너지고 물이 쏟아져 나와서 성문과 민가가 물에 잠기고 떠내려간 것이 매우 많았다.'라고 전하는 기록을[159] 통해서도 입증할 수 있다. 이후 시기의 『고려사』와 『고려사절요』등의 기록에서 용주에 관한 정보를 더 이상 찾을 수 없다. Ⅱ-②에 따르면, 인종 23년(1145) 이후에 용주를 의주로 개칭하였다고 이해할 수도 있지만, 그러나 문제는 고려 인종 23년 이전의 『고려사』기록에 의주에 관한 내용이 여럿 보인다는 점이다.

『고려사』권12 세가12 예종 3년(1108) 3월조에 윤관(尹瓘)이 또 의주(宜州), 통태(通泰), 평융(平戎) 등 3성을 쌓고 남계(南界)의 백성들을 이주시켰으며 새로 9개의 성을 쌓았다고 전한다.[160] 그리고 『고려사』권82 지36 성보(城堡)조에 '현종 7년(1016)에 의주에 성을 쌓으니, 길이가 652간(間)이고 문(門)이 5개이다.'라고 전한다.[161] 이 기록들은 인종 23년(1145) 이전에 용주와 의주가 별도로 존재하였음을 알려주는 유력한 증거자료로 볼 수 있다. 이에 따른다면, 『세종실록』지리지 등에서 성종 14년 이후에 용주를 의주로 개칭하였다고 언급한 것은 그대로 신뢰하기 어려운 셈이 되는데, 그렇다면 조선인들은 왜 용주를 의주로 개칭하였다고 인식하였을까가 궁금해진다. 일단 한 가지 가능성으로서 용주가 인종 23년 이후에 의주에 합속되었을 경우를 상정해볼 수 있다. 다른 한 가지 가능성은 천정군의 영현(領縣) 가운데 일부가 의주에 합속되었기 때문에 조선인들이 천정군, 즉 용주를 의주로 개칭하였다고 인식하였을 경우이다. 두 가지 가능성 가운데 어느 것이 더 사실에 부합할까?

천정군(泉井郡)의 영현으로 매시달현[買尸達縣; 산산현(蒜山縣)], 부사달현[夫

---

159) (仁宗) 二十三年六月甲申 大水東界文湧二州 山崩水涌 漂沒城門人戶 甚多(『고려사』권53 지7 오행1 수).

160) 尹瓘又築宜州通泰平戎三城 徙南界民以實 新築九城(『고려사』권12 세가12 예종 3년 3월).

161) (顯宗) 七年 城宜州 六百五十二間門五(『고려사』권82 지36 城堡).

斯達縣; 송산현(松山縣)], 동허현[東墟縣; 유거현(幽居縣)]이 있었다. 『삼국사기』 지리지에서는 3현의 위치를 알 수 없다고 언급하였다. 김정호는 『대동지지』에서 산산현은 고려의 진명현(鎭溟縣), 송산현은 고려의 용진진(龍津鎭)으로 비정된다고 언급하였다.[162] 진명현은 원산현(圓山縣) 또는 수강현(水江縣)이라고 불렸는데, 현재 북한의 강원도 원산시 내원산동(옛 함남 원산시 두산동 일대)으로 비정되고 있다. 용진진은 북한의 강원도 문천시 송탄동·고암노동자구(옛 함남 문천군 북성면 송탄리 일대)로, 마지막으로 동허현은 북한의 강원도 문천시 부거리(옛 함남 문천군 문천면 부거리)로 고증된다.[163] 『고려사』 지리지에서 문주(文州; 문천시)는 성종 8년 이후에 의주(宜州)에 합속(合屬)되었다가 충목왕 원년에 다시 복구하였고, 용진진은 목종 9년 이후에 문주에 합속되었다가 우왕 5년에 다시 복구하여 현령을 두었으며, 진명현은 현종 9년 이후에 의주에 합속되었다고 밝혔다. 이처럼 천정군의 영현이 대체로 의주에 합속되었거나 한때 합속되었던 사실이 있었기 때문에 조선인들은 천정군, 즉 용주(湧州)도 의주에 합속되었고, 여기에서 한 걸음 나아가 용주를 성종 14년 이후에 의주로 개칭하였다고 인식하기에 이르렀지 않았을까 한다.

이케우치 히로시[池內宏]는 일찍이 용주(湧州)는 화주(和州)의 오기(誤記)로 추정하였다. 인종 23년 이전 시기의 『고려사』 기록에 용주와 화주가 병존하였음을 알려주는 내용이 발견되는 점,[164] 조선시대 지리서에 용주를 후에 화주가 아니라

---

162) 蒜山〈南二十五里 本新羅買尸達 景德王十六年改蒜山 爲井泉郡領縣. 高麗置鎭溟縣 見下〉松山〈東北二十五里 本新羅夫斯達 景德王十六年改松山 爲井泉郡領縣. 高麗置龍津鎭 見下〉鎭溟〈高麗改蒜山 爲鎭溟縣令 隸東界. 又號圓山縣 又稱水江〉圓山〈今稱元山 蒜山 今呼見山 本朝初來屬〉龍津〈高麗改松山 爲龍津鎭 隸東界. 恭愍王五年屬文川. 辛禑五年 析置縣令. 本朝世祖四年來屬 割縣北龜山明孝二社 屬于文川〉(『대동지지』 권19 함경도 덕원).
163) 정구복 등, 2012b 앞의 논문, 291~292쪽.
164) 『고려사』 지리지에 고구려 長嶺鎭을 고려 초에 和州로 개칭하였다고 전한다. 현종

의주로 개칭하였다고 전하는 점을 감안하건대, 이 견해를 그대로 수긍하기 곤란하다. 근래에 고려 인종 23년 이전에 의주를 설치한 것이 확실하기 때문에 용주를 의주로 개칭하였다고 전하는 조선시대 지리서의 기록을 그대로 믿기 어려울 뿐만 아니라 용주를 화주의 오기로 보는 견해도 수긍할 수 없다고 하면서 용주, 즉 천정군의 위치를 새롭게 비정한 견해가 제기되었다. 먼저 금진천(金津川)을 이하(泥河)로, 성덕왕대 쌓은 장성을 용흥강과 금진천 사이의 분수산맥에 위치한 고장성(古長城)으로 비정한 이케우치 히로시의 견해를 수용한다면, 천정군이 소재(所在)한 하나의 후보지로서 일단 영흥 주변이 주목된다고 하였다. 그리고 다른 한편으로 만약에 성덕왕대에 쌓은 장성(長城), 즉 탄항관문(炭項關門)을 마식령에서 발원하여 문천시 고암동, 문평동에서 동해의 원산만으로 유입되는 남천강 지류의 분수산맥에 위치한 이현(泥峴)에 비정할 수 있다면, 천정군=용주는 그 이남에 위치하였다고 볼 수 있고, 이러한 사실과 아울러 문주와 용주가 병존하였음을 고려하건대, 천정군이 소재한 또 다른 후보지로서 문천 주변이 유의된다고 하였다.[165] 매우 흥미로운 견해이나 구체적으로 천정군의 위치를 고증하지 않아서 아쉬움이 남는다.

천정군의 위치를 고증하고자 할 때, 일단 그것이 고려 초에 용주로 개칭되었

1년 5월 갑신일에 尙書左司郎中 河拱辰과 和州防禦郎中 柳宗을 遠島로 유배보냈다고 전하는 기록이 世家에 전하는 和州 관련 기록 가운데 가장 이른 시기의 것이다. 한편 『고려사』 권80 지34 식화3 水旱疫癘賑貸之制條에 '(선종) 11년 2월 東路의 高州, 和州, 文州, 湧州, 定州, 長州, 登州, 交州 등 8주와 宣德, 元興, 寧仁, 長平, 永興, 龍津 등 6진에서 작년에 수재와 한재로 인하여 많은 백성들이 굶주렸다.'라고 전한다. 화주와 문주, 그리고 용주가 인종 23년 이전에 병존하였음을 알려주는 대표적인 자료로 주목된다.

165) 赤羽目匡由 著·이유진 옮김, 2008 「신라 동북경에서의 신라와 발해의 교섭에 대하여」 『고구려연구』 31, 257~264쪽; 赤羽目匡由, 2011a 「新羅泉井(井泉)郡の位置について」 『渤海王國の政治と社會』, 吉川弘文館.

다는 점, 용주와 의주(덕원), 문주(문천), 화주(영흥)는 동시에 존재하였기 때문에 용주를 의주, 문주, 화주와 연결시키기 곤란하다는 점 등을 전제할 필요가 있다. 앞에서 이하(泥河)를 금진천 또는 용흥강으로 보는 견해가 제기되었다고 언급하였다. 이하의 비정과 관련하여 용흥강(북한의 금야강)을 고려시대에 횡강(橫江)이라고 불렀다는 점을 주목할 필요가 있다.[166] 횡강은 횡천(橫川)으로 치환할 수 있는데, 『삼국사기』 지리지에 횡천현(橫川縣)이 본래 고구려의 어사매(於斯買)였다고 전하는 점이 유의된다.[167] 종래에 '횡(橫)'의 훈차(訓借)인 '엇'을 주목하여 횡천, 즉 어사매(於斯買)를 '엇미'로 독음하기도 하였으나[168] 근래에 '횡(橫)'을 '서로 걸쳐서', '서로 비껴서' 등의 뜻을 지닌 '넛(늣)'의 훈차로 이해하여 어사매를 '넛미(늣미)'로 훈독(訓讀)한 견해가 제기되었다.[169] 아울러 천정군의 옛 이름인 어을매(於乙買) 역시 '엇미' 또는 '얼미'가 아니라[170] '놀미' 또는 '느르미(느리미)', '늘미(於〈느 또는 늘〉+乙〈ㄹ〉+買〈미〉)'로 읽는 것이 옳다는 견해가 제기되었다.[171] 이러한 견해들을 존중할 때, 이하(泥河) 또는 이천(泥川)을 '니미' 또는 '니니'로 독음할 수

---

166) 『고려사』 지리지에 和州에 橫江이 있다고 전하고, 『세종실록』 지리지 함길도 영흥대도호부조와 『신증동국여지승람』 권48 함경도 영흥대도호부 산천조에서는 용흥강의 옛 이름이 橫江이라고 전한다.

167) 潢川縣 本高句麗橫川縣 景德王改名 今復故(『삼국사기』 잡지 제4 지리2 삭주).

168) 도수희, 1989 『백제어연구』Ⅱ, 백제문화개발원, 47쪽; 박병채, 1990 『고대국어학연구』, 고려대 민족문화연구소, 180쪽.

169) 김종택, 2002 「於乙買(串)를 다시 해독함」『지명학』 7, 93~94쪽.
한편 천소영, 1996 「지명에 쓰인 '느르'계 어사에 대하여」『구결연구』 1, 278쪽에서는 於斯買를 '늣미'로 읽을 수 있다고 하였다.

170) 도수희, 1989 앞의 책; 박병채, 1990 앞의 책; 유창균, 1980 『한국고대한자음연구』, 계명대학교출판부에서는 於乙買를 '엇(얼)미'로 읽었다.

171) 김종택, 2002 앞의 논문에서는 於乙買를 '놀미', 천소영, 1996 앞의 논문, 276쪽에서는 '느르미(느리미)', 황금연, 2011 「옛 지명 형태소 '於乙-'에 대한 통시적 고찰」『한글』 254에서는 '늘미(於〈느 또는 늘〉+乙〈ㄹ〉+買〈미〉)로 읽을 수 있다는 주장을 폈다.

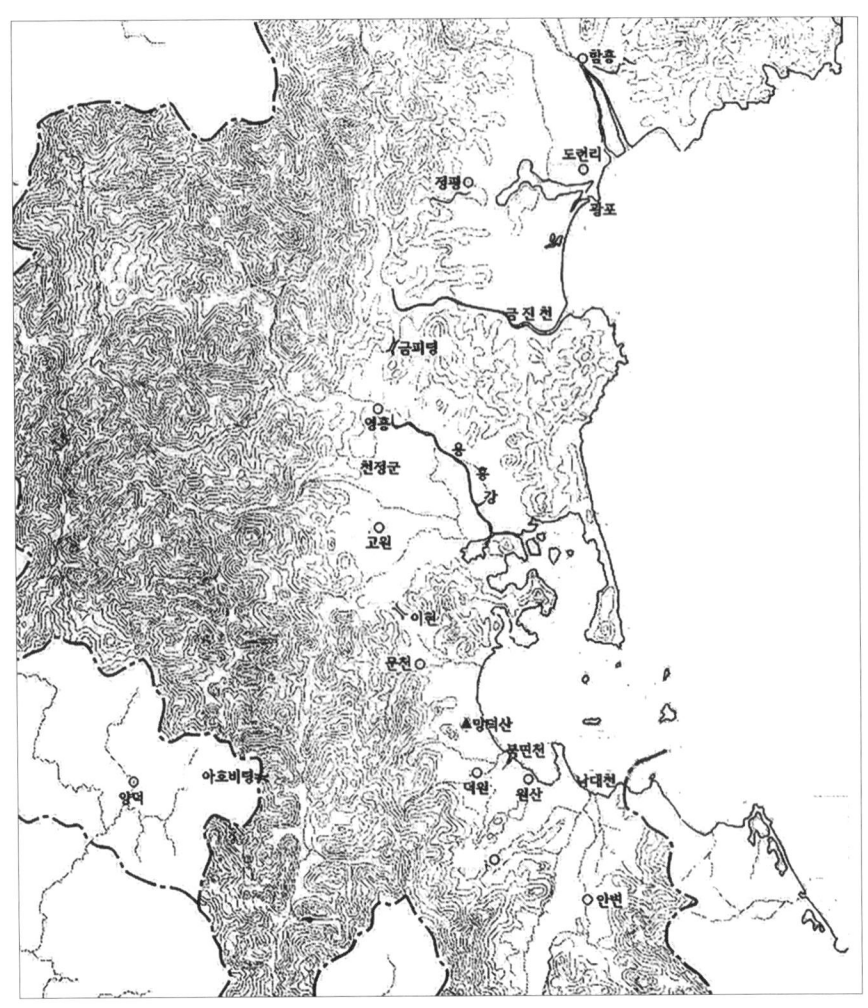

〈그림 5〉 용흥강과 금진천, 광포(도련포), 천정군의 위치

있다는 점을 주목할 필요가 있다. 눌미 또는 늘미로 읽을 수 있는 어을매(於乙買)와 넛미(늣미)로 읽을 수 있는 어사매(於斯買)가[172] '니미(닐미)' 또는 '니늬(닐늬)'로

---

172) 水城郡이 본래 고구려의 買忽郡, 沙川縣이 본래 高句麗 內乙買縣, 伊川縣이 본래

읽을 수 있는 이하[泥河; 이천(泥川)]가 음운상으로 상통한다고 볼 수 있기 때문이다.

발해 남쪽 경계가 도련포(都連浦), 즉 현재의 광포(廣浦) 근처였는데, 그곳과 금진천은 매우 가까운 곳에 위치하였고, 어을매(천정군), 어사매(횡강, 횡천)와 이하(이천)가 음운상으로 서로 통할 수 있는 여지가 전혀 없지 않았음을 두루 감안하건대, 이하를 용흥강으로 비정하는 것이 타당하다고 보인다. 천정군의 위치를 정확하게 고증할 수 있는 단서는 그것이 신라의 최북단, 즉 발해와의 국경에 위치한 점과 '어을매(於乙買)'라는 지명에서 찾을 수 있다.

고려시대에 용주와 화주는 분명하게 구별되었기 때문에 오늘날 북한의 금야읍(옛 영흥읍)을 천정군의 군치(郡治)라고 보기 어렵다. 이에 필자는 '이하(泥河)'와 '어을매(於乙買)'가 음운상으로 서로 통할 수 있는 것에서 천정군의 군치가 용흥강 유역에 위치하였다고 추론할 수 있다는 점 및 천정군이 신라의 최북단에 위치하였다는 점 등을 근거로 하여 그 군치를 오늘날 북한의 금야읍과 고원읍 사이의 어느 곳으로 비정하는 견해를 제기해두고자 한다(<그림 5> 참조).[173] 아마도 신라의 천정군은 오늘날 북한 금야군과 고원군, 요덕읍의 영역을 망라하는 영역이었을 것으로 추정된다. 만약에 필자의 이러한 추정에 커다란 잘못이 없다고 한다면, 성덕왕대에 쌓은 장성(長城)은 이케우치 히로시의 견해처럼 금진천과 용흥강 사이의 분수산맥에 위치한, 즉 영흥군(북한의 금야군)과 정평군 사이에 위치한 고장성(古長城)으로 비정되고,[174] 경덕왕대에 설치한 탄항관문(炭項關門)은

高句麗 伊珍買縣이었고, 水谷城縣을 또는 買旦忽, 水入縣을 또는 買伊縣, 南川縣을 또는 南買, 述川郡을 省知買, 深川縣을 伏斯買, 狌川郡을 也尸買라고도 불렸던 것에서 지명어미 買(매)가 삼국시대에 '水'와 '川'을 뜻하였음을 살필 수 있다.

173) <그림 5>는 赤羽目匡由, 2011 앞의 책, 191쪽의 '圖11 新羅·渤海境界地域圖'를 기초로 하여 작성한 것이다.
174) 한편 장성은 안변에서 문천으로 가는 도로 좌측에 위치한 望德山古城과 덕원군 부내면 고성리에 위치한 古井泉城을 연결하는 선, 즉 덕원군 부내면과 북성면의 경계

그 분수산맥에 위치한, 오늘날 함남 금야군 금사리 서부에 위치한 금피령(金陂嶺; 金彼嶺; 246m)에 존재하였을 가능성이 높다고 보인다.[175] 결과적으로 8세기 전·중반 신라와 발해는 금진천과 용흥강 사이를 두고 대치한 셈이 된다.

그런데 9세기 후반에 이르러 신라의 동북경에 변화가 나타났음을 알려주는 자료가 전한다.

> 북진(北鎭)에서 아뢰기를, '적국인(狄國人)이 진(鎭)에 들어와 나무조각을 나무에 걸어놓고 돌아갔습니다.'라고 하고는 그것을 가져다 바쳤다. 그 나무조각에는 15자가 쓰여 있었는데, 이르기를 '보로국(寶露國)과 흑수국(黑水國) 사람들이 함께 신라국과 화친을 통하겠다.'라고 하였다(『삼국사기』 신라본기 제11 헌강왕 12년 봄).

위의 기록에 나오는 보로국과 흑수국은 흑수말갈부족과 관련이 깊다.[176] 최치원이 지은 「양위표(讓位表)」에 진성여왕이 왕위를 계승한 이후에 처음에 흑수가 강토를 침범하며 독기를 내뿜었고, 다음에는 녹림(綠林)이 떼를 지어 경쟁적으로 광기를 부렸다는 내용이 보인다.[177] 9세기 후반에 신라의 동북지방에 흑수말갈

상에 위치하였다고 이해한 견해가 제기되었다(박성현, 2019 앞의 논문, 28~33쪽).

175) 『신당서』 신라전에 '그(신라) 나라의 산은 수십 리씩 연결되어 있는데, 입구의 골짜기에 튼튼한 鐵闥(쇠문짝)을 만들어 달고, 關門이라고 부르며, 신라는 항상 이곳에 弩士 수천 명을 주둔시켰다.'라고 전한다. 炭項關門에 수천 명의 군사를 주둔시켰음을 알려주는 자료로서 주목된다.

176) 寶露國은 흑수말갈의 추장인 倪屬利稽가 당으로부터 수여받은 勃利州刺史의 '勃利'와 상통한다고 이해되고 있다(赤羽目匡由, 2011b 「渤海·新羅接境地域における黒水·鐵勒·達姑の諸族の存在樣態」 『渤海王國の政治と社會』, 吉川弘文館, 150쪽).

177) 臣某言 … 而及愚臣繼守 諸患竝臻 始則黑水侵疆 曾噴毒液 次乃綠林成黨 競簸狂氛 … 謹因當國賀正使某官入朝 附表陳讓以聞(『東文選』 卷43 表箋 讓位表).

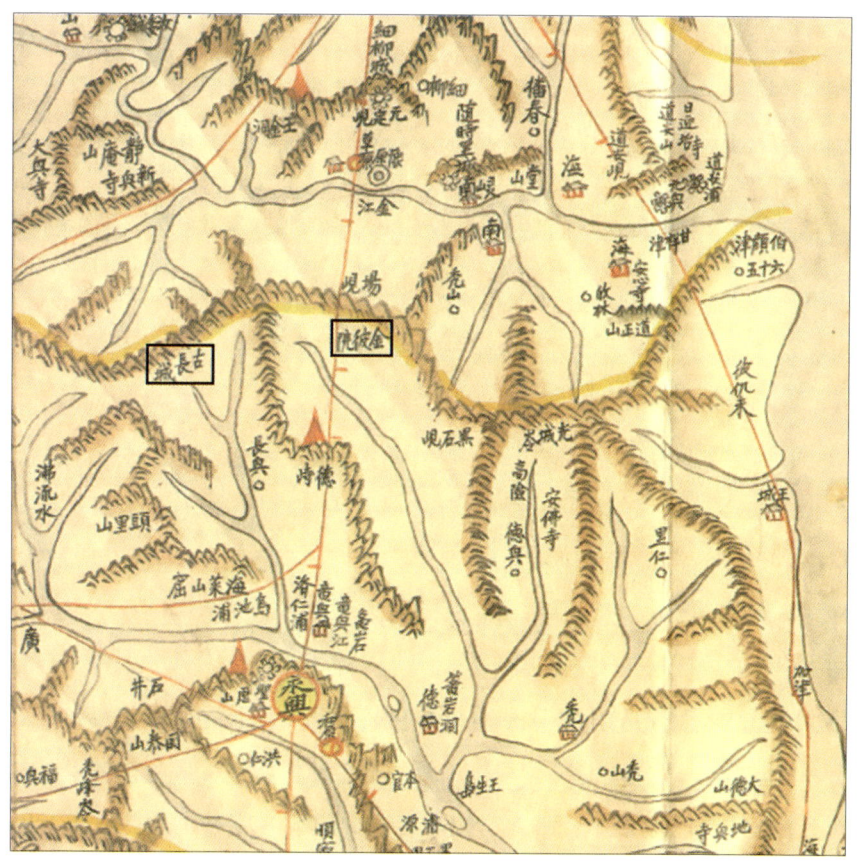

〈그림 6〉 고장성과 금피원(금피령)의 위치(『동여도』)

이 거주하였음을 알려주는 유력한 증거 자료이다. 이 밖에 흑수뿐만 아니라 말갈의 일파인 달고(達姑), 철륵(鐵勒)과 관계된 기록이『삼국사기』와『고려사』태조세가에 여럿 전하는데, 이들은 8세기 중엽에 발해에 의하여 원 거주지역에서 신라의 동북지역으로 천사(遷徙)된 존재로서 9세기 후반 발해의 통제를 받지 않고 자체적으로 활동하였다고 알려졌다.[178] 일찍이 이케우치 히로시가 보로국을『세

---

178) 여러 말갈족과 관련된 기록들과 그들의 동향에 대해서는 赤羽目匡由, 2011b 앞의

종실록』지리지 함길도 안변도호부조에 나오는 봉룡역(奉龍驛) 또는 보룡역(寶龍驛)과 연결시켜 안변지역에 거주한 말갈부족을 지칭한다고 주장한 이래,[179] 현재까지도 널리 수용되고 있다. 이에 따른다면, 헌강왕 12년(886) 북진의 위치를 정확하게 고구(考究)하기 곤란하지만,[180] 신라의 동북경은 안변 근처였다고 정리하여도 크게 문제가 되지 않을 것이다.

한편 『고려사』 권82 지36 병2 진수(鎭戍)조에 '태조 3년 3월에 북계 골암성(鶻巖城)이 자주 북적(北狄)의 침략을 받으므로 유금필(庾黔弼)에게 명하여 개정군(開定軍) 3천 명을 이끌고 골암에 이르러 동산(東山)에 큰 성을 쌓고 거처하게 하니, 북방이 평안하게 되었다.'고 전하는 기록이[181] 주목을 끈다. 여기서 태조 3년(920)에 골암성이 고려의 북변에 해당한다고 하였는데,[182] 골암성은 함경남도 안변군 신고산면(新高山面) 신대리(북한의 강원도 고산군 고산읍)에 위치한 산성으로 비정하는 것이 일반적이다.[183] 한편 『고려사』 권1 세가1 태조 4년 2월 임신조에 '달고적(達姑狄) 171인이 신라를 침략하러 가는 도중에 등주(登州; 안변)를 통과하니, 장군 견권(堅權)이 이를 가로막아 크게 격파하여 말 한 필도 돌아가지 못하게

논문이 참조된다.
179)   池內宏, 1929 앞의 논문; 1960 앞의 책, 56쪽.
180)   675년 무렵에 北鎭은 철관산에 위치하였고, 경덕왕대에 탄항관문을 설치하면서 북진이 이곳으로 移置되었으며, 9세기 전반 이후에 말갈부족이 남하하면서 그것을 안변 또는 안변 이남지역으로 옮긴 것으로 짐작된다.
181)   太祖三年三月 以北界鶻巖城 數爲北狄所侵 命庾黔弼 率開定軍三千 至鶻巖 於東山 築一大城以居 由是 北方晏然(『고려사』 권82 지36 병2 진수).
182)   『고려사』 권92 열전5 王順式附尹瑄條에 '尹瑄은 鹽州 사람인데, 사람됨이 침착, 용감하고 병법에 정통하였다. … 鶻巖城을 근거지로 삼고, 黑水의 미개인들을 불러 들여 오랫동안 邊郡에 해를 끼쳤다. 태조가 즉위하자, 부하들을 거느리고 귀순하여 왔으므로 北邊이 편안하게 되었다.'라고 전한다. 이를 통해서도 고려 태조대 동북경이 골암성이었음을 살필 수 있다.
183)   池內宏, 1929 앞의 논문; 1960 앞의 책, 57~58쪽에서 처음 골암성을 신대리산성으로 비정한 이래, 대부분의 연구자들이 이에 동조하였다.

하였다. 이에 신라왕이 이 소식을 듣고 기뻐하여 사신을 보내 사의를 표하였다.'라고 전하며,[184] 동일한 내용이 『삼국사기』 신라본기 제12 경명왕 5년(921) 2월조에도 보인다.[185] 이 기록은 9세기 후반부터 921년까지 신라의 북경이 등주, 즉 안변이었음을 알려주는 자료로서 유의된다.

이상에서 9세기 후반 이래 신라의 북변이 안변이었음을 살폈는데, 그러면 발해의 지배하에 있었던 여러 말갈족이 천정군지역을 차지하고, 안변지역까지 진출한 시기는 언제였을까? 신라가 헌덕왕 4년(812) 가을 9월에 급찬 숭정(崇正)을 북국(北國), 즉 발해에 사신으로 파견하였고,[186] 그 이후에 신라가 발해에 사신을 파견하였음을 알려주는 사료는 찾을 수 없다. 이때 숭정은 신라도(新羅道)를 경유하여 발해로 향하였을 것으로 짐작되기 때문에 당시 신라의 북경은 여전히 천정군이었을 가능성이 높다고 보인다. 812년 이후부터 886년 사이에 발해 지배하의 말갈족들이 천정군을 차지하고, 안변지역까지 남진(南進)하였다고 볼 수 있는데, 현재로서 그 시기를 정확하게 고구(考究)할 수 있는 자료가 불비(不備)하기 때문에 추후의 과제로 남겨둘 수밖에 없다.[187] 다만 836년 흥덕왕 사후에 치열한 왕위계승분쟁이 전개되었음을 염두에 둔다면, 말갈의 여러 부족이 천정군지역을 차지하고, 안변지역까지 진출한 시기는 830년대 후반 이후일 가능성이 높지 않을까 하는 의견을 조심스럽게 개진하여 두고자 한다.

이상에서 살핀 내용을 정리하면 다음과 같다. 신라는 666년(문무왕 6) 12월 연

---

184) 壬申達姑狄百七十一人 侵新羅 道由登州. 將軍堅權邀擊 大敗之 匹馬無還者. 命賜有功者 穀人五十石. 新羅王聞之喜 遣使來謝(『고려사』 권1 세가1 태조 4년 2월).
185) 靺鞨別部達姑衆 來寇北邊. 時 太祖將堅權鎭朔州 率騎擊大破之 匹馬不還. 王喜 遣使移書 謝於太祖(『삼국사기』 신라본기 제12 경명왕 5년 2월).
186) 遣級飡崇正使北國(『삼국사기』 신라본기 제10 헌덕왕 4년 가을 9월).
187) 赤羽目匡由, 2011b 앞의 논문, 180쪽에서 9세기 전반 이래 신라의 쇠퇴에 수반하여 동북경계에서 긴장이 이완되고, 아마도 그러한 틈을 타서 黑水, 達姑, 鐵勒 등의 말갈부족이 점진적으로 안변지역까지 진출하였다고 주장하여 참조된다.

정토의 망명을 계기로 비열홀(比列忽)과 천정군(泉井郡)을 다시 영토로 편입하였다. 668년 봄에 비열홀주를 설치한 다음, 거기에 정군단(停軍團)을 주둔시켰다. 669년부터 671년 이전 어느 시기에 당나라가 천정군을 고구려(안동도호부)에 넘겨주었고, 신라는 673년(문무왕 13)에 비열홀주를 폐지하고 우수주(牛首州; 강원특별자치도 춘천시)를 설치하면서 정군단의 주둔지를 비열홀에서 우수로 옮겼다. 681년(문무왕 21)에 천정군과 그 영현(領縣)들을 다시 신라의 영역으로 편제하였다. 발해는 무왕대(武王代) 초반에 한반도 동북지방으로 진출하여 비로소 신라와 국경을 맞댔는데, 당시 두 나라의 국경은 천정군과 이하(泥河)였다. 천정군[고려의 용주(湧州)]의 군치는 옛 영흥읍(오늘날의 금야읍)과 고원읍 사이의 어느 곳에 위치하였고, 이하는 영흥을 가로질러 흐르는 용흥강(龍興江; 북한의 금야강)으로 비정된다. 9세기 전반에서 886년(헌강왕 12) 사이에 발해의 지배를 받았던 흑수(黑水)와 달고(達姑), 철륵(鐵勒) 등의 말갈부족이 점진적으로 남하하여 천정군과 그 영현을 차지하고 안변을 경계로 하여 신라와 대치하였다.

4부
후삼국시기 신라의 쇠퇴와 영역 축소

1. 견훤·궁예의 세력 확장과 신라 통치기반의 위축

889년(진성왕 3)에 전국 곳곳에서 농민이 도적이 되어 봉기함에 따라 신라의 통치체제가 급격하게 와해되었고, 이를 틈타 900년에 견훤(甄萱)이 후백제를 세우고, 901년에 궁예(弓裔)가 후고구려를 건국하면서 후삼국시대가 도래하였다. 후백제와 후고구려는 신라를 공격하여 영토를 확장하였고, 시간이 지남에 따라 점차 신라의 영토는 축소되었음은 물론이다.

889년(진성왕 3)에 전국 곳곳에서 농민들이 봉기한 후, 사료상에 최초로 등장한 초적의 우두머리는 기훤(箕萱)이었다. 『삼국사기』 열전 제10 궁예조에서는 궁예가 진성왕 즉위 5년, 즉 대순(大順) 2년 신해(891)에 죽주적(竹州賊) 기훤에게 의탁하였다고 하였다. 신라의 개산군[皆山郡; 개차산군(皆次山郡)]을 고려에서 죽주(竹州)라고 불렀기 때문에 기훤은 본래는 개산군적(皆山郡賊) 또는 개차산군적(皆次山郡賊)이라고 불렀다고 봄이 옳을 것이다. 개산군은 현재 경기도 안성시 죽산면에 해당한다. 889년 이후 도적들이 곳곳에서 봉기하였지만, 891년에 이르러서야 비로소 초적들을 조직화한 대규모 농민군을 이끈 기훤 같은 지도자가 등장하였다고 말할 수 있다.

『삼국사기』 신라본기에는 진성왕 5년(891) 10월에 북원적수(北原賊帥) 양길(梁吉)이 그의 부장(副將)인 궁예에게 100여 명의 기병(騎兵)을 거느리고 북원(강원특별자치도 원주시)의 동쪽 부락(部落) 및 명주(溟州) 관내의 주천(酒泉; 강원특별자치도 영월군 주천면) 등 10여 군현을 습격하게 하였다고 전한다.[1] 반면에 궁예열전에서는 경복(景福) 원년 임자(892)에 궁예가 북원적 양길에게 의탁하자, 양길이 궁예에게 군사를 나누어 주어 동쪽으로 땅을 점령하도록 하였는데, 궁예는 원주(原州) 치악산(雉岳山) 석남사(石南寺)에 머물면서 주천(酒泉), 나성(奈城; 영월군 영월읍), 울오[鬱烏; 욱오(郁烏); 강원특별자치도 평창군 평창읍)], 어진(御珍) 등의 현을 습격하여 항복시켰다고 하였다.[2] 신라본기와 궁예열전의 기록은 동일한 사실을 전하는 것이지만, 기년상 1년 차이가 난다.

진성왕 5년(891)부터 경명왕 2년(918)까지의 신라본기 기록에 전하는 지명을 조사하면, 태봉(泰封) 또는 고려에서 개명(改名)한 지명으로 효공왕 4년 10월과 14년 기록에 전하는 청주(菁州; 青州의 오기), 나주(羅州)만을 찾을 수 있다. 이에 반해 궁예열전에서는 태봉 또는 고려에서 개명한 지명으로서 죽주(竹州), 승령현(僧嶺縣), 양주(楊州), 견주(見州), 광주(廣州), 충주(忠州), 청주(靑州), 홍주(興州), 공주(公州), 나주(羅州) 등을 발견할 수 있다. 태봉 또는 고려에서 개명한 지명이 다수 전하는 궁예열전의 원전이 태봉 또는 고려에서 개명한 지명 2개만이 전하는 신라본기 기록의 원전, 즉 『구삼국사』보다 더 늦은 시기에 찬술되었다고 봄이 합리적이라고 판단된다.[3] 더구나 궁예열전에서는 단지 경복(景福) 원년(元年) 임자(壬子)라고만 밝히고 있음에 비하여 신라본기의 기록에서는 좀 더 구체적으로 891년 10월이라고 밝히고 있음을 살필 수 있다. 이와 같은 측면들을 두루 고려

---

1) 北原賊帥梁吉遣其佐弓裔 領百餘騎 襲北原東部落及溟州管內酒泉等十餘郡縣(『삼국사기』 신라본기 제11 진성여왕 5년 겨울 10월).
2) 景福元年壬子 投北原賊梁吉 吉善遇之 委任以事. 遂分兵 使東略地. 於是 出宿雉岳山石南寺 行襲酒泉·奈城·鬱烏·御珍等縣 皆降之(『삼국사기』 열전 제10 궁예).
3) 전덕재, 2020 『『삼국사기』 궁예·견훤열전의 원전과 편찬』 『역사와 경계』 116; 2021 『삼국사기 잡지·열전의 원전과 편찬』, 주류성, 484~489쪽.

하건대, 궁예열전의 기록보다 신라본기의 기록이 더 정확한 실상을 반영한다고 볼 수 있지 않을까 한다. 이에 따른다면, 891년 10월 이전에 북원에서 초적들을 조직한 대규모 농민군 지도자로서 양길이 등장하였다고 이해할 수 있을 것이다.

『삼국사기』 신라본기에 진성왕 6년(892)에 완산적(完山賊) 견훤(甄萱)이 그 주(州)에 근거하여 스스로 후백제(後百濟)라 칭하였고, 무주(武州) 동남쪽의 군현이 항복하여 견훤에 복속되었다고 전한다.[4] 그런데 견훤열전에서는 당나라 소종(昭宗) 경복 원년(892), 즉 진성왕 재위 6년에 견훤이 무리를 모아 왕경의 서남(西南)에 위치한 주현을 공격하니, 이르는 곳마다 사람들이 호응하였고, 한 달 사이에 무리가 5천 명에 이르렀으며, 무리를 이끌고 무진주(武珍州)를 습격하여 스스로 왕이 되었으나 공공연히 왕을 칭하지 못하고 신라(新羅) 서면도통·지휘병마제치(西面都統指揮兵馬制置) 지절(持節) 도독(都督) 전무공등주군사(全武公等州軍事) 행전주자사(行全州刺史) 겸어사중승(兼御史中丞) 상주국(上柱國) 한남군(漢南郡) 개국공(開國公) 식읍이천호(食邑二千戶)라고 스스로 칭하였다고 하였다. 그리고 당나라 소종 광화(光化) 3년(900; 효공왕 4)에 완산주에 들어가 후백제왕이라고 칭하고 관직을 마련하였다고 하였다.[5] 견훤열전의 기록이 보다 정확한 실상을 반영한 것으로 보이며, 신라본기의 기록은 900년에 완산주를 도읍으로 하여 후백제왕이라고 칭한 사실을 892년으로 소급하여 기술한 다음, 이어 이 해에 무주 동남쪽의 군현을 공략한 사실을 전한 것으로 짐작된다. 견훤이 왕경의 서남쪽 주현을 공격하였다고 전하는 견훤열전의 기록과 견훤이 무주 동남쪽의 군현을 공략하

---

4) 完山賊甄萱據州 自稱後百濟 武州東南郡縣降屬(『삼국사기』 신라본기 제11 진성여왕 6년).
5) 唐昭宗景福元年 是新羅眞聖王在位六年 嬖竪在側 竊弄政柄 綱紀紊弛. 加之以饑饉 百姓流移 羣盜蜂起. 於是 萱竊有覦心 嘯聚徒侶 行擊京西南州縣. 所至響應 旬月之間 衆至五千人. 遂襲武珍州自王 猶不敢公然稱王. 自署爲新羅西面都統指揮兵馬制置 持節 都督 全武公等州軍事 行全州刺史 兼御史中丞 上柱國 漢南郡 開國公 食邑二千戶. … 遂自稱後百濟王 設官分職 是唐光化三年 新羅孝恭王四年也(『삼국사기』 열전 제10 견훤).

였다고 전하는 신라본기의 기록은 동일한 사실을 기술한 것으로 판단되는데, 이러한 사실과 견훤열전의 기록을 두루 참조하여 892년에 견훤이 무주 동남쪽의 군현을 공략하고, 이어 무진주를 공격하여 그곳 및 그 예하 군현의 대부분을 차지하였으며, 900년에 완산주에 무혈입성하여 후백제왕이라고 칭하였다고 정리할 수 있을 것이다.[6]

『삼국사기』 신라본기에 894년(진성여왕 8) 10월에 궁예가 북원(北原)으로부터 하슬라(何瑟羅)로 들어가 스스로 장군(將軍)이라고 칭하고, 895년(진성왕 9) 8월에 저족(猪足; 강원특별자치도 인제군 인제읍)과 성천(狌川; 강원특별자치도 화천군 화천읍) 2군을 쳐서 빼앗았으며, 한주(漢州) 관내의 부약(夫若; 강원특별자치도 철원군 김화읍)과 철원(鐵圓; 철원군 철원읍) 등 10여 군현을 깨뜨렸다고 전한다. 이에 반해 궁예열전에서는 건녕(乾寧) 원년(894)에 명주[溟州; 하슬라주(何瑟羅州)]에 들어가 사람들의 추대로 장군이 되고, 이어 저족과 성천, 부약, 금성(金城; 북한 강원도

---

6) 『삼국유사』 권제2 기이제2 후백제 견훤조에서 견훤이 무진주를 습격하여 스스로 왕이 되었으나 감히 왕이라고 공공연히 칭하지 못하고, 스스로 '新羅西南都統 行全州刺史 兼御史中承 上柱國 漢南郡 開國公'이라고 칭하였던 시기가 龍化(龍紀의 오기) 元年(889)이었으며, 혹은 景福 元年 壬子라고도 한다라고 하였다. 또한 여기에 42년 庚寅(930)에 견훤은 古昌郡을 치려고 군사를 일으켰다는 기록도 전한다. 견훤이 건국한 지 42년이 되는 해가 경인년(930)이라고 한다면, 건국연대는 889년이라고 볼 수 있다. 종래에 이러한 기록들을 주목하여 889년에 견훤이 起義하여 무진주를 습격하고 스스로 '新羅 西面都統指揮兵馬制置 持節 都督 全武公等州軍事 行全州刺史 兼御史中丞 上柱國 漢南郡 開國公 食邑二千戶'라고 칭하였다고 주장하기도 하였다(신호철, 1993『후백제 견훤정권 연구』, 일조각, 37-48쪽). 그러나 『삼국사기』 신라본기와 견훤열전에서 무진주를 습격하고 스스로 '新羅 西面都統 …… 食邑二千戶'라고 칭하였던 시기가 892년이라고 전하는 사실, 「聖住寺朗慧和尙塔碑」에 890년(진성여왕 4)에 蘇判 金鎰이 武州都督으로서 재직하고 있다고 전하고, 「月光寺圓朗禪師塔碑」에 龍紀 2년(890) 9월 15일에 金穎이 守錦城郡太守였다고 전하는 점을 감안하건대, 889년에 견훤이 무진주를 습격하고 스스로 '新羅西南都統 行全州刺史 兼御史中承 上柱國 漢南郡 開國公'이라고 칭하였다고 이해하는 것에 대해서는 재고의 여지가 있다고 판단된다.

김화군 김화읍), 철원 등의 성을 격파하였으며, 패서의 도적 가운데 와서 항복하는 자가 많았다고 하였다. 또한 이 해에 왕건이 송악군을 들어 궁예에게 항복하였다고 하였다.[7] 신라본기와 궁예열전의 기록 가운데 전자가 더 정확한 실상을 반영한다는 사실을 전제한다면, 894년 10월에 궁예가 명주(하슬라)를 점령하고, 895년 8월에 강원특별자치도 영서지방을 공략하였으며, 또한 이 해에 개성과 황해도 일부 지역까지 차지하였다고 정리하여도 무방할 것이다.

895년 이후부터 897년 6월 진성왕이 효공왕에게 왕위를 선양(禪讓)할 때까지의 신라본기 기록에서 궁예의 활동에 관한 정보를 찾을 수 없다. 반면에 궁예열전에는 건녕 3년 병진(896; 진성왕 10)에 궁예가 승령(僧嶺; 경기도 연천군 인목면)과 임강(臨江; 북한 황해북도 장풍군 임강리 일대) 2현을 공격하여 취하였고, 건녕 4년 정사(897)에 인물현(仁物縣; 옛 경기도 개풍군 봉동면)이 궁예에게 항복하였으며, 이어 궁예가 철원을 도읍으로 삼고, 공암(孔巖; 서울시 강서구 가양동과 양천구 일대), 검포(黔浦; 경기도 김포시), 혈구(穴口; 인천광역시 강화군) 등을 공격하여 함락시켰다고 전한다. 또한 이 해에 북원에 있던 양길(梁吉)이 국원(國原) 등 30여 성의 군사로 궁예를 치려하였으나, 궁예가 역습하여 크게 승리하였다고 하였다.[8] 한편 신라본기에는 899년(효공왕 3) 7월에 궁예가 북원적 양길의 군사와 비뇌성(非惱城)에서 싸워 크게 승리하였다고 전하여[9] 궁예열전의 기록과 차이를 보이고 있다. 이 경우도 역시 신라본기의 기록이 보다 정확한 실상을 반영한 것으로 이해된다.

---

7) 한편 『고려사』 권1 세가1 건녕 3년조에는 王隆이 건녕 3년(896)에 송악군을 들어 궁예에게 귀부하였다고 전하여 차이를 보인다.

8) (乾寧) 三年丙辰 攻取僧嶺·臨江兩縣. 四年丁巳 仁物縣降. 善宗謂 松岳郡漢北名郡 山水奇秀 遂定以爲都. 擊破孔巖·黔浦·穴口等城. 時 梁吉猶在北原 取國原等三十餘城有之. 聞善宗地廣民衆 大怒 欲以三十餘城勁兵襲之. 善宗潛認 先擊大敗之(『삼국사기』 열전 제10 궁예).

9) 北原賊帥梁吉忌弓裔貳己 與國原等十餘城主謀攻之. 進軍於非惱城下 梁吉兵潰走(『삼국사기』 신라본기 제12 효공왕 3년 가을 7월).

이상의 검토에 따른다면, 897년까지 궁예는 명주를 비롯한 강원특별자치도 동해안지역, 인제와 화천, 철원을 비롯한 강원특별자치도 영서지방, 김포와 서울시 강서구 및 양천구, 강화도를 비롯한 한강 하류지역, 임진강유역의 경기도지역과 황해도 일부 지역을 차지하였고, 견훤은 현재의 광주광역시와 전남지역의 대부분을 차지하였음을 확인할 수 있다. 『삼국사기』 신라본기에 898년(효공왕 2) 7월에 궁예가 패서도(浿西道)와 한산주(漢山州) 관내의 30여 성을 빼앗고, 송악군에 도읍하였다고 전하며,[10] 궁예열전에는 이 해[광화 원년 무오]에 궁예가 왕건에게 양주(楊州; 한강 이북의 서울시)와 견주(見州; 경기도 양주시 고읍동 일대)를 치게 하였다고 전한다.[11] 태봉에서 황해도 일대를 패강도(浿江道) 또는 패서도(浿西道)라고 불렀기 때문에,[12] 898년에 궁예가 황해도지역을 대부분 차지하였다고 이해하여도 무방할 것이다. 신라본기에는 898년에 막연하게 한산주 관내 30여 성을 빼앗았다고, 궁예열전에는 왕건이 양주와 견주를 공략하였다고 전하는 것을 통해 궁예가 898년에 한강 이북의 경기도지역을 차지하였음을 엿볼 수 있다.

『삼국사기』 신라본기에는 899년(효공왕 3) 7월에 궁예가 비뇌성전투에서 양길의 군사를 물리치고, 900년(효공왕 4) 10월에 국원(國原; 충북 충주시), 청주(靑州; 충북 청주시), 괴양(槐壤; 충북 괴산군)의 적수(賊帥) 청길(淸吉)과 신훤(莘萱) 등이 성을 들어 궁예에게 항복하였다고 전한다.[13] 이에 반해 궁예열전과 『고려사』 태조세가에서는 광화(光化) 3년 경신(900년)에 왕건이 광주(廣州; 한강 이남의 서울시와 경기도 하남시, 광주시)와 충주(忠州), 당성(唐城; 경기도 화성시 남양동 일대), 청주[靑

---

10) 弓裔取浿西道及漢山州管內三十餘城 遂都於松岳郡(『삼국사기』 신라본기 제12 효공왕 2년 가을 7월).
11) 光化元年戊午春二月 葺松岳城. 以我太祖爲精騎大監 伐楊州·見州(『삼국사기』 열전 제10 궁예).
12) 전덕재, 2023 『신라지방통치제도사』, 학연문화사, 404쪽.
13) 國原·菁州·槐壤賊帥淸吉·莘萱等 擧城投於弓裔(『삼국사기』 신라본기 제12 효공왕 4년 겨울 10월).

州; 또는 청천(靑川; 충북 괴산군 청천면)], 괴양 등의 군현을 쳐서 평정하였다고 전한다.[14] 『삼국사기』 신라본기와 궁예열전, 『고려사』 태조세가의 기록을 종합하여 보건대, 궁예가 899년 비뇌성전투에서 승리하고 원주지역을 차지한 다음, 이어 900년에 한강 이남의 경기도지역 및 보은군과 옥천군, 영동군을 제외한 충북지역의 대부분을 차지하였다고 말할 수 있을 것이다.

『삼국사기』 신라본기와 견훤열전에 효공왕 5년(901) 8월에 견훤이 대야성(大耶城; 경남 합천군 합천읍)을 공격하였으나 이기지 못하였다고 전하고, 신라본기에서는 곧 이어 군사를 금성(錦城; 전남 나주시)의 남쪽으로 옮겨 남해 연변(沿邊)의 부락들을 약탈하고 돌아갔다고 하였다. 『삼국사기』 신라본기에 916년(신덕왕 5) 8월에 견훤이 대야성을 공격하였으나 이기지 못하였다가 920년(경명왕 4) 10월에 비로소 대야성을 함락시켰다고 전한다. 920년 10월까지 후백제가 대야성을 차지하지 못하였기 때문에 합천에서 황강(黃江)을 따라 합천군 초계면 및 의령군, 낙동강 동안의 창녕군 방면으로 진출할 수 없었음은 물론이다.[15]

『고려사』 태조세가에 천복(天復) 3년 계해(903; 효공왕 7) 3월에 태조(왕건)가 수군[주사(舟師)]을 거느리고 서해로부터 광주(光州)의 경계에 이르러 금성군(전남 나주시)을 공격하여 함락시키고 10여 군·현을 차지한 후에 금성을 고쳐 나주(羅州)라 하였으며, 이 해에 양주수(良州帥) 김인훈(金忍訓)이 위급함을 알려오자, 궁예가 태조에게 명하여 가서 구원하게 하였다고 전한다.[16] 그런데 『삼국사기』 궁예열전에는 주량(朱梁) 건화(乾化) 원년 신미(911; 효공왕 15)에 궁예가 왕건으로

---

14) (光化) 三年庚申 又命太祖伐廣州·忠州·唐城·靑州〈或云靑川〉·槐壤 等 皆平之(『삼국사기』 열전 제10 궁예); (光化) 三年庚申 裔命太祖伐廣忠靑三州及唐城槐壤等郡縣 皆平之 以功授阿粲(『고려사』 권1 세가1 태조).
15) 이에 대해서는 뒤에서 자세하게 살필 예정이다.
16) 癸亥三月 率舟師 自西海抵光州界 攻錦城郡 拔之 擊取十餘郡縣 仍改錦城爲羅州 分軍戍之而還. 是歲 良州帥金忍訓 告急裔 令太祖往救(『고려사』 권1 세가1 天復 3년).

하여금 군사를 거느리고 금성(錦城) 등을 치게 하고, 금성을 나주로 개칭하였다고 전한다.[17] 한편 견훤열전에는 개평(開平) 4년(910; 효공왕 14)에 견훤이 금성이 궁예에게 항복한 것에 노하여 보병과 기병 3천 명으로 공격하게 하여 포위를 풀지 않았다고 전하고,[18] 신라본기에는 910년(효공왕 14)에 견훤이 몸소 보병과 기병 3천 명을 이끌고 나주성을 에워싸고 10일이 지나도록 풀지 않자, 궁예가 수군을 내어 그들을 습격하니, 견훤이 군사를 이끌고 물러갔다고 전한다.[19]

    왕건이 금성을 쳐서 함락시킨 연대에 대해『고려사』태조세가와『삼국사기』궁예열전에 다르게 전하는 것을 볼 수 있는데, 그렇다면 두 기록 가운데 어느 것이 역사적 사실에 더 부합할까가 궁금하다. 견훤열전에 견훤이 910년에 금성(나주)이 궁예에게 항복한 것에 노하여 군사들을 이끌고 금성을 포위하게 하였다고 전하므로, 왕건이 금성을 공략하여 차지한 것은 견훤이 금성을 공격한 시점에서 그리 멀지 않은 때였다고 추론할 수 있다. 더구나 견훤열전과 신라본기의 기록에 동일한 내용이 전하는 사실을 주목한다면, 910년에 견훤이 몸소 보병과 기병 3천을 거느리고 금성을 에워싸고 공격하였다고 봄이 옳을 것이다. 이에 따른다면,『삼국사기』궁예열전의 기록은 911년이 아니라 910년의 상황을 반영한다고 수정하여 이해하는 것이 바람직하고,『고려사』태조세가의 기록은 910년에 일어난 금성 공격 사실을 903년의 사건이라고 소급하여 기술한 것이라고 이해할 수 있을 것이다.[20]『삼국사기』견훤열전에 912년(효공왕 16)에 궁예의 군대와 덕

---

17)   朱梁乾化元年辛未 改聖册爲水德萬歲元年 改國號爲泰封. 遣太祖率兵 伐錦城等 以錦城 爲羅州. 論功 以太祖爲大阿飡將軍(『삼국사기』열전 제10 궁예).
18)   開平四年 萱怒錦城投于弓裔 以步騎三千圍攻之 經旬不解(같은 책, 견훤).
19)   甄萱躬率步騎三千 圍羅州城經旬不解 弓裔發水軍襲擊之 萱引軍而退(『삼국사기』신라본기 제12 효공왕 14년).
20)   『고려사』태조세가에 梁 開平 3년 己巳(909)에 궁예가 羅州가 걱정이 되어 태조에게 가서 지키도록 명령하고, 품계를 올려 韓粲(대아찬) 海軍大將軍으로 삼았다고 전한다. 그런데『삼국사기』궁예열전에 911년(910년의 착오)에 태조가 금성을 공격하여 승리하자, 궁예가

진포(德津浦; 전남 영암군 영암읍과 덕진면 사이에 있던 포구)에서 싸웠다고 전하고,[21] 『고려사』 태조세가에 909년(효공왕 13)에 왕건이 목포에서 덕진포(德眞浦)에 이르기까지 늘어선 견훤의 전함을 공격하여 물리쳤다고 전하는데,[22] 왕건이 910년에 금성을 공략하여 빼앗았음을 염두에 둔다면, 912년에 왕건이 목포에서 덕진포까지 늘어선 견훤의 군함을 물리쳤다고 보는 것이 사실에 부합하지 않을까 한다.[23]

한편 『고려사』 태조세가에 903년에 양주수(良州帥) 김인훈(金忍訓)이 위협에 처하자, 궁예가 태조에게 명하여 구원하게 하였다고 전하지만, 이 무렵에 궁예가 소백산맥을 넘어 경상도지역으로 진출하지 못하였음을 염두에 둔다면, 왕건이 김인훈을 구원하기 위하여 양주(경남 양산)까지 갔다는 것을 그대로 신뢰하기가 쉽지 않다.[24] 이에 관한 기록도 나주 관련 기록과 마찬가지로 후대의 사실을 903

그 공을 논하여 태조를 대아찬과 장군으로 삼았다고 전한다. 『고려사』 태조세가와 『삼국사기』 궁예열전이 동일한 사실을 전하면서도, 기술 내용이 서로 다른데, 이 경우도 역시 궁예열전의 기록이 보다 정확한 실상을 전한다고 판단된다. 한편 신호철, 1993 앞의 책, 66~68쪽; 문수진, 1987 「고려건국기의 나주세력」 『성대사림』 4, 15쪽; 신성재, 2010 「궁예와 왕건과 나주」 『한국사연구』 151, 6쪽에서 왕건이 공략하였거나 나주세력이 궁예에게 항복하였거나 아무튼 903년에 궁예가 금성을 차지하였다고 이해하였다. 이외에 조인성, 2007 『태봉의 궁예정권』, 푸른역사, 202~206쪽에서 909년 이전 어느 시기에 후고구려가 금성에 진출하였고, 궁예열전의 주량 건화 원년(911) 기록은 금성과 그 일대가 궁예의 영역에 속하였음을 공식화한 사실과 관련이 있다는 견해를 제기하기도 하였다.

21) 乾化二年 萱與弓裔戰于德津浦(『삼국사기』 열전 제10 견훤).
22) 梁開平三年己巳 … 及至羅州浦口 萱親率兵列戰艦 自木浦至德眞浦 首尾相銜 水陸縱橫 兵勢甚盛 諸將患之. 太祖曰 勿憂也 師克在和 不在衆. 乃進軍急擊敵船稍却. 乘風縱火 燒溺者大半 斬獲五百餘級 萱以小舸遁歸. 初羅州管內諸郡 與我阻隔 賊兵遮絶 莫相應援 頗懷虞疑 至是 挫萱銳卒 衆心悉定. 於是三韓之地 裔有大半(『고려사』 권1 세가1 양 개평 3년).
23) 『고려사』 태조세가에 왕건이 서남해안지역에서 활동한 내용에 대한 기록이 다수 전하는데, 이에 관한 기록의 편년에 대해서는 세밀하게 검증할 필요가 있다고 판단된다. 향후 이에 대해 자세하게 검토할 계획이다.
24) 조인성, 2007 앞의 책, 342~343쪽.

년에 일어난 사건처럼 소급한 사례에 해당한다고 봄이 옳을 것이다.[25] 다만 구체적인 시기에 대해서는 현재 정확하게 고구(考究)하기 어렵다.

『삼국사기』 신라본기에 904년(효공왕 8)에 패강도(浿江道)의 10여 주현이 궁예에게 항복하였다고 전하는데,[26] 이는 황해도지역의 잔여세력이 이때에 궁예에게 항복한 사실을 반영한 것으로 보인다. 궁예열전에는 천우(天祐) 2년 을축(905년; 효공왕 9)에 패서지방을 13진(鎭)으로 나누어 정하고, 평양성주장군(平壤城主將軍) 검용(黔用), 증성(甑城; 북한의 평안남도 증산군 증산읍) 적의·황의적(赤衣·黃衣賊) 명귀(明貴) 등이 귀복(歸服)하였다고 전한다.[27] 이를 통해 905년에 궁예가 대동강유역까지 영역으로 편제하였음을 엿볼 수 있다.

『삼국사기』 궁예열전에 904년(효공왕 8)에 공주장군(公州將軍) 홍기(弘奇)가 항복하여 왔다고 전한다.[28] 『고려사』 권127 이흔암열전에 '[이흔암(伊昕巖)이] 궁예 말년에 군사를 거느리고 웅주(熊州)를 습격하여 점령하였다.'라고 전하고,[29] 『고려사』 권1 세가1 태조 원년(918) 8월 기록에 '웅주(熊州)·연주(運州; 충남 홍성군) 등 10여 주현이 반하여 백제에 붙었다.'라고 전한다.[30] 웅주(공주)와 관련된 여러 기록을 통해, 904년에 홍기가 궁예에게 항복한 이래 한동안 공주가 후고구려에 속

---

25) 종래에 903년에 김인훈이 양주지역 내의 여러 호족과 대립·갈등을 하게 되자, 궁예에게 구원을 요청하였다고 이해한 견해가 제기되었다(이종봉, 2003 「나말여초 양주의 동향과 김인훈」 『지역과 역사』 13, 103~104쪽).

26) 弓裔設百官 依新羅制〈所制官號 雖因羅制 多有異者〉 國號摩震 年號武泰元年. 浿江道十餘州縣降於弓裔(『삼국사기』 신라본기 제12 효공왕 8년).

27) 天祐二年乙丑 入新京 修葺觀闕·樓臺 窮奢極侈. 改武泰爲聖冊元年. 分定浿西十三鎭 平壤城主將軍黔用降 甑城赤·黃衣賊明貴等歸服(『삼국사기』 열전 제10 궁예).

28) 天祐元年甲子 … 秋七月 移青州人戶一千 入鐵圓城爲京. 伐取尙州等三十餘州縣. 公州將軍弘奇來降(『삼국사기』 열전 제10 궁예).

29) 弓裔末年 將兵襲取熊州 因鎭之. 聞太祖卽位 潛懷禍心 不召至 士卒多亡 熊州復爲百濟所有(『고려사』 권127 열전40 반역1 伊昕巖).

30) 癸亥 以熊運等十餘州縣 叛附百濟(『고려사』 권1 세가1 태조 원년 8월).

하였다가 궁예 말년, 즉 918년 이전 어느 시기에 웅주(공주)가 후백제에게 붙었고, 이흔암이 다시 공주를 공격하여 점령하였다가 곧바로 918년 8월에 공주와 운주 등의 10여 현이 후백제에 붙었음을 살필 수 있다. 홍기가 항복한 904년 무렵에 공주와 더불어 그 이북의 충남지역 역시 궁예에게 복속되었을 것으로 추정된다. 이것은 역설적으로 견훤이 완산을 도읍으로 정한 이래, 상당 기간 동안 공주에 진출하지 못하였음을 반증하는 것이기도 하다.

『삼국사기』궁예열전에 904년(효공왕 8)에 상주(尙州) 등 30여 주현을 공격하여 취하였다고 전하고, 신라본기에 905년(효공왕 9) 8월에 궁예가 군사를 동원하여 신라의 변읍(邊邑)을 침탈하여 죽령(竹嶺) 동북지역까지 이르렀다고 전한다.[31] 한편 『고려사』태조세가에 천우(天祐) 3년 병인(906년; 효공왕 10)에 태조가 정기장군(精騎將軍) 검식(黔式) 등과 군사 3,000명을 거느리고 상주(尙州)의 사화진(沙火鎭)을 공격하고, 견훤과 여러 번 싸워 이겼다고 전한다.[32] 그리고 『삼국사기』신라본기에서는 907년(효공왕 11)에 견훤이 일선군(一善郡; 경북 구미시 선산읍) 이남의 10여 성을 쳐서 빼앗았다고 하였다.[33] 사화진에서 사화(沙火)는 사벌(沙伐)로도 표기할 수 있는바, 사화진은 상주(경북 상주시)에 소재하였다고 볼 수 있다.

『삼국사기』신라본기와 궁예열전, 『고려사』태조세가에 전하는 기록의 기년(紀年)을 그대로 신뢰한다면, 궁예는 904년에 충주에서 계립령(鷄立嶺)을[34] 넘어 문경을 거쳐 상주에 이르러 그곳과 인근의 30여 주현을 차지하였고, 그다음 해에 죽령의 동북쪽에 위치한 제천시와 단양군, 영월군지역을 공격하여 취하였다고

---

31) 弓裔行兵 侵奪我邊邑 以至竹嶺東北(『삼국사기』신라본기 제12 효공왕 9년 8월).
32) (天祐) 三年丙寅 裔命太祖 率精騎將軍黔式等 領兵三千 攻尙州沙火鎭 與甄萱累戰 克之 (『고려사』권1 세가1 천우 3년).
33) 一善郡以南十餘城 盡爲甄萱所取(『삼국사기』신라본기 제12 효공왕 11년).
34) 계립령은 麻骨峴, 大院嶺, 한단령, 하늘재라고 불렸으며, 충북 충주시 수안보면 미륵리와 경북 문경시 문경읍 관음리를 연결하는 고개이다.

이해할 수 있다.³⁵ 『고려사』 태조세가에 906년에 왕건이 상주의 사화진을 공격하였다고 전하는 사실을 통해, 이 해에 견훤이 상주로 진출하여 그곳과 그 인근 지역을 차지하자, 왕건이 군사를 이끌고 가서 사화진을 공격하고, 이 밖에 여러 지역에서 후백제군과 싸워 승리하였다고 추론할 수 있다. 『삼국사기』 신라본기의 기록은 상주지역에서 왕건에게 패배한 견훤이 그다음 해, 즉 907년에 일선군 이남의 10여 성을 공략하여 점령한 사실을 반영한 것으로 이해할 수 있을 것이다. 906년에 견훤은 전주에서 논산과 대전을 거쳐 보은에 이르고, 여기에서 화령재를 넘어 상주에 도달하였거나 또는 전주에서 금산과 옥천을 지나 보은에서 화령재를 넘어 상주에 도달하였을 가능성이 높은데, 필자는 견훤이 전자의 루트를 활용하여 상주에 이르렀을 가능성에 무게를 두고 있다.

지금까지 살핀 바에 따르면, 궁예가 효공왕 즉위 이후인 898년에 한강 이북의 경기도지역을, 899년 비뇌성전투에서 양길의 군사를 무찌른 뒤인 900년에 한강 이남의 경기도지역과 충북 북부지역을, 904년에 공주와 그 이북의 충남지역 및 상주와 그 인근의 30여 주현을 차지하였고, 905년에 죽령 동북쪽에 위치한 단양군과 제천시, 영월군지역까지 진출하였다고 볼 수 있다. 또한 906년에 견훤이 상주지역을 공격하여 차지하자, 궁예가 왕건을 보내 견훤을 공격하게 하여 상주와 인근 지역을 되찾았고, 견훤은 그다음 해에 일선군 이남의 10여 성을 공격하여 빼앗았음을 살필 수 있다. 이외에 910년에 왕건이 금성(錦城; 전남 나주시)을 공격하여 점령하고, 서남해안지역을 차지하였음을 확인할 수 있다. 한편 후백제가 920년 10월까지 대야성을 공략하여 함락시키지 못하였기 때문에 합천에서 황강(黃江)을 통해 합천군 초계면과 의령군, 낙동강 동안의 창녕 방면까지 진출할 수

---

35) 『삼국사기』 궁예열전에 '일찍이 [궁예가] 남쪽으로 순행할 때 興州(경북 영주시 순흥면) 浮石寺에 이르러 벽에 신라왕의 畫像이 그려져 있는 것을 보고 칼을 뽑아 찔렀다.'라고 전하는데, 궁예가 죽령을 넘어 영주 부석사에 이르렀던 것은 905년 무렵으로 이해된다.

없었다.

『고려사』권1 세가1 양(梁; 후량) 개평(開平) 3년(909) 기록에 '[나주를 획득한] 처음에는 나주 관내의 제군(諸郡)이 우리와 막혀있는데다 적병(賊兵)이 가로막고 있어 서로 응원할 수가 없어 자못 근심과 의심을 품었으나, 이에 이르러 견훤의 정예군이 꺾이자 사람들의 마음이 다 안정되었다. 이로 인해 삼한(三韓)의 땅 가운데 궁예가 절반을 넘게 차지하였다.'라고 전한다. 또한『고려사』권92 열전5 홍유조에 궁예 말년에 배현경(裵玄慶)·신숭겸(申崇謙)·복지겸(卜智謙) 등이 은밀히 모의하여 밤에 태조의 집을 찾아가서 '삼한이 분열된 이후 도둑떼들이 다투어 일어났고, 지금은 왕[궁예]이 떨쳐 일어나 크게 호령하여 드디어 초구(草寇)를 섬멸하였으며, 셋으로 나누어진 요동[요좌(遼左)]의 거의 절반을 점거하였습니다.'라고 말하였다고 전한다.[36] 두 기록을 통해 910년대에 후고구려가 후삼국의 영토 가운데 절반 이상을 차지하였음을 확인할 수 있다.[37]

910년대에 후백제는 나주와 일부 서남해안지역을 제외한 전남지역과 전북지역 전부, 금산과 논산 등을 비롯한 충남 남부지역 일부, 옥천과 보은을 비롯한 충북 남부지역과 경북 구미시 선산읍과 그 인근 지역을 차지하였던 것으로 추정된다. 한편 910년대에 울진 이남의 경북 동해안지역, 상주 이북 및 구미시 선산읍과 그 인근지역을 제외한 경북 내륙지역, 울산광역시와 경상남도 대부분 지역은 후고구려와 후백제의 영역으로 편입되지 않았는데, 이들 지역 가운데 왕경 주변의 일부 지역만이 신라의 직접적인 통제 하에 있었고, 나머지 대부분은 성주·장군이라고 불리는 이른바 호족이 자체적으로 통치하고 있었다. 영남지역의 성주·장군

---

36) 弓裔末年 與裵玄慶·申崇謙·卜智謙 同爲騎將密謀 夜詣太祖第 言曰 自三韓分裂 群盜競起 今王奮臂大呼 遂夷滅草寇 三分遼左 據有大半(『고려사』권92 열전5 諸臣 洪儒)

37) 한편『고려사』권2 세가2 태조 26년 기록에 李齊賢이 '우리 태조께서는 弓裔를 섬겼는데, 시기가 많고 포악한 임금이 三韓 땅에서 그 둘을 가지게 된 것[三韓之地 裔有其二]은 太祖의 공이었다.'라고 언급하였다고 전한다.

은 918년 고려 건국 이전에 후백제와 태봉에 복속되지 않고 대체로 독립적인 세력기반을 유지하다가 918년 이후에 대거 고려에 귀부하였음을 살필 수 있다.

〈표 1〉 나말여초 영남지역 성주와 장군 및 지방의 지배자 사례[38]

현재 지명	명칭	이름	등장 연대	비고
상주	사불성장군(沙弗城將軍)	아자개(阿慈介)	?	견훤의 부친
	상주적수(尙州賊帥)	아자개(阿玆盖; 阿字盖)	918년	고려 귀부
풍기	지기주제군사(知基州諸軍事)	강공훤(康公萱)	910년 전후	상(주)국[上(柱)國], 927년 시중 임명, 942년 좌승(佐丞)
문경	고사갈이성성주(高思葛伊城城主)	흥달(興達)	927년	견훤 예하에 있다가 고려 귀부
가은	가은현장군(加恩縣將軍)	희필(熙弼)	924년	「봉암사지증대사탑비」 건립 참여
풍산	하지현장군[下枝縣; 순주(順州)將軍]	원봉(元逢)	922년	고려 귀부
안동	고창군성주(古昌郡城主)	김선평(金宣平), 권행(權幸), 장길(張吉)	930년	대광(大匡), 대상(大相) 관계 수여
예안	성주(城主)	이능선(李能宣)	태조대	고려 귀부
청송	재암성장군(載巖城將軍)	최선필(崔善弼)	920년 930년	920년 신라와의 통호에 기여, 930년 귀부
선산	이(吏) 출신	김선궁(金宣弓)	태조대	태조 보좌
해평	현리(縣吏)	김훤술(金萱述)	태조대	태조 보좌
성주	벽진군(碧珍郡將軍)	양문(良文)	923년	고려 귀부
	경산부장군(京山府將軍)	이능일(李能一)	925년	백제와의 싸움에서 태조를 도움
	벽진군장군[碧珍郡將軍; 본읍장군(本邑將軍)]	이총언(李悤言)	925년	고려 귀부
군위	오어곡성장군(烏於谷城將軍)	양지(陽志)	928년	명식(明式) 등과 함께 견훤에 항복
의성	진보장군(眞寶城主)/진보성장군/의성부성주장군(義城府城主將軍)	홍술(洪術)	922년	고려 귀부

---

38) 〈표 1〉은 최종석, 2004 「나말여초 성주·장군의 정치적 위상과 성」 『한국사론』 50, 서울대학과 국사학과, 82~83쪽의 '〈표 1〉 城主, 將軍, 帥 사례'; 전덕재, 2006 『한국고대사회경제사』, 태학사, 407~410쪽의 '〈표 4〉 성주·장군에 관한 사례'; 이문기, 2015 「후삼국시기 경상도지역 호족의 존재 양태와 동향」 『신라 하대 정치와 사회 연구』, 학연문화사를 참조하여 정리한 것이다.

현재 지명	명칭	이름	등장연대	비고
대구	호국의영도장(護國義營都將)	이재(異才)	898~908년	중알찬(重閼粲)
영천	고울부장군(高鬱府將軍)	능문(能文)	925년	고려 귀부
영천	금강성장군(金剛城將軍)	황보능장(皇甫能長)	태조대	고려 귀부/대광(大匡) 능장(能丈; 932년)
흥해	북미질부성주(北彌秩夫城主)	훤달(萱達)	930년	고려 귀부
흥해	남미질부성주(南彌秩夫城主)	?	930년	고려 귀부
초계	초팔성주(草八城主)	흥종(興宗)	928년	고려군 격파
합천	대량성장군(大良城將軍)	추허조(鄒許助)	927년	고려군에 생포됨
밀양	부리(府吏)	손긍훈(孫兢訓)	태조대	성황사의 신으로 모셔 제사
울산	신학성장군(神鶴城將軍)	박윤웅(朴允雄)	930년	고려 귀부
양산	양주수(良州帥)	김인훈(金忍訓)	903년(?)	궁예에 구원 요청, 성황사의 신으로 제사
부림면	천주절도사(泉州節度使)	왕봉규(王逢規)	924년	후당(後唐)에 사신 파견
진주	강주장군(康州將軍)	윤웅(閏雄)	920년	고려 귀부
진주	지강주사(權知康州事) 회화대장군(懷化大將軍)	왕봉규(王逢規)	927년	후당에 사신 파견
진주	강주장군(康州將軍)	유문(有文)	928년	견훤에 항복
김해	지김해부진례성제군사명의장군(知金海府進禮城諸軍事名義將軍)	김인광(金仁匡)	진성여왕~효공왕대	
김해	진례성제군사(進禮城諸軍事)	김율희(金律熙)	진성여왕~효공왕대	
김해	지김해부(知金海府)	소충자지부(蘇忠子知府)/제율희령군(弟律熙領軍)	910년	
김해	김해부지군부사(金海府知軍府事)	소공율희(蘇公律熙)	911년	
김해	성주장군(城主將軍)	충지(忠至) 잡간(匝干)	신라 말	금관성(金官城) 공격

위의 〈표 1〉을 통해 918년 고려 건국 이후에 성주와 장군들이 대거 고려에 귀부하였음을 엿볼 수 있다. 그렇다면 고려 건국 이후에 영남지역의 성주와 장군들이 대거 고려에 귀부한 이유는 무엇이었을지 궁금하다.『삼국사기』견훤열전에 '견훤이 서쪽으로 순행하여 완산주(完山州)에 이르니, 주민(州民)들이 환영하여 고맙게 여겼다. 견훤이 민심을 얻은 것을 기뻐하여 좌우에게 말하기를, "내가 삼국의 시초를 상고(詳考)하니, 마한(馬韓)이 먼저 일어나고 후에 혁거세가 발

홍하였다. 그러므로 진한(辰韓)과 변한(卞韓)이 뒤따라 일어났던 것이다. 이에 백제가 금마산(金馬山)에서 개국(開國)하여 600여 년이 지난 총장중(摠章中)에 당나라 고종(高宗)이 신라의 요청으로 장군 소정방(蘇定方)을 보내 배에 군사 13만을 싣고 바다를 건너가게 하였다. 신라 김유신이 세차게 달려 황산(黃山)을 지나 사비(泗沘)에 이르러 당군과 합세하여 백제를 공격하여 멸하였다. 지금 내가 감히 완산을 도읍으로 삼아 의자왕의 오랫동안 쌓인 울분을 씻지 않겠는가?'라고 하고, 마침내 스스로 후백제왕이라고 칭하였다.'고 전한다.[39] 이것은 견훤이 660년에 나당연합군에 멸망당한 백제에 대한 원한을 갚기 위해 완산을 도읍으로 삼고 후백제를 건국하였음을 천명한 사실을 반영한 것이다.

『삼국사기』 신라본기 제12 경애왕 2년(925) 11월 기록에 태조와 견훤이 볼모를 서로 보내고 화친을 맺자, 경애왕이 그 소식을 듣고 고려에 사신을 보내, '견훤은 이랬다저랬다 하며 거짓이 많으므로, 친하게 지내서는 안 됩니다.'라고 태조에게 말하였다고 전한다.[40] 또한 경애왕 3년(926) 4월 기록에 후백제의 볼모인 진호(眞虎)가 사망하자, 견훤이 군사를 파견하여 고려를 침략하였는데, 이때 경애왕이 고려 태조에게 사신을 보내, '견훤이 맹약을 어기고 군사를 일으켰으므로, 하늘이 반드시 돕지 않을 것입니다. 만약 대왕께서 한번 북을 쳐서 위세를 떨친다면, 견훤은 반드시 스스로 파멸하고 말 것입니다.'라고 일렀다고 전한다.[41] 920년대

---

39) 萱西巡至完山州 州民迎勞. 萱喜得人心 謂左右曰 吾原三國之始 馬韓先起 後赫世勃興 故辰卞從之而興. 於是 百濟開國金馬山六百餘年. 摠章中 唐高宗以新羅之請 遣將軍蘇定方 以船兵十三萬越海. 新羅金庾信卷土 歷黃山至泗沘 與唐兵合攻百濟滅之. 今予敢不立 都於完山 以雪義慈宿憤乎. 遂自稱後百濟王. 設官分職 是唐光化三年 新羅孝恭王四年也 (『삼국사기』 열전 제10 견훤).

40) 後百濟主甄萱以姪眞虎質於高麗. 王聞之 使謂太祖曰 甄萱反覆多詐 不可和親. 太祖然之 (『삼국사기』 신라본기 제12 경애왕 2년 11월).

41) 眞虎暴死. 萱謂高麗人故殺 怒擧兵 進軍於熊津. 太祖命諸城 堅壁不出. 王遣使曰 甄萱違盟擧兵 天必不祐. 若大王奮一鼓之威 甄萱必自破矣. 太祖謂使者曰 吾非畏萱 俟惡盈而自

에 신라인이 후백제에 대해 적대적인 인식을 가졌음을 알려주는 자료이다. 이를 통해 900년에 견훤이 백제부흥운동을 표방하며 반신라적인 정책을 추진한 이래 920년대까지 후백제의 신라에 대한 태도에 커다란 변화가 없었음을 추론할 수 있다.

『삼국사기』 궁예열전에 '일찍이 [궁예가] 남쪽으로 순행할 때 흥주(興州; 경북 영주시 순흥면) 부석사(浮石寺)에 이르러 벽에 신라왕의 화상(畵像)이 그려져 있는 것을 보고 칼을 뽑아 찔렀다.'라고 전한다. 또한 여기에 '천우(天祐) 2년 을축(905)에 … 신라를 병탄하고자 하여 나라 사람들로 하여금 신라를 멸도(滅都)라고 부르게 하고, 신라로부터 오는 자는 모두 죽여 버렸다.'라고 전한다.[42] 버림받은 왕자였던 궁예가 신라에 대하여 극도의 적대감을 표명하였음을 알려주는 자료들이다. 궁예는 918년 고려 건국 이전까지 반신라정책을 계속 견지하였다.

이처럼 918년 이전까지 견훤과 궁예가 반신라정책을 추진한 상황에서 원신라 지역에 해당하는 영남지역의 성주·장군들이 신라를 배반하고 후백제와 후고구려에 귀부하기가 쉽지 않았을 것이다. 후백제 견훤은 901년(효공왕 5) 8월과 916년(신덕왕 5) 8월에 합천의 대야성(大耶城)을 공격하였으나 함락시키지 못하였다가 920년(경명왕 4) 10월에 비로소 그곳을 함락시켰는데, 경남 서부에 위치한 대야성의 성주가 친신라·반견훤 태도를 보였음을 시사해주는 자료로서 유의된다. 920년(경명왕 4) 2월에 강주장군(康州將軍) 윤웅(閏雄)이 고려 태조에게 항복하였다. 그 이전 강주(진주)지역 성주·장군의 동향을 알 수 없지만, 이전까지 친신라적인 입장을 견지하였을 가능성이 높다고 보인다. 강주(진주)와 대야성의 성주·

僵耳(같은 책, 경애왕 3년 여름 4월).

42) 天復元年辛酉 善宗自稱王. 謂人曰 往者新羅請兵於唐 以破高句麗. 故平壤舊都鞠爲茂草 吾必報其讎. 蓋怨生時見棄 故有此言. 嘗南巡 至興州浮石寺 見壁畫新羅王像 發劍擊之 其刃迹猶在. … 天祐二年乙丑 … 善宗以强盛自矜 意欲幷吞. 令國人呼新羅爲滅都 凡自新羅來者 盡誅殺之(『삼국사기』 열전 제10 궁예).

장군이 후백제나 나주지역을 장악한 후고구려의 동진(東進)을 저지하였기 때문에 920년 무렵까지 경남지역의 성주·장군들이 커다란 동요 없이 친신라 및 반견훤·궁예 입장을 견지하며 나름의 자체적인 지배기반을 계속 유지할 수 있었지 않았을까 한다.

그렇다면 918년 고려 건국 이후에 영남지역의 성주와 장군들이 고려에 대거 귀부한 배경에 대해 어떻게 설명할 수 있을까?『삼국사기』신라본기 제12 경명왕 4년(920) 정월 기록에 '왕과 태조가 서로 사신을 보내 우호를 닦았다.'라고 전한다.[43]『고려사』태조세가에 태조 3년(920) 정월에 신라가 처음으로 사신을 보내와서 빙례(聘禮)를 닦았다고 전한다.[44] 이러한 기록들은 왕건이 920년 3월에 신라와 사신을 교환하고 우호를 다졌음을 알려주는 자료이다.

태조는 918년 고려 건국 이후에 궁예가 새로 개정한 관계와 관직, 군읍(郡邑)의 명칭을 신라의 제도를 따라서 다시 바꾸라고 지시하였다.[45] 이것은 태조 왕건이 친신라정책을 추진하겠다는 의지를 표명한 것으로 이해된다. 한편 신라의 입장에서 보건대, 반신라정책을 강력하게 추진한 궁예를 몰아냈고, 또한 즉위하자마자 신라의 관제를 복구하여 친신라정책을 추진하겠다고 천명한 왕건에 대해 거부감이 크지 않았다고 추정된다. 여기다가 후백제가 반신라정책을 계속 추진하고 있는 상황에서 고려마저 적대시하게 되면 신라에게 불리한 형세가 전개될 수도 있다고 생각하여, 920년 3월에 서로 사신을 교환하며 우호를 다졌다고 보인다. 920년 3월부터 927년 후백제가 신라 왕도를 습격할 때까지 두 나라는 우

---

43) 王與太祖交聘修好(『삼국사기』신라본기 제12 경명왕 4년 봄 정월).
44) 新羅始遣使來聘(『고려사』권1 세가1 태조 3년 봄 정월).
45) 詔曰 朕聞 乘機革制 正謬是詳 導俗訓民 號令必愼 前主以新羅階官郡邑之號 悉皆鄙野 改爲新制 行之累年 民不習知 以至惑亂. 今悉從新羅之制 其名義易知者 可從新制(같은 책, 태조 원년 66월 戊辰).

호관계를 계속 유지하였다.[46]

918년에 왕건이 반신라정책을 추진하고, 심지어 신라 왕도를 멸도(滅都)라고 부르게 하는 한편, 신라로부터 오는 자는 모두 죽이라고 엄명을 내린 궁예를 몰아내고, 친신라정책을 표방하면서 920년 3월에 신라와 사신을 교환하며 우호적인 관계를 맺게 되자, 이를 계기로 신라의 재기가 사실상 불가능하다고 판단한 영남지역의 성주와 장군들이 고려에 귀부하기 시작하였다고 이해할 수 있다. 특히 930년 정월에 고려가 고창전투에서 후백제를 물리친 후에 고려의 압도적인 우위가 확인됨에 따라 영남지역의 호족들이 대거 고려에 귀부하였는데, 이에 대해서는 뒤에서 자세하게 살필 예정이다.

이상에서 살핀 내용을 간략하게 정리하면 다음과 같다. 궁예는 897년까지 명주(溟州)를 비롯한 강원특별자치도 동해안지역, 인제와 화천, 철원을 망라한 강원특별자치도 영서지방, 김포와 서울시 강서구 및 양천구, 강화도를 비롯한 한강 하류지역, 임진강유역의 경기도지역과 황해도 일부 지역을 차지하였다. 892년에 기의(起義)한 견훤은 광주광역시와 전남지역의 대부분을 차지하였다. 궁예는 898년에 한강 이북의 경기도지역을 차지하였고, 899년에 양길의 군대를 비뇌성전투(非惱城戰鬪)에서 물리친 이후에 충북지방의 대부분을 차지한 다음, 901년에 후고구려를 건국하였다. 견훤은 900년에 이르러 전남지역에 이어 전북지역을 차지하고 완산(完山; 전북특별자치도 전주시)을 도읍으로 삼아 후백제를 건국하였다.

후고구려는 900년에서 910년 사이에 공주 이북의 충남지역, 경북 상주와 그 인근의 30여 주현(州縣), 죽령(竹嶺) 동북쪽의 단양군과 제천시, 영월군지역을,

---

46) 이에 대한 자세한 내용은 전덕재, 2017 「후삼국시대 신라의 동향과 멸망에 대한 일고찰-『삼국유사』 기이편 김부대왕조의 검토를 중심으로-」 『신라문화제학술발표회논문집』 38, 196~198쪽이 참조된다.

910년에 금성군(錦城郡; 전남 나주시)과 전남 해안 일부 지역을 공격하여 차지하였다. 후백제는 공주 이남의 충남지역과 충북 남부지역을 영역으로 편제한 다음, 907년에 소백산맥을 넘어 일선군(一善郡; 경북 구미시 선산읍) 이남의 10여 성을 차지하였으나, 920년 10월까지 대야성(경남 합천군 합천읍)을 빼앗지 못하여 낙동강을 건너 경남지역까지 진출하지 못하였다. 궁예와 왕건의 활발한 정복사업에 힘입어 910년대에 태봉(泰封; 후고구려)은 후삼국 영역의 절반 이상을 차지하는 성과를 거두었다. 910년대에 후고구려와 후백제의 영토에 편입되지 않은 영남지역은 성주(城主)·장군(將軍)이라고 불리는 이른바 호족이 자체적으로 통치하였다. 영남지역의 호족들은 918년 왕건(王建)이 고려를 건국한 이후 고려에 귀부(歸附)하기 시작하였다.

2. 낙동강을 둘러싼 후백제와 고려의 영역다툼

후백제 견훤은 901년(효공왕 5) 8월과 916년(신덕왕 5) 8월에 합천의 대야성[大耶城; 대량성(大良城)]을 공격하였으나 함락시키지 못하다가[47] 마침내 920년(경명왕 4) 10월에 그곳을 함락시켰다. 그리고 이곳을 교두보로 삼아 구사군(仇史郡; 경남 창원시)과 진례군(進禮郡; 경남 김해시 진례면)까지 진출하였다가 신라가 고려에 원조를 요청하자 물러났다.[48] 후백제는 대야성을 차지함으로써, 여기에서 황강을 따라 초계 및 낙동강 동쪽의 창녕 방면으로 진출할 수 있을 뿐만 아니라 육로로 고령을 거쳐 성주 및 대구 방면으로 진출할 수 있는 길이 열리게 되었다.

대체로 영남지역에서 스스로 성주와 장군을 자칭한 지방세력은 친신라적인 입장을 표명하였다.[49] 태조 왕건이 고려를 건국하여 친신라정책을 추진하고,

---

47) 後百濟王甄萱攻大耶城不下(『삼국사기』 신라본기 제12 효공왕 5년 가을 8월); 天復元年 萱攻大耶城不下(『삼국사기』 열전 제10 견훤); 甄萱攻大耶城 不克(『삼국사기』 신라본기 제12 신덕왕 5년 가을 8월).

48) (貞明) 六年 萱率步騎一萬 攻陷大耶城 移軍於進禮城. 新羅王遣阿湌金律求援於太祖 太祖出師 萱聞之 引退. 萱與我太祖陽和而陰尅(『삼국사기』 열전 제10 견훤); 甄萱侵新羅 取大良仇史二郡 至于進禮郡. 新羅遣阿粲金律來求援 王遣兵救之. 萱聞之引退 始與我有隙(『고려사』 권1 세가1 태조 3년 겨울 10월).

49) 전덕재, 2021 「신라 효공왕대 전후 신라 정부와 성주·장군의 동향에 관한 고찰」 『신라사

920년 이후에 신라 왕조가 재기(再起)할 가능성이 희박해지자, 영남지역의 성주와 장군 가운데 일부가 고려에 귀부(歸附)하기 시작하였다. 918년(태조 원)에 상주적수(尙州賊帥) 아자개(阿玆盖; 阿慈介; 阿慈蓋)가 고려에 귀부하였고, 920년(경명왕 4) 2월에 강주장군(康州將軍) 윤웅(閏雄), 922년(경명왕 6; 태조 5) 정월에 하지현장군(下枝縣將軍) 원봉(元逢)과 진보장군(眞寶將軍) 홍술(洪述)이 고려에 귀부하였다.[50] 또한 923년(경명왕 7) 7월에 명지성장군(命旨城將軍) 성달(城達)과 경산부장군(京山府將軍) 양문(良文)이 고려에 귀부하였다.[51]

924년(태조 7) 7월에 후백제가 조물성(曹物城)을 공격하였는데, 이와 관련된 기록을 제시하면 다음과 같다.

학보』 51, 38~41쪽.

50) 『삼국사기』 신라본기에는 경명왕 4년(920) 2월에 강주장군 윤웅이, 경명왕 6년(922) 정월에 하지현장군 원봉과 진보장군 홍술이 태조에게 항복하였다고 전하나 『고려사』 태조세가에는 태조 3년(920) 정월에 윤웅이, 태조 5년(922) 6월에 원봉이, 12월에 홍술이 고려에 귀부하였다고 전한다. 康州는 오늘날 경남 진주시, 下枝縣은 경북 안동시 풍산읍, 眞寶는 경북 의성군 의성읍으로 비정된다.

51) 『삼국사기』 신라본기에는 경명왕 7년(923) 가을 7월에 명지성장군 성달과 경산부장군 양문이 태조에 항복하였다고 전하는 반면, 『고려사』 태조세가에는 태조 6년(923) 3월에 명지성장군 성달이, 8월에 벽진군장군 양문이 來降하였다고 전한다. 命旨城은 종래에 경기도 포천으로 비정하였으나(정구복 등, 2012a 『개정증보 역주 삼국사기』(주석편상), 한국학중앙연구원출판부, 384쪽), 그대로 신뢰하기 어렵다. 923년 무렵에 경기도 포천은 이미 고려의 영역에 편제되었다고 보이기 때문에 城達의 근거지인 명지성은 영남지역에 위치하였을 가능성이 높다고 판단된다. 종래에 칠곡군 장천면 신장리에 있는 天生山城으로 비정한 견해가 제기되었다(池內宏, 1937 「高麗太祖の經略」『滿鮮史硏究』中世第2冊, 座右寶刊行會, 24쪽). 경산부와 벽진군은 경북 성주군에 해당한다. 한편 925년에 벽진군의 李悤言이 고려에 귀부하자, 고려 태조가 新安縣(경북 성주군 성주읍)과 都山縣(경북 성주군 금수면·가천면)을 합쳐 경산부를 설치하고, 그를 경산부장군으로 배수하였으며, 양문은 923년 7월 또는 8월에 귀부하고 얼마 되지 않아 도태되었던 것으로 이해되고 있다(전덕재, 2021 「나말여초 경산부의 설치와 운영」『한국사연구』 195, 95~109쪽).

Ⅰ-① 동광(同光) 2년(924) 가을 7월에 [견훤이] 아들 수미강(須彌强)을 보내 대야(大耶)·문소(聞韶) 두 성의 군사를 일으켜 조물성(曹物城)을 공격하였다. [조물]성의 사람들이 태조를 위해 굳게 지키고 싸웠기 때문에 수미강이 패하여 돌아갔다(『삼국사기』 열전 제10 견훤).

Ⅰ-② 견훤이 아들 수미강(須彌康)과 양검(良劍) 등을 보내 조물군(曹物郡)을 공격하자, 장군 애선(哀宣)과 왕충(王忠)에게 명하여 구원하게 하였다. 애선은 전사하였으나 고을 사람들이 굳게 지켜 수미강 등이 이득 없이 돌아갔다(『고려사』 권1 세가1 태조 7년 가을 7월).

Ⅰ-①에서 수미강(須彌强), 조물성(曹物城)이라고 표기한 반면, Ⅰ-②에서는 수미강(須彌康), 조물군(曹物郡)이라고 표기하여 차이를 보인다. 전자에는 대야성과 문소성의 군사를 일으켜 조물성을 공격하였다고 전하나 후자에는 이에 관한 언급이 없고, 대신 양검 및 고려 장군 애선과 왕충에 관한 언급이 보이고 있다. 두 기록을 비교한 결과, 서로 원전(原典)이 다르다는 사실을 쉽게 인지할 수 있다.

종래에 조물성이 경상북도 안동 부근,[52] 김천시 조마면,[53] 안동과 상주 사이에[54] 위치하였다고 보는 견해와 구체적으로 구미 금오산성(金烏山城)으로,[55] 예천군 예천읍의 흑응산성(黑鷹山城)으로[56] 비정한 견해가 제기되었다. 조물성의 위치와 관련하여, 그것을 조물군(曹物郡)으로도 표기한 사실 및 『고려사』 권1 세가1 태조 11년(928) 8월조에 '[후백제의] 관흔(官昕)이 [양산에서] 물러나 대량성[大良城;

---

52) 김상기, 1985 『고려시대사』, 서울대학교출판부, 26쪽.
53) 이병도, 1961 『한국사』(중세편), 을유문화사, 42쪽; 한기문, 2019 「고려시대 경산부의 성립과 변천」 『한국학논집』 74, 39쪽.
54) 이병도, 1977 『국역 삼국사기』, 을유문화사, 723쪽.
55) 池內宏, 1937 앞의 논문, 27쪽; 김갑동, 2000 「후백제 견훤의 전략과 영역의 변천」 『군사』 41, 166쪽; 류영철, 2000 「조물성싸움을 둘러싼 고려와 후백제」 『국사관논총』 92, 21~22쪽.
56) 정요근, 2008 「후삼국시기 고려의 남방진출로 분석」 『한국문화』 44, 18~19쪽.

대야성(大耶城)]을 지키면서 군사를 풀어 대목군(경북 칠곡군 약목면)의 벼를 베어 갔고, 마침내 군사들을 나누어 오어곡(烏於谷; 대구광역시 군위군 부계면)에 주둔하게 하니, 죽령(竹嶺)의 길이 막히게 되었다. 왕이 왕충 등에게 명하여, 조물성에 가서 [후백제군을] 정탐하도록 하였다.'라고 전하는 기록을[57] 주목할 필요가 있다. 두 기록을 통해 조물성이 경주에서 죽령을 연결하는 교통로상에 위치한 조물군에 소재(所在)하였음을 추정해볼 수 있기 때문이다.

현재 조물군으로 비정할 수 있는 군으로서 문소군[聞韶郡; 소문군(召文郡); 경북 의성군 금성면], 고창군[古昌郡; 고타야군(古陁耶郡); 경북 안동시], 예천군[醴泉郡; 수주군(水酒郡)] 등을 들 수 있다. 이 가운데 후백제가 문소성의 군사를 일으켜 조물성을 공격하였다고 하였으므로, 조물군을 문소군으로 비정하기 어렵다. 결국 예천군과 고창군 가운데 하나를 조물군으로 비정할 수 있는데, 이와 관련하여 '조물(曹物)'에서 '물(物)'이 '수(水)'의 훈인 '물'과 관련이 있음을 주목할 필요가 있다. 『삼국사기』 잡지 제3 지리1 강주 고성군조에 경덕왕대에 사물현(史勿縣)을 사수현(泗水縣)으로 개정하였고, 잡지 제4 지리2 한주 개성군조에 경덕왕대에 덕물현(德勿縣)을 덕수현(德水縣)으로 개정하였다고 전하는데, 두 사례는 경덕왕대에 '물(勿)'을 훈차(訓借)하여 '수(水)'로 개정한 사례에 해당한다. 이에 따른다면, 조물군(曹物郡)은 조수군(曹水郡)으로도 표기할 수 있을 것이다.

조수군(曹水郡)과 관련시킬 수 있는 군이 바로 수주군(水酒郡)이다.[58] 신라 법흥왕의 이름은 모즉지(牟卽智) 또는 '另卽智'였다. 김유신의 조부(祖父)인 무력(武力)을 「진흥왕순수비 마운령비」에서 '另力'으로 표기하였다. '另卽智'를 '무즉지'로 읽

---

57) 幸忠州. 甄萱使將軍官昕城陽山 王遣命旨城元甫王忠 率兵擊走之. 官昕退保大良城 縱軍芟取大木郡禾稼 遂分屯烏於谷 竹嶺路塞. 命王忠等往諜于曹物城(『고려사』 권1 세가1 태조 11년 8월).

58) 水酒郡을 「단양신라적성비」와 함안 성산산성 목간에서 勿思伐城, 勿思伐이라고 표기하였다.

었음을 알려준다. 『삼국유사』권제1 왕력제1에서 미추이질금(未鄒尼叱今)을 또는 미소(未炤), 미조(未祖), 미소(未召)라고도 부른다고 하였다. 또한 경북 의성군 금성면에 해당하는 소문군(召文郡)을 함안 성산산성 목간 및 「단양신라적성비」에서 추문(鄒文)으로 표기하였는데, '소(召)'와 '추(鄒)'를 통용하였음을 알려준다. 이와 같은 여러 사례를 참고하건대, '조수군(曹水郡)'은 '주수군'으로도 독음할 수 있고, 이를 도치하면 수주군(水酒郡)으로도 표기할 수 있을 것이다.[59] 이상의 추론에 잘못이 없다고 한다면, 조물성은 바로 예천읍의 흑응산성일 가능성이 높다고 판단할 수 있다.

907년에 후백제가 일선(一善) 이남의 10여 성을 차지하였고, 924년 7월에 문소성(聞韶城)의 군사를 이끌고 조물성을 공격하였다. 924년 7월에 추풍령을 넘어 김천을 지나 구미시 선산읍과, 군위, 의성군 금성면을 연결하는 지역들이 후백제에 소속되었음을 추론할 수 있다. 927년에 고려가 용주(龍州; 예천군 용궁면)와 근품성(近品城; 문경시 산양면)을 쳐서 빼앗고, 이 해에 왕건이 강주(康州)에 행차할 때 고사갈이성(高思葛伊城; 문경시) 성주(城主) 홍달(興達)과 후백제의 여러 성수(城守)가 고려에 귀부하였다. 따라서 927년 이전에 예천군 용궁면, 문경시 산양면, 문경시, 그리고 그 남쪽의 함창읍 방면의 낙동강 상류에 위치한 여러 성이 후백제에 소속되었다고 짐작해볼 수 있다. 928년 7월에 고려가 삼년산성(三年山城; 충북 보은)을 공격하였다가 실패하였는데, 928년 이전에 충남 금산과 충북 옥천, 보은을 연결하는 지역들이 후백제지역에 소속되었음을 시사해준다. 918년에 상주적수 아자개가 고려에 항복하였다. 고려 건국 이후 한동안 상주지역이 고려에 소속되었음을 엿보게 해준다. 그러나 고려가 충주를 차지하고 있었기 때문에 후

---

59) 『삼국사기』지리지에서 경덕왕대에 朔州 泉井郡을 井泉郡으로, 漢州 開城郡 津臨城을 臨津縣으로, 溟州 金壤郡 道臨縣을 臨道縣으로 개정하였다고 하였다. 이외에 지명의 글자를 도치한 사례를 散見할 수 있다.

백제가 계립령을 넘어 문경 방면으로 진출하기 어려운 상황에서 후백제가 문경시와 예천군 용궁면을 차지하였던바, 924년 7월 무렵에 보은에서 상주, 문경을 연결하는 지역도 후백제에 소속되었을 가능성이 높지 않을까 한다.

한편 909년 무렵에 지기주제군사(知基州諸軍事)를 역임한 강공훤(康公萱)이[60] 927년 10월에 시중(侍中)에 재임하고 있었는데, 기주는 영주시 풍기읍에 해당한다. 조물성(예천군 예천읍)을 비롯한 하지현(안동시 풍산읍), 진보성(의성군 의성읍)은 고려에 소속되었다. 고려가 의성에서 예천, 안동을 지나 풍기를 거치는 죽령로를 장악하였음을 살필 수 있다. 결국 924년 7월에 후백제는 죽령로를 차지하기 위해 예천읍에 위치한 조물성을 공격하였다고 볼 수 있다. 그러면 당시 경산부지역의 상황은 어떠하였을까?

후백제가 조물성을 공격할 때, 대야성과 문소성의 군대를 동원하였다. 당시 진보성(의성읍)은 고려에 소속되었기 때문에 문소성(의성군 금성면)에서 출발한 군사들은 군위를 지나 선산읍까지 이른 다음, 여기에서 낙동강을 따라 상주 및 예천군 용궁면을 지나 조물성에 이르렀을 것으로 짐작된다. 그러면 대야성에서 출발한 후백제 군사들은 어떠한 경로를 따라 이동하였을까? 대야성에서 출발한 군사들과 문소성에서 출발한 군사들은 선산읍에서 합류하였을 것이다. 대야성에서 출발한 군사들은 고령을 거쳐 고령군 다산면 또는 성주군 용암면에 이른 다음, 여기에서 낙동강을 따라 왜관을 거쳐 선산읍에 이르렀을 가능성과 더불어 고령을 거쳐 성주읍을 지나 칠곡군 약목면에 이른 다음, 여기에서 낙동강을 따라 선산읍에 이르렀을 가능성을 상정해볼 수 있다. 전자의 경우는 신안현(경북 성주군

---

60) 　此時 天祐六年(909) 七月 達于武州之昇平. 此際 捨筏東征 抵于月嶽 難謀宴坐 不奈多虞. 窺世路以含酸 顧人間而飮恨. 雖攀依水石 而漸近煙塵 路出奈靈行臻佳境 望弥峯而隱霧 投小伯以栖霞. 爰有知基州諸軍事 上國康公萱 寶樹欽風 禪林慕道. 竊承大師 遠辭危國 來到樂郊 因傾盖以祇迎 每撝齋而問訊 歸依禪德 倍感玄風(「菩提寺大鏡大師玄機塔碑」; 한국역사연구회편, 1996 『역주 나말여초 금석문』 상(원문교감편), 혜안, 52쪽).

성주읍)에서 활동한 양문세력을 피해가는 코스이고, 후자의 경우는 신안현에서 활동한 양문세력을 제압하고 약목면에 이르는 코스라고 볼 수 있다. 이 가운데 후백제군이 어느 코스를 활용하였는지 단정하기 어렵다. 다만 전자의 코스를 활용할 경우 양문세력의 공격을 받을 수 있다는 점을 감안하건대, 후백제군이 신안현에서 활동하던 양문세력을 제압하고 약목면을 거쳐 선산읍에 이르렀을 가능성이 더 높지 않을까 한다. 923년 7월 또는 8월 이후에 양문에 관한 기록이 더 이상 전하지 않는 것은 바로 이러한 이유와 관련이 깊지 않을까 여겨진다.

후백제는 대야성과 문소성의 군사들을 동원하여 조물성을 공격하였지만, 조물성의 성민(城民)들이 완강하게 저항하여 함락시키지 못하고 물러났다. 그런데 후백제는 그다음 해에 다시 조물성을 공격하였다. 이에 관한 기록을 제시하면 다음과 같다.

Ⅱ-① [동광] 3년(925) 겨울 10월에 견훤이 기병(騎兵) 3천 명을 거느리고 조물성에 이르렀다. 태조도 또한 정병(精兵)을 거느리고 와서 맞섰다. 이때 견훤의 군사가 매우 날래고 용감하여 승부를 내지 못하였다. 태조는 잠시 화친하여 그 군사들을 지치게 하려고 서신을 보내 화친을 청하면서 당제(堂弟) 왕신(王信)을 볼모로 보냈다. 견훤 역시 외생(外甥) 진호(眞虎)를 볼모로 보냈다(『삼국사기』 열전 제10 견훤).

Ⅱ-② 을해에 왕이 친히 군사를 거느리고 견훤과 조물군에서 싸웠다. 유금필(庾黔弼)이 군사를 이끌고 와서 합세하였다. 견훤이 두려워 화친을 청하면서 외생(外甥) 진호(眞虎)를 볼모로 보냈다. 왕 또한 당제(堂弟) 원윤(元尹) 왕신(王信)을 볼모로 교환하고, 견훤이 10살 연상이라 하여 상보(尙父)라고 일컬었다(『고려사』 권1 세가1 태조 8년 겨울 10월).

위의 기록들은 동광(同光) 3년, 즉 925년에 일어난 제2차 조물성전투 관련 자료이다.[61] 제2차 조물성전투에 관해서는 이미 자세하게 검토한 바 있기 때문에[62] 여기서 그에 대해 더 이상 설명하지 않을 예정이다. 견훤은 기병(騎兵) 3천 명을 거느리고 친히 조물성을 공격하여 차지한 다음, 죽령로로 진출하여 이를 통한 고려의 경북지역 진출을 저지하려 하였다고 보이는데, 이때 대야성 등의 군사를 동원하였다는 기록은 전하지 않는다. 견훤은 옥천과 보은을 지나 화령고개를 넘어 상주, 함창, 용궁면에 이르는 교통로를 활용하여 기병을 이끌고 조물성을 공격한 것으로 추정된다. 조물성전투 이후 후백제는 이 해 12월에 거창 등 20여 성을 공격하여 차지하였다.[63] 이로써 후백제는 전주 및 광주에서 남원을 거처 거창과 고령, 대구에 이르는 교통로(오늘날의 광주대구고속도로)를 확고하게 장악하였다고 이해할 수 있다.

『고려사』 이총언열전에 따르면, 태조가 먼저 경산부장군 이총언에게 사람을 보내 서로 함께 힘을 모아 재앙과 변란을 평정하자고 훈유하였다고 한다.[64] 제2차 조물성전투가 925년 겨울 10월에 일어난 점으로 미루어보건대, 그 이전에 태조가 이총언에게 사람을 보내 서로 함께 힘을 모으자고 제의하였을 가능성이 높지 않았을까 한다. 벽진성, 즉 독용산성은 성주읍에서 16.5km 떨어진 곳에 위치하였다.[65] 또한 이총언열전에서 벽진성은 홀로 떨어져 고립된 성[孤城]이라고 표

---

61) 이 밖에 제2차 조물성전투 관련 기록은 『고려사』 권92 열전5 庾黔弼條과 朴守卿條에도 전한다.
62) 류영철, 2000 앞의 논문, 23~30쪽.
63) (同光) 三年冬十月 萱率三千騎 至曹物城. 太祖亦以精兵來 與之确. 時 萱兵銳甚 未決勝否. 太祖欲權和以老其師 移書乞和 以堂弟王信爲質 萱亦以外甥眞虎交質. 十二月 攻取居昌等二十餘城(『삼국사기』 열전 제10 견훤).
64) 李恩言 史失世系. 新羅季 保碧珍郡. 時群盜充斥 恩言堅城固守 民賴以安. 太祖遣人 諭以共戮力定禍亂 恩言奉書甚喜 遣其子永 率兵從太祖征討. … 恩言乃感激 團結軍丁 儲峙資糧 以孤城介於羅濟 必爭之地 屹然爲東南聲援(『고려사』 권92 열전5 이총언).
65) 전덕재, 2021 앞의 논문, 100~103쪽에서 경북 성주군 가천면 금봉리 산 42-3번지에 위치한 禿用山城을 삼국시대에 獨山城이라고 불렀고, 나말여초에 碧珍城이라고 불렀음을

현하였다. 이러한 벽진성의 성격을 염두에 둔다면, 후백제군은 성주읍에 웅거한 양문세력을 제압한 다음, 벽진성을 공격하지 않고 곧바로 성주읍을 경유하여 약목면에 이르렀다고 봄이 합리적일 것이다. 고려 태조는 전해에 후백제군사들이 성주읍을 지나 조물성을 공격한 사실을 인지하고 있었을 것이다. 이에 따라 대야성 방면에서 낙동강 중·상류로 진출하는 후백제군을 견제하기 위해서는 벽진성에 웅거하고 있는 이총언의 협조가 절실하다고 판단하였을 것이다. 한편 친신라 입장을 견지한 이총언의 입장에서도 대야성을 교두보로 삼아 후백제군이 벽진성을 공격하는 것을 두려워하였기 때문에 현실적으로 신라의 도움을 받을 수 없는 상황에서 고려의 응원이 필요하다고 생각하였을 것이다. 이에 925년에 이총언도 고려 태조의 요구를 수용하였고, 태조는 그에 대한 대가로 도산현(都山縣; 경북 성주군 금수면·가천면)을 경산부(京山府)로 승격시키고, 신안현(新安縣; 경북 성주군 성주읍)을 거기에 합속시킨 다음, 그를 경산부장군(京山府將軍)에 배수하지 않았을까 한다.

925년 10월에 맺은 고려와 후백제의 화친은 926년 4월 후백제에서 고려에 볼모로 보낸 진호가 갑자기 죽으면서 깨졌다. 견훤은 고려 사람이 진호를 고의로 죽였다고 하여 군사를 일으켜 웅진(熊津)으로 진군하였다. 이때부터 두 나라는 전쟁국면으로 접어들었지만, 926년에는 이렇다 할 전투가 벌어지지 않았다. 927년에 고려가 후백제를 대대적으로 공격하였다. 먼저 이 해 정월에 고려가 용주(예천군 용궁면)를, 이어 3월에 운주(運州; 충남 홍성)를 공격하여 깨뜨리고, 근품성(문경시 산양면)을 공격하여 함락시켰다. 4월에는 해군장군(海軍將軍) 영창(英昌)과 능식(能式) 등을 보내 강주 관할의 전이산(轉伊山; 경남 남해시), 노포(老浦; 남해시 이동면), 평서산(平西山; 남해시 남면 평산리), 돌산(突山; 전남 여수시 돌산읍) 등을 공격하였고, 이어 웅주(熊州)를 공격하였다가 실패하였다. 또한 이 해 7월에 재충

논증한 바 있다.

(在忠)과 김락(金樂) 등을 보내 대야성을 쳐서 격파하였다. 8월에 강주를 순행하였는데, 이때 고사갈이성(문경시) 성주 홍달이 고려에 귀부하자, 백제의 여러 성수(城守)가 모두 항복하고 귀부하였다.

고려는 용주와 근품성, 그리고 고사갈이성과 그 인근의 여러 성을 차지함으로써, 낙동강 상류지역을 장악할 수 있었다. 고려군이 성주를 거쳐 고령을 지나 대야성에 이르렀다고 추정되기 때문에 낙동강 중류에 위치한 성주지역도 고려가 차지하였다고 볼 수 있다. 고려가 927년 7월 이전에 강주(康州; 경남 진주시)를 차지하고 있었고, 대야성(경남 합천군 합천읍)은 황강(黃江) 상류에 위치하였다. 따라서 남강과 낙동강이 합류하는 지점(경남 창녕군 남지읍 용산리) 및 황강과 낙동강이 만나는 지점(합천군 청덕면 적포리)을 고려가 장악하였다고 이해할 수 있다. 이처럼 927년 8월에 고려가 낙동강 수로를 확고하게 통제할 수 있었기 때문에 태조 왕건은 낙동강 수로를 통해 남강과 낙동강이 합류하는 지점까지 나아가고, 여기에서 다시 남강을 거슬러 올라가 강주에 도달하였다고 짐작해볼 수 있다.

927년에 고려가 후백제에 대한 대대적인 공격을 감행하여 낙동강 수로를 확고하게 장악하고, 후백제의 낙동강 서쪽으로의 진출을 강력하게 억제하게 되자, 이에 대해 후백제가 9월 이후에 근품성을 공격하여 불태우고, 나아가 고울부(高鬱府; 경북 영천시)를 습격한 다음, 신라 왕도를 급습하였다. 이때 후백제군은 경남 거창에서 고령을 지나 낙동강을 건너 대구광역시 달성군 화원면에 이르고, 여기에서 대구, 경산을 지나 영천에 이르렀거나 또는 대전 방면에서 추풍령을 넘어 김천에서 선산을 지나 군위를 거쳐 영천에 이르렀을 것으로 추정되는데, 당시 고려가 대야성을 차지하고 있고, 벽진성에 이총언이 웅거하고 있었던 점을 고려한다면, 후자의 코스를 활용하였을 가능성이 더 높다고 보인다. 이때 일부 군대는 근품성을 공격하여 불태우고, 주력부대는 영천을 거쳐 신라 왕도를 급습한 것으로 추정된다.[66] 이후 후백제는 공산전투에서 고려군대를 물리치고 승리하였고, 이어 경산부지역을 여러 차례 침략한 것으로 확인된다.

> Ⅲ-① 왕이 그 소식을 듣고 크게 노하여 사신을 보내 조문하고, 직접 정예 기병 5,000명을 거느리고 공산(公山)의 동수(桐藪)에서 견훤을 맞아 크게 싸워 패배하였다. 견훤의 군사가 왕을 포위하여 매우 위급해지자, 대장(大將) 신숭겸(申崇謙)과 김락(金樂)이 힘껏 싸우다가 전사하였다. 제군(諸軍)이 격파되어 패배하였고, 왕은 겨우 목숨만을 건졌다. 견훤이 승세를 타고 대목군을 취하고, 들판에 쌓아놓은 노적가리를 모두 불태워 버렸다. 겨울 10월 견훤이 장수(將帥)를 보내 벽진군을 침략하였고, 대목군과 소목군(小木郡) 두 고을의 곡식을 베어갔다. 11월 [견훤의 군대가] 벽진군의 벼와 곡식을 불살랐는데, 정조(正朝) 색상(索湘)이 싸우다가 전사하였다(『고려사』 권1 세가1 태조 10년 9월).
>
> Ⅲ-② 견훤이 장군 관흔(官昕)에게 양산(陽山)에 성을 쌓게 하자, 왕이 명지성(命旨城)의 원보(元甫) 왕충을 보내 군사를 거느리고 이를 공격하여 쫓게 하였다. 관흔이 물러나 대량성(大良城)을 지키면서 군사를 풀어 대목군의 벼를 베어갔고, 마침내 군사를 나누어 오어곡(烏於谷)에 주둔하게 하니, 죽령의 길이 막히게 되었다. 왕이 왕충 등에게 명하여 조물성에 가서 [후백제군을] 정탐하도록 하였다(『고려사』 권1 세가1 태조 11년 8월).

위의 기록에 927년(태조 10) 9월에 공산전투에서 승리한 후백제군이 대목군

---

66) 종래에 정요근, 2008 앞의 논문, 21쪽에서 후백제군이 근품성에서 현재의 군위, 의흥, 신녕 등을 거쳐 고울부에 이르렀다는 견해를 제기하기도 하였다.

(경북 칠곡군 약목면)을 취한 다음, 10월에 벽진군을 침략하고, 이어 대목·소목군의 벼와 곡식을 모두 불태웠으며,[67] 11월에 벽진군(경북 성주군 성주읍과 금수면·가천면)의 벼와 곡식을 불살랐는데, 이때 정조 색상이 전사(戰死)하였다고 전한다. 공산전투에 투입되었던 후백제군이 낙동강을 건너 약목면과 성주지역을 공격하였음을 반영한 것이다. 『삼국사기』 신라본기에서는 경순왕 원년(927) 12월에 견훤이 대목군에 침입하여 들판에 쌓아놓은 곡식을 불태웠다고 하였고, 열전 제10 견훤조에서는 견훤이 공산전투 이후 승세를 타고 대목군을 빼앗았다고 하였다. 그리고 견훤조에 927년 12월에 견훤이 왕건에게 보낸 편지가 전하는데, 여기에서 '[927년] 초겨울에 도두(都頭) 색상(索湘)을 성산진하(星山陣下)에서 손을 묶어 체포하였다.'라고 언급하였다.

『삼국사기』 신라본기와 견훤열전에 후백제가 공산전투 이후 대목군만을 공격하였다고 전하지만, 『고려사』 태조세가에는 대목·소목군뿐만 아니라 벽진군도 공격하였다고 전하고 있는 것이다. 색상은 고려의 장수로 보이는데,[68] 그는 성산진에서 후백제군과 싸우다가 체포되어 죽임을 당하였다. 성산진은 현재 경북 고령군 성산면, 즉 가리현에 위치한 고려의 군진(軍陣)이었다. 이러한 사실을 감안하건대, 공산전투에서 승리한 후백제군이 대구 방면에서 약목면과 성주군을 거쳐 고령군 성산면지역까지 진출하였다고 보아도 무방할 것이다.

Ⅲ-②에서 관흔이 양산(충북 영동군 양산면)에서 물러나 대량성(大良城; 경남 합천군 합천읍)을 지키며 군사를 풀어 대목군의 벼를 베어갔고, 드디어 오어곡(烏於谷)에 군사를 주둔시켰다고 하였다. 『삼국사기』 신라본기에는 경순왕 2년(928) 8월에 견훤이 관흔에게 양산에 성을 쌓게 하자, 태조가 명지성장군 왕충에게 군사를

---

67) 소목군의 위치를 정확하게 고증하기 어렵다. 대목군(경북 칠곡군 약목면) 근처에 위치하였을 가능성이 높다고 판단된다.
68) 윤경진, 2018 「신라말 고려초 京山府 연혁과 碧珍郡」 『역사문화연구』 66, 49쪽에서 索湘은 고려에서 파견한 장수로 이해하였다.

이끌고 양산을 공격하게 하매, 관흔이 달아났고, 견훤이 대야성 아래에 나아가 진을 치고 머무르며, 군사를 나누어 대목군의 벼를 베어갔다고 한다. 또한 이 해 10월에 견훤이 무곡성(武谷城)을 쳐서 함락시켰다고 한다.[69] 열전 제10 견훤조에는 928년 8월에 견훤이 장군 관흔에게 양산에 성을 쌓게 하니, 태조가 명지성장군 왕충에게 명하여 공격하게 하자 관흔이 물러나 대야성을 지켰으며, 겨울 11월에 견훤이 굳센 군사를 뽑아 부곡성(缶谷城)을 공격하여 함락시켰다고 전한다.[70] 이들 기록에 전하는 오어곡, 무곡성, 부곡성은 동일한 곳을 가리키는 지명인데, 부곡성에 유의한다면, 군위군 부계면으로 비정할 수 있지 않을까 한다.[71] 기록에 따라 월(月)에 관한 정보에 약간의 차이가 있긴 하지만, 이들 기록을 종합하여 928년 하반기에 후백제가 양산(영동군 양산면)에 성을 쌓으려다가 고려군의 공격으로 실패하였고, 이후 후백제군이 대야성 아래에 주둔하면서 대목군(약목면)과 낙동강을 건너 부곡성(대구광역시 군위군 부계면)까지 진출하였음을 확인할 수 있다. 이때 후백제군은 고령과 성주읍을 경유하여 대목군에 이르렀음은 물론이다.

문헌에 후백제가 다시 대야성을 탈환한 시기에 관한 기록이 전하지 않는다. 그러나 928년(경순왕 2) 정월에 고려의 장군 김상(金相) 등이 강주를 구원하러 가다가 초팔성적(草八城賊) 흥종(興宗)과 싸워 이기지 못하였고, 이 해 5월에 강주장

---

69) 甄萱命將軍官昕築城於陽山 太祖命旨城將軍王忠 率兵擊走之. 甄萱進屯於大耶城下 分遣軍士 苅取大木郡禾稼. 冬十月 甄萱攻陷武谷城(『삼국사기』 신라본기 제12 경순왕 2년 가을 8월).

70) (天成 3년) 秋八月 萱命將軍官昕 領衆築陽山. 太祖命旨城將軍王忠擊之 退保大耶城. 冬十一月 萱選勁卒攻拔缶谷城 殺守卒一千餘人 將軍楊志·明式等生降(『삼국사기』 열전 제10 견훤).

71) 신라 경덕왕대에 水谷城縣을 檀溪縣으로, 羽谷縣을 羽谿縣으로, 習比谷縣을 習谿縣으로 개정하였다. 이러한 사례는 谷과 溪(谿)가 통용되었음을 알려주는 자료이다. 따라서 缶谷城과 缶溪縣은 동일한 곳에 대한 이칭일 가능성이 높다고 판단된다. 한편 정요근, 2008 앞의 논문, 19쪽에서 부곡성을 경북 영주시 안정면 봉암리에 소재한 봉암성으로 비정하기도 하였다.

군 유문(有文)이 견훤에게 항복한 것을 보건대, 공산전투 이후 얼마 되지 않아 후백제가 대야성을 다시 공격하여 탈환하였을 것으로 짐작된다.[72] 후백제군은 대야성을 교두보로 삼아 고령과 성주읍 등을 거쳐 대목군을 공격한 다음, 부곡성까지 진격하여 점령한 것으로 이해할 수 있다. 후백제는 부곡성을 경계로 한동안 고려와 대치하다가 929년 7월에 진보성(경북 의성군 의성읍)을 공격하여 차지하고, 이어서 하지현(안동시 풍산읍)을 공격하여 함락시킨 다음, 가은현(문경시 가은읍)을 공격하였다가 실패하였다. 930년 정월에 후백제는 고창전투에서 고려군에게 대패하였다. 아마도 이 무렵에 고려가 성주읍을 비롯한 낙동상 중·상류지역의 대부분을 탈환하지 않았을까 여겨진다.

이상에서 살핀 내용을 간략하게 정리하면 다음과 같다. 후백제가 920년 10월에 대야성을 함락시키고 고령을 거쳐 신안현(新安縣; 경북 성주군 성주읍)을 위협하자, 923년에 신안현을 근거지로 활동하던 양문(良文)이 고려에 귀부하였다. 924년 7월에 대야성에서 출발한 후백제군은 고령과 성주읍을 경유하여 일선(一善)에 이르고, 여기에서 문소성(경북 의성군 금성면)에서 출발한 군사들과 함께 낙동강을 거슬러 올라가 조물성(경북 예천군 예천읍 흑응산성)을 공격하였다. 이때 대야성에서 출발한 후백제군은 신안현지역에서 활동하던 양문을 제거하고 일선으로 나아갔던 것으로 추정된다. 925년 무렵에 벽진성(碧珍城; 경북 성주군 가천면 독용산성)을 기반으로 벽진성장군(碧珍城將軍)이라 칭하며 활동하던 이총언(李悤言)이 고려에 귀부하였다. 925년 10월에 후백제 견훤이 기병(騎兵) 3천 명을 거느리고 다시 조물성을 공격하였다. 이때 후백제는 성주지역을 경유하지 않고, 충북 옥천과 보은을 거쳐 상주, 함창, 예천군 용궁면을 경유하여 조물성에 이르렀다.

---

72) 草八城은 현재 경남 합천군 초계면에 해당한다. 초계면은 합천에서 황강을 따라 낙동강에 이르는 중간에 위치한 곳이다. 고려군이 초팔성적 흥종에게 패배하였을 때와 거의 동시에 후백제군이 대야성을 탈환하였을 가능성이 높다고 판단된다.

927년에 고려가 낙동강 상류의 여러 지역을 공격하여 차지하고, 대야성을 공격하여 함락시킨 다음, 낙동강 수로를 완전히 장악하고, 같은 해에 왕건은 이를 이용하여 강주(康州; 경남 진주시)를 순행하였다. 927년 하반기에 후백제가 신라 왕도(王都)를 급습하고, 이어 공산전투(公山戰鬪)에서 고려군을 크게 물리쳤다. 이후 후백제는 대구 방면에서 낙동강을 건너 대목군(大木郡; 경북 칠곡군 약목면)과 성주지역을 공격하였고, 같은 해 11월에 경북 고령군 성산면에 해당하는 성산진(星山陣)에서 고려군과 싸워 승리하였다. 928년 정월 무렵에 후백제가 다시 대야성을 탈환하였고, 이후 대야성에서 출발한 후백제군이 성주읍을 지나 대목군에 이른 다음, 여기에서 낙동강을 건너 부곡성(缶谷城; 대구광역시 군위군 부계면)을 공격하여 차지하였다. 후백제는 이곳을 교두보로 삼아 진보성(眞寶城; 의성군 의성읍), 순주(順州; 안동시 풍산읍)를 공격하여 점령하고 위세를 떨치다가 930년 정월에 고창전투에서 고려군에게 크게 패하였다. 고창전투 이후 고려가 후백제군을 공격하여 낙동강 중·상류지역을 대부분 차지한 것으로 추정된다.

3. 930년대 신라의 영역과 멸망

930년 정월 고창전투에서 고려가 승리한 이후 대세가 고려에 기울자, 경북 북부와 동해안지역의 여러 세력이 대거 고려에 귀부하였다. 이에 관한『고려사』권1 세가1 태조 13년조에 전하는 기록을 제시하면 다음과 같다.

> Ⅳ-① [태조 13년] 봄 정월 경인에 고창군성주(高昌郡城主) 김선평(金宣平)을 대광(大匡), 권행(權幸)과 장길(張吉)을 대상(大相)에 임명하였다. 이에 영안(永安), 하곡(河曲), 직명(直明), 송생(松生) 등 30여 군현이 서로 이어서 와서 항복하였다.
> Ⅳ-② 2월 을미 … 이때에 신라의 동쪽 연해(沿海)의 주군(州郡)과 부락(部落) 모두가 와서 항복하였는데, 명주(溟州)로부터 흥례부(興禮府)에 이르기까지 합하여 110여 성이었다.
> Ⅳ-③ [2월] 경자에 왕이 일어진(昵於鎭)에 행차하였다. 북미질부성(北彌秩夫城) 성주 훤달(萱達)과 남미질부성(南彌秩夫城) 성주가 와서 항복하였다.
> Ⅳ-④ 가을 8월 을해에 왕이 대목군(大木郡)에 행차하였다.
> Ⅳ-⑤ 9월 정묘에 개지변(皆知邊)에서 최환(崔奐)을 보내 항복하기를 청하였다.

위에서 제시한 기록이 930년(태조 13) 1월 고창전투 이후부터 935년 10월 경순왕이 고려에 항복하기까지 경상도지역의 여러 세력이 고려에 귀부하였음을 알려주는 자료의 전부이다. 930년 9월 이후에 『고려사』에 경상도지역에서 고려에 귀부한 존재에 대한 언급이 전혀 없는 점이 흥미롭다. Ⅳ-① 기록에서 고창전투에 큰 공을 세운 고창, 즉 안동지역의 유력자인 김선평에게 대광, 권행과 장길에게 대상이란 관계를 수여하였다고 하였는데, 이때 안동지역이 고려에 편입된 것으로 이해된다. 그리고 여기에 안동지역 근처에 위치한 영안 등 30여 군현이 고려에 항복하였다고 전하는데, 먼저 영안의 위치 고증과 관련하여 안동부(安東府) 예하의 길안부곡(吉安部曲)을 주목할 필요가 있다. 『신증동국여지승람』에서는 길안부곡을 충혜왕 때에 길안현(吉安縣)으로 승격시켰다고 하였다.[73] 『삼국사기』 지리지에서 영동군(永同郡)이 본래 길동군(吉同郡)이었는데, 경덕왕 때에 이름을 고쳤다고 하였다. 광주판 천자문에서 '영(永)'의 훈을 '긴(길다)'이라고 하였다.[74] 따라서 '길동(吉同)'은 '영동(永同)'을 훈차(訓借)한 것으로 볼 수 있다. 마찬가지로 '영안(永安)' 역시 '길안(吉安)'을 훈차한 것으로 이해할 수 있을 것이다.[75] 길안현은 현재 안동시 길안면으로 비정된다.

『삼국사기』 지리지에서 임관군(臨關郡)의 영현(領縣)인 하곡현[河曲縣; 하서현(河西縣)]을 발견할 수 있다. 하곡현의 본래 이름은 굴아화촌(屈阿火村)이었다고

---

73) 吉安縣〈在府東五十里 本吉安部曲 高麗忠惠王時陞爲縣〉(『신증동국여지승람』 권24 경상도 안동대도호부 건치연혁).
74) 단국대학교부설 동양학연구소, 1973 『千字文』(동양학연구총서 제3집), 91쪽.
75) 『삼국사기』 지리지에서 醴泉郡 永安縣(안동시 풍산읍)의 본래 이름이 下枝縣이라고 하였다. 922년 정월에 下枝城將軍이 태조에게 항복하자, 하지현을 順州로 개명하였다. 그런데 고창전투 직후에 견훤이 順州城(下枝城)을 공격하자, 성주 元奉이 능히 막지 못하고 도망가매, 이에 태조가 순주를 하지현으로 격을 낮추었다. 이에 따른다면, Ⅳ-① 기록에 전하는 永安을 바로 하지현을 개칭한 영안현과 직결시켜 이해하는 것은 문제가 있다고 볼 수 있다.

한다. 현재 하곡현은 울산광역시 울주군 범서읍 굴화리로 비정되고 있다. 안동시 길안면과 범서읍은 너무 먼 거리이기 때문에 IV-① 기록에 전하는 하곡(河曲)을 울산에 위치한 하곡현을 가리킨다고 보기가 쉽지 않을 것이다. 그런데 『삼국사기』잡지 제4 지리2에 명주(溟州) 곡성군(曲城郡)은 본래 고구려 굴화군(屈火郡)이었다고 전하는 사실이 유의된다. '곡(曲)'과 '굴(屈)'은 모두 '굽은'이란 뜻을 가지고 있다. 하곡은 바로 물줄기의 흐름이 굽은 데에서 유래한 명칭으로 볼 수 있는데, 이러한 이유 때문에 경덕왕 때에 굴화군을 곡성군으로 개칭하였던 것으로 이해된다. 고려시대에 곡성군을 임하군(臨河郡)으로 개칭하였는데, '임하(臨河)'는 '강에 가까이 있다'란 뜻이다. '굴아화(屈阿火)'를 하곡(河曲)으로 개칭한 점을 감안하건대, 굴화(屈火)를 하곡(河曲)의 별칭으로 이해하여도 무방할 것이다. 이러한 추론에 문제가 없다면, IV-① 기록에 전하는 하곡은 신라의 곡성군, 즉 현재의 안동시 임하면으로 비정하여도 무방할 듯싶다.[76]

『신증동국여지승람』권24 경상도 청송도호부 고적조에 '송생폐현(松生廢縣)은 [청송도호]부의 동쪽 15리에 있다. 고려 현종 9년에 예주(禮州)에 예속시켰고, 인종 21년에 감무(監務)를 두었다. 본조 세종 때에 청부현(靑鳧縣)에 합하였다.'라고 전한다. 송생현은 현재 경북 청송군 청송읍 송생리 일대로 비정된다. 직명(直明)은 다른 자료에 보이지 않기 때문에 고증하기 어렵다. 다만 종래에 직명을 직령현(直寧縣)과 연계시켜 지금의 안동시 일직면으로 고증한 견해가 제기되었는데,[77] 영안과 하곡 등이 안동 근방으로 비정되는 사실을 감안하건대, 나름대로 일리가 있다고 판단된다. 동일한 맥락에서 930년 정월에 고려에 귀부한 나머지 군현은 대체로 안동 근처의 예천, 영주, 봉화 등 경북 북부지역에 위치하였을 가능성이 높다고 추정해볼 수 있다.

---

76) 이병도, 1977 앞의 책, 208쪽.
77) 이병도, 위의 책, 208쪽.

『고려사』권57 지11 지리2 울주조에 '태조 때에 군인(郡人) 박윤웅(朴允雄)이 큰 공을 세웠으므로 하곡(河曲)과 동진(東津), 우풍(虞風) 등의 현을 합하여 흥례부(興禮府)를 설치하였다.'라고 전한다. 따라서 Ⅳ-② 기록은 명주, 즉 오늘날 강릉에서부터 울산에 이르기까지 동해안의 110여 성이 고려에 귀부한 사실을 전한다고 볼 수 있다. 한편 『고려사』 권57 지11 지리2 울주조에 '신라 말에 학이 날아와서 울었으므로 신학성(神鶴城)이라고도 하며, 또는 계변성(戒邊城), 개지변(皆知邊), 혹은 화성군(火城郡)이라고도 한다.'라고 전한다. Ⅳ-⑤ 기록 역시 울산의 호족이 고려에 귀부하였음을 알려주는 자료라고 이해할 수 있다. 930년 9월에 박윤웅이 고려에 항복함에 따라 고려는 울산을 전략거점으로 삼아 경주 이남의 군·현을 통제할 수 있는 계기를 마련하였다고 볼 수 있다.

『고려사』 권82 지36 병2 진수(鎭戍)조에 태조 13년(930) 2월에 일어진(昵於鎭)에 성을 쌓고 이름을 신광진(神光鎭)이라 고치고 백성을 옮겨서 채웠다고 전한다.[78] 신광진은 오늘날 경북 포항시 북구 신광면에 해당한다. 『신증동국여지승람』 권24 경상도 흥해군 고적조에 주관육익(周官六翼)에 '고려 태조 13년(930)에 북미질부성(北彌秩夫城) 성주(城主) 훤달(萱達)이 남미질부성(南彌秩夫城) 성주와 함께 와서 항복했으므로, 두 미질부를 합쳐서 흥해군(興海郡)으로 삼았다.'라고 전한다. 흥해군은 오늘날 경북 포항시 북구 흥해읍에 해당한다. 앞에서 대목군은 현재 경북 칠곡군 약목면으로 비정된다고 언급하였다. Ⅳ-③, ④ 기록은 고려가 칠곡군 약목면과 경주 인근의 포항시 북구 신광면과 흥해읍을 차지하였음을 알려주는 자료로 볼 수 있다. 한편 925년 10월에 고울부장군(高鬱府將軍) 능문(能文)이 태조에게 투항하자, 태조는 고울부가 신라 왕도와 가까운 곳에 위치하였다는 이유로 능문을 타일러서 보냈다고 기록에 전한다.[79] 고울부는 오늘날 경북 영

---

78) (太祖) 十三年二月 城昵於鎭 改名神光鎭 徙民實之(『고려사』 권82 지36 병2 진수).
79) 冬十月己巳 高鬱府將軍能文 奉士卒來投 以其城近新羅王都 勞慰遣還 唯留麾下侍郎盃

천시이다. 고울부장군 능문을 받아들이면, 신라와 갈등을 빚을 우려가 있기 때문에 태조는 능문을 타일러서 돌려보낸 것으로 추정된다.

이상에서 검토한 바에 따른다면, 930년 9월 무렵에 고려가 경주 인근의 영천과 울산, 포항시 북구 신광면과 흥해읍을 차지하였다고 이해할 수 있다. 결국 930년 9월 무렵에 오늘날 경주시 일원과 울산광역시 울주군 두서면과 두동면, 북구 농소동 등 옛 경주군(慶州郡)을 제외한 나머지는 고려가 차지하였다고 정리할 수 있다.

『고려사』 태조세가에 935년(경순왕 9) 10월에 경순왕은 '나라는 허약해지고 여러 세력 사이에 고립되어 있기 때문에 스스로 [나라를] 안전하게 유지할 수 없다.'라고 인식하고, 고려에 항복하려고 결심한 것으로 전한다.[80] 경순왕이 더 이상 신라 왕조를 안전하게 지킬 수 없게 되었다고 인식한 것은 신라의 군사력이 완전히 무력화되어 신라 왕조를 더 이상 보위(保衛)할 수 없는 지경에 이르렀음을 반영한 것이다.

　V-① 궁예가 군사를 움직여 우리의 변방 고을을 침략하고 약탈하며 죽령(竹嶺) 동북쪽에까지 이르렀다. 왕은 땅이 날로 줄어드는 것을 힘으로 막을 수가 없어, 여러 성주에게 명하여 나가서 싸우지 말고 성벽을 굳건히 하여 지키도록 하였다(『삼국사기』 신라본기 제12 효공왕 9년 8월).

　V-② 일길찬 현승(玄昇)이 반역하다가 목 베여 죽임을 당하였다(같은 책, 경

近·大監明才·相述·弓式等(『고려사』 권1 세가1 태조 8년 겨울 10월).

80) 王以四方土地盡爲他有 國弱勢孤不能自安 乃與羣下謀 擧土降太祖. 羣臣之議 或以爲可 或以爲不可. 王子曰 國之存亡 必有天命 只合與忠臣義士 收合民心 自固力盡而後已 豈宜以一千年社稷 一旦輕以與人. 王曰 孤危若此 勢不能全. 旣不能强 又不能弱 至使無辜之民 肝腦塗地 吾所不能忍也. 乃使侍郎金封休 賫書請降於太祖(『삼국사기』 신라본기 제12 경순왕 9년 겨울 10월).

명왕 2년 봄 2월).

V-③ 견훤이 고울부에서 우리 군사를 공격하였으므로[甄萱侵我軍於高鬱府], 왕이 태조에게 구원을 요청하였다. [태조가] 장군에게 명하여 군센 군사 1만 명을 내어 구원하게 했는데, 견훤은 구원병이 미처 이르기 전인 겨울 11월에 갑자기 왕도(王都)에 쳐들어왔다(같은 책, 경애왕 4년 가을 9월).

위의 기록들은 후삼국 정립 이후 신라의 군사적 동향을 정리한 것이다. V-① 기록은 905년(효공왕 9)에 효공왕이 궁예의 세력 확장을 힘으로 막을 수 없음을 한탄하고, 지방의 여러 성주에게 궁예와 맞서지 말도록 지시한 내용이다. 그러나 이때 성주가 거느린 군사력을 곧바로 신라의 군사력으로 치환하기는 곤란하다. 지방의 성주는 자신의 지위와 안전을 유지하는 데에 일차적인 관심을 두었을 뿐이고, 그들이 궁예와 견훤의 신라 침략을 저지하는 데에 전력을 기울였을 가능성이 높다고 보기 어렵기 때문이다. V-② 기록은 경명왕 2년(918) 2월에 일길찬 현승의 반역을 진압하여 목을 베었다는 내용이다. 일길찬 현승은 나름 일정한 군사력을 기반으로 하여 반역을 도모하였다고 추정되고, 신덕왕은 관군(官軍)을 동원하여 현승의 반란을 진압하였을 것으로 짐작된다. 이때 신덕왕이 궁궐을 수비하는 시위부(侍衛府)의 군사 또는 왕경에 주둔한 군대를 이용하였다고 추정되지만, 그에 관하여 접근할 수 있는 더 이상의 정보는 전하지 않는다. 다만 V-② 기록을 통하여 경명왕 2년(918) 2월 당시에 반역을 진압할 수 있을 정도의 군사력을 유지하고 있었던 사실을 엿볼 수 있다고 하겠다.

927년 정월에 고려 태조가 오늘날 경북 예천군 용궁면으로 비정되는 용주(龍州)를 공격하자, 경애왕이 군사를 내어서 고려를 도왔다.[81] 경애왕이 어떤 군대

---

81) 乙卯 親伐百濟龍州降之. 時甄萱違盟 屢擧兵侵邊 王含忍久之. 萱益稔惡 頗欲强吞 故王

를 동원하여 고려의 용주 공격을 도왔는가를 알 수 없지만, 927년 정월에 신라가 지방에까지 군사를 보내 고려를 도왔다는 사실만은 부인할 수 없을 것이다. V-③ 기록은 927년 9월에 견훤의 후백제군이 고울부(경북 영천)를 침략할 때, 거기에 신라군이 주둔하고 있다는 사실을 알려주는 자료이다. 신라군이 후백제군에게 격파당하였기 때문에 후백제군이 쉽게 신라 왕도로 나아갈 수 있었던 것으로 짐작된다. 927년 9월부터 935년 10월 신라 경순왕이 고려에 항복할 때까지 신라군의 활동을 알려주는 기록은 더 이상 전하지 않는다. 후백제군이 신라 왕도를 침략한 이후 신라의 군사력이 완전히 무력화되었음을 반영한 것으로 이해된다.

931년(경순왕 5) 2월 정유에 태조는 50여 명의 기병을 거느리고 신라 왕도에 들어가 약 3개월 정도 머물다가 5월 계미에 왕도를 떠나 고려로 돌아갔다.[82] 신라와 고려가 화친을 유지하고 있다고 하더라도, 태조가 겨우 50여 명만을 거느리고 3개월 동안 신라 왕도에 머물렀던 것에서 신라의 군사력이 태조의 목숨을 위협할 수 없을 정도로 완전히 무력화되었음을 엿볼 수 있지 않을까 한다. 실제로 다음 기록은 신라의 군사력이 무력화되어서 고려군이 신라 왕도를 진수(鎭守)한 실상을 알려주고 있어 주목된다.

伐之. 新羅王出兵助之(『고려사』권1 세가1 태조 10년 정월).

82) 太祖率五十餘騎 至京畿通謁. 王與百官郊迎 入宮相對曲盡情禮. 置宴於臨海殿 酒酣 王言曰 吾以不天 寖致禍亂. 甄萱恣行不義 喪我國家 何痛如之. 因泫然涕泣 左右無不嗚咽 太祖亦流涕慰藉. 因留數旬廻駕. 王送至穴城 以堂弟裕廉爲質隨駕焉. 太祖麾下軍士肅正 不犯秋毫. 都人士女相慶曰 昔甄氏之來也 如逢豺虎 今王公之至也 如見父母(『삼국사기』신라본기 제12 경순왕 5년 봄 2월).
春二月丁酉 新羅王遣大守謙用 復請相見. 辛亥 王如新羅 以五十餘騎 至畿內 先遣將軍善弼 問起居. 羅王命百官迎于郊 堂弟相國金裕廉等 迎于城門外 羅王出應門外迎拜. 王答拜 羅王由左 王由右 揖讓升殿. 命扈從諸臣 拜羅王 情禮備至. 宴臨海殿 酒酣 羅王曰 小國不天 爲甄萱棘喪 何痛如之. 泫然泣下 左右莫不嗚咽 王亦流涕 慰藉之. 夏五月癸未 王還 羅王送至穴城 以裕廉爲質而從. 都人士女 感泣相慶曰 昔甄氏之來 如逢豺虎 今王公之來 如見父母(『고려사』권2 세가2 태조 14년).

이듬해(933년)에 [유금필이] 정남대장군(征南大將軍)에 임명되어 의성부(義城府)를 지켰는데, 태조가 사람을 보내 말하기를, '나는 신라가 백제의 침공을 받을까 염려하여 일찍이 대광(大匡) 능장영(能仗英), 주열(周烈), 궁총희(弓恩希) 등을 파견하여 진수(鎭守)하게 하였는데, 이제 듣건대 백제군대가 혜산성(槥山城), 아불진(阿弗鎭) 등지에[83] 이르러 사람과 재물을 겁탈하고, 침략하여 신라 국도(國都)에까지 이를까 두렵다. 경(卿)은 마땅히 가서 구원하라.'라고 하였다. 금필이 장사 80명을 선발하여 달려가 사탄(槎灘)에 이르러 병사들에게 말하기를, '만약 여기에서 적을 만나면, 나는 반드시 살아서 돌아가지 못할 것이다. 다만 너희들은 함께 창과 칼의 날에 화를 입을 것이 걱정된다. 너희들은 각자 스스로 계책을 잘 마련하라.'라고 하였다. 병사들이 말하기를, '우리들이 모두 죽었으면 죽었지, 어찌 장군만 홀로 살아서 돌아가지 못하게 하겠습니까?'라고 하였다. 이로 인하여 서로 한 마음으로 적(賊)을 공격하기로 맹세하고, 사탄을 건너 [후]백제의 통군(統軍) 신검(神劒) 등과 조우하였다. 금필이 싸우려 하였으나, 백제군이 금필의 부대가 정예군인 것을 보고 싸우지도 않고 스스로 흩어져 달아났다. 금필이 신라에 이르자, 늙은이와 어린이들까지 성을 나와서 맞이하고 절하며 눈물을 흘리면서 말하기를, '뜻밖에 오늘 대광(大匡)을 뵈옵니다. 대광이 아니었다면, 우리들은 백제군에게 살육당했을 것입니다.'라고 하였다. 유금필이 7일간 머물러 있다가 돌아가는 길에 신검 등을 자도(子道)에서 만나 싸워 크게 승리하였고, 적장(賊將) 금달(今達), 환궁(奐弓) 등 7명을 사로잡았으며, 죽이고 포로로 잡은 사람이 매우 많았다(『고려사』 권92 열전5 제신 유금필).

---

83) 阿弗鎭은 현재 경북 경주시 서면 아화리로 비정된다. 槥山城을 熊州 槥城郡과 연결시켜 오늘날 충남 당진시 면천면으로 비정할 수도 있으나, 후백제가 혜산성을 지나 아불진에 이르렀음을 염두에 둔다면, 혜산성을 당진시 면천면으로 고증하는 것은 문제가 있다고 볼 수 있다. 혜산성은 아불진 근처에 위치한 지명으로 봄이 합리적이라고 판단된다.

위의 기록에서 태조가 신라가 백제의 침략을 받을까 걱정되어 일찍이 대광 능장영, 주열, 궁총희 등을 파견하여 진수하게 하였음을 밝히고 있다. 931년 5월에 태조가 신라 왕도를 떠나 고려로 돌아갈 때에 능장영 등에게 군사를 거느리고 신라 왕도를 수비하게 한 것으로 이해된다. 931년 무렵에 신라가 자신의 수도를 수호할 수 없을 만큼 신라의 군사력이 완전히 와해되었음을 추론할 수 있는데, 이러한 정황은 유금필이 겨우 장사 80여 명을 거느리고 신라 왕도에 이르자, 신라 왕도 사람들이 감격해 마지않았다는 사실을 통해서 다시금 상기할 수 있다. 이처럼 931년 무렵에 신라의 군사력이 완전히 무력화되어 고려군이 신라 왕도를 진수하고 있었던 상황임을 염두에 둔다면, '나라는 허약해지고 여러 세력 사이에 고립되어 있어 스스로 [나라를] 안전하게 유지할 수 없다.'라고 경순왕이 인식한 것도 쉬이 수긍할 수 있음은 물론이다.

이상에서 살핀 것처럼 935년 무렵에 신라는 겨우 경주시 일원과 울산광역시 북부 일부 지역만을 통치할 수 있었고, 국가의 안위를 고려에 의존하지 않을 수 없을 정도로 완전히 군사력이 무력화된 상태였다. 이에 경순왕은 나라를 들어 고려에 항복하기로 결심하였다고 정리할 수 있다. 935년 6월에 견훤이 맏아들 신검이 유폐시킨 금산사(金山寺)에서 탈출하여 고려에 항복하였는데, 이 사건은 경순왕의 결심을 앞당기는 데에 중요한 계기로 작용하지 않았을까 한다. 경순왕은 견훤의 항복으로 후삼국의 형세가 완전히 고려에 기울었다고 판단하였을 것이고, 고려가 신검의 후백제를 완전히 병합하기 전에 먼저 고려에 자진하여 항복함으로써 나름 자신의 지위와 더불어 신라의 관리 및 백성들의 안위를 좋은 조건으로 보장받을 수 있었다고 예상하였을 것으로 짐작된다. 실제로 고려 태조 왕건은 고려에 귀부한 경순왕을 극진하게 대우하였을 뿐만 아니라 신라의 관리들도 고려 조정에 등용하였던 것으로 확인된다. 경순왕의 고려 귀부 이후 이렇다 할 신라인들의 반고려항쟁이 나타나지 않은 것을 통하여 고려 태조가 신라 백성들을 적절하게 위무(慰撫)함으로써 그들의 불만을 최소화하였음을 엿볼 수 있음은 물론이다.

　신라 경순왕이 태조 18년(935)에 고려에 항복하자, 태조는 신라 왕경[왕도]을 경주(慶州)로 삼았다. 그 후 태조 23년(940)에 경주를 대도독부(大都督府)로 승격시키고 6부의 명칭을 개정하였다. 즉 급량부(及梁部)를 중흥부(中興部)로, 사량부를 남산부(南山部)로, 모량부를 장복부(長福部)로, 본피부를 통선부(通仙部)로, 한기부를 가덕부(加德部)로, 습비부를 임천부(臨川部)로 개정한 것이다. 고려시대 경주의 영역은 신라 왕경의 그것에 비하여 훨씬 넓은 범위였다. 고려시대에 경주에 6기정(畿停)과 상성군(商城郡), 임관군(臨關郡), 대성군(大城郡)과 그 영현(領縣)인 약장현(約章縣)을 합속(合屬)하였기 때문이다.[84] 이후 고려는 성종(成宗) 6년(987)에 경주를 동경유수(東京留守)로 삼았다.

　이상에서 살핀 내용을 간략하게 정리하면 다음과 같다. 930년 정월 고창전투 후에 안동지역이 고려에 편입되었고, 같은 해 2월에 영안현(永安縣; 경북 안동시 길안면), 하곡현(河曲縣; 안동시 임하면), 직령현(直領縣; 안동시 일직면), 송생현(松生縣; 청송군 청송읍 송생리)을 비롯하여 경북 북부지역에 위치한 30여 군·현이 고려에 귀부하였다. 그리고 이때 명주(溟州; 강원특별자치도 강릉시)로부터 흥례부(興禮府; 울산광역시)에 이르기까지 동쪽 연해의 110여 성과 현재 경북 포항시 북구 흥해읍에 위치한 북미질부성(北彌秩夫城)의 성주 훤달(萱達) 및 남미질부성이 고려에 귀부하기도 하였다. 또한 같은 달에 태조 왕건이 일어진(昵於鎭; 경북 포항시 북구 신광면)에 행차하였고, 같은 해 9월에 개지변(皆知邊; 울산광역시)의 호족이 최환(崔奐)을 보내 고려에 항복하기를 청하였다. 한편 925년 10월에 경북 영천시에서 활동하던 고울부장군(高鬱府將軍) 능문(能文)이 태조에게 투항하자, 태조는 고울부가 신라 왕도와 가까운 곳에 위치하였다는 이유로 능문을 타일러서 보낸 바

---

84)　고려 초기 경주의 범위에 대해서는 전덕재, 2009 『신라 왕경의 역사』, 새문사, 57~74쪽이 참조된다.

있었다. 따라서 930년 9월에는 경북 북부와 동해안지역뿐만 아니라 경주 인근의 포항시 북구 신광면, 영천시, 울산광역시 등이 모두 고려에 귀속되었고, 신라는 오늘날 경주시 일원, 울산광역시 울주군 두동면과 두서면, 북구 농소동만을 겨우 통치할 수 있었다. 게다가 931년 이후 신라의 군사력이 완전히 무력화되어 고려군이 신라 왕도를 진수(鎭守)하는 지경에 이르렀다. 경순왕은 한동안 고려의 보호를 받다가 더 이상 왕조를 유지하기 힘들다고 판단하여 935년에 나라를 들어 고려에 항복하였다. 이로써 천년의 역사를 지닌 신라 왕조는 종말을 맞이하게 되었다.

결 론

이상 본문에서 이사금시기부터 후삼국시기까지의 신라 국경의 변천에 대하여 살펴보았다. 상고기와 중고기, 통일신라기, 후삼국시기 신라 경계의 변화 양상에 대하여 본문에서 고찰한 내용을 요약 정리하는 것으로서 본서를 마무리하고자 한다.

상고기(上古期)는 크게 4세기 후반 이전의 이사금시기(尼師今時期)와 4세기 후반에서 6세기 초반까지의 마립간시기(麻立干時期)로 나눌 수 있다. 『삼국사기』 신라본기 이사금시기 기록의 기년을 그대로 믿기 어렵다. 때문에 이사금시기 기록에 전하는 것처럼 기원 1세기 탈해이사금(재위 57~80년) 때부터 신라가 주변의 백제, 가야, 고구려, 말갈 등과 교섭하고 싸웠다고 단정하기 곤란하다고 하겠다. 신라는 3세기 후반에 비로소 진한지역을 대표하는 맹주국(盟主國)으로 부상하였다. 따라서 이사금시기의 신라본기에 신라가 주변의 소국을 정복하였다거나 또는 서북과 동북, 남쪽에서 백제, 말갈, 고구려, 가야 등과 싸웠다고 전하는 기록들은 3세기 후반에서 4세기 후반 사이의 역사적 사실을 반영한다고 봄이 합리적일 것이다.

『삼국사기』 열전 제5 석우로조와 신라본기 제2 조분이사금 4년 가을 7월 기록에 석우로(昔于老)가 사도성(沙道城)에서 왜군의 침략을 격퇴하였다고 전하고, 특히 전자에는 조분왕이 우유촌(于柚村)에 출거(出居)한 사실까지 언급되어 있다. 사도성은 경북 영덕군 남정면 정사리에 위치한 사동원(沙冬院)으로, 우유촌은 경북 영덕군 영해면으로 비정된다. 석우로는 310년에서 356년까지 재위한 흘해이사금(訖解尼師今)의 아버지이다. 흘해이사금의 재위 연대를 감안한다면, 석우로가 활동한 시기는 대체로 3세기 후반에서 4세기 초반으로 추론할 수 있다. 이에 따른다면, 석우로열전의 기록은 신라가 3세기 후반 무렵에 동해안으로 경북 영덕군 영해면지역까지 진출한 사실을 알려주는 자료로 볼 수 있을 것이다.

『삼국사기』 신라본기 제1 지마이사금 14년 가을 7월 기록에 말갈(靺鞨)이 오늘날 대관령(大關嶺)에 해당하는 대령책(大嶺柵)을 습격하였다고 전하고, 또한 일성이사금 4년 2월 기록에는 말갈이 변방에 쳐들어와 강원특별자치도 평창군 대관령면(옛 도암면) 병내리와 강릉시 연곡면 삼산리를 잇는 진고개를 가리키는 장령(長嶺)의 목책(木柵) 5개를 불살랐다고 전한다. 여기서 말갈은 고구려의 지배, 통제를 받은 동예(東濊)를 지칭한다. 이러한 기록들을 근거로 하여 신라가 4세기 후반 이전 이사금시기에 대관령과 진고개가 위치한 강원특별자치도 강릉시를 경계로 하여 말갈(동예)과 대치하였음을 엿볼 수 있다. 신라는 경북 영덕군 영해면까지 진출한 3세기 후반 무렵을 전후한 시기에 실직국(悉直國; 강원특별자치도 삼척시)을 복속시킨 다음, 이후 대관령과 진고개까지 진출하여 군사를 주둔시키고 말갈, 즉 고구려의 지배를 받았던 동예와 대치하였던 것으로 이해된다. 당시 사로국, 즉 신라는 동해안지역의 전략적 요충지에 성을 쌓거나 진(鎭)을 설치한 다음, 거기에 군사를 주둔시켜 그 근처에 위치한 소국과 읍락을 간접적으로 지배, 통제하였다.

『삼국사기』 신라본기 나물이사금 40년(395) 가을 8월 기록에 말갈이 북쪽 변경을 침략하였으므로 군사를 내어 그들을 실직(悉直)의 들판에서 물리쳤다고 전하고, 나물이사금 42년(397) 가을 7월 기록에는 하슬라(何瑟羅)가 북쪽 변방이었다고 전한다. 이들 기록을 통해 390년대까지 동해안에서 신라의 북쪽 경계가 실직 또는 하슬라였음을 엿볼 수 있다. 한편 『삼국사기』 신라본기에 눌지마립간 34년(450) 가을 7월에 고구려의 변방 장수(將帥)가 실직의 들에서 사냥하는 것을 하슬라성(何瑟羅城) 성주(城主) 삼직(三直)이 군사를 내어 불의에 공격하여 그를 죽였고, 자비마립간 11년(468) 봄에 고구려가 말갈과 함께 북쪽 변경 실직성을 습격하였으며, 그해 9월에 신라가 하슬라 사람을 징발하여 이하(泥河)에 성을 쌓았다고 전한다. 이하는 대관령에서 발원하여 강릉시를 지나 동해안으로 연결되는 남대천(南大川)으로 비정된다. 이들 자료를 통해 450년 무렵부터 468년 이전까지 신라의 북쪽 변경이 실직 또는 하슬라였음을 살필 수 있다.

『삼국사기』 신라본기 기록에는 390년대에서 450년까지 동해안 방면의 북쪽 경계에 대한 정보가 전하지 않는다. 그런데 『삼국사기』 잡지 제4 지리2 명주조에 경북지방에 위치한 군현, 즉 야성군(野城郡; 경북 영덕군 영덕읍), 유린군(有鄰郡; 영덕군 영해면) 및 울진군(蔚珍郡)과 그 영현(領縣)들이 본래 고구려의 군 또는 현으로 전하고 있다는 사실이 주목된다. 「광개토왕릉비」에 400년에 고구려 광개토왕이 파견한 보기(步騎) 5만의 군대가 신라 변방을 침략한 왜군을 물리쳤다고 전한다. 이때 고구려군은 동해안을 거쳐 금관국(金官國)이 위치한 김해까지 진출하였고, 이후 고구려군은 한동안 신라의 영토 내에 주둔하였음이 확인된다. 이러한 사실과 앞에서 살펴본 신라본기 기록들을 참고하건대, 400년 이후에 고구려가 경북 포항시 북구 청하면에서 강릉시에 이르는 동해안지역을 자신의 영토로 편입하여 지배하다가 450년 무렵에 다시 신라에게 빼앗겼다고 볼 수 있을 것이다.

신라가 475년에서 481년 사이에 비열성(比列城; 북한의 강원도 안변군 안변읍)까지 진출하자, 고구려가 이에 대응하여 481년(소지마립간 3) 3월에 말갈과 함께 신라를 공격하여 미질부(彌秩夫; 경북 포항시 북구 흥해읍)까지 나아갔다가 백제와 대가야, 신라 연합군에게 이하(泥河)에서 패배하였다. 『삼국사기』 신라본기에 소지마립간 18년(496) 가을 7월에 고구려가 우산성(牛山城)을 공격하였고, 장군 실죽(實竹)이 이하에서 고구려군을 격파하였으며, 그다음 해 8월에 고구려가 우산성을 공격하여 함락시켰다고 전한다. 우산성은 현재 북한의 강원도 통천군으로 비정된다. 이들 기록을 통해 496년까지 신라의 북계는 통천군 이북이었다가 497년에 고구려가 통천군을 지나 남진하였음을 짐작해볼 수 있다. 신라본기에 지증왕 5년(504) 9월에 파리성(波里城; 강원특별자치도 삼척시 원덕읍) 등을 쌓았고, 그다음 해 2월에 실직주(悉直州)를 설치하고 이사부(異斯夫)를 군주(軍主)로 삼았다고 전하는 사실에 의거하건대, 고구려가 497년 8월에 우산성을 함락시킨 후에 실직 또는 하슬라까지 남진하였다고 추론하는 것이 가능하지 않을까 한다. 이를 통해 6세기 전후의 신라의 북쪽 경계는 실직 또는 하슬라였다고 엿볼 수 있다.

3세기 중반 이전에 오늘날 강원특별자치도 춘천시로 비정되는 우두지역(牛頭地域)은 낙랑군(樂浪郡) 또는 대방군(帶方郡)에 복속되어 지배를 받았다. 3세기 중반 고이왕대에 백제가 중국의 군현세력을 공격하고 우두지역까지 진출하였다. 『삼국사기』 백제본기 제1 온조왕 13년조에 백제가 영토를 넓혀 주양(走壤; 강원특별자치도 춘천시)까지 이르렀다고 전하는 것은 이때의 사실을 앞으로 소급(遡及), 부회(附會)하여 기술한 것으로 추정된다. 3세기 후반에 신라가 진한(辰韓)의 맹주국으로 부상하면서 서진(西晉)에 사신을 파견하였는데, 이때 죽령을 넘어 제천-원주-홍천-춘천을 거쳐, 황해도지역의 대방군 또는 평안도의 낙랑군에 이르고, 여기에서 다시 서진(西晉)과 연결하였다. 서진과 연결하는 교통의 요지로서 춘천지역이 중시되면서 신라가 3세기 후반에서 4세기 초반 사이에 우두지역에 진출하여 백제를 물리치고 그 지역에 대한 지배권을 장악하였다고 보인다. 이후 4세기 후반에 백제의 근초고왕이 대외팽창을 활발하게 전개하면서 우두지역을 백제의 영토로 편입하였고, 396년에 고구려 광개토왕이 백제를 공략하여 한강 이북의 58성, 700촌을 획득할 때에 그곳은 고구려의 영토로 편입되었던 것으로 추정된다.

『삼국사기』 신라본기 이사금시기의 기록에 신라와 백제가 와산성(蛙山城 ; 충북 보은군 보은읍), 구양성(狗壤城 ; 충북 옥천군 옥천읍), 한수(漢水; 남한강 상류), 사현성(沙峴城; 충북 괴산군 사리면), 요거성(腰車城; 괴산군에 위치한 성), 괴곡성(槐谷城 ; 충북 괴산군 괴산읍), 봉산성(烽山城; 경북 영주시) 등에서 싸웠다고 전한다. 신라는 3세기 후반에 진한지역을 대표하는 맹주국으로 부상하였고, 백제는 3세기 중·후반 고이왕대에 천안·청주 방면에 위치한 목지국(目支國)을 제압한 이래 충청지역에 위치한 마한 소국을 지배, 통제할 수 있었다. 3세기 후반에서 4세기 후반 사이에 백제가 영향력을 미치는 기존의 마한지역과 신라가 영향력을 미치는 진한지역의 경계지점이 바로 소백산맥 북쪽의 충북과 경북지역이었다. 신라와 백제가 와산성 등에서 싸웠다고 전하는 신라본기 이사금시기의 기록들은 두 나라가 자신들의 세력권을 확고하게 유지하기 위해서뿐만 아니라 여차하면 다른 나라에 복속된 소국이나 읍락집단을 자국에게 복속시키기 위해서 진한과 마한의 경계지점인 충북 및 경북 북부지역에 군사적 거점을 마련하여 군사를 주둔시킨 다음, 자주 그 지역에서 국지적인 전투를 벌인 사실을 반영한 것으로 이해된다.

신라는 자비마립간 13년(470)에 오늘날 충북 보은군 보은읍에 해당하는 삼년산성(三年山城)을 쌓고, 이후 고구려의 남진(南進)에 대비하여 서북 변방에 여러 성을 축조하였다. 이를 통해 5세기 후반 신라의 서북 경계가 무산성(茂山城; 전북특별자치도 무주군 무풍면), 비라성(鄙羅城; 충북 영동군 양산면), 사시성(沙尸城; 충북 옥천군 이원면), 구례성(仇禮城; 충북 옥천군 옥천읍), 일모성(一牟城; 충북 청주시 상당구 문의면)을 연결하는 선이었음을 살필 수 있다. 한편 『삼국사기』 신라본기에 소지마립간 6년(484) 7월에 고구려가 북쪽 변경을 침략하자, 신라와 백제군사가 연합하여 모산성(母山城) 아래에서 고구려군을 쳐서 물리쳤고, 소지마립간 16년(494) 7월에 장군 실죽(實竹) 등이 고구려와 살수(薩水)의 들판에서 싸우다가 이기지 못하고 물러나 견아성(犬牙城)을 지키다가 백제와 연합하여 고구려군을 물리쳤다고 전한다. 모산성은 충북 진천군 진천읍에 위치한 대모산성(大母山城), 살수의 벌판은 충북 괴산군 청천면으로 비정된다. 고구려와 신라·백제연합군이 모산성에서 싸웠다고 하더라도 490년대에 신라의 북계가 대모산성이라고 보기 어렵고, 괴산군 청천면에 해당하는 살수의 들판이었다고 이해하는 것이 합리적일 듯싶다. 따라서 청주 방면에서 신라의 북쪽 경계는 일모성과 살수지역을 연결하는 선이었다고 정리할 수 있을 것이다.

『삼국사기』잡지 제4 지리2 삭주(朔州)조에 나령군(奈靈郡) 선곡현(善谷縣; 경북 안동시 도산면 동부리 및 예안면 일대)이 본래 고구려 매곡현(買谷縣), 옥마현(玉馬縣; 봉화군 봉화읍)이 본래 고구려 고사마현(古斯馬縣), 삭주 급산군(及山郡; 영주시 순흥면)이 본래 고구려 급벌산군(及伐山郡), 급산군 인풍현(仁豊縣; 영주시 부석면)이 본래 고구려 이벌지현(伊伐支縣)이라고 전한다. 그리고 여기에 나령군(奈靈郡; 경북 영주시)이 본래 백제 나이군(奈已郡)이었다고 전하지만, 『고려사』 지리지에 나령군이 본래 고구려의 나이군(奈已郡)이었다고 전하는 사실을 감안하건대, 백제는 고구려의 오기였다고 봄이 옳을 것이다. 「충주고구려비」에 449년에 신라 눌지왕과 고구려 장수왕이 회맹(會盟)하였다고 전한다. 이를 근거로 하여 고구려가 5세기 전반과 중반 사이에 강원특별자치도 영서지역을 거쳐 충주지역에 진출하였음을 추정해볼 수 있다. 고구려는 충주지역을 기반으로 하여 5세기 전반에서 449년 사이에 소백산맥을 넘어 경북 북부지역에 진출하여 영역으로 편제하였는데, 『삼국사기』 지리지 기록은 이러한 사실을 반영한 것으로 이해된다. 『삼국사기』 신라본기에 소지왕(炤智王)이 500년(소지마립간 22) 9월에 날이군(捺已郡; 경북 영주시)에 행차하였다고 전한다. 또한 5세기 후반으로 편년되는 경북 영주시 순흥면 태장리 3-1호분에서 출자형금동관을 비롯하여 신라계 위세품이 발견되었다. 이러한 사실과 신라본기 기록을 근거로 하여 신라가 5세기 후반에 경북 북부지역에서 고구려세력을 구축(驅逐)하고, 그때부터 500년 사이에 그 지역의 여러 읍락을 행정촌(行政村)으로 편제하여 직접 지배를 실현하였다고 추론할 수 있다. 신라는 540년대 후반에 단양과 충주지역에 진출하기까지 한동안 고구려와 소백산맥을 경계로 대치하였다.

4세기 후반 이전 이사금시기에 신라와 구야국(금관국)은 경남 양산시를 흐르는 황산하(黃山河), 즉 낙동강을 경계로 대립하였다. 4세기 단계나 그 이전에 신라가 낙동강 동안의 여러 소국을 정복하여 지배-복속관계를 맺었다. 황산진(黃山津: 경남 양산시 물금읍 물금리 황산역터 근처)이나 가야진(伽倻津; 부산광역시 북구 화명동 용당마을 및 남강과 낙동강의 합류 지점인 창녕군 남지읍 용산리 창날마을)을 개설하고, 화원고성을 비롯한 일부 산성을 축조하여 나름대로 낙동강 수로를 통제하였다고 추정되지만, 낙동강 동안지역에 대한 신라의 통제가 매우 공고하였음을 알려주는 고고학 유적이나 유물이 아직까지 발견되지 않은 점, 4세기 후반에 창녕지역의 비자발(比自㶱)이 가야세력과 연계한 점 등을 고려하건대, 당시 신라의 통제력은 그리 강하였다고 보기 어렵지 않을까 한다.

5세기에 들어 낙동강 서쪽 성주지역의 고분에서 신라 양식의 토기가 집중적으로 출토되었다. 5세기 전반에서 중반에 조영된 경남 합천군 쌍책면 성산리의 옥전고분 M1, M2호분에서 신라 양식의 창녕계 토기가 집중적으로 발굴 조사되었고, 또한 신라 양식의 마구(馬具)로 알려진 편원어미형행엽(偏圓魚尾形杏葉)과 아울러 로만글라스(M1호분)가 출토되었다. 로만글라스는 경주 금령총의 출토품과 유사한 것으로서 경주 이외의 지역에서 유일하게 출토된 것이다. 옥전고분군은 탁국의 지배세력이 축조한 무덤인데, M1, M2호분의 출토 유물을 통해 신라가 5세기 중반과 전반에 낙동강과 황강 수로를 장악하여 탁국까지 정치적 영향력을 행사하였음을 엿볼 수 있다. 그리고 이것과 더불어 성주지역 고분에서 신라 양식의 토기가 집중적으로 출토되는 사실을 근거로 하여 신라가 창녕군을 흐르는 낙동강 수로뿐만 아니라 대구광역시를 흐르는 낙동강 중류의 수로도 장악, 통제하였음을 추정해볼 수 있다. 신라는 낙동강 수로를 장악하여 낙동강 동안에 위치한 여러 소국이나 읍락집단에 대한 통제력을 한층 더 강화하는 한편, 지배, 통제의 범위를 낙동강을 건너 탁국과 성주지역의 정치세력까지 확장하였다고 이해할 수 있다.

옥전고분 M1, M2호분과 달리 5세기 후반에 조영한 M3호분에서는 금동장식안교(金銅裝飾鞍橋) 및 검릉형행엽(劍稜形杏葉) 등의 마구류(馬具類), 용봉문환두대도(龍鳳文環頭大刀) 등을 비롯한 위세품, 그리고 대가야 양식의 토기가 대량 출토되었다. 이와 더불어 낙동강 서안의 여러 지역의 고분에서 대가야 양식의 토기가 두루 발견되었음이 확인된다. 427년 평양 천도 이후 고구려가 남진을 적극적으로 추진하자, 신라는 백제와 동맹을 맺어 고구려에 대항하였다. 이러한 틈을 타서 대가야가 5세기 후반에 크게 성장하였는데, 옥전고분 M3호분 부장 유물과 낙동강 서안지역의 고고학 자료를 통해 당시에 대가야가 옥전고분군 축조세력, 즉 탁국에 대한 정치적 영향력을 강화한 다음, 이를 기초로 황강 하류 및 이것과 낙동강이 합류하는 곳의 이남지역까지 진출하였음을 유추할 수 있다. 대가야는 5세기 후반에 낙동강과 황강이 합류하는 지역에서 낙동강과 남강이 합류하는 지역 사이에 위치한 상적포성(경남 합천군 청덕면 적포리 상적포마을)과 두곡리성(경남 합천군 청덕면 두곡리), 앙진리성(경남 합천군 청덕면 앙진리), 유곡리성(경남 의령군 지정면 유곡리) 등을 쌓고 낙동강을 경계로 신라와 대치하였다.

중고기(中古期)는 6세기 전반 법흥왕 때부터 650년대 진덕여왕 때까지의 기간에 해당한다. 『삼국사기』 신라본기에 556년(진흥왕 17) 7월에 비열홀주(比列忽州; 북한의 강원도 안변군 안변읍)를 설치하고, 사찬 성종(成宗)을 군주(軍主)로 삼았다고 전한다. 『삼국사기』 신라본기 중고기 기록에 전하는 주(州)의 치폐(置廢) 관련 기록은 정군단의 주둔지를 이치(移置)시킨 사실을 반영한 것으로 이해되고 있다. 이에 따른다면, 이 기록은 556년 7월에 신라가 북진(北進)하여 동북 경계가 하슬라 근처에서 비열홀로 변경된 사실을 알려주는 증거로 이해할 수 있다. 아마도 신라는 550년대 전반에 한강유역을 차지한 후, 동해안 방면으로 북상하여 비열홀까지 영토를 확장한 것으로 보인다.

568년(진흥왕 29)에 건립된 「진흥왕순수비 마운령비」와 「진흥왕순수비 황초령비」를 통해 556년과 568년 사이에 신라가 함흥, 이원 방면까지 영토를 확장하였음을 살필 수 있다. 『삼국사기』 신라본기에 진평왕 30년(608) 4월에 고구려가 우명산성(牛鳴山城)을 공격하여 빼앗았다고 전한다. 우명산성은 흡곡현(歙谷縣; 옛 강원도 통천군 송전면; 현재의 북한의 강원도 통천군 장대리) 경계에 위치한 철원수(鐵垣戍)로 비정된다. 이 기록을 근거로 하여 고구려가 608년(진평왕 30) 4월에 이르러 비로소 함흥, 이원, 안변지역을 차지하고 통천군까지 나아가 신라를 압박하였다고 추론할 수 있다.

　문무왕 11년(671) 7월에 문무왕이 작성한 답설인귀서(答薛仁貴書)에 비열(卑列; 북한의 강원도 안변군 안변읍)의 땅이 본래 신라 땅이었는데, 고구려가 빼앗은 지 30여 년 만에 신라가 다시 그곳을 되찾았다고 언급한 내용이 보인다. 666년 12월에 고구려 연개소문(淵蓋蘇文)의 동생 연정토(淵淨土)가 동해안의 12성을 들어 신라에 항복하였는데, 이때 신라는 다시 비열지역을 회복한 것으로 이해되고 있다. 『구당서(舊唐書)』 신라전에 정관(貞觀) 17년(643)에 신라가 당나라에 사신을 보내 고구려와 백제가 여러 차례 공격하여 수십 성을 잃었다고 상언(上言)한 내용이 전하고, 『삼국사기』 신라본기에 642년(선덕여왕 11)에 백제가 신라의 서쪽 40여 성을 공격하여 빼앗고, 대야성을 공격하여 함락시켰을 뿐만 아니라 고구려와 연합하여 당항성(党項城)을 공격하려 하였다고 전한다. 아마도 642년에 고구려가 동해안 방면으로 진출하여 비열성을 빼앗았지 않았을까 한다. 결국 고구려가 608년에 비열홀지역을 회복하였다가 642년 이전 어느 시기에 신라가 다시 비열성에 진출하였고, 그리고 다시 고구려가 642년에 비열성을 되찾았다고 볼 수 있는데, 608년 이후 신라가 비열성을 다시 차지한 시기는 수나라가 고구려를 공격한 612년 이후일 가능성이 높다고 보인다. 고구려가 655년(태종무열왕 2) 정월에 말갈·백제와 연합하여 신라를 공격하여 동해안 방면으로 하슬라 근처까지 접근하자, 신라는 658년(태종무열왕 5)에 북소경(北小京)을 폐지하고 하슬라지역에 정군단을 주둔시켰음이 확인된다. 앞에서 언급하였듯이 신라가 다시 비열홀지역에 진출한 것은 연정토가 신라에 투항한 666년 12월이었다.

　「단양신라적성비」를 통해 540년대 후반 진흥왕 때에 신라가 죽령을 넘어 충북 단양지역까지 진출하였음을 알 수 있다. 한편 『삼국사기』 신라본기에 진흥왕이 551년(진흥왕 12) 3월에 충주지역에 위치한 낭성(娘城)을 순행(巡幸)하였고, 이때 국원(國原; 충북 충주시)에 안치한 대가야 망명인(亡命人) 우륵(于勒)을 불러 하림궁

(河臨宮)에서 음악을 연주하게 하였다고 전한다. 이 기록을 통해 551년 3월 이전에 신라가 충주지역을 차지하고 영역으로 편제하였음을 살필 수 있다. 548년 4월 이후에 대가야가 백제에 부용화되면서 친신라적인 입장에 있었던 우륵이 신라에 망명하자, 진흥왕은 그를 국원에 안치하였다고 이해되고 있다. 이것은 548년 또는 549년에 신라가 충주지역에 진출하여 영역으로 편제한 것을 전제할 때 합리적으로 이해할 수 있다. 신라는 548년 또는 549년에 죽령을 넘어 단양지역을 차지한 다음, 이어 남한강을 따라 충주지역까지 진출한 것으로 보인다. 『삼국사기』 신라본기에 550년(진흥왕 11)에 신라가 고구려의 도살성(道薩城; 충북 증평군 도안면)과 백제의 금현성(錦峴城; 세종특별차지시 전의면)을 차지하였다고 전한다. 도살성과 금현성 사이에 청주시가 위치하였다. 이때 신라가 청주지역에 진출하였을 가능성이 높다고 보인다.

551년(진흥왕 12)에 신라와 백제가 연합하여 고구려를 공격하고, 신라는 한강 상류, 백제는 한강 하류를 차지하였다. 553년(진흥왕 14) 7월에 신라는 백제가 차지한 한강 하류를 급습하여 차지하고 신주(新州)를 설치하였다. 이때 신라는 한강 상류에 위치한 고구려의 10군을, 한강 하류에 위치한 백제의 6군을 차지하였다. 『삼국사기』 열전 제4 거칠부조에 신라가 고구려를 공격하여 죽령(竹嶺) 바깥에서 고현(高峴) 안쪽에 있는[竹嶺以外高峴以內] 고구려의 10군을 공격하여 빼앗았다고 전한다. 종래에 고현을 현재 북한의 강원도 고산군과 회양군 사이에 위치한 철령으로 이해하고, 10군을 죽령 이북과 철령 이남에 있는 우수주(삭주) 소속의 10군[우두군(牛頭郡; 강원특별자치도 춘천시)·평원군(平原郡; 강원특별자치도 원주시)·나토군(奈吐郡; 충북 제천시)·근평군(斤平郡; 경기도 가평군 가평읍)·양구군(楊口郡; 강원특별자치도 양구군 양구읍)·성천군(狌川郡; 화천군 화천읍)·대양관군(大楊菅郡; 북한의 강원도 금강군 현리)·모성군(母城郡; 북한의 강원도 김화군 김화읍)·동사홀군(冬斯忽郡; 북한의 강원도 창도군 기성리)·각련성군(各連城郡; 북한의 강원도 회양군 회양읍)]과 연결시켜 이해하는 것이 일반적이었다.

그러나 고현을 철령으로 비정할 수 있는 근거를 찾을 수 없고, 삭주(우수주) 소속 군의 숫자가 시대에 따라 차이가 있었을 뿐만 아니라 군과 현의 영속관계에도 변동이 있었다는 사실을 염두에 둔다면,『삼국사기』지리지에 전하는 삭주 소속 군을 전제로 10군의 내역을 고증하는 것은 문제가 많다고 하겠다. 이에 필자는 본문에서 10군의 위치를 고증하는 것은 지양하고 551년에 신라가 차지한 영역 범위를 고구(考究)하였다. 그 결과 신라가 550년대 전반에 죽령과 계립령 북쪽 지역에 위치하면서『일본서기』권19 흠명천황(欽明天皇) 13년조에 전하는 니미방(尼彌方; 경기도 동두천시 송내동 일대)과 우두방(牛頭方; 강원특별자치도 춘천시) 이남에 위치한 충북과 경기도, 강원특별자치도, 인천광역시 지역을 망라한, 즉 북한강과 남한강 상류 및 한강 하류지역을 모두 차지하였음을 논증할 수 있었다.

신라는 553년이나 또는 거기에서 멀지 않은 시기에 경기도 안성시와 평택시, 충남 천안시 서북구 직산읍을 영역으로 편제하였다. 또한 568년(진흥왕 29)에 진흥왕이 비리(非里; 안변)에서 북한의 세포와 고산 및 평강을 경유하여 철원, 연천, 전곡, 동두천, 의정부를 지나 북한산(北漢山; 한강 이북의 서울)에 이르렀는데, 이를 통해 신라가 568년 이전에 강원특별자치도 철원군 및 양구군과 화천군 이북의 강원특별자치도지역까지 신주(新州)의 영역을 확장하였음을 추정해볼 수 있다.

한탄강 유역에 위치한 전곡리토성(경기도 연천군 전곡읍 전곡리)과 은대리성(경기도 연천군 전곡읍 은대리)은 고구려의 성이고, 대전리산성(경기도 연천군 청산면 대전리)과 초성리산성(연천군 청산면 초성리)은 신라의 성으로 알려졌다.『삼국사기』신라본기 제5 선덕여왕 7년(638) 기록에 임진강에서 가까이 위치한 칠중성(七重城; 경기도 파주시 적성면 구읍리)이 신라의 북쪽 경계라고 전한다. 이를 통해 7세기 전반에 임진강이 신라의 북계였음을 추정해볼 수 있다. 아마도 신라가 6세기 중반 진흥왕대에 한강유역을 차지한 이래 임진강을 경계로 고구려와 대치한 것으로 추정된다. 따라서 6세기 중반과 후반 신주(新州)의 북계, 즉 신라의 서북 경계는 임진강과 한탄강 하류의 대전리산성, 강원특별자치도 철원군을 연결하는 선이었다고 정리할 수 있다. 그런데 고구려가 590년 무렵에 남진하여 경기도 포천시 군내면에 위치한 반월산성으로 비정되는 낭비성(娘臂城)을 공격하여 차지하고, 그 이북에 위치한 동두천시와 연천군, 철원군 등을 회복하였다가 629년(진평왕 51)에 신라가 낭비성을 공격하여 다시 탈환하였는데, 이후 신라는 또다시 철원군지역을 탈환한 것으로 짐작된다. 참고로 637년(선덕여왕 6)에 신라는 신주의 영역을 분할하여 충북 북부와 강원특별자치도 영서지역을 영역 범위로 하는 우두주(牛頭州)를 설치하고, 우두주의 영역에 포괄되지 않은 기존 신주의 영역에는 그 주치(州治)였던 한산(漢山)이라는 지명을 따서 이름을 지은 한산주(漢山州)를 설치하였다. 따라서 637년 이후 신라의 서북 경계는 신주가 아니라 한산주의 북계와 일치하였다고 말할 수 있다.

6세기를 전후한 시기에 고구려의 남진(南進)이 둔화되자, 신라와 백제가 본격적으로 가야지역으로 진출하기 시작하였다. 백제는 510년대 전반에 전남 동부지역에 진출하고, 이어 하동지역을 둘러싸고 대가야와 충돌하였다. 신라는 500년(지증왕 1)에서 505년(지증왕 6) 사이에 황강 수로를 통해 탁국을 복속시킨 다음, 황강과 낙동강 합류 지점 남쪽에 위치한 대가야성들을 공격하여 차지하였다. 대가야는 백제와 신라의 압박에 대항하여 514년에 자탄(子呑 : 경남 진주시?)과 대사(帶沙 : 경남 하동군)에 성을 쌓고, 대사에서 만해(滿奚; 전남 광양시) 사이에 봉후(烽候)와 저각(邸閣)을 설치하여 왜군 및 백제의 침략에 대비하는 한편, 이열비(爾列比; 경남 의령군 부림면)와 마수비(麻須比; 의령군 낙서면 여의리)에 성을 쌓고, 고령에서 가까운 수문진(水門津)을 통해 추봉(推封; 대구광역시 달성군 현풍읍)으로, 유곡리성 근처에 위치한 박진(朴津)을 통해 마차해(麻且奚; 경남 창녕군 장마면 강리 및 유리?) 방면으로 진출하여 신라의 촌읍(村邑)을 약탈하였다. 이후 대가야는 백제가 하동지역을 다시 차지하자, 522년에 신라와 결혼동맹을 맺어 백제에 대항하였다가, 529년에 신라와 결별하고 백제와 연결하여 신라의 서진(西進)에 대응하였다.

532년(법흥왕 19)에 경남 김해시에 위치한 금관국의 왕 김구해(金仇亥)가 신라에 항복하였다. 『일본서기』 권19 흠명천황(欽明天皇) 4년(543) 11월 기록에 성명왕(聖王)이 임나(任那)를 꼭 세우겠다고 언급한 내용이 보인다. 이 기록을 통해 신라가 533년 이전에 경남 합천군 쌍책면에 위치한 탁국[喙國], 즉 탁기탄[喙己呑]을 병합하였음을 짐작해볼 수 있다. 아마도 신라는 금관국[남가라(南加羅)]을 병합할 무렵에 탁국도 함께 병합한 것으로 보인다. 신라는 537년 봄에 경남 창원시에 위치한 탁순국(卓淳國)을 병탄(倂呑)하고, 구례산(久禮山; 경남 함안군 칠서면 무릉리)에 나아가 거기에 주둔하고 있던 백제군을 구축(驅逐)하고 안라(安羅)와 대치하였다. 이후 안라는 대가야와 가야의 여러 소국과 함께 백제와 연대하여 신라를 견제하였다. 신라는 구례산에 군대를 주둔시키고 계속 안라를 압박하다가 마침내 560년 무렵에 안라를 병합하였다. 554년(진흥왕 15)에 대가야는 백제와 연합하여 신라의 관산성(管山城; 충북 옥천군 옥천읍)을 공격하였다가 패배하였다. 마침내 신라는 562년(진흥왕 23) 9월에 대가야를 공격하여 멸망시켰는데, 『일본서기』 권19 흠명천황 23년 정월 기록에는 이 해에 신라가 가라국(加羅國), 안라국(安羅國), 사이기국(斯二岐國), 다라국(多羅國), 졸마국(卒麻國), 고차국(古嵯國), 자타국(子他國), 산반하국(散半下國), 걸손국(乞飡國), 임례국(稔禮國) 등 이른바 가라 10국을 쳐서 멸(滅)하였다고 전한다. 일본인들이 562년에 대가야의 멸망과 함께 나머지 가야의 9개 소국도 함께 멸망하였다고 인식한 사실을 반영한 것이다. 562년에 신라는 대가야를 정복함과 동시에 모든 가야지역을 자신의 영역으로 편제한 것으로 이해된다. 이에 따라 신라와 백제는 영·호남지역에서 비로소 서로 국경을 맞대고 대치하였는데, 당시 두 나라의 국경은 『삼국사기』 지리지에 전하는 강주(康州)와 상주(尙州)의 서쪽 경계를 연결하는 선과 일치하였다.

660년 무렵에 신라와 백제는 오늘날 아산만에서 천안, 진천을 잇는 선을 경계로 대치하였다. 당시 충청지역에서 신라의 서쪽 경계는 금물노군(今勿奴郡; 충북 진천군 진천읍)과 서원소경(西原小京; 충북 청주시), 삼년산군(三年山郡; 충북 보은군 보은읍), 아동혜현(阿冬兮縣; 충북 옥천군 안내면), 고시산군(古尸山郡; 충북 옥천군 옥천읍), 소리산현(所利山縣; 충북 옥천군 이원면), 조비천현(助比川縣; 충북 영동군 양산면), 무산현(茂山縣; 전북특별자치도 무주군 무풍면)의 서쪽 경계를 연결하는 선과 일치하였다.

6세기 중반에 영·호남지역에서 백제의 동쪽 경계는『삼국사기』지리지에 전하는 전(全)·무주(武州)의 동쪽 경계, 신라의 서쪽 경계는 강주(康州)의 서쪽 경계를 연결하는 선과 일치하였다. 642년에 백제가 대야성(大耶城; 경남 합천군 합천읍)을 공격하여 함락시킨 이후에 낙동강 서안의 옛 가야지역 대부분을 차지하면서 백제와 신라는 낙동강을 경계로 대치하였다. 648년에 신라는 옥문곡전투(玉門谷戰鬪)에서 크게 승리한 후 곧바로 대야성을 탈환하고, 나아가 거열성(居列城; 경남 거창군 거창읍)까지 진출하였다. 660년 무렵에 신라는 옛 가야지역 대부분을 회복한 것으로 보이는데, 이러면서 신라의 서쪽 경계는 소백산맥 서쪽의 모산현(母山縣; 전북특별자치도 남원시 운봉읍)을 제외한 강주 서쪽에 위치한 군과 현의 서쪽 경계를 연결하는 선, 즉 소백산맥 및 이것과 남해안을 연결하는 선과 일치하게 되었다.

웅진도독부 관할 51현의 위치를 고증한 결과 평이현(平夷縣; 충남 서산시 지곡면)과 자래현(子來縣; 충남 당진시), 노신현(鹵辛縣; 충남 아산시 영인면)이 웅진도독부 북쪽 경계에 위치하였음을 확인할 수 있다. 이를 통해 웅진도독부의 북쪽 경계와 이에 대응되는 신라의 경계는『삼국사기』지리지에 전하는 웅주(熊州)의 북쪽 및 한주(漢州)의 서남쪽 경계와 거의 동일하였음을 추론할 수 있다. 51현 가운데 동쪽에 위치한 것은 구지현(久遲縣; 세종특별자치시 전의면), 내서현(奈西縣; 대전광역시 유성구), 득안현(得安縣; 충남 논산시 가야곡면·은진면), 오잠현(烏蠶縣; 전북특별자치도 진안군 마령면), 고서현(皐西縣; 전남 담양군 담양읍), 군지현(軍支縣; 전남 보성군 벌교읍·순천시 낙안면)이었다. 그리고 이것들과 가까이에 위치한 군과 현으로서 대목악군(大木岳郡; 충남 천안시 동남구 목천읍), 서원소경(충북 청주시), 우술군(雨

述郡; 대전광역시 대덕구), 진동현(珍同縣; 충남 금산군 진산면), 난진아현(難珍阿縣; 전북특별자치도 진안군 진안읍), 도실군(道實郡; 전북특별자치도 순창군 순창읍), 과지현(菓支縣; 전남 곡성군 옥과면), 감평군(欷平郡; 전남 순천시)을 들 수 있다. 결국 웅진도독부의 동쪽 경계는 구지현-내서현-득안현-오잠현-고서현-군지현의 동쪽 경계를, 신라의 서쪽 경계는 대목악군-서원소경-우술군-진동현-난진아현-도실군-과지현-감평군의 서쪽 경계를 연결하는 선이었다고 정리할 수 있다.

웅진도독부 동쪽 경계에서 660년 무렵 백제의 동쪽 경계 사이에 위치한 군과 현은 28개 내외였다. 이것은 백제고지에 위치한 주·소경·군·현 146개 가운데 대략 20%에 해당하였다. 이를 통해 신라가 웅진도독부와 국경선을 획정한 이후 백제고지 가운데 약 20% 정도를 자신들의 영역으로 편제하였음을 살필 수 있다. 신라는 670년 7월부터 백제고지에서 당군을 축출하는 작전을 전개하기 시작하여 672년 2월과 674년 2월 사이에 백제고지를 모두 신라의 영역으로 편제하기에 이르렀다. 이에 따라 신라의 서쪽 경계는 서해가 되었고, 서북 경계는 한산주의 서북 경계와 일치하게 되었다.

7세기 후반 이후 신라가 점차적으로 북진(北進)함에 따라 서북 경계는 여러 차례 변동되었다. 『삼국사기』 신라본기에 문무왕 15년(675)에 백제 땅을 많이 빼앗고 마침내 고구려 남쪽 경계지역에 이르기까지 주와 군으로 삼았다고 전한다. 연개소문의 동생 연정토가 동해안의 12성을 들어 신라에 항복한 666년(문무왕 6) 12월 무렵에 신라는 아진압현(阿珍押縣; 북한의 강원도 철원군 철원읍), 이진매현(伊珍買縣; 북한의 강원도 이천군 이천읍), 부여군(夫如郡; 강원특별자치도 철원군 김화읍), 부양현(斧壤縣; 북한의 강원도 평강군 평강읍), 철원군(鐵圓郡; 강원특별자치도 철원군 철원읍)과 그 영현들을 차지하였고, 675년 무렵에 임진강과 예성강 사이에 위치한 여러 군·현을 자신의 영역으로 편제하였다. 7세기 후반 한산주의 북계, 즉 신라의 서북 경계는 예성강과 북한의 강원도 이천군, 철원군, 평강군, 김화군을 연결하는 선이었다.

발해가 732년(성덕왕 31) 가을에 당나라의 등주(登州)를 공격한 것을 계기로 양국 간에 전쟁이 벌어졌다. 이때 당나라가 신라에게 발해를 공격하도록 요청하자, 신라 성덕왕은 733년 겨울에 김유신의 손자 김윤중(金允中) 등 4장군에게 발해를 공격하게 하였으나 기후 조건이 나쁘고 지형이 험하여 별 성과를 거두지 못하였다. 신라가 당나라의 요청을 받아들여 발해를 공격하자, 이에 대하여 당나라가 735년(성덕왕 34)에 패강(浿江; 대동강) 이남 지역에 대한 신라의 영유권을 공식적으로 인정해주었다. 신라는 이후부터 북방 개척을 본격적으로 전개하여 748년(경덕왕 7)에 처음으로 대곡군(大谷郡; 황해북도 평산군 산성리)과 수곡성현(水谷城縣; 황해북도 신계군 추천리), 동삼홀군(冬彡忽郡; 황해남도 연안군 연안읍), 도납현(刀臘縣; 황해남도 백천군 백천읍)을 설치하였다. 이어 762년(경덕왕 21) 5월에 오곡군(五谷郡; 황해북도 서흥군 화곡리), 휴암군(鵂巖郡; 황해북도 봉산군 구읍리), 한성군[漢城郡; 식성군(息城郡); 황해남도 삼천군 고현리], 장새군(獐塞郡; 후에 현으로 강등; 황해북도 수안군 석당리), 지성군[池城郡; 내미홀군(內米忽郡); 황해남도 해주시], 덕곡군[德谷郡; 십곡성현(十谷城縣); 황해북도 곡산군 곡산읍] 등 6군을 설치하고, 계속해서 헌덕왕대에 동홀군(冬忽郡; 황해북도 황주군 황주읍), 식달현(息達縣; 평양특별시 상원군 상원읍), 가화압현(加火押縣; 평양특별시 강남군 장교리), 부사파의현(夫斯波衣縣; 평양특별시 강남군 영진리)을 설치하였다. 재령강 동쪽의 패강지역에 14개의 군·현을 모두 설치함에 따라 『삼국사기』 지리지에 전하는 한주(한산주)의 28군과 49현이 모두 갖추어지고, 신라의 북계는 대동강에 이르게 되었다.

신라는 666년(문무왕 6) 12월 연정토(淵淨土)의 망명을 계기로 비열홀(比列忽)과 천정군(泉井郡)을 다시 영토로 편입하였고, 668년 봄에 비열홀주를 설치한 다음, 거기에 정군단(停軍團)을 주둔시켰다. 669년부터 671년 이전 어느 시기에 당나라가 천정군을 고구려(안동도호부)에 넘겨주었으며, 신라는 673년(문무왕 13)에 비열홀주를 폐지하고 우수주(牛首州; 강원특별자치도 춘천시)를 설치하면서 정군단의 주둔지를 비열홀에서 우수로 옮겼다. 이후 675년 9월에 옛날 함경남도 덕원군의 북면천(北面川)으로 비정되는 안북하(安北河)를 따라 관(關)과 성(城)을 설치하고, 덕원 북쪽의 요해처인 망덕산(望德山)에 철관성(鐵關城)을 쌓았으며, 681년(문무왕 21) 정월에 사찬 무선(武仙)에게 정예군사 3천 명을 이끌고 비열홀을 지키게 하였다. 같은 해에 신라는 무선이 지휘한 3천 명의 군사를 기반으로 천정군으로 진출하여 그곳과 그 영현(領縣)들을 다시 신라의 영역으로 편제하였다.

발해는 무왕대(武王代) 초반에 한반도 동북지방으로 진출하여 비로소 신라와 국경을 맞댔는데, 당시 두 나라의 국경은 천정군과 이하(泥河)였다. 천정군[고려의 용주(湧州)]의 군치는 옛 영흥읍(오늘날의 금야읍)과 고원읍 사이의 어느 곳으로 비정되고, 이하는 영흥을 가로질러 흐르는 용흥강(龍興江; 북한의 금야강)으로 추정된다. 신라는 721년(성덕왕 20)에 발해의 남진(南進)에 대비하여 옛 영흥군(금야군)과 정평군의 경계에 장성(長城)을 쌓았으며, 경덕왕대에 장성의 요지(要地)에 해당하는 금피령(金陂嶺)에 탄항관문(炭項關門)을 설치하고, 거기에 수천 명의 군사를 주둔시켰다. 이후 9세기 전반에서 886년(헌강왕 12) 사이에 발해의 지배를 받았던 흑수(黑水)와 달고(達姑), 철륵(鐵勒) 등의 말갈부족이 점진적으로 남하하여 천정군과 그 영현을 차지하고 안변을 경계로 하여 신라와 대치하였다. 신라 경덕왕대에 천정군을 정천군(井泉郡)으로, 고려 초에 정천군(천정군)을 용주로 개칭하였고, 인종 23년(1145) 이후에 그 영역이 화주(和州; 영흥) 또는 문주(文州; 문천), 고주(高州; 고원) 등에 합속(合屬)되면서 용주(湧州)는 폐지되었다.

889년 전국에서 농민들이 도적이 되어 봉기한 이후, 891년에 개산군(皆山郡; 경기도 안성시 죽산면)에서 기훤(箕萱)이 초적(草賊)의 우두머리로서 처음으로 두각을 나타냈고, 이후 양길(梁吉)과 견훤(甄萱), 궁예(弓裔) 등이 초적의 무리를 기반으로 성장하였다. 897년까지 궁예는 명주(溟州)를 비롯한 강원특별자치도 동해안지역, 인제와 화천, 철원을 망라한 강원특별자치도 영서지방, 김포와 서울시 강서구 및 양천구, 강화도를 비롯한 한강 하류지역, 임진강유역의 경기도지역과 황해도 일부 지역을 차지하였다. 892년에 기의(起義)한 견훤은 광주광역시와 전남지역의 대부분을 차지하였다. 궁예는 898년에 한강 이북의 경기도지역을 차지하였고, 899년에 양길의 군대를 비뇌성전투(非惱城戰鬪)에서 물리친 이후에 충북지방의 대부분을 차지한 다음, 901년에 후고구려를 건국하였다. 견훤은 900년에 이르러 전남지역에 이어 전북지역을 차지하고 완산(完山; 전북특별자치도 전주시)을 도읍으로 삼아 후백제를 건국하였다.

궁예는 900년에서 910년 사이에 공주 이북의 충남지역, 경북 상주와 그 인근의 30여 주현(州縣), 죽령(竹嶺) 동북쪽의 단양군과 제천시, 영월군지역을, 910년에 금성군(錦城郡; 전남 나주시)과 전남 해안 일부 지역을 공격하여 차지하였다. 견훤은 공주 이남의 충남지역과 충북 남부지역을 영역으로 편제한 다음, 907년에 소백산맥을 넘어 일선군(一善郡; 경북 구미시 선산읍) 이남의 10여 성을 차지하였으나, 920년 10월까지 대야성(경남 합천군 합천읍)을 빼앗지 못하여 낙동강을 건너 경남지역까지 진출하지 못하였다. 궁예와 왕건의 활발한 정복사업에 힘입어 910년대에 태봉(泰封; 후고구려)은 후삼국 영역의 절반 이상을 차지하는 성과를 거두었다. 910년대에 울진 이남의 경북 동해안지역, 상주 이북 및 구미시 선산읍과 그 인근지역을 제외한 경북 내륙지역, 울산광역시와 경상남도 대부분 지역은 후고구려와 후백제의 영역으로 편입되지 않았는데, 이들 지역 가운데 왕경 주변의 일부 지역만이 신라의 직접적인 통제하에 있었고, 나머지 대부분은 성주(城主)·장군(將軍)이라고 불리는 이른바 호족이 자체적으로 통치하였다. 신라의 관리 또는 지방관 출신이 대부분이었던 영남지역의 성주·장군들은 반신라정책을 강력하게 추진한 궁예와 견훤에게 귀부(歸附)하기를 꺼려하였다. 그들은 한동안 계속해서 친신라적인 입장을 견지하다가 918년에 왕건(王建)이 고려를 건국한 이후에 친신라정책을 추진한데다가 신라 왕조가 재기할 가능성마저 희박해지자, 920년대에 고려에 귀부(歸附)하기 시작하였다.

후백제가 920년 10월에 대야성을 함락시키고 고령을 거쳐 신안현(新安縣; 경북 성주군 성주읍)을 위협하자, 923년에 신안현을 근거지로 활동하던 양문(良文)이 고려에 귀부하였다. 924년 7월에 후백제가 문소성(聞韶城; 경북 의성군 금성면)과 대야성의 군사를 일으켜 조물성(曹物城; 경북 예천군 예천읍의 흑응산성)을 공격하였다. 이를 제1차 조물성전투라 부른다. 대야성에서 출발한 후백제군은 고령과 성주읍을 경유하여 일선(一善)에 이르고, 여기에서 문소성에서 출발한 군사들과 함께 낙동강을 거슬러 올라가 조물성을 공격하였는데, 이때 대야성에서 출발한 후백제군은 신안현지역에서 활동하던 양문을 제거하고 일선으로 나아갔던 것으로 추정된다. 925년 무렵에 벽진성(碧珍城; 경북 성주군 가천면 독용산성)을 기반으로 벽진성장군(碧珍城將軍)이라 칭하며 활동하던 이총언(李悤言)이 고려에 귀부하였다. 925년 10월에 후백제 견훤이 기병(騎兵) 3천 명을 거느리고 다시 조물성을 공격하였는데, 이를 제2차 조물성전투라 부른다. 이때 후백제는 성주지역을 경유하지 않고, 충북 옥천과 보은을 거쳐 상주, 함창, 예천군 용궁면을 경유하여 조물성에 이르렀다.

 제2차 조물성전투 이후 고려와 후백제는 서로 볼모를 교환하며 화친을 맺었다. 두 나라의 화친은 후백제가 고려에 볼모로 보낸 진호(眞虎)의 죽음을 계기로 깨졌다. 927년에 고려가 낙동강 상류의 여러 지역을 공격하여 차지하고, 마침내 대야성을 공격하여 함락시킨 다음, 낙동강 수로를 완전히 장악하기에 이르렀는데, 이러한 사실은 같은 해 8월에 태조 왕건이 낙동강 수로를 이용하여 강주(康州; 경남 진주)를 순행한 사실을 통해 입증할 수 있다. 927년 하반기에 후백제가 신라 왕도(王都)를 급습하고, 이어 공산전투(公山戰鬪)에서 고려군을 크게 물리쳤다. 이후 후백제는 대구 방면에서 낙동강을 건너 대목군(大木郡; 경북 칠곡군 약목면)과 성주지역을 공격하였고, 같은 해 11월에 경북 고령군 성산면에 해당하는 성산진(星山陣)에서 고려 장수 색상(索湘)이 후백제군과 싸우다가 사로잡혀 죽임을 당하였다. 928년 정월 무렵에 후백제가 다시 대야성을 탈환하였고, 이후 대야성에서 출발한 후백제군이 성주읍을 지나 대목군에 이른 다음, 여기에서 낙동강을 건너 부곡성(缶谷城; 대구광역시 군위군 부계면)을 공격하여 차지하였다. 후백제는 이곳을 교두보로 삼아 진보성(眞寶城; 의성군 의성읍), 순주(順州; 안동시 풍산읍)를 공격하여 점령하고 위세를 떨치다가 930년 정월에 고창전투에서 고려군에게 크게 패하였다. 고창전투 이후 고려가 후백제군을 공격하여 낙동강 중·상류지역을 대부분 차지한 것으로 추정된다.

930년 정월 고창전투 후에 안동지역이 고려에 편입되었고, 같은 해 2월에 영안현(永安縣; 경북 안동시 길안면), 하곡현(河曲縣; 안동시 임하면), 직령현(直領縣; 안동시 일직면), 송생현(松生縣; 청송군 청송읍 송생리)을 비롯하여 경북 북부지역에 위치한 30여 군·현이 고려에 귀부하였다. 그리고 이때 명주(溟州; 강원특별자치도 강릉시)로부터 홍례부(興禮府; 울산광역시)에 이르기까지 동쪽 연해의 110여 성과 현재 경북 포항시 북구 흥해읍에 위치한 북미질부성(北彌秩夫城)의 성주 훤달(萱達) 및 남미질부성이 고려에 귀부하기도 하였다. 또한 같은 달에 태조 왕건이 일어진(昵於鎭; 경북 포항시 북구 신광면)에 행차하였고, 같은 해 9월에 개지변(皆知邊; 울산광역시)의 호족이 최환(崔奐)을 보내 고려에 항복하기를 청하였다. 한편 925년 10월에 경북 영천시에서 활동하던 고울부장군(高鬱府將軍) 능문(能文)이 태조에게 투항하자, 태조는 고울부가 신라 왕도와 가까운 곳에 위치하였다는 이유로 능문을 타일러서 보낸 바 있었다. 따라서 930년 9월에는 경북 북부와 동해안지역뿐만 아니라 경주 인근의 포항시 북구 신광면, 영천시, 울산광역시 등이 모두 고려에 귀속되었고, 신라는 오늘날 경주시 일원, 울산광역시 울주군 두동면과 두서면, 북구 농소동만을 겨우 통치할 수 있었다. 게다가 931년 이후 신라의 군사력이 완전히 무력화되어 고려군이 신라 왕도를 진수(鎭守)하는 지경에 이르렀다. 경순왕은 한동안 고려의 보호를 받다가 더 이상 왕조를 유지하기 힘들다고 판단하여 935년에 나라를 들어 고려에 항복하였다. 이로써 천년의 역사를 지닌 신라 왕조는 종말을 맞이하게 되었다.

상고기 신라가 지배, 통제할 수 있는 범위는 강릉시 이남의 동해안지역, 낙동강 동안의 영남지방을 크게 벗어나지 않았다. 물론 마립간시기에 낙동강 서안에 위치한 정치세력들까지 지배, 통제의 범위를 확장하였으나 지속성이 완전히 담보된 것은 아니었다. 그리고 5세기 광개토왕과 장수왕 때에 고구려가 강릉시 이남과 경북 포항시 북구 청하면 이북의 동해안지역, 영주시를 비롯한 경북 북부지역에 진출하였지만, 그 시기는 50여 년을 넘기지 못하였다.

중고기에 신라는 대가야를 비롯한 가야 소국들을 모두 병합하고 영남과 호남을 가르는 선을 경계로 삼아 백제와 국경을 맞댔다. 진흥왕대에 영역을 크게 확장하여, 568년 무렵에는 서북쪽으로 임진강과 한탄강, 강원특별자치도 철원군을 연결하는 선, 동북쪽으로 함흥, 이원 방면까지 진출하였다. 이후 신라가 백제, 고구려와 치열하게 항쟁하면서 신라의 경계는 자주 변동되었다. 670년대 전반에 백제고지를 모두 차지하여 서해가 신라의 서쪽 경계가 되었고, 668년 고구려 멸망 이후에 임진강과 예성강 사이의 고구려 남쪽 경역을 신라의 영역으로 편제하고, 8세기 전반 성덕왕대부터 본격적으로 북방 개척을 전개하여 9세기 전반 헌덕왕대에 이르기까지 재령강 이동의 패강지역에 14개의 군·현을 설치하는 데에 성공하였다. 이로써 신라의 북계는 대동강에 이르게 되었다.

신라는 헌덕왕대 이후 평양 이북지역으로 진출하지 않았다. 물론 발해와의 충돌을 피하기 위해서였을 가능성을 상정해볼 수 있지만, 그러나 보다 중요한 이유는 648년 나당동맹을 체결할 때에 약속한 내용, 즉 평양 이남은 신라, 그 이북은 당나라의 영토로 삼는다고 하는 합의 내용을 지키기 위한 것에서 찾을 수 있다. 고구려를 계승한 태봉과 고려가 평양 이북지역으로 진출하였고, 마침내 태조대에 대동강과 청천강 이남 지역을 영역으로 편제하기에 이르렀다. 698년 건국 이후 발해가 동해안 방면으로 진출하고 예전의 용흥강(현재 북한의 금야강)을 경계로 신라와 대치하였다. 따라서 9세기 전반 헌덕왕대에 대동강과 용흥강을 연결하는 선이 신라의 북계였다고 정리할 수 있다. 9세기 전반에서 886년 사이에 말갈부족이 함경도지역으로 진출하면서 동해안 방면에서 신라의 북계는 안변지역으로 변경되었다.

견훤이 900년에 후백제를 건국하고, 궁예가 901년에 후고구려를 건국하면서 후삼국시대가 도래하였다. 910년대에 후고구려가 경기도와 강원특별자치도, 충북 및 공주 이북의 충남 지역, 경북 북부 일부 지역과 나주지역을 차지하였고, 후백제는 나주를 제외한 호남지역의 대부분과 공주 이남의 충남과 충북 남부, 구미시 선산읍 주변 일부 지역을 차지하였다. 이때 후백제와 후고구려의 영역에 편제되지 않은 영남지역에는 이른바 성주·장군이라 자칭한 호족들이 자체적으로 각 지방을 통치하였다. 920년대에 후백제와 고려가 낙동강유역을 둘러싸고 치열하게 항쟁하였고, 930년 정월 고창전투 이후 영남지역에서 활동하던 호족들이 대거 고려에 귀부함에 따라 신라는 오늘날 경주시 일원과 울산광역시 북부 일부 지역만을 겨우 통치하였을 뿐만 아니라 고려의 군사력에 의지하여 왕도를 진수(鎭守)하는 처지가 되었다. 경순왕은 935년에 왕조를 더 이상 유지하기 힘들다고 생각하여 나라를 들어 고려에 항복하였다. 이상에서 본서에서 살핀 핵심 내용을 간략하게 정리하여 보았다. 아무쪼록 본서가 향후 신라 국경의 변천에 대하여 체계적, 종합적으로 이해할 수 있는 기초적인 연구성과로서 널리 주목을 받았으면 바람이다.

참고문헌

Ⅰ. 서론

1. 단행본

강종훈, 2011『삼국사기 사료비판론』, 여유당

국립가야문화재연구소, 2017『한국의 고대목간』

국립춘천박물관, 2008『권력의 상징, 관-경주에서 강원까지-』

今西龍, 1937『朝鮮古史の硏究』, 近澤書店(1970 國書刊行會)

김상기, 1985『고려시대사』, 서울대학교출판부

김원룡, 1960『신라토기의 연구』, 을유문화사

김정학, 1977『任那と日本』, 小學館

김태식, 1993『가야연맹사』, 일조각

김태식, 2002『미완의 문명 7백년 가야사』1(수로왕에서 월광태자까지), 푸른역사

김태식, 2014『사국시대의 사국관계사 연구』, 서경문화사

김태식 등, 2008『한국 고대 사국의 국경선』, 서경문화사

김현숙, 2005『고구려의 영역지배방식 연구』, 모시는사람들

노중국, 1988『백제정치사연구』, 일조각

노태돈, 1998『한국사를 통해 본 우리와 세계에 대한 인식』, 풀빛

단국대학교 동양학연구소, 2000『한한대사전』3, 단국대학교출판부

서영일, 1999『신라육상교통로연구』, 학연문화사

신호철, 1993『후백제 견훤정권 연구』, 일조각

이강래, 2007『삼국사기 형성론』, 신서원

이기백·이기동, 1982『한국사강좌』Ⅰ(고대편), 일조각

이병도, 1959『한국사』(고대편), 을유문화사

이병도, 1961『한국사』(중세편), 을유문화사

이병도, 1977 『국역 삼국사기』 을유문화사

이인철, 2000 『고구려의 대외정복 연구』 백산자료원

이인철, 2003 『신라정치경제사연구』 일지사

이한상, 2004 『황금의 나라 신라』 김영사

이희준, 2007 『신라고고학연구』 사회평론

장준식, 1998 『신라 중원경 연구』 학연문화사

장창은, 2020 『삼국시대 전쟁과 국경』 온샘

전덕재, 1996 『신라육부체제연구』 일조각

전덕재, 2009 『신라 왕경의 역사』 새문사

전덕재, 2018 『삼국사기 본기의 원전과 편찬』 주류성

전덕재 2023 『신라지방통치제도사』 학연문화사

田中俊明, 1992 『大加耶連盟の興亡と任那-加耶琴だけが殘った-』 吉川弘文館

鮎貝房之進, 1937 『雜攷 日本書紀朝鮮地名攷』(1971 國書刊行會)

정구복 등, 2012 『개정증보 역주 삼국사기』3(주석편상), 한국학중앙연구원출판부

조인성, 2007 『태봉의 궁예정권』 푸른역사

宗福邦·陳世饒·蕭海波主編, 2003 『故訓匯纂』 商務印書館

池內宏, 1960 『滿鮮史研究』上世第2冊, 吉川弘文館

津田左右吉, 1964 『津田左右吉全集』第11卷, 岩波書店

천관우, 1989 『고조선사·삼한사연구』 일조각

2. 논문

강봉룡, 1994 「신라 지방통치체제 연구」 서울대학교 박사학위논문

강종훈, 2001 「삼국사기 초기 기록의 제문제」 『김부식과 삼국사기』 경주김씨대종회

강종훈, 2004 「7세기 삼국통일전쟁과 신라의 군사활동-660년 이전 對高句麗戰을 중심으로-」 『신라문화』 24

강종훈, 2008 「5세기 후반 고구려와 신라의 국경선」 『한국 고대 사국의 국경선』, 서경문화사

今西龍, 1919 「加羅疆域考」 『史林』 4-3·4

김갑동, 1999 「신라와 백제의 관산성전투」 『백산학보』 52

김갑동, 2000 「후백제 견훤의 전략과 영역의 변천」 『군사』 41

김병남, 2018 「661년 신라 하주 州治의 大耶 이동 배경-신라와 백제의 공방을 중심으로-」 『지역과 역사』 42

김영하, 2014 「신라의 '통일'영역문제-교과서 내용의 시정을 위한 제언-」 『한국사학보』 56

김영하, 2018 「신라의 '백제통합'과 '일통삼한' 재론」 『한국고대사연구』 89

김영관, 2010 「660년 신라와 백제의 국경선에 대한 고찰」 『신라사학보』 20

김윤우, 1987 「낭비성과 낭자곡성」 『사학지』 21

김재열, 2010 「5~6세기 신라 경산지역 정치체의 冠」 『신라사학보』 20

김정배, 1988 「고구려와 신라의 영역문제」 『한국사연구』 61·62합

김정학, 1990 「가야와 일본」 『고대한일문화교류연구』, 한국정신문화연구원

김종복, 2017 「7~8세기 나당관계와 추이」 『역사비평』 127

김창석, 2009 「6세기 후반~7세기 전반 백제·신라의 전쟁과 대야성」 『신라문화』 34

김태식, 1985 「5세기 후반 대가야의 발전에 대한 연구」 『한국사론』 12, 서울대학교 국사학과

김태식, 1997 「백제의 가야지역관계사-교섭과 정복-」 『백제의 중앙과 지방』(백제연구총서 5권), 충남대학교 백제연구소

김택균, 1997 「동예고」 『강원문화연구』 16

김현숙, 2002 「4~6세기경 소백산맥 이동지역의 영역 향방-『삼국사기』 지리지의 경북지역 '고구려군현'을 중심으로-」 『한국고대사연구』 26

김현길, 2013 「낭성고」 『호서문화』 창간호

남재우, 1998 「가야시대 창원·마산지역 정치집단의 대외관계」 『창원사학』 4

노중국, 2006 「5~6세기 고구려와 백제의 관계-고구려의 한강유역 점령과 상실을 중심으로-」 『북방사논총』 11

노태돈, 1987 「삼국사기 상대 기사의 신빙성 문제」 『아시아문화』 2

류영철, 2000 「조물성싸움을 둘러싼 고려와 후백제」 『국사관논총』 92

문수진, 1987 「고려건국기의 나주세력」 『성대사림』 4

문안식, 2010 「고구려의 한강유역 진출과 서울지역의 동향」 『서울학연구』 39

문창로, 2007 「백제의 건국과 고이왕대의 체제 정비」 『백제의 기원과 건국』 (백제문화사대계 연구총서2), 충청남도 역사문화연구원

민덕식, 1983 「고구려의 도서현성고」 『사학연구』 36

박성현, 2010 「신라의 거점성 축조와 지방제도의 정비과정」 서울대학교 박사학위논문

박성현, 2011 「5~6세기 고구려·신라의 경계와 그 양상」 『역사와 현실』 82

박성현, 2019 「6~8세기 신라 동북 경계의 변천과 구조」 『한국학논집』 77

박종서, 2010 「고구려의 낭비성에 대한 검토」 『국학연구』 17

박종서, 2022 「고구려 남진 연구」, 단국대학교 박사학위논문

박종욱, 2021 「백제 사비기 신라와의 전쟁과 영역 변천」, 고려대학교 박사학위논문

박현숙, 1998 「백제 사비시대의 지방통치와 영역」 『백제의 지방통치』 학연문화사

박현숙, 2010 「5~6세기 삼국의 접경에 대한 역사지리적 접근」 『한국고대사연구』 58

백승충, 1995 「가야의 지역연맹사 연구」, 부산대학교 박사학위논문

백승충, 2010 「신라·안라의 '接境'과 '耕種' 문제-'任那日本府' 출현 배경의 한 측면-」 『지역과 역사』 27

서병국, 1981 「신당서 발해전 소재 泥河의 재검토」 『동국사학』 15·16

서영교, 2012 「고구려 평원왕대 남진과 견왜사」 『역사와 세계』 41

서영일, 1991 「5~6세기의 고구려 동남경 고찰」 『사학지』 28

서영일, 1995 「고구려 낭비성고」 『사학지』 28

서영일, 2001 「6~7세기 고구려 남경 연구」 『고구려연구』 11

선석열, 1997 「포상팔국의 아라국 침입에 대한 고찰-6세기 중엽 남부가야제국의 동향과 관련하여-」 『가라문화』 14

성주탁, 1990 「백제 말기 국경선에 대한 고찰」 『백제연구』 21

松井等, 1940「渤海國の疆域」『滿洲歷史地理』上, (株)丸善

신가영, 2020「4~6세기 가야제국의 동향과 국제관계」, 연세대학교 박사학위논문

신대수, 2024「4세기 후반~6세기 삼국의 군사적 경계 변화 연구」, 강원대학교 박사학위논문

신성재, 2010「궁예와 왕건과 나주」, 『한국사연구』 151

양기석, 2005「5~6세기 백제의 북계-475~551년 백제의 한강유역 영유문제를 중심으로-」『박물관기요』 20, 단국대학교 석주선기념박물관

양기석, 2006「국원소경과 우륵」, 『충북사학』 16

여호규, 2013「5세기 후반~6세기 중엽 고구려와 백제의 국경 변천」『백제문화』 48

여호규, 2020「고구려의 한반도 중부지역 지배와 한성 별도의 건설」『한국고대사연구』 99

윤성호, 2017「신라의 한강유역 영역화과정 연구」, 고려대학교 박사학위논문

윤성호, 2017「신라의 도살성·금현성 전투와 국원 진출」『한국고대사연구』 87

윤성호, 2019「신라 진평왕대 대고구려전투의 의미」『역사와 경계』 110

윤성호, 2021「삼국시대 비열홀 지역 관방시설 연구」『백산학보』 121

윤성호, 2022「7세기 가야고지 일대의 신라와 백제간 경계 변화」『한국고대사연구』 107

이강래, 2003「삼국사기론 그 100년의 궤적」『강좌 한국고대사』 1, 재단법인 가락국사적개발연구원

이도학, 1987「신라의 북진경략에 관한 신고찰」『경주사학』 6

이동희, 2021「탁기탄국 위치의 재검토」『동아시아고대학』 63

이부오·장익수 역, 2009「나제경계고」『신라사학보』 16

이성제, 2009「570년대 고구려의 대왜교섭과 그 의미-새로운 대외전략의 추진 배경과 내용에 대한 재검토-」『한국고대사탐구』 2

이영식, 1985「가야제국의 국가형성 문제-가야연맹설의 재검토와 전쟁기사 분석을 중심으로-」『백산학보』 32

이우태, 1997「영토의 확장과 왕권강화」『한국사』 7(삼국의 정치와 사회Ⅲ-신라·가야), 국사편찬위원회

이원근, 1976「백제낭비성고」『사학지』 10

이원근, 1981 「삼국시대의 성곽연구」, 단국대학교 박사학위논문

이인철, 1997 「신라의 한강유역 진출과정에 대한 고찰」 『향토서울』 57

이한상, 2000 「신라관 연구를 위한 일시론」 『고고학지』 11

이희준, 1995 「토기로 본 대가야의 권역과 그 변천」 『가야사연구-대가야의 정치와 문화-』, 경상북도

임평섭, 2024 「6세기 신라의 영역화 과정 연구」, 서강대학교 박사학위논문

장병진, 2022 「5세기 고구려의 영남 북부 지역 지배에 대한 새로운 접근-영남 북부 '本高句麗郡縣' 기록의 이해-」 『고구려발해연구』 72

장창은, 2010 「『삼국사기』 지리지 '고구려고지'의 이해 방향」 『한국학논총』 33

장창은, 2011 「6세기 중반 한강유역 쟁탈전과 관산성 전투」 『진단학보』 111

장창은, 2013 「6세기 후반~7세기 초반 고구려의 남진과 대신라 영역방향」 『민족문화논총』 55

전덕재, 2009 「신라의 한강유역 진출과 지배방식」 『향토서울』 73

전덕재, 2011 「喙國(喙己呑)의 위치와 역사에 대한 고찰」 『한국고대사연구』 61

전덕재, 2014 「이사부의 가계와 정치적 위상」 『사학연구』 115

전덕재, 2014 「신라의 동북지방 국경과 그 변천에 관한 고찰」 『군사』 91

전덕재, 2019 「충주고구려비를 통해 본 5세기 중반 고구려와 신라와의 관계」 『고구려발해연구』 65

전덕재, 2019 「신라는 삼국을 통일하려고 하였을까」 『역사비평』 128

전덕재, 2021 「나말여초 경산부의 설치와 동향」 『한국사연구』 195

전덕재, 2021 「신라 말 농민봉기의 원인과 통치체제의 와해」 『역사와 담론』 98

전덕재, 2023 「신라 진흥왕의 순행과 순행로 고찰」 『신라사학보』 57

전형권, 1998 「4~6세기 창원지역의 역사적 실체」 『창원사학』 4

정요근, 2008 「후삼국시기 고려의 남방진출로 분석」 『한국문화』 44

정운용, 1989 「5세기 고구려세력권의 남한」 『사총』 35

정운용, 2016 「삼국시대 신라 이사부의 군사활동」 『선사와 고대』 50

조이옥, 1996 「8세기 통일신라의 북방진출 연구」, 이화여자대학교 박사학위논문

주보돈, 2006「우륵의 삶과 가야금」『악성 우륵의 생애와 대가야의 문화』, 고령군·대가야박물관·계명대학교 한국학연구원

酒井改藏, 1970「三國史記の地名考」『朝鮮學報』54

池内宏, 1937「高麗太祖の經略」『滿鮮史研究』中世第2冊, 座右寶刊行會

池内宏, 1929「眞興王の戊子巡境碑と新羅の東北境」『古蹟調査特別報告』第6冊, 朝鮮總督府

津田左右吉, 1913「羅濟境界考」『朝鮮歷史地理』1, 南滿洲鐵道株式會社

津田左右吉, 1913「新羅北境考」『朝鮮歷史地理』1, 南滿洲鐵道株式會社

津田左右吉, 1913「任那疆域考」『朝鮮歷史地理』1, 南滿洲鐵道株式會社

津田左右吉, 1913「好太王征服地域考」『朝鮮歷史地理』1, 南滿洲鐵道株式會社

최병운, 1992「신라 상고의 영토 변천 연구」, 전남대학교 박사학위논문

최상기, 2023「642년 대야성전투에 나타난 신라 군제의 일면」『한국고대사연구』112

최종규, 1983「중기고분의 성격에 대한 약간의 고찰」『부대사학』7

한기문, 2019「고려시대 경산부의 성립과 변천」『한국학논집』74

II. 상고기(上古期) 신라의 국경과 그 변천

1. 단행본

강종훈, 2011『삼국사기 사료비판론』, 여유당

경북대학교 박물관, 2003『대구 화원 성산리 1호분』

경상대학교 박물관, 1994『의령 예둔리고분군』

경상북도문화재연구원, 2004『대구 문산정수장건설부지 내 달성 문산리 고분군 I 지구』

高寬敏, 1996『三國史記の原典的研究』, 雄山閣

괴산군·중원문화재연구원, 2004『문화유적분포지도-괴산군-』

괴산군지편찬위원회, 2013『괴산군지』3

국립가야문화재연구소, 2017『한국의 고대목간』II

今西龍, 1937『朝鮮古史の研究』, 近澤書店(1970 國書刊行會)

김기섭, 2000 『백제와 근초고왕』, 학연문화사

김세기, 2003 『고분 자료로 본 대가야 연구』, 학연문화사

김정학, 1977 『任那と日本』, 小學館

김태식, 1993 『가야연맹사』, 일조각

김태식, 2002 『미완의 문명 7백년 가야사』(3권 왕들의 나라), 푸른역사

김현숙, 2005 『고구려의 영역지배방식 연구』, 모시는사람들

노중국, 1988 『백제정치사연구』, 일조각

노태돈, 1999 『고구려사연구』, 사계절

노태돈, 2009 『한국고대사의 이론과 쟁점』, 집문당

단국대학교 동양학연구소, 2004 『한한대사전』 13권, 단국대학교출판부

단국대학교부설 동양학연구소, 1973 『千字文』, 동양학연구총서 제3집

박순발, 2001 『한성백제의 탄생』, 서경문화사

박천수·홍보식·이주헌·류창환, 2003 『가야의 유적과 유물』, 학연문화사

부산대학교 박물관, 1979 『부산화명동고분군』, 부산대학교 박물관 유적조사보고 제2집

서영일, 1999 『신라육상교통로연구』, 학연문화사

양주동, 1965 『증정고가연구』, 일조각

영남매장문화재연구원, 1997 『의령 천곡리고분군』 Ⅰ·Ⅱ

영남문화재연구원, 2003 『달성 문양리고분군』 Ⅰ, 영남문화재연구원 학술조사보고 55집

영남문화재연구원, 2005 『달성 문산리고분군 Ⅰ-Ⅱ 지구 M1·M2호분-』

영남대학교 박물관, 1991 『창녕 계성리 고분군-계남1·4호분-』

이강래, 2011 『삼국사기 인식론』, 일지사

이도학, 2006 『고구려 광개토왕릉비문 연구』, 서경

이병도, 1977 『국역 삼국사기』, 을유문화사

이한상, 2009 『장신구 사여체계로 본 백제의 지방지배』, 서경문화사

이형기, 2009 『대가야의 형성과 발전 연구』, 경인문화사

이홍직, 1971『한국고대사의 연구』, 신구문화사

이희준, 2007『신라고고학연구』, 사회평론

장창은, 2008『신라 상고기 정치변동과 고구려 관계』, 신서원

재단법인 국강고고학연구소·현대중공업, 2015『강릉 강문동 신라 토성-강릉 경포대 현대호텔 신축부지내 유적』

前間恭作, 1938『半島上代の人文』, 松浦書店

전덕재, 2009『신라 왕경의 역사』, 새문사

전덕재, 2018『삼국사기 본기의 원전과 편찬』, 주류성

전덕재, 2023『신라지방통치제도사』, 학연문화사

田中俊明, 1992『大加耶連盟の興亡と任那-加耶琴だけが殘った-』, 吉川弘文館

鮎貝房之進, 1937『雜攷 日本書紀朝鮮地名攷』(1971 國書刊行會)

정구복 등, 2012『개정증보 역주 삼국사기』3(주석편상), 한국학중앙연구원출판부

정구복 등, 2012『개정증보 역주 삼국사기』4(주석편하), 한국학중앙연구원출판부

井上秀雄 譯註, 1980『三國史記』1, 平凡社

조상기, 2015『청주지역 백제토기 전개과정과 고대 정치체』, 진인진

津田左右吉, 1964『津田左右吉全集』第11卷, 岩波書店

차용걸 외, 1996『진천대모산성지표조사보고』, 충북대학교 호서문화연구소 연구총서 제11책

천관우, 1989『고조선사·삼한사연구』, 일조각

천관우, 1991『가야사연구』, 일조각

청주대학교 박물관, 1984『중원 문화권 유적 정밀조사 보고서』(옥천군).

한국고대사회연구소, 1992『역주 한국고대금석문』제2권(신라1·가야편), 재단법인 가락국사적개발연구원

한글학회, 1967『한국지명총람』2(강원편)

한글학회, 1970『한국지명총람』3(충북편)

2. 논문

강종훈, 2002 「신라시대의 사서 편찬」 『강좌 한국고대사』 5권, 재단법인 가락국사적개발연구원

강종훈, 2008 「5세기 후반 고구려와 신라의 국경선」 『한국 고대 사국의 경계선』, 서경문화사

高寬敏, 1994 「三國史記新羅本紀の國內原典」 『古代文化』 46-9·10, 古代學協會

권오영, 2007 「고고자료로 본 지방사회」 『백제의 정치제도와 군사』(백제문화사대계 연구총서 8), 충청남도 역사문화연구원

권용대, 2005 「옥전고분군 목곽묘의 분화양상과 위계화에 대한 일고찰」, 경상대학교 석사학위논문

今西龍, 1919 「加羅疆域考」 『史林』 4-3·4

김두철, 1997 「전기가야의 마구」 『가야와 고대 일본』, 제3회 가야사 국제학술대회 발표요지

김영관, 2014 「백제유민 진법자묘지명 연구」 『백제문화』 50

김영심, 1997 「백제 지방통치체제 연구-5~7세기를 중심으로-」, 서울대학교 박사학위논문

김재열, 2010 「5~6세기 신라 경산지역 정치체의 관」 『신라사학보』 20

김창석, 2008 「고대 영서지역의 종족과 문화변천」 『한국고대사연구』 51

김창석, 2009 「고대의 영서지역과 춘천 맥국설」 『사회적 네트워크와 공간』(이태진 교수 정년기념논총 간행위원회), 태학사

김태식, 2006 「5~6세기 고구려와 가야의 관계」 『북방사논총』 11

김택균, 1997 「동예고」 『강원문화연구』 16

김현미, 2005 「탁순국의 성립과 대외관계의 추이」 『역사와 경계』 57

나용재, 2016 「백제 의관제의 정비시기 검토-은화관식과 금동관모를 중심으로-」 『사학지』 53

남상준, 1985 「고대 한국의 인구이동에 관한 연구」 『지리학』 32

남재우, 1998 「가야시대 창원·마산지역 정치집단의 대외관계」 『창원사학』 4

노태돈, 1997 「『삼국사기』 신라본기의 고구려 관계 기사 검토」 『경주사학』 16

노태돈, 2005 「고구려의 한강지역 병탄과 그 지배 양태」 『향토서울』 66

末松保和, 1954 「梁書新羅傳考」 『新羅史の諸問題』, 東洋文庫

맹소희, 2017 「한성백제기 화성·오산지역 고고학적 변화 양상 연구-분묘유적과 주거유적을 중심으로-」, 한양대학교 대학원 석사학위논문

문창로, 2007 「백제의 건국과 고이왕대의 체제 정비」, 『백제의 기원과 건국』(백제문화사대계 연구총서2), 충청남도 역사문화연구원

민덕식, 1990 「신라 대모산성의 분석적 연구」, 『한국사연구』 29

박방룡, 1998 「신라 도성 연구」, 동아대학교 박사학위논문

박성현, 2010 「신라의 거점성 축조와 지방제도의 정비」, 서울대학교 박사학위논문

박천수, 1993 「삼국시대 창녕지역 집단의 성격 연구」, 『영남고고학』 13

백두현, 1999 「울진봉평신라비의 지명에 대한 어학적 고찰」, 『한국고대사회와 울진지방』, 울진군·한국고대사학회

백승충, 1989 「1~3세기 가야세력의 성격과 그 추이-수로집단의 성장과 포상팔국의 난을 중심으로-」, 『부대사학』 19

백승충, 1995 「가야의 지역연맹사 연구」, 부산대학교 박사학위논문

백승충, 2006 「'下部思利利' 명문과 가야의 부」, 『역사와 경계』 58

백승충, 2010 「신라·안라의 '接境'과 '耕種' 문제-'任那日本府' 출현 배경의 한 측면-」, 『지역과 역사』 27

서병국, 1981 「신당서 발해전 소재 泥河의 재검토」, 『동국사학』 15·16

선석열, 1997 「포상팔국의 아라국 침입에 대한 고찰-6세기 중엽 남부가야제국의 동향과 관련하여-」, 『가라문화』 14

송하진, 1993 「삼국사기 지리지 지명의 국어학적 연구」, 동국대학교 박사학위논문

신경철, 1999 「복천동고분군의 갑주와 마구」, 『복천동고분군의 재조명』

심재연, 2006 「한성백제기 북한강 중상류지역의 양상에 대하여」, 『호서고고학보』 14

심재연, 2014 「백제의 동북방면 진출-고고학적인 측면-」, 『근초고왕 때 백제 영토는 어디까지였나』, 한성백제박물관

심현용, 2009 「고고자료로 본 5~6세기 신라의 강릉지역 지배방식」, 『문화재』 42권 3호

여호규, 2013 「5세기 후반~6세기 중엽 고구려와 백제의 국경 변천」 『백제문화』 48

이건식, 2013 「한국 고유한자 구성요소 虍의 의미와 특수성 형성 배경」 『한민족문화연구』 42

이경복, 2009 「백제의 태안반도 진출과 서산 부장리 세력」 『한국고대사탐구』 3

이경섭, 2011 「성산산성 출토 신라 짐꼬리표[荷札] 목간의 지명 문제와 제작 단위」 『신라사학보』 23

이나경, 2013 「중부지역 출토 낙랑계 토기 연구」, 서울대학교 석사학위논문

이동희, 2021 「탁기탄국 위치의 재검토」 『동아시아고대학』 63

이병도, 1976 「백제의 건국 문제와 마한 중심세력의 변동」 『한국고대사연구』, 박영사

이병도, 1976 「삼한의 제소국 문제」 『한국고대사연구』, 박영사

이병도, 1976 「임둔군고」 『한국고대사연구』, 박영사

이상률, 1993 「삼국시대 杏葉 소고」 『영남고고학』 13

이선아, 2013 「백제 한성기 지방사회의 신묘제 수용 양상-공주 수촌리유적을 중심으로-」, 공주대학교 대학원 석사학위논문

이영식, 1985 「가야제국의 국가형성 문제-가야연맹설의 재검토와 전쟁기사 분석을 중심으로-」 『백산학보』 32

李鎔賢, 1999 「『梁職貢圖』百濟國條の旁小國」 『朝鮮史硏究會論文集』 37

이한상, 1995 「5~6세기 신라의 변경지배방식-장신구 분석을 중심으로-」 『한국사론』 33, 서울대학교 국사학과

이한상, 2003 「동해안지역의 5~6세기대 신라분묘 확산양상」 『영남고고학』 32

이한상, 2008 「백제 금동관모의 제작과 소유방식」 『한국고대사연구』 51

이현정·강진아, 2013 「태장리고분군 3-1호분 출토 마구의 검토」 『영주 순흥 태장리고분군3』, (재)세종문화재연구원 학술조사보고 제14책

이현혜, 2014 「백제 국가의 형성과 발달 과정을 둘러싼 중요 쟁점」 『백제의 왕권은 어떻게 강화되었는가』(백제학연구총서 쟁점백제사4), 한성백제박물관

이홍직, 1965 「梁職貢圖論考-특히 百濟國使臣圖經을 중심으로-」 『高大 60주년기념논문집 인문

과학편』

이훈, 2012「금동관을 통해 본 백제의 지방통치와 대외교류」『백제연구』55

이희준, 1995「토기로 본 대가야의 圈域과 그 변천」『가야사연구-대가야의 정치와 문화』, 경상북도

이희준, 2005「4~5세기 창녕지역 정치체의 읍락 구성과 동향」『영남고고학』37

임기환, 2000「3세기~4세기 초 위·진의 동방정책-낙랑군·대방군을 중심으로-」『역사와 현실』36

장창은, 2016「나·제동맹기 신라와 백제의 국경선 변천」『한국학논총』45

前間恭作, 1925「新羅王の世次と其の名について」『東洋學報』15-2

전덕재, 1990「신라 주군제의 성립배경 연구」『한국사론』22, 서울대학교 국사학과

전덕재, 2001「신라 중고기 주의 성격 변화와 군주」『역사와 현실』40

전덕재, 2003「이사금시기 신라의 성장과 6부」『신라문화』21

전덕재, 2007「삼국시대 황산진과 가야진에 대한 고찰」『한국고대사연구』47

전덕재, 2009「관산성전투에 대한 새로운 고찰」『신라문화』34

전덕재, 2010「勿稽子의 避隱과 그에 대한 평가」『신라문화제학술논문집』31(명예보다 求道를 택한 신라인)

전덕재, 2011「喙國(喙己呑)의 위치와 역사에 대한 고찰」『한국고대사연구』61

전덕재, 2012「백제의 율령 반포 시기와 그 변천」『백제문화』47

전덕재, 2013「椵岑城의 位置와 그 戰鬪의 역사적 성격」『역사와 경계』87

전덕재, 2013「상고기 신라의 동해안지역 경영」『역사문화연구』45

전덕재, 2014「『삼국사기』신라본기 상고기 기록의 원전과 개찬」『동양학』56

전덕재, 2016「『삼국사기』백제본기의 원전에 대한 검토-중국 사서와 국내 자료 인용을 중심으로-」『사학지』53

전덕재, 2019「충주고구려비를 통해 본 5세기 중반 고구려와 신라와의 관계」『고구려발해연구』65

전형권, 1998「4~6세기 창원지역의 역사적 실체」『창원사학』4

井上秀雄, 1982「朝鮮城郭一覽」『朝鮮學報』104

정영호, 1975「백제고리산성고」『백제문화』7·8합

정영호, 1990「상주 방면 및 추풍령 북방의 고대 교통로 연구」『국사관논총』16

정징원·홍보식, 1995「창녕지역의 고분문화」『한국문화연구』7

정창희, 2004「5~6세기 대구 낙동강연안 정치체의 구조와 동향」, 경북대학교 대학원 석사학위논문

조효식, 2005「낙동강 중류역 동안 삼국시대 성곽 조사보고」『박물관연보』3, 경북대학교 박물관

조효식, 2005「낙동강 중류역 삼국시대 성곽 연구」, 경북대학교 고고인류학과 석사학위논문

주보돈, 2000「함안 성산산성 출토 목간의 기초적 검토」『한국고대사연구』19

주보돈, 2011「울진봉평리신라비와 신라의 동해안 경영」『울진봉평리신라비와 한국고대금석문』, 울진군·한국고대사학회

津田左右吉, 1913「好太王征服地域考」『朝鮮歷史地理』1, 南滿洲鐵道株式會社

津田左右吉, 1913「任那疆域考」『朝鮮歷史地理』1, 南滿洲鐵道株式會社

津田左右吉, 1913「長壽王征服地域考」『朝鮮歷史地理』1, 南滿洲鐵道株式會社

천관우, 1976「진·변한 제국의 위치 시론」『백산학보』20

홍승우, 2009「백제 율령 반포 시기와 지방지배」『한국고대사연구』54

III. 중고기(中古期) 신라의 영토 확장과 국경의 변동

1. 단행본

김태식, 1993『가야연맹사』, 일조각

김태식, 2002『미완의 문명 7백년 가야사』(3권 왕들의 나라), 푸른역사

김태식, 2014『사국시대의 사국관계사 연구』, 서경문화사

김태식 등, 2004『역주 가야사사료집성』, 재단법인 가락국사적개발연구원

노태돈, 1999『고구려사연구』, 돌베개

末松保和, 1949『任那興亡史』, 大八洲出版(1961 吉川弘文館)

백종오, 2006『고구려 남진정책 연구』, 서경

서영일, 1999『신라육상교통로연구』, 학연문화사

서영교, 2006『나당전쟁사연구-약자가 선택한 전쟁-』, 아세아문화사

신채호 저·이만열 주석, 1983『조선상고사』(하), 단재신채호선생기념사업회

양기석 등, 2001『신라 서원소경 연구』, 서경

이기백·이기동, 1982『한국사강좌』I (고대편), 일조각

이병도, 1977『국역 삼국사기』, 을유문화사

이인철, 2003『신라정치경제사연구』, 일지사

이희준, 2007『신라고고학연구』, 사회평론

장준식, 1998『신라 중원경 연구』, 학연문화사

장창은 2014『고구려 남방 진출사』, 경인문화사

전덕재, 2018『삼국사기 본기의 원전과 편찬』, 주류성

전덕재, 2021『삼국사기 잡지·열전의 원전과 편찬』, 주류성

전덕재, 2023『신라지방통치제도사』, 학연문화사

정구복 등, 2012『개정증보 역주 삼국사기』3(주석편상), 한국학중앙연구원출판부

정구복 등, 2012『개정증보 역주 삼국사기』4(주석편하), 한국학중앙연구원출판부

조영제, 2007『옥전고분군과 다라국』, 혜안

창녕군지편찬위원회, 2003『창녕군지』(하)

천관우, 1989『고조선사·삼한사연구』, 일조각

최진연, 2011『역사의 흔적 경기도 산성여행』, 주류성

2. 논문

강종훈, 2004「7세기 삼국통일전쟁과 신라의 군사활동-660년 이전 對高句麗戰을 중심으로-」『신라문화』24

곽장근, 2004「호남동부지역의 가야세력과 그 성장과정」『호남고고학보』20

김갑동, 1999「신라와 백제의 관산성전투」『백산학보』52

김용성, 2009 「창녕지역 고총 묘제의 특성과 의의」 『한국고대사 속의 창녕』, 창녕군·경북대 영남문화연구원

김윤우, 1987 「낭비성과 낭자곡성」 『사학지』 21

김태식, 2007 「가야와의 관계」 『백제의 대외관계』(백제문화사대계 연구총서 제9권), 충청남도 역사문화연구원

김현길, 2013 「낭성고」 『호서문화』 창간호

남재우, 2009 「가야 말기 우륵의 신라 망명」 『악사 우륵과 의령지역의 가야사』, 홍익대학교 인문과학연구소·우륵문화발전연구회

노중국, 2006 「5~6세기 고구려와 백제의 관계-고구려의 한강유역 점령과 상실을 중심으로-」 『북방사논총』 11

노태돈, 1997 「『삼국사기』 신라본기의 고구려 관계 기사 검토」 『경주사학』 16

도수희, 1999 「도미전의 천성도에 대하여」 『한국지명연구』, 이회문화사

민덕식, 1983 「고구려의 도서현성고」 『사학연구』 36

박성현, 2010 「신라의 거점성 축조와 지방제도의 정비과정」, 서울대학교 박사학위논문

박성현, 2011 「5~6세기 고구려·신라의 경계와 그 양상」 『역사와 현실』 82

박종서, 2010 「고구려의 낭비성에 대한 검토」 『국학연구』 17

박종서, 2022 「고구려 남진 연구」, 단국대학교 박사학위논문

서영일, 1995 「고구려 낭비성고」 『사학지』 28

서영일, 2001 「6~7세기 고구려 남경 연구」 『고구려연구』 11

양기석, 2006 「국원소경과 우륵」 『충북사학』 16

여호규, 2013 「5세기 후반~6세기 중엽 고구려와 백제의 국경 변천」 『백제문화』 48

여호규, 2020 「고구려의 한반도 중부지역 지배와 한성 별도의 건설」 『한국고대사연구』 99

윤성호, 2017 「신라의 한강유역 영역화과정 연구」, 고려대학교 박사학위논문

윤성호, 2017 「신라의 도살성·금현성 전투와 국원 진출」 『한국고대사연구』 87

윤성호, 2019 「신라 진평왕대 대고구려전투의 의미」 『역사와 경계』 110

윤성호, 2019 「아차산성 출토 명문기와를 통해 본 신라 하대의 북한산성」 『한국사학보』 74

이동희, 2008 「섬진강유역의 고분」 『백제와 섬진강』, 서경문화사

이민부·이광률, 2016 「추가령구조곡의 지역지형 연구」 『대한지리학회지』 51-4

이영식, 2013 「대가야와 신라, 혼인동맹의 전개와 성격」 『역사와 세계』 44

이영호, 2006 「우륵 12곡을 통해 본 대가야의 정치체제」 『악성 우륵의 생애와 대가야의 문화』, 고령군·대가야박물관·계명대학교 한국학연구원

이우태, 1997 「영토의 확장과 왕권강화」 『한국사』 7(삼국의 정치와 사회Ⅲ-신라·가야), 국사편찬위원회

이원근, 1981 「삼국시대의 성곽연구」, 단국대학교 박사학위논문

이인철, 1997 「신라의 한강유역 진출과정에 대한 고찰」 『향토서울』 57

이희준, 1995 「토기로 본 대가야의 권역과 그 변천」 『가야사연구-대가야의 정치와 문화』, 경상북도

임기환, 2002 「고구려·신라의 한강유역 경영과 서울」 『서울학연구』 18

장창은, 2011 「6세기 중반 한강유역 쟁탈전과 관산성 전투」 『진단학보』 111

장창은, 2013 「6세기 후반~7세기 초반 고구려의 남진과 대신라 영역방향」 『민족문화논총』 55

장창은, 2015 「4세기 후반~6세기 중반 단양지역을 둘러싼 신라와 고구려의 각축」 『한국고대사탐구』 21

전덕재, 2005 「서원소경의 설치와 행정체계에 대한 고찰」 『호서사학』 41

전덕재, 2007 「삼국시대 황산진과 가야진에 대한 고찰」 『한국고대사연구』 47

전덕재, 2009 「신라의 한강유역 진출과 지배방식」 『향토서울』 73

전덕재, 2011 「喙國(喙己呑)의 위치와 역사에 대한 고찰」 『한국고대사연구』 61

전덕재, 2013 「상고기 신라의 동해안지역 경영」 『역사문화연구』 45

전덕재, 2014 「이사부의 가계와 정치적 위상」 『사학연구』 115

전덕재, 2023 「신라 진흥왕의 순행과 순행로 고찰」 『신라사학보』 57

전상우, 2018 「6세기 후반 고구려의 대외정책 변화와 신라 아단성 공격」 『한국고대사연구』 89

전영래, 1981 「남원초촌리고분발굴조사보고서」(전북유적조사보고 제12집), 전주시립박물관

정요근, 2005 「7~11세기 경기도 북부지역에서의 간선교통로 변천과 '長湍渡路'」『한국사연구』131

정운용, 2016 「삼국시대 신라 이사부의 군사활동」『선사와 고대』50

주보돈, 2006 「우륵의 삶과 가야금」『악성 우륵의 생애와 대가야의 문화』, 고령군·대가야박물관·계명대학교 한국학연구원

酒井改藏, 1970 「三國史記の地名考」『朝鮮學報』54

池內宏, 1929 「眞興王の戊子巡境碑と新羅の東北境」『古蹟調査特別報告』第六册, 朝鮮總督府

IV. 통일신라의 국경과 변천

1. 단행본

고석규 등, 2006 『장보고시대의 포구조사』, 재단법인 해상왕장보고기념사업회

김영관, 2005 『백제부흥운동연구』, 서경

김태식, 1993 『가야연맹사』, 일조각

김태식, 2014 『사국시대의 사국관계사 연구』, 서경문화사

노중국, 2003 『백제부흥운동사』, 일조각

노태돈, 1999 『고구려사연구』, 돌베개

단국대학교 동양학연구소, 2000 『한한대사전』3, 단국대학교출판부

도수희, 1989 『백제어연구』II, 백제문화개발원

末松保和, 1949 『任那興亡史』, 大八洲出版 (1961 吉川弘文館)

末松保和, 1996 『高句麗と朝鮮古代史』(末松保和著作集3), 吉川弘文館

문안식, 2006 『백제의 흥망과 전쟁』, 혜안

박병채, 1990 『고대국어학연구』, 고려대 민족문화연구소

양기석 등, 2008 『백제사자료역주집』(한국편 I), 충청남도 역사문화연구원

양주동, 1965 『증정고가연구』, 일조각

유창균, 1980 『한국고대한자음연구』, 계명대학교출판부

이기동, 1984 『신라 골품제사회와 화랑도』, 일조각

이병도, 1977 『국역 삼국사기』, 을유문화사

장창은, 2020 『삼국시대 전쟁과 국경』, 도서출판 온샘

전덕재, 2009 『신라 왕경의 역사』, 새문사

전덕재, 2018 『삼국사기 본기의 원전과 편찬』, 주류성

전덕재, 2021 『삼국사기 잡지·열전의 원전과 편찬』, 주류성

전영래, 1996 『백촌강에서 대야성까지』, 신아출판사

田中俊明, 1992 『大加耶連盟の興亡と任那-加耶琴だけが殘った-』, 吉川弘文館

정구복 등, 2012 『개정증보 역주 삼국사기』3(주석편상), 한국학중앙연구원출판부

정구복 등, 2012 『개정증보 역주 삼국사기』4(주석편하), 한국학중앙연구원출판부

井上秀雄 譯註, 1980 『三國史記』1, 平凡社

宗福邦·陳世饒·蕭海波主編, 2003 『故訓匯纂』, 商務印書館

천관우, 1989 『고조선사·삼한사연구』, 일조각

한글학회, 1974 『한국지명총람』4(충남편상)

2. 논문

강봉룡, 1994 「신라 지방통치체제 연구」, 서울대학교 박사학위논문

김병남, 2004 「백제 무왕대의 아막성 전투 과정과 그 결과」, 『역사학연구』22

김병남, 2013 「백제 부흥전쟁기의 웅산성 전투와 그 의미」, 『전북사학』42

김병남, 2018 「661년 신라 하주 州治의 大耶 이동 배경-신라와 백제의 공방을 중심으로-」, 『지역과 역사』42

김병남, 2022 「백제부흥운동 관련 '전북지역' 지명의 검토」, 『전북사학』64

김영관, 2008 「고대 청주지역의 역사적 동향」, 『백산학보』82

김영관, 2010 「660년 신라와 백제의 국경선에 대한 고찰」, 『신라사학보』20

김영하, 2018 「신라의 '백제통합'과 '일통삼한' 재론」, 『한국고대사연구』89

김종택, 2002「於乙買(串)를 다시 해독함」『지명학』7

김창석, 2009「6세기 후반~7세기 전반 백제·신라의 전쟁과 대야성」『신라문화』34

김태식, 1997「백제의 가야지역관계사-교섭과 정복-」『백제의 중앙과 지방』(백제연구총서 5권), 충남대학교 백제연구소

김태식, 2009「우륵 출신지 성열현의 위치」『악사 우륵과 의령지역의 가야사』, 홍익대학교 인문과학연구소·우륵문화발전연구회

末松保和, 1935「百濟の故地に置かれた唐の州縣について」『青丘學叢』19

문안식, 2004「의자왕 전반기의 신라 공격과 영토확장」『경주사학』23

민덕식, 1983「고구려의 도서현성고」『사학연구』36

박성현, 2019「6~8세기 신라 동북 경계의 변천과 구조」『한국학논집』77

박종욱, 2013「602년 아막성전투의 배경과 성격」『한국고대사연구』69

박종욱, 2019「660년 백제의 영역과 가야고지」『백제학보』29

박종욱, 2021「백제 사비기 신라와의 전쟁과 영역 변천」, 고려대학교 박사학위논문

박종희, 2018「百濟 遷都 地名 '枳慕蜜地'와 俗地名 '모질매'」『마한·백제문화』32

박지현, 2013「웅진도독부의 성립과 운영」『한국사론』59, 서울대학교 국사학과

백두현, 1999「울진봉평신라비의 지명에 대한 어학적 고찰」『한국고대사회와 울진지방』, 울진군·한국고대사학회

송기호, 1989「동아시아 국제관계 속의 발해와 신라」『한국사시민강좌』5, 일조각

松井等, 1940「渤海國の疆域」『滿洲歷史地理』上, (株)丸善

심정보, 1983「백제부흥군의 주요 거점에 관한 연구」『백제연구』14

심정보, 2007「백제 부흥운동의 전개」『백제의 멸망과 부흥운동』(백제문화사대계 연구총서6), 충청남도 역사문화연구원

윤경진, 2019「삼한일통의식은 7세기의 이념인가」『한국고대사연구』92

윤성호, 2022「7세기 가야고지 일대의 신라와 백제간 경계 변화」『한국고대사연구』107

이기동, 1976「신라 하대의 패강진-고려왕조의 성립과 관련하여-」『한국학보』4

이도학, 1987「웅진도독부의 지배 조직과 대일본정책」『백산학보』34

이병도, 1976「현토군고」『한국고대사연구』, 박영사

이상훈, 2015「백제부흥군의 옹산성 주둔과 신라군의 대응」『역사교육논집』57

이현숙, 2009「취리산유적의 고고학적 검토」『선사와 고대』31

장창은, 2019「7세기 전반~중반 백제·신라의 각축과 국경선 변천」『한국고대사탐구』33

赤羽目匡由, 2011「渤海·新羅接境地域における黑水·鐵勒·達姑の諸族の存在樣態」『渤海王國の政治と社會』, 吉川弘文館

赤羽目匡由, 2011「新羅泉井(井泉)郡の位置について」『渤海王國の政治と社會』, 吉川弘文館.

赤羽目匡由 著·이유진 옮김, 2008「신라 동북경에서의 신라와 발해의 교섭에 대하여」『고구려연구』31

전덕재, 2005「서원소경의 설치와 행정체계에 대한 고찰」『호서사학』4

전덕재, 2006「태봉의 지방제도에 대한 고찰」『신라문화』27

전덕재, 2008「삼국시대 낙동강 수로를 둘러싼 신라와 가야세력의 동향-낙동강 중류지역을 중심으로-」『대구사학』93

전덕재, 2009「우수주의 설치와 변천에 관한 고찰」『강원문화연구』28

전덕재, 2012「고대 의성지역의 역사적 변천에 관한 고찰」『신라문화』39

전덕재, 2013「신라 하대 패강진의 설치와 그 성격」『대구사학』113

전덕재, 2019「통일신라의 외교」『한국의 대외관계와 외교사』(고대편), 동북아역사재단

전영래, 1985「백제 남방경역의 변천」『천관우선생환력기념사학논총』, 정음문화사

전영래, 1990「주류성·백강 위치비정에 관한 신연구」『백제 최후 항쟁사 연구』, 전주문화원

정요근, 2005「7~11세기 경기도 북부지역에서의 간선교통로 변천과 '長湍渡路'」『한국사연구』131

조병순, 2004「발해 남경남해부의 위치 추정에 대한 고찰」『서지학보』28

지원구, 2022「백제 5방성 연구」, 고려대학교 박사학위논문

津田左右吉, 1913「羅濟境界考」『朝鮮歷史地理』1, 南滿洲鐵道株式會社

津田左右吉 著·이부오·장익수 역, 2009「나제경계고」『신라사학보』16

천소영, 1996「지명에 쓰인 '느르'계 어사에 대하여」『구결연구』1

최상기, 2023「642년 대야성전투에 나타난 신라 군제의 일면」『한국고대사연구』112

황금연, 2011「옛 지명 형태소 '於乙-'에 대한 통시적 고찰」『한글』254

Ⅴ. 후삼국시기 신라의 쇠퇴와 영역 축소

1. 단행본

김상기, 1985『고려시대사』, 서울대학교출판부

단국대학교부설 동양학연구소, 1973『千字文』(동양학연구총서 제3집)

신호철, 1993『후백제 견훤정권 연구』, 일조각

이병도, 1961『한국사』(중세편), 을유문화사

이병도, 1977『국역 삼국사기』, 을유문화사

전덕재, 2006『한국고대사회경제사』, 태학사

전덕재, 2009『신라 왕경의 역사』, 새문사,

전덕재, 2021『삼국사기 잡지·열전의 원전과 편찬』, 주류성

조인성, 2007『태봉의 궁예정권』, 푸른역사

2. 논문

김갑동, 2000「후백제 견훤의 전략과 영역의 변천」『군사』41

류영철, 2000「조물성싸움을 둘러싼 고려와 후백제」『국사관논총』92

문수진, 1987「고려건국기의 나주세력」『성대사림』4

신성재, 2010「궁예와 왕건과 나주」『한국사연구』151

윤경진, 2018「신라말 고려초 京山府 연혁과 碧珍郡」『역사문화연구』66

이문기, 2015「후삼국시기 경상도지역 호족의 존재 양태와 동향」『신라 하대 정치와 사회 연구』, 학연문화사

이종봉, 2003「나말여초 양주의 동향과 김인훈」『지역과 역사』13

전덕재, 2017「후삼국시대 신라의 동향과 멸망에 대한 일고찰-『삼국유사』 기이편 김부대왕조의 검토를 중심으로-」『신라문화제학술발표회논문집』 38

전덕재, 2020「『삼국사기』 궁예·견훤열전의 원전과 편찬」『역사와 경계』 116

전덕재, 2021「나말여초 경산부의 설치와 운영」『한국사연구』 195

전덕재, 2021「신라 효공왕대 전후 신라 정부와 성주·장군의 동향에 관한 고찰」『신라사학보』 51

정요근, 2008「후삼국시기 고려의 남방진출로 분석」『한국문화』 44

池內宏, 1937「高麗太祖の經略」『滿鮮史研究』中世第2冊, 座右寶刊行會

최종석, 2004「나말여초 성주·장군의 정치적 위상과 성」『한국사론』 50, 서울대학교 국사학과

한기문, 2019「고려시대 경산부의 성립과 변천」『한국학논집』 74

부기(附記) : 본문 출처

본서의 본문은 필자가 여러 학술지에 발표하였던 논고를 수정, 보완한 것이다. 논고 가운데 상당히 기일이 지난 것도 있기 때문에 자료를 새로 추가, 보완하고, 논지를 수정, 보완할 수밖에 없었다. 본서에서 수정, 보완한 내용에 대하여 일일이 각주를 달아 밝히지 않았다. 기존 논고에서 제시된 견해와 차이가 나는 경우, 본서의 내용이 필자의 최종 소견임을 밝혀둔다. 이미 발표한 논고의 제목과 학술지는 다음과 같다.

1부

전덕재, 2008「삼국시대 낙동강 수로를 둘러싼 신라와 가야세력의 동향-낙동강 중류지역을 중심으로-」『대구사학』93

전덕재, 2009「우수주의 설치와 변천에 관한 고찰」『강원문화연구』28

전덕재, 2009「관산성전투에 대한 새로운 고찰」『신라문화』34

전덕재, 2011「탁국(탁기탄)의 위치와 역사에 대한 고찰」『한국고대사연구』61

전덕재, 2014「신라의 동북지방 국경과 그 변천에 관한 고찰」『군사』91

전덕재, 2016「신라의 북진과 서북 경계의 변화」『한국사연구』173

전덕재, 2018「4~7세기 백제의 경계와 그 변화-경기와 충청지역을 중심으로-」『백제문화』58

전덕재, 2019「충주고구려비를 통해 본 5세기 중반 고구려와 신라와의 관계」『고구려발해연구』65

전덕재, 2022「『삼국사기』기록을 통해 본 가야 인식의 변천 고찰」『역사와 세계』123

○ 1부는 기존에 발표한 논고 가운데 전부 또는 일부를 발췌하여 수정, 보완한 것이다.

2부

전덕재, 2008「삼국시대 낙동강 수로를 둘러싼 신라와 가야세력의 동향-낙동강 중류지역을 중심으로-」『대구사학』93

전덕재, 2009 「신라의 한강유역 진출과 지배방식」 『향토서울』 73

전덕재, 2014 「신라의 동북지방 국경과 그 변천에 관한 고찰」 『군사』 91

전덕재, 2016 「신라의 북진과 서북 경계의 변화」 『한국사연구』 173

전덕재, 2018 「가야지역을 둘러싼 신라와 백제의 대립」 『신라와 백제, 소통과 갈등』, 충청남도·경상북도·충청남도 역사문화연구원·경상북도 문화재연구원

전덕재, 2023 「중원역사문화권의 범위와 신라의 중원지역 영역화 과정 고찰」 『역사와 담론』 108

전덕재, 2023 「신라 진흥왕의 순행과 순행로 고찰」 『신라사학보』 57

○ 2부는 기존에 발표한 논고 가운데 전부 또는 일부를 발췌하여 수정, 보완한 것이다.

3부

전덕재, 2014 「신라의 동북지방 국경과 그 변천에 관한 고찰」 『군사』 91

전덕재, 2016 「신라의 북진과 서북 경계의 변화」 『한국사연구』 173

전덕재, 2019 「신라는 삼국을 통일하려고 하였을까」 『역사비평』 128

전덕재, 2024 「660~670년대 전반 신라의 서쪽 경계에 대한 고찰」 『대구사학』 156

○ 3부는 기존에 발표한 논고 가운데 전부 또는 일부를 발췌하여 수정, 보완한 것이다.

4부

전덕재, 2017 「후삼국시대 신라의 동향과 멸망에 대한 일고찰-『삼국유사』 기이편 김부대왕조의 검토를 중심으로-」 『신라문화제학술발표회논문집』 38

전덕재, 2021 「나말여초 경산부의 설치와 동향」 『한국사연구』 195

전덕재, 2021 「신라 말 농민봉기의 원인과 통치체제의 와해」 『역사와 담론』 98

전덕재, 2021 「신라 효공왕대 전후 신라 정부와 성주·장군의 동향에 관한 고찰」 『신라사학보』 51

○ 4부는 기존에 발표한 논고 가운데 일부를 발췌하여 수정, 보완한 것이다.

〈표〉와 〈그림〉 일람

1부
〈표 1〉 이사금시기 신라와 가야와의 전투 장소 및 국왕의 순행 장소

〈그림 1〉 5세기 후반 옥천·보은 방면 신라 서북 경계와 교통로
〈그림 2〉 낙동강과 황강 및 낙동강과 남강 합류지역 근처에 위치한 나루와 산성

2부
〈표 1〉 551년에 신라가 빼앗은 10군의 위치 비정

〈그림 1〉 철원수[철원고예(鐵垣古曳)]와 통천[우산성(牛山城)]의 위치(『동여도(東輿圖)』)
〈그림 2〉 임진강·한탄강 유역 관방 유적
〈그림 3〉 통일 이전 신라의 서북 경계와 교통로

3부
〈표 1〉 660~662년 백제부흥운동세력과 나·당군 전투 지역
〈표 2〉 웅진도독부 51현의 위치
〈표 3〉 웅진도독부의 북쪽과 동쪽 경계에 위치한 현
〈표 4〉 웅진도독부 동쪽 경계와 660년 백제 동쪽 경계 사이에 위치한 군과 현
〈표 5〉 7세기 후반에 한산주에 새로 편입된 군·현
〈표 6〉 패강 이남 지역에 설치한 군·현 일람표

〈그림 1〉 웅진도독부 51현의 위치와 신라 서쪽 경계에 위치한 군과 현
〈그림 2〉 7세기 후반에 한산주에 새로 편입된 군·현

〈그림 3〉 신라의 패강지역 진출과 교통로

〈그림 4〉 철관성, 북면천, 진명현(산산현), 용진진(송산현)의 위치(『동여도』)

〈그림 5〉 용흥강과 금진천, 광포(도련포), 천정군의 위치

〈그림 6〉 고장성과 금피원(금피령)의 위치(『동여도』)

4부

〈표 1〉 나말여초 영남지역 성주와 장군 및 지방의 지배자 사례

Abstract

A study on the History of the Changes in Silla's Borders

This book examines the changes in the borders of Silla from the Yisagum Ruling Period to the Later Three Kingdoms period. From the late 3rd century to the 390s, Silla was in confrontation with the Malgal(靺鞨), which referred to Dongye(東濊) under the rule of Goguryeo along the eastern coastline, with the boundary being the Gangwon Special Self-Governing Province Gangneung-si, where Daegwallyeong and Jinkogae are located. After King Gwanggaeto of Goguryeo dispatched an army of 50,000 to defeat the Japanese forces that had invaded the borders of Silla in 400, Goguryeo incorporated the area from the northern part of Gyeongsangbuk-do Pohang-si Buk-gu Cheongha-myeon, to the southern part of the East Coast in Gangneung-si its territory and ruled it, until around 450. Around 450, Silla drove out the Goguryeo forces from the East Coast and confronted Goguryeo with Siljik(悉直; Gangwon Special Self-Governing Province Samcheok-si) or Haslla(何瑟羅; Gangneung-si).

Between 475 and 481, when Silla advanced to Biyeolhol(North Korea Gangwon-do Anbyeon-gun Anbyeon-eup), Goguryeo attacked Silla in 481 and advanced as far as south to Mijilbu(彌秩夫; Gyeongsangbuk-do Pohang-si Buk-gu Heunghae-eup), and was defeated in Iha(泥河; Gangneung-si Namdae River) by the allied forces of Silla, Baekje, and Daegaya. Afterward, Silla moved northward as far as Usan Fortress(牛山城) in North Korea Gangwon-do Tongcheon-gun. In 497, Goguryeo attacked and captured Usan Fortress, then advanced south to Siljik or Haslla, establishing a border with Silla. From the late 3rd century to the early 4th century, Silla advanced into the Udu region(Gangwon Special Self-Governing Province Chuncheon-si), which was a strategic area connecting to the Western Jin(西晉), and came into conflict with Baekje. Subsequently, the Udu region was occupied by Baekje in the mid to late 4th century, but was again incorporated into Goguryeo's territory around 396. Between the late 3rd century and the late 4th century, Silla, representing the Jinhan, and Baekje, representing the Mahan, firmly maintained control over the Jinhan and Mahan regions. Subsequently, in order to bring small nations(小國) or Euprak groups that were sometimes under the rule of other countries into their own domain, Silla and Baekje stationed military forces in the border regions of Jinhan and Mahan, which corresponded to the area of Chungcheongbuk-do and northern parts of Gyeongsangbuk-do. They frequently engaged in localized battles in these areas. In the late 5th century, Silla built several fortresses along its western frontier in preparation for Goguryeo's southern advance. From these facts, it was found that the northwest boundary of Silla at that time was marked by a line connecting Musan Fortress(茂山城; Jeonbuk Special Self-Governing Province Muju-gun Mupung-myeon), Bira Fortress(鄙羅城; Chungcheonbuk-do Yeongdong-gun Yangsan-myeon), Sashi Fortress(沙尸城; Okcheon-gun Iwon-myeon), Gurye Fortress(仇禮城; Okcheon-gun Okcheon-eup), Ilmo Fortress(一牟城; Cheongju-si Sangdang-gu Muneui-myeon) and Salmae(薩買; Chungcheongbuk-do Goesan-gun Cheongcheon-myeon).

Between the early 5th century and 449 AD, Goguryeo crossed the Sobaek Mountains and attacked and took control of the following regions in the northern part of Gyeongsangbuk-do; Nai-gun(奈已郡; Gyeongsangbuk-do Yeongju-si), Maegok-hyeon(買谷縣; Andong-si Dosan-myeon and Yean-myeon), Geupbeolsan-gun(及伐山郡; Yeongju-si Sunheung-myeon), Gosama-hyeon(古斯馬縣; Bonghwa-gun Bonghwa-eup), and Ibeolji-hyeon(伊伐支縣; Yeongju-si Buseok-myeon). These territories were incorporated into Goguryeo's domain. In the late 5th century, Silla expelled Goguryeo forces from the northern part of Gyeongsangbuk-do. From that time until 500 AD, Silla reorganized the Guk-eup and Eup-rak in these regions into administrative villages(行政村), thereby establishing direct control over the area. Afterward, for a period of time, Silla and Goguryeo faced each other across the Sobaek Mountains as a border.

Between the late 3rd century and the late 4th century, Silla conquered several small nations located to the east of the Nakdong River and established a relationship of domination and subjugation with them. In the early to mid-5th century, Silla took control of the Nakdong River and its waterways, strengthening its control over several small nations and Euprak groups located to the east of the river. Additionally, Silla subdued the political forces in the Seongju area, located to the west of the Nakdong River, and exerted political influence over Takguk, located in Gyeonsangnam-do Hapcheon-gun Ssangchaek-myeon Seongsan-ri, through the Hwang River waterway. In the late 5th century, while Silla and Baekje focused their efforts on resisting Goguryeo's southern advances, Daegaya significantly expanded its power. During this time, Daegaya advanced into Takguk, subjugated and controlled it, and then expanded toward the Nakdong River via the Hwang River waterway. They built several fortresses south of the confluence of the Hwang River and Nakdong River, using the Nakdong River as a boundary and facing off against Silla.

In July 556(17th year of King Jinheung's reign), Silla advanced as far as Biyeolhol, and between this time and 568(29th year of King Jinheung's reign), Silla expanded its territory further to the areas of Hamheung and Iwon. In April 608(30th year of King Jinpyeong's reign), Goguryeo regained the regions of Hamheung, Iwon, and Anbyeon. Following this, they attacked and captured Umyeong Mountain Fortress(牛鳴山城), located in North Korea Gangwon-do Tongchon-gun Jangdae-ri. After 612, Silla regained the Biyeolhol region, but in 642(11th year of Queen Seondeok's reign), Goguryeo recaptured Biyeolhol. In January 655(2nd year of King Taejongmuyeol of Silla's reign), Goguryeo advanced southward as far as the vicinity of Haslla, where it confronted Silla. In December 666(6th year of King Munmu's reign), Silla was able to regain the Biyeolhol region after Yeon Jeongto(淵淨土), the younger brother of Goguryeo's General Yeon Gaesomun(淵蓋蘇文), surrendered with the 12 fortresses along the East Sea.

In 548(9th year of King Jinheung's reign) or 549, Silla crossed the Sobaek Mountains and incorporated the Danyang and Chungju regions into its territory. In 550(11th year of King Jinheung's reign), Silla expanded into the Cheongju region. Between 551(12th year of King Jinheung's reign) and 553, Silla advanced into the Han River basin, encompassing the regions of Chungcheongbuk-do, Gyeonggi-do, Gangwon Special Self-Governing Province, and Incheon Metropolitan City. This expansion allowed Silla to control both the upper reaches of the North Han River and South Han River, as well as the lower reaches of the Han River. And between 553 and 568(29th year of King Jinheung's reign), Silla incorporated the area of Gangwon Special Self-Governing Province Cheolwon-gun into its territory. Around 568, the northwest boundary of Silla was a line connecting the Imjin River, the Daejeon-ri Mountain Fortress along the lower reaches of the Hantan River, and the area of Cheolwon-gun. Around 553, or shortly thereafter, Silla incorporated the regions of Gyeonggi-do Anseong-si and Pyeongtaek-si, as well as Chungcheongnam-do Cheonan-si Seobuk-gu Jiksan-eup, into its territory. Before 660, the boundary between Silla and Baekje in the central region was a line connecting Asan Bay, Cheonan, and Jincheon. In the 590s, Goguryeo advanced southward and captured Nangbi Fortress(娘臂城; Banwol Mountain Fortress in Gyeonggi-do Pocheon-si Gunnae-myeon). As a result, the areas north of it, including Dongducheon-si, Yeoncheon-gun, and Cheolwon-gun, were once again incorporated into Goguryeo's territory. However, in 629(51st year of King Jinpyeong's reign), Silla recaptured Nangbi Fortress, thereby recovering the territory from the area north of it to Cheolwon-gun.

Around the 6th century, when the southern advance of Goguryeo slowed down, Silla and Baekje began to actively expand into the Gaya region. At this time, Silla crossed the Nakdong River, strengthening its control over the Takguk, and attacked and seized several fortresses of Daegaya, located on the western side of the Nakdong River. Afterward, Silla continued its westward expansion and, in 532(the 18th year of King Beopheung's reign), annexed Geumgwanguk(金官國; Gyeongsangnam-do Gimhae-si). Around the same time, Silla conquered the Takguk. In the spring of 537, Silla conquered Taksunguk(卓淳國; Gyeongsangnam-do Changwon-si), advanced to Gurye Mountain(久禮山; Gyeongsangnam-do Haman-gun Chilseo-myeon Mureung-ri), drove out the Baekje army, and faced off with Anraguk(安羅國; Haman-gun) for some time. Finally, around 560, Silla annexed Anraguk. In 562, Silla attacked and conquered Daegaya(大加耶; Gyeongsangbuk-do Goryeong-gun). According to the Nihon Shoki(Chronicles of Japan), it is recorded that at this time, all ten Gaya nations, including Daegaya, were destroyed. In 562, Silla annexed all the Gaya nations and, with the boundary line dividing the Yeongnam and Honam regions, it faced off against Baekje.

Around 660, the western boundary of Silla in the Chungcheong region was marked by a line connecting Jincheon-gun Jincheon-eup, Cheongju-si, Boeun-gun Boeun-eup, Okcheon-gun Annae-myeon and Okcheon-eup, Iwon-myeon, Yeongdong-gun Yangsan-myeon, and Jeonbuk Special Self-Governing Province Muju-gun Mupung-myeon. After Silla's annexation of Gaya in 562, the boundary between Silla and Baekje coincided with the line that runs across the present-day Yeongnam and Honam regions. After Baekje's victory in the Battle of Daeya Fortress in 642(11th year of Queen Seondeok's reign), Silla and Baekje faced off with the Nakdong River as the boundary. However, after Silla's victory in the Battle of Okmungok in 648, the two states remained in a standoff with the boundary line running across the present-day Yeongnam and Honam regions until 660. In 664 or 665, the Tang Dynasty established the Ungjindodokbu and set up 7ju(州) and 51hyeon(縣) under its administration to govern the former territory of Baekje. The northern boundary of Woongjindodokbu was a line connecting Seosan-si Jigok-myeon, Dangjin-si, and Asan-si Yeongin-myeon, while the eastern boundary was a line connecting Sejong Special Self-Governing City Jeonui-myeon, Daejeon Metropolitan City Yuseong-gu, Chungcheongnam-do Nonsan-si Gayagok-myeon and Eunjin-myeon, Jeonbuk Special Self-Governing Province Jinan-gun Maryeong-myeon, Jeollanam-do Damyang-gun Damyang-eup and Boseong-gun Byeogyo-eup·Suncheon-si Nakan-myeon. And at that time, the western boundary of Silla was consistent with the line connecting Chungcheongnam-do Cheonan-si Dongnam-gu Mokcheon-eup, Daejeon Metropolitan City Daedeok-gu, Chungcheongnam-do Geumsan-gun Jinsan-myeon, Jeonbuk Special Self-Governing Province Jinan-gun Jinan-eup and Sunchang-gun Sunchang-eup, Jeollanam-do Gokseong-gun Okgwa-myeon and Suncheon-si. In July 670(the 10th year of King Munmu's reign), Silla began an operation to expel the Tang forces from the former Baekje territory. Between February 672 and February 674, Silla successfully incorporated all of the former Baekje lands into its domain. As a result, the western boundary of Silla became the Yellow Sea, and the northwestern boundary aligned with the northwestern boundary of Hansanju(漢山州).

Around December of the year 666 (the 6th year of King Munmu's reign), Silla incorporated Buyeo-gun(夫如郡; present-day Kimhwa-eup, Cheorwon-gun, Gangwon Special Self-Governing Province), Cheorwon-gun(鐵圓郡; present-day Cheorwon-eup, Cheorwon-gun, Gangwon Special Self-Governing Province), and their subordinate hyeons into its own administrative territory. In addition, around the year 675, Silla also incorporated several Gun·Hyeons located between the Imjin River and the Yesong River into its territory. In 735(the 34th year of King Seongdeok's reign), following the Tang Dynasty's recognition of Silla's sovereignty over the Paegang region, Silla began its full-scale efforts to delineate the region as its territory. By 748(the 7th year of King Gyeongdeok's reign), Silla had established four gun·hyeons, and in 762(the 21st year of King Gyeongdeok's reign), six guns were set up. During the reign of King Heondeok, four gun·hyeons were established. As a result, Silla's northern boundary reached the Daedong River.

With the surrender of Yeon Jeongto in 666, Silla regained control over Byeolhol and Cheonjeong-gun(泉井郡). Between 669 and 671, the Tang Dynasty transferred Cheonjeong-gun and its subordinate hyeons to Goguryeo(Andongdohobu). In 681, Silla regained control of the region. During the early years of King Mu of Balhae, the kingdom advanced to the east coast and faced Silla, with the Iha River(泥河) serving as the boundary between the two. At that time, the center of Cheonjeong-gun, located at the northernmost point of Silla, was situated somewhere between the old Yeongheung-eup(present-day Geumya-eup) and Gowon-eup. The Iha River, which flowed across Yeongheung region, served as the boundary, was the Yongheung River(龍興江; today's Geumya River in North Korea) flowing across Yeongheung region. Between the early 9th century and 886(the 12th year of King Heongang's reign), various Malgal tribes under the rule of Balhae moved southward, causing a shift in Silla's northern boundary to the Anbyeon region.

Around its founding in 900, Later Baekje took control of the Jeollanam-do and Jeonbuk Special Self-Governing Province regions. After its establishment in 901, Later Goguryeo's territory encompassed most of Gangwon-do, Hwanghae-do, Gyeonggi-do, and much of Chungcheongbuk-do. Later goguryo took over the regions of

Chungcheongnam-do north of Gongju-si, Gyeongsangbuk-do Sangju-si and some 30 ju·hyeons near it, and Danyang-gun, Jecheon-si, and Yeongwol-gun in the northeast of Jukryeong(竹嶺) from 900 to 910. Also in 910, Later goguryeo expanded its territory to Jeollanam-do Naju-si. At this time, Later Baekje occupied the Chungcheongnam-do region south of Gongju-si, the southern part of Chungcheongbuk-do, and Ilseon-gun(一善郡) located in Gyeongsangbuk-do Gumi-si Seonsan-eup and about 10 fortresses located to the south of it. In the case of the Yeongnam region that was not occupied by Later Goguryeo and Later Baekje, it was ruled by Hojok(豪族; local aristocrats) who called themselves Seongju(城主; castle lords)·Janggun(將軍; generals). In October 920, Later Baekje captured Daeya Fortress(大耶城; Gyeongsangnam-do Hapcheon-gun Hapcheon-eup) and advanced toward the Nakdong River, and Later Baekje and Goryeo fought fiercely over the Nakdong River basin. After Later Baekje won the Battle of Gongsan in 927, it took over most of the Nakdong River basin, and after Goryeo won the Battle of Gochang in January 930, Goryeo took over most of the upper and middle reaches of the Nakdong River. And after the Battle of Gochang, not only the northern part of Gyeongsangbuk-do and the east coast area, but also the areas near Gyeongju-si, such as Pohang-si Buk-gu Singwang-myeon, Yeongcheon-si, and Ulsan Metropolitan City, were all annexed to Goryeo, and Silla was only able to rule over today's Gyeongju-si, Ulsan Metropolitan City Ulju-gun Dudong-myeon and Duseo-myeon, Buk-gu Nongso-dong. Moreover, after 931, Silla's military power was completely weakened, and the Goryeo army ended up guarding the Silla royal capital. King Gyeongsun, believing that it would be difficult to maintain the Silla Dynasty any longer, surrendered to Goryeo in 935. This marked the end of the Silla Dynasty, which had a thousand-year history.

찾아보기

ㄱ

가라국(加羅國) | 214, 216, 361
가림성(加林城) | 247, 262
가소성(加召城) | 16, 17, 88
가소천(加召川) | 229
가시혜진(加尸兮津) | 229
가야진(伽倻津) | 130
가은현 | 314, 334
가잠성(椵岑城) | 117
가평군(嘉平郡) | 167, 174
가혜성(加兮城) | 230
각산(角山) | 228
감개현(甘蓋縣) | 240, 249
감문국(甘文國) | 15, 40
감물성(甘勿城) | 74, 226
감물창진(甘勿倉津) | 128
감물현(甘勿縣) | 74
감악산(紺岳山) 서로(西路) | 181
강공훤(康公萱) | 314, 326
강주(康州) | 46, 215, 216, 226, 254, 325, 330, 335, 361, 362, 367
강주장군(康州將軍) | 315, 317, 322
개산군(介山郡) | 174
개이리(皆伊利) | 241, 243
개지변(皆知邊) | 336, 339
거물성(居勿城) | 227
거사물현(居斯勿縣) | 227, 251, 260
거열성(居列城) | 29, 227, 232, 362
거질물소(居叱勿所) | 251
거칠부(居柒夫) | 158, 165
거칠산국(居柒山國) | 15, 40
걸사표(乞師表) | 149, 191
걸손국(乞飡國) | 214, 216, 361
걸탁성(乞乇城) | 206
검포(黔浦) | 305
견아성(犬牙城) | 105, 353
견주(見州) | 302, 306
견훤(甄萱) | 301, 303, 365
결이군(結已郡) | 241, 243
결혼동맹 | 204, 216, 360

경산부장군(京山府將軍) | 314, 322, 329
경주(慶州) | 345
계립령(雞立嶺) | 74
계립령로 | 162
계립현(鷄立峴) | 172, 173
계변성(戒邊城) | 339
계족산성(鷄足山城) | 223
고금군국지(古今郡國志) | 285
고당회의(高堂會議) | 207
고려남경(高麗南境) | 31, 32, 266, 267
고로현(古魯縣) | 241, 243
고리산(古利山) | 112
고마미지현(古馬旀知縣) | 250
고마산(古麻山) | 240, 250
고마지(古麻只) | 241, 243, 244
고막부리(古莫夫里) | 240, 249
고사갈이성(高思葛伊城) | 314, 325, 330
고사마현(古斯馬縣) | 122, 354
고산현(孤山縣) | 243
고서현(皐西縣) | 242, 255
고시산군(古尸山郡) | 112, 226, 362
고울부(高鬱府) | 315, 330, 331, 339, 340, 341, 342, 345, 368
고울부장군(高鬱府將軍) | 315, 339, 345, 368
고장성(古長城) | 290, 293
고차국(古嵯國) | 214, 216, 361
고창군성주(高昌郡城主) | 336
고창전투 | 8, 35, 48, 319, 334, 335, 336, 337, 345, 368, 370
고타군(古陁郡) | 74
고현(高峴) | 25, 166, 168, 358
곡성군(曲城郡) | 338
골암성(鶻巖城) | 296
골화성(骨火城) | 100
공산전투 | 8, 48, 331, 332, 334, 335, 367
공암(孔巖) | 305
공주 수촌리 1호분 | 81
공주장군(公州將軍) | 310

과천(果川) | 180
과현(戈峴) | 98
관산성(管山城) | 71, 216, 361
관산성전투 | 24, 75, 159, 168, 214, 373, 384, 386, 395
『관세음응험기(觀世音應驗記)』 | 251
관흔(官昕) | 323, 331
「광개토왕릉비」 | 65, 66, 82, 83, 106, 351, 379
광석성(廣石城) | 108
광주(光州) | 33, 307
광주(廣州) | 302, 306
광포(廣浦) | 286, 293
괴곡성(槐谷城) | 16, 41, 69, 74, 78, 352
괴양(槐壤) | 72, 306
괴양군(槐壤郡) | 173
구례모라성(久禮牟羅城) | 202
구례산 | 6, 205, 207, 208, 210, 211, 212, 216, 361
구례성(仇禮城) | 108, 112, 114
구리벌(仇利伐) | 114
구리성(仇利城) | 113, 114
구벌성(仇伐城) | 115
구사군(仇史郡) | 321
구사진혜(仇斯珍兮) | 255
구시파지(仇尸波知) | 240, 248, 249
구야국(狗邪國) | 10, 16, 17, 43, 87, 88, 89, 90, 354
구양성(狗壤城) | 16, 41, 68, 69, 71, 72, 352
구지현(久遲縣) | 223, 241, 258
구천(狗川) | 71, 72
구타모라(久陀牟羅) | 113
국내성(國內城) | 102
『국사(國史)』 | 67
국원(國原) | 158, 305
군령(郡令) | 208
군장(郡將) | 80, 209
군지부곡(軍知部曲) | 255
군지현(軍支縣) | 242, 255
굴산성(屈山城) | 104, 116
굴아화촌(屈阿火村) | 337
굴화군(屈火郡) | 338
궁예(弓裔) | 12, 33, 34, 47, 276, 301, 302, 303, 304, 305, 306, 307, 308, 309, 310, 311, 312, 313, 315, 317, 318, 319, 320, 340, 341, 365, 366, 370, 372, 375, 393, 394
권행(權幸) | 314, 336
귀단현(貴旦縣) | 242, 255
귀화현(歸化縣) | 240, 245, 246, 247, 248
근강모야신(近江毛野臣) | 206
근기국(勤耆國) | 53
근품성(近品城) | 325, 329, 330, 331
금관(金官) | 27, 203
금관국(金官國) | 16, 88, 203, 351
금뇌(金惱) | 98, 99
금물노군(今勿奴郡) | 75, 103, 106, 173, 220, 361
금산사(金山寺) | 344
금성(錦城) | 33, 307, 308, 312
금성(金城) | 304
금성군(錦城郡) | 33, 47, 245, 320, 366
금양군(金壤郡) | 98
금지현(金池縣) | 164
금진천(金津川) | 32, 286, 290
금피령(金陂嶺) | 294
금현성(金峴城) | 162, 164
기문(己汶) | 193, 194, 195, 197
기부이지가(己富利知伽) | 202
기음강(歧音江) | 210
기훤(箕萱) | 301, 365
길동군(吉同郡) | 111, 337
길안부곡(吉安部曲) | 337
김구해(金仇亥) | 203
김선평(金宣平) | 336
김유신 | 231
김인훈(金忍訓) | 307, 309, 315
김정호 | 37, 66, 74, 75, 234, 250, 251, 289

ㄴ

나·당군(羅·唐軍) | 220
나당전쟁 | 180, 186, 265, 267, 280, 385
나생군(奈生郡) | 25, 167, 169
나성(奈城) | 302
나이군(奈已郡) | 122, 354
나제군(奈堤郡) | 167, 174
나주(羅州) | 33, 307

낙동강 | 5, 11, 15, 21, 28, 34, 36, 43, 46, 48, 81, 83, 85, 87, 89, 124, 126, 128, 140, 193, 196, 199, 206, 210, 215, 216, 229, 233, 236, 264, 307, 312, 320, 325, 329, 332, 334, 354, 360, 362, 366, 368, 370, 384, 392, 395, 398
낙랑군 | 40, 54, 60, 62, 63, 64, 77, 89, 352, 383
날이군(捺已郡) | 123, 354
남가라(南加羅) | 204, 206, 361
남강 | 330
남대천(南大川) | 4, 20, 32, 57, 95, 97, 98, 99, 143, 351
남신현(南新縣) | 74, 77
남잠성(南岑城) | 220
남제(南齊) | 126
남진정책 | 27, 126, 142, 177, 385
남천주(南川州) | 149
남치리 1호분 | 237
낭비성(娘臂城) | 26, 189, 192, 360
낭성(娘城) | 24, 158, 357
낭자곡(娘子谷) | 72
낭자곡성(娘子谷城) | 24, 41, 68, 159, 373, 386
낭천군(狼川郡) | 167, 174
내미홀군 | 275, 276, 364
내사지성(內斯只城) | 223, 250
내서현(奈西縣) | 250
내이미(內尒米) | 172
노사지현(奴斯只縣) | 240, 250
노신현(鹵辛縣) | 241, 258
노포(老浦) | 329
녹효현(綠驍縣) | 174
능문(能文) | 315, 339, 345, 368
니미방(尼彌方) | 26, 172, 175, 177, 180

ㄷ

다기현(多岐縣) | 253
다다라(多多羅) | 203
다라(多羅) | 79, 127
다라국(多羅國) | 126, 214, 216, 361
다벌국(多伐國) | 40, 141
다사(多沙) | 195

다사진(多沙津) | 195, 201, 209
다지현(多只縣) | 242, 253
단단대령(單單大領(嶺)) | 59
「단양신라적성비(丹陽新羅赤城碑)」 | 38, 76, 157, 158, 162, 248, 324, 325, 357
달고(達姑) | 295, 298, 365
달고적(達姑狄) | 296
달벌성(達伐城) | 85
달홀주(達忽州) | 23, 149
담로(檐魯) | 79
답달성(沓達城) | 105, 108
답설인귀서(答薛仁貴書) | 154, 155, 179, 180, 181, 240, 269, 280, 282, 357
당성(唐城) | 176, 306
당성군(唐城郡) | 176
당악현 | 275, 276, 277
당은포로(唐恩浦路) | 104
당진현(唐津縣) | 243
당항성(党項城) | 176, 357
당항진 | 85, 104
대가야 | 125, 134, 193, 200
대가야왕 | 201
대강수(大江水) | 210, 212
대곡군 | 275, 276, 277, 278, 364
대곡성(大谷城) | 275, 276
대관령 | 4, 16, 20, 43, 56, 57, 89, 93, 95, 96, 97, 350, 351
대동강 | 8, 32, 47, 266, 274, 276, 278, 279, 310, 364, 369
대량성(大良城) | 321, 331
대령책(大嶺柵) | 16, 56, 96, 350
대목군 | 324, 331, 332, 333, 334, 335, 336, 339, 367
대목악군(大木岳郡) | 103, 220, 259, 260, 362
대방군 | 40, 62, 63, 64, 77, 89, 352, 383
대사(帶沙) | 195, 197
대야성(大耶城) | 7, 8, 29, 30, 46, 48, 76, 154, 227, 230, 231, 232, 233, 235, 236, 238, 264, 307, 312, 317, 320, 321, 323, 326, 327, 328, 329, 330, 333, 334, 335, 357, 362, 366, 367, 373, 377, 390, 391, 393
대양군(大楊郡) | 167

대전리산성 | 6, 45, 177, 178, 187, 192, 359
대증산성(大甑山城) | 89
덕곡군 | 276, 279, 364
덕안성(德安城) | 227
덕진포(德眞浦) | 309
도나성(刀邢城) | 116
도납현 | 275, 276, 279, 364
도련포(都連浦) | 286, 293
도림성(道臨城) | 284
도미(都彌) | 184
도비천성(刀比川城) | 224
도산현(都山縣) | 329
도살성(道薩城) | 162, 163, 164, 233
도서현 | 24, 103, 104, 159, 163, 164, 174, 234, 374, 387, 391
독산성 | 86, 103, 132, 160, 161, 212, 234, 235
독산성주(禿山城主) | 86
독용산성 | 234, 328, 334, 367
돌산(突山) | 329
동경유수(東京留守) | 345
동삼홀군 | 275, 276, 279, 364
동예(東濊) | 4, 16, 20, 43, 45, 53, 54, 56, 57, 60, 63, 89, 95, 96, 103, 153, 280, 284, 350, 373, 381
동이교위부(東夷校尉府) | 62, 63
동잠성(桐岑城) | 74, 226, 234
동허현(東墟縣) | 289
동화성(同火城) | 230
두곡리성지 | 129, 132
두내산현(豆乃山縣) | 241, 245
두내지(豆奈只) | 241, 245
두량윤성(豆良尹城) | 221
두시원악(豆尸原嶽) | 221, 223
두시이현(豆尸伊縣) | 244
두이현(豆伊縣) | 241, 244
득안성(得安城) | 227
등주(登州) | 274, 296, 364

ㄹ

로만글라스 | 125, 355

ㅁ

마두성(馬頭城) | 16, 87
마두책(馬頭柵) | 92
마련(麻連) | 79
마련대군장(麻連大郡將) | 80
마로현(馬老縣) | 80, 194, 261
마목현(麻木峴) | 172, 173
마미지현(馬彌知縣) | 250
마사량(麻斯良) | 240, 246, 247
마사량현(麻斯良縣) | 242, 254
마산현(馬山縣) | 74, 75, 76, 77, 240, 250
마서량현(馬西良縣) | 240, 246
마수비(麻須比) | 197
마수원진(馬首院津) | 198
마읍성(馬邑城) | 183
마이산(馬耳山) | 199
마지사(馬知沙) | 241, 252
마진성(馬津城) | 160, 161, 212
마진현(馬津縣) | 241, 243
마차해(麻且奚) | 197
마홀군(馬忽郡) | 176, 189
만해(滿奚) | 197
말갈(靺鞨) | 4, 16, 43, 92, 152, 350
망덕산(望德山) | 283, 365
망제(望祭) | 61
매곡현(昧谷縣) | 223, 260
매곡현(買谷縣) | 122, 354
매라현(邁羅縣) | 240, 246
매리포성(買利浦城) | 230
매성평(買省坪) | 242, 254, 255
매소성(買肖城) | 31, 266
매소성전투(買肖城戰鬪) | 282
매시달현(買尸達縣) | 288
매홀군(買忽郡) | 176
멸도(滅都) | 317, 319
명주(溟州) | 18, 20, 163, 302, 304, 319, 336, 338, 365
명지성(命旨城) | 331
명지성장군(命旨城將軍) | 322
모산성(母山城) | 41, 69, 72, 74, 105, 106, 181, 238, 353, 380, 381
모산현(母山縣) | 105, 227, 237
목지국(目支國) | 41, 353
무곡성(武谷城) | 333

무산성(茂山城) | 4, 44, 74, 75, 76, 119, 120, 143, 226, 234, 235, 353
무주(武州) | 226, 253, 303, 362
문산리고분군 | 133, 136, 137, 379
문산리성지 | 133, 137
문소군(聞韶郡) | 38, 76, 248
문소성 | 323, 324, 325, 326, 327, 334, 367
문양리고분군 | 138, 139, 379
문주(文州) | 288
미곡현(未谷縣) | 108, 260
미사흔(未斯欣) | 123
미실성(彌實城) | 100
미질부(彌秩夫) | 4, 92, 94, 97, 143, 315, 336, 339, 345, 351, 368
미추이질금(未鄒尼叱今) | 38, 76, 115, 248, 325

ㅂ

박윤웅(朴允雄) | 315, 339
박진(朴津) | 200, 360
반신라정책 | 317, 318, 319, 366
반월산성 | 6, 27, 45, 189, 190, 192, 360
반파(叛波) | 79, 194, 197, 200
발해 | 285, 297
배벌(背伐) | 203
백강전투 | 239
백성군(白城郡) | 176, 219
백수산(白水山) | 183
백수성(白水城) | 183
백수성전투(白水城戰鬪) | 186
백잔남거한(百殘南居韓) | 82, 83
백제부흥운동 | 220, 221, 223, 224, 227, 228, 229, 230, 232, 233, 236, 250, 317, 389, 391, 398
백제부흥운동세력 | 220, 224, 227, 228, 229, 230, 232, 233, 250, 398
벌수지현(伐首只縣) | 241, 243
법흥왕 | 201
벽진군 | 314, 322, 331, 332
벽진성 | 328, 329, 330, 334, 367
보로국(寶露國) | 294
복천동고분군 | 135, 136, 139, 140, 382
복호(卜好) | 123

봉산성(烽山城) | 16, 41, 69, 73, 74, 78, 352
부곡성(缶谷城) | 69, 73, 333, 334, 335, 367
부림현(富林縣) | 241, 257, 258
부사달현(夫斯達縣) | 288
부산현(釜山縣) | 220
부산현령(夫山縣令) | 220
부석사(浮石寺) | 317
부약(夫若) | 304
부양(斧壤) | 273
부양현 | 272, 273, 278, 363
부여군 | 66, 221, 222, 227, 240, 247, 248, 249, 257, 272, 273, 278, 363
북국(北國) | 297
북면천 | 283, 284, 365, 399
북소경(北小京) | 151, 357
북진(北鎭) | 151, 153, 294
북한산(北漢山) | 188, 359
북한산군(北漢山郡) | 176
북한산성 | 151, 181, 182, 190, 387
북한산주(北漢山州) | 149
분차군(分嵯郡) | 255
불내예왕(不耐濊王) | 54
불내현 | 54
불내후(不耐侯) | 54, 59
비뇌성(非惱城) | 305
비라성(鄙羅城) | 116, 117, 118
비리(非里) | 188
비성군(臂城郡) | 189
비열성(比列城) | 44, 45, 92, 94, 95, 97, 99, 101, 143, 154, 155, 156, 280, 281, 282, 351, 357
비열홀(比列忽) | 4, 5, 6, 8, 23, 45, 47, 61, 92, 147, 148, 149, 155, 156, 168, 280, 281, 282, 284, 298, 356, 357, 364, 365, 375
비열홀주(比列忽州) | 23, 147, 168, 281, 356
비자발(比自㶱) | 140, 355
비조부(比助夫) | 201
비중현(比衆縣) | 240, 243
비지(費智) | 203
비지국(比只國) | 15, 40, 141
빈골양(賓骨壤) | 222, 228

빈문현(賓汶縣) | 240, 242
빈양현(濱陽縣) | 174

ㅅ

사다함(斯多含) | 214
사도성 | 55, 56, 349
사동원(沙冬院) | 56, 349
사라(斯羅) | 79
사량벌국(沙梁伐國) | 84
사벌국(沙伐國) | 15, 85
사비회의 | 212
사산현(蛇山縣) | 176, 219
사시량현(沙尸良縣) | 241, 244
사시산군 | 109, 170, 223, 226
사시성(沙尸城) | 108, 118
사이기국(斯二岐國) | 194, 214, 216, 361
사정책(沙井柵) | 222
사평성(沙平城) | 227
사포현(寺浦縣) | 250
사현성(沙峴城) | 69, 70, 71, 72, 74, 352
사호살(沙好薩) | 241, 244
사화진(沙火鎭) | 311
삭주(朔州) | 18, 122, 166, 168, 354
산반하국(散半下國) | 214, 216, 361
산산(蒜山) | 184, 185
산양(蒜陽) | 180, 181, 184
산호현(珊瑚縣) | 241, 244
살매현(薩買縣) | 107
살수(薩水) | 105, 107, 353
살중업(薩仲業) | 39, 163, 246
삼년산군(三年山郡) | 103, 226, 361
삼년산성(三年山城) | 72, 104, 325, 353
삼방광(三防關) | 168
39역(驛) | 285
삽량성(歃良城) | 89, 133
상기문(上己文) | 79
상두(上杜) | 241, 245
상적포성지 | 129, 132
상주(尙州) | 38, 46, 103, 112, 115, 116, 119, 215, 216, 226, 311, 361
상주적수(尙州賊帥) | 314, 322
상칠현(上柒縣) | 241, 245
색상(索湘) | 331, 332, 367
서산 부장리 5호 | 81, 82

서원소경 | 103, 163, 164, 224, 226, 259, 262, 361, 362, 363, 386, 388, 392
석문(石門) | 183
석문전투 | 186
석우로 | 55, 56, 84, 349, 350
석토성(石吐城) | 233, 235
성명왕(聖明王) | 175, 207, 209
성산고분 | 138
성산동고분군 | 137, 138
성산리성 | 130, 132
성산진 | 332
성열성(省熱城) | 230
성주·장군 | 48, 313, 314, 317, 318, 321, 366, 370, 394, 397
성주(城主) | 8, 69, 85, 91, 179, 208, 271, 314, 320, 325, 339, 350, 366
성천(狌川) | 304
소라현(召羅縣) | 115
소리산현(所利山縣) | 110, 170, 226
소목군(小木郡) | 331
소문국(召文國) | 38, 40, 76, 248
소문군(召文郡) | 324, 325
소부리주(所夫里州) | 257
소천군(泝川郡) | 174
속함성(速含城) | 237
송산현(松山縣) | 289
송생(松生) | 336
송생폐현(松生廢縣) | 338
송악군 | 273, 277, 278, 305, 306
송현현 | 275, 276, 277
수곡성(水谷城) | 179
수곡성현 | 275, 276, 278, 364
수나라(須那羅) | 98, 203
수묘인연호(守墓人烟戶) | 82
수문진(水門津) | 199, 360
수병(戍兵) | 207
수약주(首若州) | 58, 281
수원현(首原縣) | 242, 254, 255
수재산성 | 70, 71
수주군(水酒郡) | 35, 324, 325
수주촌간(水酒村干) | 123
순모현(淳牟縣) | 241, 245
순지현(淳遲縣) | 241, 244
승령(僧嶺) | 305
식성군 | 275, 276, 364

신검(神劍) | 343
신광진(神光鎭) | 339
신구현(神丘縣) | 240, 245
신라도(新羅道) | 285, 297
신라왕녀(新羅王女) | 201
신라 왕도 | 9, 48, 318, 319, 330, 335, 339, 342, 344, 345, 346, 367, 368
신봉동고분군 | 72
신안현(新安縣) | 329, 334, 366
신주(新州) | 11, 25, 100, 147, 165, 170, 175, 188, 192, 358, 359
신학성(神鶴城) | 339
신훤(申萱) | 306
실어산현(實於山縣) | 242, 254
실지군주(悉支軍主) | 101, 148
실직(悉直) | 4, 15, 40, 44, 54, 57, 89, 91, 92, 93, 100, 101, 102, 142, 143, 147, 148, 151, 153, 196, 350, 351, 352
실직국(悉直國) | 15, 40, 54, 89, 350
실직정(悉直停) | 100, 153
십곡현 | 276

ㅇ

아단성(阿旦城) | 190
아단혜촌(阿旦兮村) | 111, 112
아달성(阿達城) | 171, 179, 270, 271, 284
아달성태수(阿達城太守) | 171, 270
아동혜현(阿冬兮縣) | 112, 226, 362
아로곡(阿老谷) | 241, 258
아리사등(阿利斯等) | 202
아막성(阿莫城) | 238
아불진(阿弗鎭) | 343
아술현(牙述縣) | 220, 241, 259
아자개(阿玆盖) | 314, 322, 325
아진압현(阿珍押縣) | 171, 271, 273
아차산성 | 187, 190, 387
아착현(阿錯縣) | 241, 252
아호비령(阿虎飛嶺) | 284
악성(嶽城) | 225, 232
안다(安多) | 203
안동도호부 | 8, 285, 298, 364
안라(安羅) | 206, 211, 213, 361
안라국(安羅國) | 46, 79, 109, 160, 214, 216, 254, 361
안라왜신관(安羅倭臣館) | 161, 208
안북하(安北河) | 282, 284, 365
안원현(安遠縣) | 240, 248
압독국(押督國) | 40, 79
앙진리성지 | 129, 132
야성군(野城郡) | 101, 351
야시홀(也尸忽) | 101
양길(梁吉) | 301
양록군(楊麓郡) | 167
양산(陽山) | 331
양주(楊州) | 302, 306
양주수(良州帥) | 307, 309, 315
『양직공도』 | 79, 80
어사매(於斯買) | 291, 292
어을매곶(於乙買串) | 185
연개소문(淵蓋蘇文) | 6, 185, 357
연성군(連城郡) | 167
연정토 | 6, 8, 156, 274, 278, 280, 281, 297, 357, 363, 364
영서예(領西濊) | 58, 60, 65
영안(永安) | 336, 337
예둔리고분군 | 131, 378
오곡군 | 275, 276, 279, 364
오두산성(烏頭山城) | 186
오산현(烏山縣) | 241, 243
오어곡(烏於谷) | 324, 331, 332
오잠현(烏蠶縣) | 241, 252
옥문곡전투(玉門谷戰鬪) | 7, 46, 225, 232, 233, 236, 264, 362
옥문곡(玉門谷) | 29, 231
옥전고분 | 22, 44, 124, 125, 126, 127, 128, 129, 135, 136, 139, 140, 142, 144, 193, 196, 355, 356, 380, 386
옥전고분 M3호분 | 196, 356
온달(溫達) | 151, 190
옹산성(甕山城) | 222
와산성(蛙山城) | 16, 41, 68, 72, 74, 78, 90, 352, 353
완산(完山) | 241, 253
완산주 | 303, 304, 315
왕건 | 33, 34, 305, 306, 307, 308, 309, 312, 318, 319, 320, 321, 325, 330, 332, 335, 344, 345, 366, 367, 368, 375, 394

왕신(王信) | 327
왕위계승분쟁 | 297
요거성(腰車城) | 69, 71, 352
용산현(龍山縣) | 240, 250
용주(龍州) | 325, 329, 341
용주(湧州) | 287, 288, 289, 298, 365
용진진(龍津鎭) | 289
용흥강(龍興江) | 8, 32, 47, 286, 287, 290, 291, 292, 293, 294, 298, 365, 369, 399
우두군(牛頭郡) | 64, 166, 167
우두방(牛頭方) | 172
우두주(牛頭州) | 59, 60, 61, 67, 150, 172, 186, 192, 274, 360
우두진(牛頭鎭) | 60, 67
우로[昔)于老] | 55, 84
우륵 | 24, 158, 159, 160, 162, 165, 230, 357, 358, 375, 377, 387, 388, 389, 391
우명산성(牛鳴山城) | 5, 23, 149, 150, 153, 190, 191, 356
우벌성(于伐城) | 121
우산국(울릉도) | 101
우산성(牛山城) | 4, 20, 92, 98, 152, 351, 398
우수정(牛首停) | 281
우수주 | 19, 25, 58, 99, 167, 168, 169, 170, 185, 186, 281, 298, 358, 359, 364, 392, 395
우술성(雨述城) | 109, 170, 222, 223
우시군(于尸郡) | 56
우시산국(于尸山國) | 40
우유국(優由國) | 53
우유촌(于柚村) | 55, 349
우이현(嵎夷縣) | 240, 245
우추군(于抽郡) | 56
운주(運州) | 329
울오(鬱烏) | 302
울진군(蔚珍郡) | 101, 351
웅령회맹(熊嶺會盟) | 30, 239
웅진(熊津) | 329
웅진도독부(熊津都督府) | 7, 11, 30, 31, 46, 47, 219, 223, 228, 239, 240, 242, 245, 250, 256, 257, 258, 259, 260, 261, 263, 264, 362, 363, 391,
392, 398
웅천(熊川) | 57
웅천주(熊川州) | 221, 241, 258
웅천포(熊川浦) | 249
원광(圓光) | 149
원산향(圓山鄕) | 69, 73, 74
원천리유적 | 65
원촌(源村) | 241, 252
위타(委陀) | 203
유곡리고분군 | 129, 132
유곡리성지 | 129, 130, 131, 132
유금필(庾黔弼) | 296, 327, 343, 344
유린군(有鄰郡) | 101, 351
6부체제 | 35
윤웅(閏雄) | 315, 317, 322
율진군(栗津郡) | 176
융화현(隆化縣) | 241, 251
은대리성 | 177, 178, 359
은제관식(銀製冠飾) | 237
음성군(陰城縣) | 174
음죽현(陰竹縣) | 174
음즙벌국(音汁伐國) | 40
의성부(義城府) | 343
의주(宜州) | 287, 288, 289
이뇌왕(異惱王) | 202
이례성(尒禮城) | 221
이리가수미(伊梨柯須彌) | 185
이벌지현(伊伐支縣) | 122, 354
이사부(異斯夫) | 27, 100, 163, 196, 214, 246, 252, 352
이열비(爾列比) | 197
이이촌간(利伊村干) | 123
이질부례지간기(伊叱夫禮智干岐) | 27, 203
이하(泥河) | 8, 20, 32, 47, 56, 92, 93, 95, 103, 285, 286, 290, 291, 293, 298, 351, 365
익성군(益城郡) | 167
인덕현(麟德縣) | 239
인물현(仁物縣) | 305
일리촌간(一利村干) | 123
일모산군(一牟山郡) | 104, 108, 109, 170, 223, 260
일모산군태수(一牟山郡太守) | 109, 170, 223

일모성(一牟城) | 108
일본부(日本府) | 160, 209, 211
일선군(一善郡) | 8, 47, 311, 320, 366
일어진(昵於鎭) | 336, 339
임강(臨江) | 305
임나(任那) | 126, 175, 194, 205, 208, 214, 361
임례국(稔禮國) | 214, 216, 361
임진강 | 6, 7, 31, 32, 45, 58, 175, 176, 178, 180, 181, 182, 185, 186, 187, 192, 265, 266, 268, 269, 270, 272, 274, 277, 278, 306, 319, 359, 363, 365, 369, 398
임하군(臨河郡) | 338

ㅈ

자래현(子來縣) | 219, 241, 243, 257
자타(子他) | 197
자타국(子他國) | 214, 216, 361
자탄(子呑) | 197
장군(將軍) | 8, 34, 166, 229, 304, 320, 366
장길(張吉) | 314, 336
장령(長嶺) | 56, 350
장령진(長嶺鎭) | 56
장령책(長嶺柵) | 16
장산성(獐山城) | 69, 73, 74
장새군 | 276, 279, 364
장성(長城) | 285, 290, 293, 365
재령강 | 47, 275, 276, 279, 364, 369
저족(猪足) | 304
적목성(赤木城) | 284
적산현(赤山縣) | 174
적성(赤城) | 157, 174
적의·황의적(赤衣·黃衣賊) | 310
적천현(赤川縣) | 223, 226, 260
전곡리토성 | 177, 178, 359
전라(前羅) | 79
전이산(轉伊山) | 329
정남대장군(征南大將軍) | 343
정현성(貞峴城) | 221
조물군(曹物郡) | 323, 324
조물성(曹物城) | 34, 35, 48, 322, 323, 324, 325, 326, 327, 328, 329, 331, 334, 367, 374, 394
조물성전투(曹物城戰鬪) | 34, 48, 327, 328, 367
조미갑(租未押) | 220
조천성(助川城) | 224, 235
졸마국(卒麻國) | 214, 216, 361
좌라성(坐羅城) | 108, 115, 120
좌로마도(佐魯麻都) | 211
좌찬현(佐贊縣) | 241, 245
주군제(州郡制) | 35
주부토군(主夫吐郡) | 176
주양(走壤) | 57, 58, 352
주천(酒泉) | 302
죽곡리고분군 | 137, 138
죽곡리산성 | 133
죽령(竹嶺) | 8, 19, 25, 45, 47, 48, 63, 64, 74, 77, 116, 121, 124, 157, 158, 162, 166, 168, 169, 170, 172, 173, 174, 191, 192, 311, 312, 319, 324, 326, 328, 331, 340, 352, 357, 358, 359, 366
중동리고분군 | 131
중원경(中原京) | 173
즙석식 적석묘 | 58
지기주제군사(知基州諸軍事) | 314, 326
지라성(支羅城) | 222, 223
지류(知留) | 241, 242, 244, 253, 254
지류현(至留縣) | 242, 253
지마마지(只馬馬知) | 241, 251
지마현(只馬縣) | 251
지모밀지(枳慕蜜地) | 251
지모현(支牟縣) | 241, 251
지미(止迷) | 79
지산동고분군 | 126
지삼촌 | 241, 250, 251
지육현(地育縣) | 244
직령현(直寧縣) | 338
직명(直明) | 336, 338
진고개 | 4, 16, 20, 43, 56, 57, 89, 95, 350
진덕성(珍德城) | 100
진례군(進禮郡) | 244, 260, 321
진례성 | 225, 232, 315
진명현(鎭溟縣) | 289
「진법자묘지명(陳法子墓誌銘)」| 80
진보성 | 314, 326, 334, 335, 368

진보장군(眞寶將軍) | 322
진솔선예백장(晉率善穢伯長) | 53
진왕(辰王) | 41
진잉을성 | 226
진주(鎭主) | 8, 32, 47, 185, 281, 285, 286, 287, 288, 291, 298, 364, 399
진한(辰韓) | 41, 53, 62, 316, 352
진한왕 | 42, 62
진현성(眞峴城) | 221, 222
진호(眞虎) | 316, 327, 329, 367
「진흥왕순수비 마운령비」 | 22, 148, 187, 188, 324, 356
「진흥왕순수비 북한산비」 | 187
「진흥왕순수비 황초령비」 | 22, 148, 187, 356
질현성(迭峴城) | 223

ㅊ

차자표기 | 38
창녕계 토기 | 125, 129, 131, 135, 136, 139, 355
천곡리고분군 | 131, 379
천산(泉山) | 183, 184, 185
천산전투 | 186
천성(泉城) | 182, 184, 185
천성도(泉城島) | 184
천안 용원리 9호분 | 81, 82
천정구현(泉井口縣) | 185
천정군(泉井郡) | 8, 32, 47, 185, 281, 285, 286, 287, 288, 291, 298, 364, 399
철관산(鐵關山) | 282, 283
철관성(鐵關城) | 282, 365
철령(鐵嶺) | 60, 166
철륵(鐵勒) | 295, 298, 365
철성군 | 272, 274
철원 | 305
철원수(鐵垣戍) | 23, 150, 356
청길(淸吉) | 306
청주(靑州) | 302, 306
청천면 | 5, 44, 71, 103, 105, 106, 107, 108, 119, 143, 307, 353
청하면 | 102
초성리산성 | 45, 177, 178, 187, 359
초팔국(草八國) | 40, 141

초팔성적(草八城賊) | 333
초팔혜현(草八兮縣) | 141
추가령구조곡 | 188, 388
추량화(推良火) | 198
추문(鄒文) | 325
추문촌(鄒文村) | 38, 76, 249
추봉(推封) | 197, 199
추자혜(秋子兮) | 242, 255
추화(推火) | 199
출자형금동관 | 81, 83, 135, 137, 196, 354
충주(忠州) | 302, 306
「충주고구려비」 | 21, 119, 121, 122, 354
취리산(就利山) | 251
취리산회맹(就利山會盟) | 30, 239
취성군 | 275, 276, 277
친신라정책 | 34, 318, 319, 321, 366
칠중성(七重城) | 26, 27, 45, 167, 168, 175, 178, 179, 180, 181, 182, 187, 189, 265, 266, 268, 269, 277, 278, 280, 359
칠중하(七重河) | 180, 181, 182, 184, 269

ㅌ

탁(卓) | 79
탁국 | 5, 6, 21, 22, 27, 28, 46, 127, 128, 142, 143, 144, 193, 194, 196, 197, 206, 215, 216, 355, 356, 360, 361, 395
탁기탄(喙己呑) | 127, 193, 204
탁순(喙淳) | 205, 207
탁순(卓淳) | 27
탁순국(卓淳國) | 202, 216, 361
탄항관문(炭項關門) | 287, 290, 293, 365
탕정군(湯井郡) | 257
태백산(太白山) | 61, 62, 74, 78, 95
태장리 3-1호분 | 123, 124
토산현 | 181, 275, 276, 277, 278
토호포(吐号浦) | 286

ㅍ

파로(波路) | 123
파로미(巴老彌) | 242, 245
파리성(波里城) | 100

찾아보기 415

파지성(波知城) | 242, 255
패강도(浿江道) | 306, 310
패강진 | 276, 277, 392
패강(浿江) | 32, 274, 278, 364
패서 | 305, 306, 310
패하(浿河) | 57
평서산(平西山) | 329
평양(平壤) | 26, 166, 171, 175
평양성전투 | 65
평양성주장군(平壤城主將軍) | 310
평양주(平壤州) | 274
평왜현(平倭縣) | 239, 241
평원군(平原郡) | 174
평이현(平夷縣) | 219, 241, 244
포라모라(布羅牟羅) | 202
포현현(布賢縣) | 242, 245
표하(瓢河) | 181

ㅎ

하곡(河曲) | 336, 338, 339
하곡현(河曲縣) | 337
하림궁(河臨宮) | 158, 159, 357
하서정(河西停) | 153
하서주(河西州) | 19, 169, 228
하슬라(何瑟羅) | 4, 5, 20, 44, 45, 91, 92, 93, 97, 98, 101, 102, 103, 142, 143, 147, 148, 151, 152, 153, 154, 155, 156, 163, 164, 196, 280, 285, 304, 305, 350, 351, 352, 356, 357
하슬라주(何瑟羅州) | 151, 163, 304
하지현 | 314, 322, 326, 334, 337
하지현장군(下枝縣將軍) | 322
하침라(下枕羅) | 79
한강유역 | 6, 11, 24, 25, 26, 41, 45, 64, 82, 100, 108, 148, 151, 155, 157, 158, 159, 165, 166, 168, 175, 356, 359, 374, 375, 376, 387, 388, 396
한산군(漢山郡) | 176
한산주(漢山州) | 7, 19, 31, 192, 264, 306, 360
한성(漢城) | 94, 171, 175, 276
한수(漢水) | 41, 69
한시성(韓始城) | 183
해군장군(海軍將軍) | 329

해례현(解禮縣) | 241, 243
현승(玄昇) | 340
혈구(穴口) | 305
혜산성(槥山城) | 343
호로고루(瓠蘆古壘) | 178, 181, 182, 187, 269
호로하(瓠蘆河) | 180, 269
호로하(瓠盧河) | 268
호명성(狐鳴城) | 92, 94, 97
호산성(狐山城) | 98
호족(豪族) | 8, 34, 48, 310, 313, 314, 319, 320, 339, 345, 366, 368, 370, 394
혼인동맹 | 201, 202, 206, 388
화다(和多) | 203
화령재 | 120, 312
화명동고분군 | 139, 378
화원고성 | 133, 355
화주(和州) | 287, 289
환산(環山) | 113
황강(黃江) | 5, 28, 128, 129, 130, 132, 136, 140, 142, 143, 144, 197, 215, 233, 307, 312, 321, 330, 334, 355, 356, 360, 398
황둔진(黃芚津) | 128
황산(黃山) | 87
황산진구(黃山津口) | 16, 87
황산하(黃山河) | 16, 87, 89, 90, 354
황천현(潢川縣) | 174
황효현(黃驍縣) | 174
횡강(橫江) | 291
횡천현(橫川縣) | 174, 291
후기 가야연맹 | 161
후백제왕 | 303, 304, 316
훤달(萱達) | 315, 336, 339, 345, 368
흑수국(黑水國) | 294
흑양군(黑壤郡) | 173
홍례부(興禮府) | 336, 339
홍종(興宗) | 315, 333
홍주(興州) | 302, 317
홍해군(興海郡) | 33